6

最新 社会福祉士養成講座
精神保健福祉士養成講座

一般社団法人 日本ソーシャルワーク教育学校連盟　編集

地域福祉と
包括的支援体制

中央法規

刊行にあたって

　このたび、新カリキュラムに対応した社会福祉士と精神保健福祉士養成の教科書シリーズ（以下、本養成講座）を一般社団法人日本ソーシャルワーク教育学校連盟の編集により刊行することになりました。本養成講座は、社会福祉士・精神保健福祉士共通科目13巻、社会福祉士専門科目8巻、精神保健福祉士専門科目8巻の合計29巻で構成されています。

　社会福祉士の資格制度は、1987（昭和62）年に制定された社会福祉士及び介護福祉士法により創設されました。後に、精神保健福祉士法が制定され、精神保健福祉士の資格制度が1997（平成9）年に創設されました。それから今日までの間に両資格のカリキュラムは2度の改正が行われました。本養成講座は、2019（令和元）年度の両資格のカリキュラム改正に伴い、刊行するものです。

　新カリキュラム改正のねらいは、地域共生社会の実現に向けて、複合化・複雑化した課題を受けとめる包括的な相談支援を実施し、地域住民等が主体的に地域課題を解決していくよう支援できるソーシャルワーカーを養成することにあります。地域共生社会とは支援する者と支援される者が一体となり、誰もが役割をもって生活していくことができる社会です。こうした社会を創り上げる担い手として、社会福祉士や精神保健福祉士が期待されています。

　そのため、本養成講座の制作にあたって、❶ソーシャルワーカーとしてアセスメントから支援計画、モニタリングに至るPDCAサイクルに基づく支援ができる人材の養成、❷個別支援と地域支援を一体的に対応でき、児童、障害者、高齢者等のさまざまな分野を横断して包括的に支援のできる人材の養成、❸「講義―演習―実習」の学習循環をつくることで、実践現場に密着した人材養成をする、を目的にしています。

　社会福祉士および精神保健福祉士になるためには、ソーシャルワークに必要な五つの科目群について学ぶことが必要です。具体的には、①社会福祉の原理・基盤・政策を理解する科目、②複合化・複雑化した福祉課題と包括的な支援を理解する科目、③人・環境・社会とその関係を理解する科目、④ソーシャルワークの基盤・理論・方法を理解する科目、⑤ソーシャルワークの方法と実践を理解する科目です。それぞれの科目群の関係性と全体像は、次頁の図のとおりです。

　これらの科目を本養成講座で学ぶことにより、すべての学生がソーシャルワークの基盤を修得し、社会福祉士ならびに精神保健福祉士の国家資格を取得し、さまざまな領域でソーシャルワーカーとして活躍され、ソーシャルワーカーに対する社会的評価を高めてくれることを願っています。

社会福祉士養成教科書の全体像

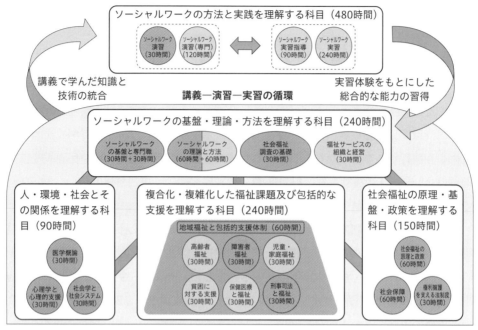

出典：厚生労働省「（別添）見直し後の社会福祉士養成課程の全体像」（https://www.mhlw.go.jp/content/000604998.pdf）より本連盟が改編

精神保健福祉士養成教科書の全体像

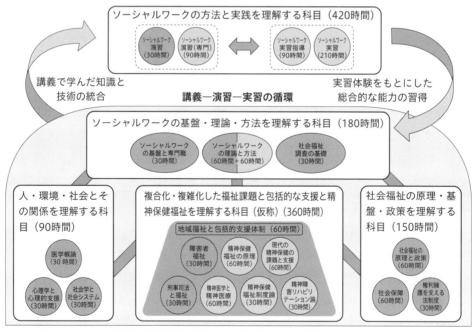

出典：厚生労働省「（別添）見直し後の社会福祉士養成課程の全体像」を参考に本連盟が作成

2020（令和2）年12月1日

一般社団法人日本ソーシャルワーク教育学校連盟
会長　白澤政和

はじめに

　地域における人と人とのつながりの希薄化が指摘されて久しい。地域住民の組織である町内会・自治会の加入率は低下し、近所の人同士が顔を合わせて会話をする機会は減少している。隣の家やアパート・マンションの隣の部屋で暮らしていても、お互いに顔と名前が一致しないということはすでに珍しくはないだろう。

　一方で、そのような状況にもかかわらず、問題解決の場、または問題に向き合う場としての地域の重要性はますます強調されている。社会福祉法は、2017（平成29）年6月の改正で地域生活課題を解決する体制をつくることを市町村の努力義務として規定した（2018（平成30）年4月1日施行）。そして、2020（令和2）年6月の改正（2021（令和3）年4月1日施行）では「地域共生社会の実現を図るため、地域住民の複雑化・複合化した支援ニーズに対応する包括的な福祉サービス提供体制を整備する観点から、市町村の包括的な支援体制の構築の支援」が位置づけられた。

　その新事業である「重層的支援体制整備事業」の運用にあたって、社会福祉士・精神保健福祉士の活用に努めることが参議院で付帯決議された。これは、つながりの希薄化や地域組織の弱体化等によって従来からある力を失いつつある地域に、新たな問題解決の力を生み出すというチャレンジが期待されていることを示しているといえるだろう。

　私たちがソーシャルワーカーとしてこの期待に応えようとしたとき、地域社会で発生している問題は、分野や領域を横断して検討されなければならないものばかりであることに気づく。たとえば、社会的に孤立しがちなのは高齢者だけではない。多様な年代の人々が住まいから外に出ずにひきこもって他者とのつながりを断っている。地域社会のなかにつながりをつくれずに困っている外国人もいるだろう。高齢の親の介護が子育てや他の家族のケアと重なるダブルケアの状態に置かれ、負担の大きさに絶望している人もいる。家族関係のなかで、心身に不調のある家族の世話を児童がしなければならなくなり、学校に通えなくなってしまうこともある。また、買い物ができずに困っている理由は人それぞれである。

　地域社会で暮らす住民の多様化も認識され、さまざまな年代や性別、国籍、宗教や文化に属する人々が、互いに認め合い、尊重し合いながらともに暮らしていくことが求められる。家族や住まいのあり方も、同様に多様化している。

　地域社会で発生する問題に向き合うために、本科目では包括的支援体制と地域福祉の考え方を学ぶとともに、それらを推進するうえで欠かせない福祉行財政と福祉計画

を理解する。しかし、これらの学びだけでは地域社会で発生している問題に立ち向かっていくのに十分ではない。本科目の学びが科目「ソーシャルワークの基盤と専門職」「ソーシャルワークの理論と方法」等の学びとつながることによって、ソーシャルワーカーとして地域社会で発生した問題にチャレンジしていくための学びとなる。そこで本書では、ソーシャルワークと本科目とのつながりをよりよく理解するために、本科目の「教育に含むべき事項」には位置づけられていないが、ソーシャルワークとは何かをあらためて学ぶための章「地域を基盤としたソーシャルワークの展開」（第5章）を設けた。地域福祉と包括的支援体制に関する考え方を理解し、それらを推進していくためのソーシャルワークの価値・倫理、理論・モデル・アプローチ、スキルを学ぶ必要があることを、意識する必要がある。

　我が国で、地域における問題解決がこれほどまでに強調される状況において、ソーシャルワーカーに何が求められているかを理解しなければならない。それは、地域社会のなかだけで、地域社会で起きている問題を解決しようとすることではない。地域社会で暮らしたり、働いたり、学んだりしている多様な人たちとともに、ソーシャルワーカーは何をなすべきかを学ばなければならない。たとえば、地域社会の問題を発生させている構造を変化させるために法律や制度をつくったり是正したりすること、地域社会の内側そして外側の人々や組織・団体、機関、企業等をつなぎ、問題解決に向けた資源を活用・調整・開発して、地域社会がもっている問題解決の力を掘り起こすことなどが考えられる。

　ソーシャルワーカーを目指す皆さんには、地域社会の問題を解決し、誰もが安心してその人らしく暮らし続けられる地域社会を目指して、本科目を学んでほしい。

編集委員一同

目次

第3章　地域福祉ガバナンスと多機関協働

第 4 章　地域福祉の基本的な考え方

本書では学習の便宜を図ることを目的として、以下の項目を設けました。

- ・学習のポイント……各節で学習するポイントを示しています。
- ・重要語句……………学習上、特に重要と思われる語句を色文字で示しています。
- ・用語解説……………専門用語や難解な用語・語句等に★を付けて側注で解説しています。
- ・補足説明……………本文の記述に補足が必要な箇所にローマ数字（ⅰ、ⅱ、…）を付けて脚注で説明しています。
- ・Active Learning……学生の主体的な学び、対話的な学び、深い学びを促進することを目的に設けています。学習内容の次のステップとして活用できます。

第1章

地域社会の変化と多様化・複雑化した地域生活課題

　地域福祉と地域包括支援体制は、地域社会を地域生活課題が表出される場として捉え、ソーシャルワーカーが地域生活課題の解決やその発生の防止に働きかける際の仕組みの一つである。そこで初めに地域社会の概念とコミュニティに関する理論を概観したうえで、我が国のコミュニティ政策の展開を学ぶ。次に、世帯の小規模化、過疎化、見えない貧困、外国人住民の増加等、地域社会の変化によって発生する地域生活課題と対応策を理解する。多様化・複雑化した地域生活課題が、多様で複雑なシステムである地域社会とその構成員である地域住民において表出していることを理解する。最後に、社会的孤立、セルフ・ネグレクト、社会的排除をキーワードに、ソーシャルワーカーとしてこれらの問題とどう向き合うのかを考える。

第1節 地域社会の概念と理論

● 地域社会をめぐる基本的な概念と理論を理解する
● 我が国のコミュニティ政策の動向を把握する

1 地域社会の概念

1 地域と地域社会

地域福祉活動が行われる場所を、「地域」ではなく、わざわざ「地域社会」と表現するのはなぜだろうか。地域社会という表現には、地理的範囲としての「地域」に加え、地域の住民が、そこを自分たちの属している社会として意識する側面が加味されている。たとえば、自分の住んでいる地域の悪口を言われたら、自分自身のことを悪く言われたようには感じないだろうか。また、この地域のために何か役に立てることがあれば行いたいと思う住民もいるだろう。こうした地域社会への愛着意識や貢献意識といった感覚が、地域社会への帰属意識を図る指標となる。地域社会とは、地理的範囲という側面と、人々の帰属意識の側面から成り立っており、ある地理的な範囲のなかで、その範囲に帰属していると意識する人々が共同生活を営んでいる状態であると考えられる。

2 地域社会と地域福祉活動

地域社会と地域福祉活動との関係を考えてみよう。たとえば、地域社会で暮らす高齢者の閉じこもりを防ぎ、孤独感を解消するために行われるふれあい・いきいきサロン活動は、集会所や公民館が会場とされることが多い。これらの施設は、小学校区内程度の範囲に配置され、高齢者が歩いて通うこともできる距離にある。そして、その小学校区で暮らす地域住民が、ボランティア、**民生委員・児童委員**、福祉委員として活動を支えている。たまたま同じ小学校区という地理的範囲に暮らしているにすぎない人々が、互いに支え合う関係性をつくり上げ、実際に支援活動を行っているのである。単に地域としてではなく、地域社会として捉える理由は、このように住民間の社会関係がつくられ、共同して生活し

Active Learning

あなたが所属する地域社会は、どの範囲でしょうか？ そして、それはなぜでしょうか？

ていく側面を重視するためである。

こうした地域社会の位置づけは、1974（昭和49）年に出版された岡村重夫の『地域福祉論』にも認められる。そこでは、「『地域社会』なる概念は、単なる地域という以上に複雑な意味を含んでおり、多義的な概念であるから、社会福祉との関連を明らかにするためには、どのような意味内容をもった地域社会でなければならないかを明確にする必要がある[1]」と指摘されている。

1970年代、高度経済成長の一つの到達点として福祉元年★を迎えた。一方で、石油危機などによる低経済成長期への急激な移行によって、社会福祉の拡充にブレーキがかけられた時期でもある。また、農村（地方）から大都市への大規模な人口移動が起こり、農村では過疎化が進行し、地域社会の機能維持が難しくなった。急速な都市化の進行とともに都市では人口が大きく増加し、過密化によって住環境の悪化などさまざまな生活問題が発生した。我が国では、こうした社会構造や人口構造の変化のなかで、地域社会への期待が高まっていったのである。

3 地域社会とコミュニティ

高度経済成長期に進行した**都市化**に伴う都市地域への人口移動の結果として、過疎、過密問題が起こった。農村地域、都市地域の双方で、急激な地域社会の変化が起こるなかで、主に社会学領域で地域社会をコミュニティとして捉える研究が展開された。

コミュニティとは、どのような特性をもち、その構成要素は何であろうか。我が国にコミュニティ概念が導入され、広く用いられるのに先立って、アメリカ合衆国の社会学者ヒラリー（Hillery, G.）は、1950年代にコミュニティ概念の94用例が、どのような意味で用いられているかを確認した。その結果、コミュニティ概念は、まず一般的定義と農村的定義に大きく二分され、すべての用例に共通する要素というものは存在しないが、何らかの「領域」をもち、「共通の絆」が存在し、「社会的相互作用」をもつことが多く認められるとした[2]。

4 地域性と共同性

コミュニティの概念化は「時代と社会の文脈に応じて力点移動[3]」があ

★**高度経済成長**
技術革新などによる生産力の増大と、それを支える労働者、消費者も増加するといった諸条件が整うことで、経済成長が飛躍的に高まる状況である。我が国では1950年代の半ばから1970年前後まで続いた。

★**福祉元年**
我が国の社会保障制度は、「国民皆保険・皆年金」（1961（昭和36）年）の後、拡充された。老人福祉法改正（老人医療費無料化）、健康保険法改正、年金制度改正などが行われた1973（昭和48）年を「福祉元年」という。

---

i　1906-2001年。大阪市立大学教授などを経て、大阪社会事業短期大学長を勤め、日本地域福祉学会の初代会長となる。著書として『全訂社会福祉学（総論）』（1973年）、『地域福祉論』（1974年）など多数がある。

るともいえるが、その後の研究では、コミュニティは領域としての「地域性」と、共通の絆と社会的相互作用としての「共同性」といった二つの要素から構成されている場合が少なくない。つまり、コミュニティとは、一定の地理的範囲のなかで、人々が共同生活を営んでいこうとする状態であり、少なくとも単なる地理的範囲ではないことが共通理解となっている。

　この点は、先の地域社会概念とほぼ重なってもいる。したがって、地域社会とコミュニティという概念間で厳密な使い分けは難しい。あえて区別するならば、地域社会は、町内会や自治会の範囲や、小学校区などの学校区といった地理的範囲を意味する実態概念であるが、コミュニティは、ネットコミュニティや子育てコミュニティ、LGBTQコミュニティなどといった用例のように、地理的範囲の存在を前提としない場合もある、といった違いが考えられる。

★福祉コミュニティ
第4章第1節参照。

　また、地域福祉活動では地域コミュニティ、福祉コミュニティ*という用語も使われる。地域コミュニティには、地理的範囲としての「地域」に、親密な関係性を有する住民の「コミュニティ」が成立することによって、たとえば、見守り活動やふれあい・いきいきサロン活動のような地域福祉活動が行われるという期待が込められている。住民自身による福祉課題や生活課題の解決が行われる場として、地域コミュニティは想定されている。

2　地域社会の理論

1 コミュニティの解体と存続

　20世紀初頭のアメリカ合衆国では、産業化の拡大によって労働者が都市地域に移動し、都市化が進行した。社会構造の変化のなかで、急速に大都市が形成され、工場労働者の増加、仕事を求める外国人労働者の流入といった、かつてない変化が起こった。都市は、人口の規模が大きく、密度が高い社会であり、また、住民の異質性が高い社会環境として捉えることができる。そうした社会環境からもたらされる人々の生活様式をアーバニズムという。新たな社会環境のなかで、アメリカでは1920年代にかけて急速に成長したシカゴという都市を対象として、シカゴ学派*と呼ばれる社会学者による多様な都市研究が展開された。

　急激な都市化のなかで、果たして都市にもコミュニティは成立するの

★シカゴ学派
1900年代初頭からシカゴ大学社会学部に所属する研究者によって都市社会学をはじめとする多様な社会学研究が展開される。この一群の研究集団をシカゴ学派と呼ぶ。

かが問われた。人々の転出入が多く、流動性が高い社会である都市は、農林漁業などのように土地、場所との関係性が強い職業をもつ土着性の高い人々によって構成されている農村と比べて、コミュニティ形成のための条件には違いがある。そこで、シカゴ学派のワース（Wirth, L.）は、1930 年代に、都市では親族関係や近隣関係といった第一次的関係が弱体化し、コミュニティは形成されにくいとして、コミュニティ解体論を主張した。一方で、アクセルロッド（Axelrod, R.）らは、1950 年前後のデトロイト地域の社会調査結果から、都市であっても、家族や親族集団などのインフォーマルな第一次的な関係が維持されており、人々に統合的な共通価値をもたらすコミュニティが存在することを明らかにした。このように、都市におけるコミュニティの成立状況をめぐって検証が繰り広げられてきた。

　また、コミュニティをめぐっては、マッキーバー（MacIver, R.）による、コミュニティとアソシエーションの議論が参照される場合が少なくない。彼は、社会、コミュニティ、アソシエーション、国家を対比させつつ、コミュニティは「社会生活の、つまり社会的存在の共同生活の焦点」であり、アソシエーションは「ある共同の関心または諸関心の追求のために明確に設立された社会生活の組織体[4]」とする。コミュニティを関係性と地域性の観点からみたときに、マッキーバーはコミュニティを「共同生活」の単位として捉え、その包括的機能を重視した。しかし、都市化の進行によって、コミュニティの包括性は解体を迫られ、脱地域的で構成員の関係性に重きを置いたコミュニティ把握が登場する。

　ウェルマン（Wellman, B.）は、1970 年代までのコミュニティ研究を、コミュニティは「喪失された」「存続している」、そして「解放された」というそれぞれの立場から比較検討する。そのうえで、空間的な場に結びついた第一次的関係にとどまらず、個々人の取り結ぶパーソナルネットワークに基づいた脱空間的なコミュニティが成立していることを指摘した[5]。コミュニティ解放論ともいえる。いずれにせよ、都市では、コミュニティの存在が問われる事態にあったことがわかる。

2 目標としてのコミュニティ

　我が国では、1970 年代にコミュニティ研究が展開される。先述した岡村重夫をはじめとする当時の地域福祉論における地域社会、コミュニティ概念に大きな影響を与えたのは、奥田道大による地域社会の分析枠組みである[6]。

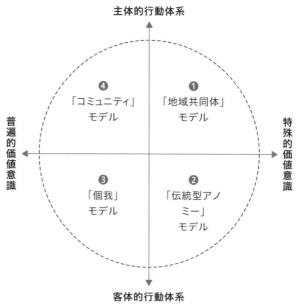

図1-1 奥田道大によるコミュニティモデル

主体的行動体系

普遍的価値意識

❹「コミュニティ」モデル

❶「地域共同体」モデル

特殊的価値意識

❸「個我」モデル

❷「伝統型アノミー」モデル

客体的行動体系

出典:奥田道大『現代社会学叢書Ⅱ 都市コミュニティの理論』東京大学出版会, p.28, 1983.

★主体化―客体化
奥田は、主体化を住民自身によるコミュニティ価値の創出によって実現されるとする。コミュニティの価値とは「コミュニティ自治」「コミュニティの活力」「意志決定権力の偏在」である。

★普遍化―特殊化
普遍化とは、コミュニティにかかわりあう住民の価値が、「特殊主義的価値（particularistic value）」ではなく、「普遍主義的価値（universalistic value）」に支えられていることを意味する。

★混住化
都市近郊農村地域などで、農業の兼業化や、農地の住宅地への転用によって非農家である都市住民が農村に流入し、生活構造の異質な新旧住民が混在する地域社会である。

　奥田は、住民の行動体系における主体化―客体化という軸と、意識体系における普遍化―特殊化という軸を組み合わせ、地域社会を4類型として捉えた（**図1-1**）。そして、この分析枠組みを用いて地域社会を次のように類型化した。それらは、村落での集落、都市の旧町内などといった「地域共同体モデル」、大都市近郊農村などの混住化が進行し、解体地域と捉えられた「伝統型アノミーモデル」、1970年代当時、過密化する都市住民の受け皿となった大規模団地社会などに認められた「個我モデル」、そして、住民自身が自ら主体的に行動し、普遍的価値意識に支えられた「コミュニティモデル」である。そのうえで、目標としてのコミュニティモデルへの移行過程を理念型的に示した。しかし、地域社会の状態把握に用いる社会調査の設問選択肢をみると個我モデルとコミュニティモデルとの区別がつけづらいなど、実際の地域社会を評価するには難しさもある（**表1-1**）。

　奥田によるコミュニティモデルでは、主体的で普遍的な価値意識に支えられた住民活動が重視されていることもあって、地域福祉活動を支える地域社会のあり方を示すものとして広く受け入れられてきた。しかし、住民による自発的な活動が必要とされるのは、何らかの解決すべき地域生活課題が、その地域社会に存在しているからであって、生活環境が安定し、安心して暮らせるのであれば、住民は活動を行う必要はない

表1-1　奥田道大による地域類型

【設問】	一般に、地域生活について、つぎの四つの意見があります。率直にいって、あなたのお考えに近いものを選んで下さい。
【選択肢】	この土地にはこの土地なりの生活やしきたりがある以上、できるだけこれにしたがって、人々との和を大切にしたい。(**地域共同体モデル**)
	この土地にたまたま生活しているが、さして関心や愛着といったものはない。地元の熱心な人たちが、地域を良くしてくれるだろう。(**伝統型アノミーモデル**)
	この土地に生活することになった以上、自分の生活上の不満や要求をできるだけ市政その他に反映していくのは、市民としての権利である。(**個我モデル**)
	地域社会は自分の生活上のよりどころであるから、住民がお互いにすすんで協力し、住みやすくするよう心がける。(**コミュニティモデル**)

出典：奥田道大『現代社会学叢書Ⅱ　都市コミュニティの理論』東京大学出版会，pp.30-31，1983. をもとに作表

とは考えられないだろうか。奥田のコミュニティモデルは、住民活動が活性化している側面を重視するあまり、なぜそうした活動を住民が行わなければならないのかを問う視点が弱かったともいえる。住民活動が必要となる地域社会の状況を正確に評価したうえで、活動が活性化している状況を、コミュニティ意識の量（モラール）的側面と、活動のもつ意味である質（ノルム）的側面の両面から捉えることも必要である[7]。

③ 我が国におけるコミュニティ政策の展開

　1960～70年代、高度経済成長の弊害としての公害問題、急激な人口移動に伴う生活環境悪化、不安定雇用や低所得層の増加といったさまざまな社会問題が各地で発生した。また、1970（昭和45）年に高齢化率が7％を超え高齢化社会に移行するなかで、個人や家族だけでは対応しきれないさまざまな生活問題に直面する人々が増えることにもなった。地域生活課題解決のための住民運動の広がりなどもあって、住民の主体的な活動の場としてコミュニティへの期待が高まったともいえる。

　また、1961（昭和36）年に国民生活の安定や向上などを審議するために、当時の経済企画庁に設置された国民生活審議会調査部会のコミュニティ問題小委員会報告「コミュニティ──生活の場における人間性の回復」（1969（昭和44）年）などによって、コミュニティ形成が地域政策目標の一つとなっていった。奥田道大も専門委員として参画した同報告書では、コミュニティを「生活の場において、市民としての自主性と責任を自覚した個人および家庭を構成主体として、地域性と各種の共通目標をもった、開放的でしかも構成員相互に信頼感のある集団」とす

る。さらに、コミュニティは「従来の古い地域共同体とは異なり、住民の自主性と責任制にもとづいて、多様化する各種の住民要求と創意を実現する集団である。それは生活の場において他の方法ではみたすことのできない固有の役割を果すもの」としている。住民の「自主性と責任制」の強調は、単なる地域共同体的な住民間の相互扶助とは異なる。しかし、地域社会の生活環境悪化や貧困といった社会構造的な問題の解決を、コミュニティの活動に求めることへの批判は、当時から続いている。

1980年代になると住民運動は低調となり、コミュニティ論は新たな展開をみせる。1980年代後半からの**地方分権の拡大**、地方自治体の財政悪化、阪神・淡路大震災、東日本大震災などの大規模災害の多発などといった状況のなかで、地域社会、コミュニティが抱える課題を解決するための、住民自身による活動が活性化してくる。1990年代初頭には住民参加型在宅福祉サービス*によって**有償ボランティア活動**が登場し、ホームヘルプサービスなどの提供活動も広く行われるようになった。こうした多様な住民活動は、1998（平成10）年の**特定非営利活動促進法（NPO法）**の成立につながっていく。

2000年代には、市町村合併（平成の大合併）が進行し、地方自治体数が減少し、また地方自治体の範囲が広域化したこともあって、あらためて地域社会への注目が集まるようになった。そうしたなかで、2005（平成17）年の国民生活審議会総合企画部会報告「**コミュニティ再興と市民活動の展開**」では、コミュニティを「地域の様々なニーズや課題に対応するため、自主性と責任を自覚した人々が、問題意識を共有するもの同士で構築する自発的なつながりの総体」と捉え、ここでの「地域」は「基本的には生活圏域レベルの広がりを指しているが、コミュニティは必ずしも生活圏域に閉じたものである必要はない」とする。そのうえで、町内会・自治会などの「エリア型コミュニティ」は、高齢化や近隣関係の希薄化によって地域課題に柔軟に対応できなくなりつつあるが、一方で、「特定のテーマの下に共通の問題意識を持つ人々が集まって、市民活動を展開する動きが活発」になり、「市民活動を中心とするつながりの形成」によって「新しい形でのコミュニティの創造」が進んでいると指摘する。

エリア型コミュニティは十分にその役割を果たせなくなりつつあるといわれるが、住民自治組織*としての町内会・自治会の再評価も行われてきた。

★**住民参加型在宅福祉サービス**
低額の有料・有償の福祉サービスを、受け手と担い手が地域住民の参加による会員制組織によって非営利で提供する仕組みである。1980年代後半から公的制度などでは対応しにくいサービスを提供している。

★**住民自治組織**
住民自治組織の名称としては、町内会、自治会が代表的であるが、町会、部落会、区会等の名称も用いられている。

4　町内会・自治会

　町内会・自治会は、地域への居住を契機として、世帯単位で自動加入的に組織される。生活環境整備、防犯、地域福祉、災害時対応などに取り組む包括的な機能をもつ地域組織であり、その地域に居住する住民自身による地域管理を実現する組織である。また、1991（平成3）年の地方自治法の改正に伴い、**認可地縁団体**として法人格をもてるようにもなった。しかし、加入者の減少傾向は続いている。都市部では、集合住宅全体で一括加入方式がとられることもあり、住民自身が町内会・自治会に加入しているという意識をもっていない場合も増えてきている。

　町内会・自治会の活動が停滞するにつれて、個々の住民だけでは具体的な相互支援活動を行うことが難しい場合も増えてきた。住民による活動と町内会・自治会とが連携することによって、地域社会での活動の広がりにつながる場合もある。

Active Learning

あなたが暮らしている場所の町内会・自治会について、情報収集してみましょう。

5　コミュニティ政策のこれから

　町内会・自治会の存在感は依然として大きい。しかし、すでに指摘したようにその活動が停滞している場合も少なくない。そこで、「地域づくり協議会」「まちづくり協議会」のように名称はさまざまであるが、小学校区程度の範囲において、さまざまな地域集団や事業者などが連携することによって、地域生活課題の解決や地域活性化に取り組む協議体を新たに設置する動きが各地の地方自治体に広がっている。自治体主導とはいえ、民生委員・児童委員、地区社会福祉協議会、老人クラブ、子ども会、婦人会といった多様な地域集団の協議体としての性格をもっている。従来は自治体から各組織に宛てて個別に配分されていた補助金等を、協議体の活動経費、事務局経費として一括配分し、協議体内での協議を経て、各組織へ配分している。地域自治を促す仕組みとして、活動計画等を作成しながら地域生活課題の解決に取り組むことが求められている。

　また、地域福祉活動においても、「制度・分野ごとの『縦割り』や『支え手』『受け手』という関係を超えて、地域住民や地域の多様な主体が参画し、人と人、人と資源が世代や分野を超えつながることで、住民一人ひとりの暮らしと生きがい、地域をともに創っていく社会[8]」である「**地域共生社会**」形成が政策的に進められるなかで、地域社会が地域生活課題解決を行うことに対して期待が寄せられている。

　しかし、新たなコミュニティと呼ぶにせよ、地域共生社会の形成を促

すにせよ、現在の地域社会が、地域生活課題を解決するための機能を担うことができるのかは、慎重に検討する必要がある。そこで、次節では地域社会の変化の諸相を確認する。

◇引用文献
1) 岡村重夫『地域福祉論』光生館，p.12，1974＝2009.
2) Hillery, G. A., 'Definitions of community : Areas of agreement,' *Rural Sociology*, 20(2), pp. 111-123, 1955.（山口弘光訳「コミュニティの定義」鈴木広編『都市化の社会学（増補版）』誠信書房，pp.303-321, 1978.）
3) 奥田道大『都市コミュニティの理論』東京大学出版会，p.ix，1983.
4) R. M. マッキーヴァー『コミュニティ』ミネルヴァ書房，p.47，1975.
5) Wellman, B. & Leighton, B., 'Networks, Neighborhoods, and Communities : Approaches to the Study of the Community Question,' *Urban Affairs Review*, 14(3), pp. 363-390, 1979.（野沢慎司訳「ネットワーク，近隣，コミュニティ──コミュニティ問題研究へのアプローチ」森岡清志編『都市空間と都市コミュニティ』日本評論社，2012.）
6) 前出3)，pp.24-32
7) 鈴木広編『コミュニティ・モラールと社会移動の研究』アカデミア出版会，pp.9-31, 1978.
8) 厚生労働省「我が事・丸ごと」地域共生社会実現本部『「地域共生社会」の実現に向けて（当面の改革工程)』，2017.

◇参考文献
・住谷磬・右田紀久恵編『現代の地域福祉』法律文化社，1973.
・倉沢進「都市的生活様式論序説」磯村英一編『現代都市の社会学』鹿島出版会，1977.

● おすすめ
・船津衛・浅川達人『現代コミュニティとは何か──「現代コミュニティの社会学」入門』恒星社厚生閣，2014.

第2節 地域社会の変化

学習のポイント

● 近年の地域社会の変化の諸相を把握する
● 地域社会の変化による課題と対応策を考える

1 地域社会での付き合い

　現在、多くの人々が、地域社会での住民同士の付き合いの必要性を認めている。内閣府の世論調査では、地域での付き合いは必要ないとする人の割合はごくわずかであり、「住民全ての間で困ったときに互いに支え合う」ことが望ましいと考えている人が一貫して多数を占めている（図1-2）。2011（平成23）年の東日本大震災を経て、その割合は全体の4割を超えている。住民すべてとはいわないが、「気の合う住民の間で困ったときに助け合う」ことを支持する人を加えると7割前後にまで達する。

　今、我が国の地域社会では、ひとり暮らしや夫婦だけで暮らす世帯が増加しつつあり、世帯の小規模化が進行している[1]。世帯の小規模化は、世帯内だけでの生活課題、福祉課題への対応が難しくなることも意味するが、そうした場合に、地域社会での解決が求められてもいる。しかし、小規模化する世帯が増えてきた地域社会に、課題解決のための余力があるとは考えにくい。実際の地域社会を見れば、たとえば、昼間の時間帯は通勤や通学などによって、高齢者だけが暮らす世帯が増えており、住民同士の助け合いが必要だとしても、実際に助け合いの活動に参加できる人は限られてしまうといった現実もある。

　住民自身が互いに助け合いたいという意識をもったとしても、実際にそれが実現できるかどうかは、別の問題として考えるべきである。そのうえで、現に相互支援活動を行っている住民とともに、ソーシャルワーカーなどの専門職がどのような活動に取り組むことができるのかを考えねばならない。

★世帯
住居と生計を共同する人々からなる集団。世帯は非親族を含む場合があるが、家族は居住親族集団として、同居して同一世帯を形成する。しかし、家族には修学や就職による他出者も存在する。

図1-2　望ましい地域での付き合いの程度

	住民全ての間で困ったときに互いに助け合う	気の合う住民の間で困ったときに助け合う	住民がみんなで行事や催しに参加する	住民の間で世間話や立ち話をする	住民の間であいさつを交わす	地域での付き合いは必要ない	その他、わからない
2002 年 (N=6,798)	34.2	25.8	19.3	5.6	10.2	1.9	3.0
2004 年 (N=6,886)	36.7	25.8	17.1	4.9	9.7	1.7	4.1
2011 年 (N=6,338)	44.0	26.2	15.7	5.2	6.6	1.0	1.3
2012 年 (N=6,059)	45.0	26.0	15.5	5.0	6.8	0.7	1.0
2013 年 (N=6,091)	44.0	26.7	16.1	5.1	6.1	0.7	1.3
2014 年 (N=6,186)	41.9	26.4	16.5	5.8	7.4	0.9	1.1
2015 年 (N=6,011)	46.3	24.2	15.1	5.6	6.6	0.9	1.3
2016 年 (N=5,877)	43.0	25.1	15.8	6.7	7.3	1.0	1.1
2017 年 (N=5,993)	41.4	26.0	16.6	6.4	7.4	0.9	1.3
2018 年 (N=5,742)	41.5	26.1	16.0	7.2	6.9	1.0	1.3

注：2016年調査までは、20歳以上の者を対象として実施。2017年調査から18歳以上の者を対象として実施。
資料：内閣府世論調査，2019．一部加工している。また選択肢のうち、「住民がみんなで行事や催しに参加する」「住民の間で世間話や立ち話をする」「住民の間であいさつを交わす」については、本来「困ったときに助け合うことまではしなくても、」という記述があるが、図からは削除した。

2　世帯の小規模化と地域社会

　親子は同居すべきだという同居規範の衰退、少子化の進行などによって、家族は小規模化しつつある。世帯構造別にみた世帯数の構成割合の年次推移をみると、一貫して三世代世帯の割合が減少し、単独世帯と夫婦のみ世帯の割合が増加している。祖父母世代と孫が一緒に暮らす三世代世帯は、多くの人々にとって我が国の家族のイメージであるかもしれないが、実際は、子どもと同居していない世帯が過半数を占め、いまや、ほぼ2世帯に1世帯は2人以下で暮らす世帯なのである（図1-3）。

　さらに、一人暮らしや夫婦だけで暮らす世帯が、とりわけ高齢層に増えており、老老介護と呼ばれる高齢夫婦間での介護問題が深刻となっている。たとえば、90歳の後期高齢者の親と70歳の前期高齢者の子との同居世帯、80歳の親と50歳の未婚の子との同居世帯といった、従来の単独世帯、夫婦のみ世帯、三世代世帯といった類型に収まらない、不安定世帯とでもいうべき世帯も増加傾向にある（図1-4）。こうした不安定世帯の増加のなかで、世帯内だけではさまざまな生活課題への対

図1-3 世帯構造別にみた世帯数の構成割合の年次推移

	①単独世帯	②夫婦のみの世帯	③夫婦と未婚の子のみの世帯	④ひとり親と未婚の子のみの世帯	⑤三世代世帯	⑥その他の世帯
昭和61年（1986）	18.2	14.4	41.4	5.1	15.3	5.7
平成元年（'89）	20.0	16.0	39.3	5.0	14.2	5.5
4（'92）	21.8	17.2	37.0	4.8	13.1	6.1
7（'95）	22.6	18.4	35.3	5.2	12.5	6.1
10（'98）	23.9	19.7	33.6	5.3	11.5	6.0
13（2001）	24.1	20.6	32.6	5.7	10.6	6.4
16（'04）	23.4	21.9	32.7	6.0	9.7	6.3
19（'07）	25.0	22.1	31.3	6.3	8.4	6.9
22（'10）	25.5	22.6	30.7	6.5	7.9	6.8
25（'13）	26.5	23.2	29.7	7.2	6.6	6.7
28（'16）	26.9	23.7	29.5	7.3	5.9	6.7

⑦核家族世帯（②③④）

資料：厚生労働省政策統括官（統計・情報政策担当）「グラフでみる世帯の状況——国民生活基礎調査（平成28年）の結果から」2018.を一部改変

図1-4 性・年齢階級別にみた65歳以上の者の家族形態

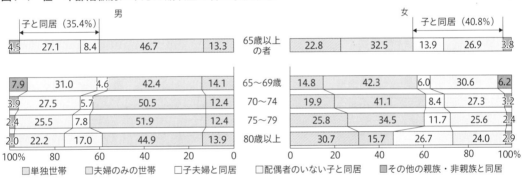

□単独世帯　□夫婦のみの世帯　□子夫婦と同居　□配偶者のいない子と同居　■その他の親族・非親族と同居

資料：厚生労働省政策統括官（統計・情報政策担当）「グラフでみる世帯の状況——国民生活基礎調査（平成28年）の結果から」2018.を一部改変

応が難しくなるという不安感もあって、地域社会の活動への期待につながっているのかもしれない。

　単独世帯や夫婦のみ世帯をはじめとする不安定世帯が増加し、地域社会自体の流動化、弱体化が進んでいるが、こうした変化をいち早く経験してきたのは、過疎地域である。

3　過疎地域と中山間地域の現状

　「過疎地域」とは法律上の用語であり、過疎地域自立促進特別措置法（過疎法）の第1条で、「人口の著しい減少に伴って地域社会における

活力が低下し、生産機能及び生活環境の整備等が他の地域に比較して低位にある地域」と規定されている。法律上、過疎地域は、人口要件と財政力要件の組み合わせによって、総務大臣、農林水産大臣および国土交通大臣が、「過疎地域をその区域とする市町村（過疎地域の市町村）」として公示する（第2条第2項）。すなわち、1960年代の高度経済成長期から現在までの間の人口減少率、人口構成（高齢化率など）と、財政力指数の基準を組み合わせることで、その基準に合致する自治体が過疎地域として公示されるのである。

　過疎地域の現状をみると（**表1-2**）、過疎法で過疎地域に指定されている自治体数は817市町村（279市、410町、128村）で、市町村総数に占める割合は47.5%である（2019（平成31）年4月1日現在）。また、過疎地域の人口は約1088万人で、総人口（1億2709万人）に占める割合は1割（8.6%）にも満たない（「平成27年国勢調査」）。一方で、総面積に占める過疎地域の面積の割合は6割（59.7%）に近い。総面積の6割を占める広範な地域に、総人口のわずか1割弱の人々が居住している状況は、居住条件の厳しい山間地や林野地などの中山間地域が過疎地域に多いことを示している。

　過疎地域と並んで用いられる**中山間地域**とは、農林水産省の農林統計で使用される地域区分であり、中間農業地域（林野率50～80%、耕地に傾斜地が多い市町村）と山間農業地域（林野率が80%以上、耕地率10%未満の市町村）を合わせた地域である。我が国は山地が多いため、中山間地域は総土地面積の約7割を占めている。また、全国の耕地面積の約4割、総農家数の約4割が中山間地域で占められており、農業がこうした条件不利地域によって支えられていることがわかる。

表1-2　過疎地域等の市町村数、人口、面積

（単位：団体、人、km²、%）

区　分	市　町　村	人　　口	面　積
過疎地域	817（47.5）	10,878,797（8.6）	225,468（59.7）
非過疎地域	902（52.5）	116,215,948（91.4）	152,503（40.3）
全　国	1,719（100.0）	127,094,745（100.0）	377,971（100.0）

備考1：市町村数は平成31年4月1日現在であり、過疎地域の市町村数は過疎関係市町村数による。
　　2：人口は平成27年国勢調査による。
資料：総務省地域力創造グループ過疎対策室「平成30年度版 過疎対策の現況」p.23, 2019.

4 過疎問題の捉え方

高度経済成長期から短期間で起こった急激な人口減少に地域社会が対応できず、さまざまな問題が発生している状態として、過疎問題を把握する必要がある。人口流出による生活の急変と、それへの対応の遅れこそが過疎問題の本質である。したがって、過疎地域を単純に人口が少ない地域とみなすのではなく、短期間での急激な変化という時間軸の視点から捉える必要があるといえよう。

また、地方に何らかの問題があったために過疎化が起こったと考えるのは早計である。高度経済成長期に産業構造が農業中心から工業へと急速に変化した結果、農村から大都市圏への大規模な労働力移動が起こり、過疎化が進行した。農業から工業への転換という産業構造の変化によって、地方の地域社会が全体社会の変化に翻弄されてきた結果として過疎化が進行したのであり、過疎地域だけの問題としてはならない。

近年、過疎地域の人口減少率が再び上昇しつつある。これまで過疎対策としては、過疎法に基づき施設建設による生活環境の整備や、道路整備などの交通環境の改善など、**地域間格差**を埋めるためのハードウェア事業を中心として行われてきた。しかし、人口減少をくい止めるには至っていない。

過疎問題の解決として、人口の維持、増加が強調されるが、ある程度の人口減少を前提としたうえで、そこで暮らす人々に必要な支援を考えなければならない。過疎地域の人々の生活実態と生活意識を把握し、過疎を単なる人口減少や財政力の問題とみなすだけでは捉えられない、生活の問題として検討することが求められている。

5 見えない貧困への注目

我が国の人口減少と世帯の小規模化の背景には、少子化の進行も大きく影響している。**合計特殊出生率**は低下傾向にあり、教育費などの経済的負担が大きいために子どもを育てることをためらう家族が増えているとの指摘もある。そうしたなかで、相対的貧困状態に置かれている18歳未満の子どもの生活状況である「子どもの貧困」にも注目が集まっている。

★**相対的貧困率**
国民生活基礎調査のデータを用い厚生労働省が公表した。等価可処分所得を低い順から並べ中央値を算出し「貧困線」を設定し、貧困線を下回る者を相対的に「貧困」としている。

図1-5 貧困率の年次推移

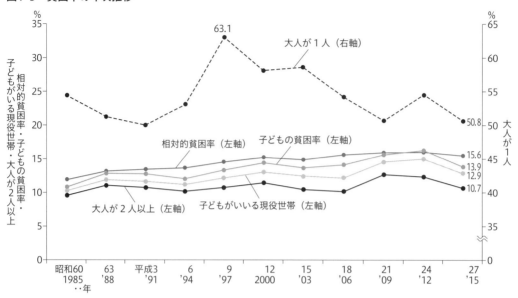

注：1．貧困率は、OECDの作成基準に基づいて算出している。
　　2．大人とは、18歳以上の者、子どもとは17歳以下の者をいい、現役世帯とは世帯主が18歳以上65歳未満の世帯をいう。
　　3．等価可処分所得金額不詳の世帯員は除く。
資料：厚生労働省政策統括官（統計・情報政策担当）「グラフでみる世帯の状況──国民生活基礎調査（平成28年）の結果から」2018.
　　　を一部改変

　2015（平成27）年の子どもの貧困率は13.9％である（**図1-5**）。この貧困率の算出基準（貧困線）は、1人世帯で年間手取額122万円、4人世帯でも年額244万円である。1人世帯であれば月額約10万円、4人世帯では月額約20万円で生活の一切を賄うという事態を考えてほしい。必ずしも、毎日の衣食住にこと欠く事態（絶対的貧困）ではないようにみえるかもしれないが、たとえば、朝食が食べられず昼の学校給食まで空腹を我慢するため午前中は勉強に集中できない、また、体調が悪くなっても医療費負担を避けるため病院に通えないといった状況に陥っている場合が少なくない。このような相対的貧困状態の結果、**見えない貧困**として地域社会から孤立しがちで、進学の機会などでも不利な状況に置かれてしまう。

　そこで、子どもの貧困対策の推進に関する法律（子どもの貧困対策法）（平成25年法律第64号）に基づき策定された「子供の貧困対策に関する大綱」（2014（平成26）年8月閣議決定）では、「教育の支援」「生活の支援」「保護者に対する就労の支援」「経済的支援」などが、子どもの貧困への対策とされた。なかでも、貧困の世代間連鎖をくい止めるための教育の機会均等の実現が重視され、「『学校』をプラットフォームとした総合的な子供の貧困対策の展開」を図ることとなった。家庭環境や

図1-6　生活意識が「苦しい」とした世帯の割合の年次推移

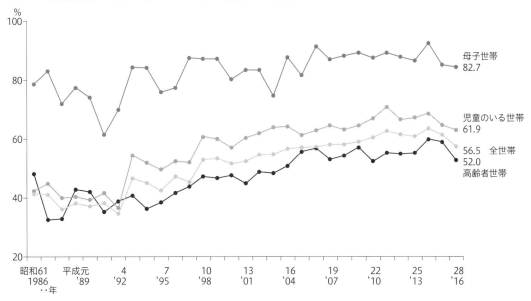

資料：厚生労働省政策統括官（統計・情報政策担当）「グラフでみる世帯の状況──国民生活基礎調査（平成28年）の結果から」2018.
　　　を一部改変

居住地域の差異によって不利にならないよう学校教育による学力保障はもとより、福祉関係機関との連携や、地域社会での学習支援の実施などが求められている。

　近年、子育て世代の支援として、居場所提供であるふれあい・いきいきサロン活動や、子どもの貧困問題への対応として「子ども食堂」での食事提供や学習支援といった活動を通じて、具体的な地域生活課題の解決を目指すNPOなども登場している。しかし、そもそも子どもの貧困が拡大している原因の検証や、経済的な所得保障制度、社会保障制度が不十分ななかで、子どもや親の学力向上の自助努力に期待することには批判もある。

　こうした事態が深刻化しているのはひとり親世帯であり、なかでもシングルマザー世帯（母子世帯）である。シングルマザーの8割以上は就労しているが低所得にとどまり、**ワーキングプア**状態にあるともいえ、**女性の貧困化**とも呼ばれる事態に陥っている。この状態に対して自己責任での対応を強調するのではなく、性別分業などによって、女性が低賃金雇用、非正規雇用の引き受け手とならざるを得ないこと、すなわち社会構造的な問題であることを確認し、対応を検討する必要がある。

★**子ども食堂**
子どもがひとりでも安心して通え、低額または無料で食事を提供する場である。行政施策として「子どもの貧困対策」と位置づけられる場合もあるが、多世代交流を目的とするなど、多様に取り組まれている。

6 外国人住民の増加

　地域社会で「見えない（不可視化）」状況に置かれているのは外国籍住民も同様である。在日外国人のなかでも、1980年代以降に来日し滞在している外国人は「ニューカマー」と呼ばれている。また、それより以前から我が国に居住していた在日韓国・朝鮮人とその子孫は、「オールドカマー」と呼ばれる。近年、ニューカマーとして来日する人々が増加しているが、法務省の在留外国人統計（旧・登録外国人統計）によれば2018（平成30）年12月末現在の中長期在留者数は240万9677人、特別永住者数は32万1416人で、これらを合わせた在留外国人数は273万1093人であり、総人口に占める割合（2018（平成30）年12月末現在）は2.16％と、増加傾向にある。同時期の在留外国人数を国籍・地域別にみると、中国が76万4720人（28.0％）、韓国44万9634人（16.5％）、ベトナム33万835人（12.1％）、フィリピン27万1289人（9.9％）、ブラジル20万1865人（7.4％）となっている。[2]

　1990（平成2）年に出入国管理及び難民認定法（入管法）が改正され、日系二世、三世およびその家族に対して、就労活動に制限のない在留資格が認められた。これによって工場労働に従事する日系人が急増した。当初は、労働者として単身で来日する人も多かったが、家族とともに暮らす人々も増え、滞在期間も長期化している。企業の工場は地方都市に配置されていることもあり、こうした人々は地方都市の集合団地に集住している場合が少なくない。また、地方都市や農村における外国人技能実習生の存在も忘れてはならない。

　外国人技能実習制度は1993（平成5）年に創設され、現在では、対象職種に介護職種も追加されている。経済連携協定（EPA）に基づく外国人看護師、介護福祉士候補者の受け入れ、また、介護福祉士国家資格を取得したうえで、日本国内の社会福祉施設で勤務できるように在留資格として「介護」が創設される（2017（平成29）年）など、介護人材確保が期待されている。しかし、日本語能力の壁などもあって、上記在留外国人統計によれば2018（平成30）年12月末現在で在留資格「介護」による在留者は185人にとどまっている。

　グローバル化の拡大によって国境を越えた労働力の移動が進んできたが、その影響は外国籍住民の増加といった姿などで地域社会にも広がっている。こうした人々を単なる労働力として区別するのではなく、同じ

地域社会に暮らす生活者として旧来の住民との関係形成を促す取り組みも広がっているが[3)]、社会的排除状態を解消し、社会的包摂を実現するための具体的な方策の検討が必要といえよう。

7 地域社会における異質性の拡大

　地域社会では外国籍住民はもちろん、多様な人々が生活している。人々が互いに関係をもつ「社会」という側面が、地域社会では重視される。しかし、現在の地域社会では、生活時間が多様化し、かつての農村で行われていた「結（ゆい）」などの共同作業などが衰退したこともあって、互いに関係を取り結ぶ場が少なくなっている。外国籍住民やシングルマザー世帯が増えているとしても、多くの人々にとって日々の暮らしで取り立てて接点をもつ機会は少ない。ましてや過疎地域という空間的に距離のある地域社会の人々の生活の様子を、都市の地域社会で暮らす人々が気にする機会はほとんどない。限界集落★という言葉を聞けば、せいぜい過疎地域での生活は大変だと思うぐらいで、そもそも過疎地域がどうなろうと自分たちとは関係ないという無関心も広がっている。

　地域社会の異質性が高まるなかで、多様な立場の人々との関係をどのように再生できるのかが、あらためて問われている。人々の関係性の問題としても、地域社会の抱える問題を捉え直さなければならない。無関心を装うのではなく、地域社会の変化の方向性を見据えていく必要がある。

Active Learning

あなた自身の「無関心」について考えてみましょう。

★限界集落
65歳以上の高齢者が集落人口の50％を超え、独居老人世帯が増加し集落の共同生活機能が低下し、社会的共同生活の維持が困難な状態にある集落である。社会学者の大野晃が提唱した概念である。

◇**引用文献**
1）国立社会保障・人口問題研究所「日本の世帯数の将来推計（全国推計）──2015（平成27）〜2040（平成52）年」2018.
2）出入国在留者管理庁「2019年版出入国在留管理」2019.
3）安田浩一『団地と移民──課題最先端「空間」の闘い』KADOKAWA，2019.

◇**参考文献**
・大野晃『山村環境社会学序説──現代山村の限界集落化と流域共同管理』農山村漁村文化協会，2005.
・大島隆『芝園団地に住んでいます──住民の半分が外国人になったとき何が起きるか』明石書店，2019.
・鈴木榮太郎『鈴木榮太郎著作集Ⅰ・Ⅱ　日本農村社会学原理』未来社，1968.

●**おすすめ**
・森岡清美・望月嵩『新しい家族社会学　四訂版』培風館，1997.
・鳥越皓之『家と村の社会学　増補版』世界思想社，1993=2013.

多様化・複雑化した地域生活課題の現状とニーズ

学習のポイント

- 地域社会を多様なシステムの複雑な交互作用から捉え、理解する視点を身につける
- 我が国における地域生活課題の政策上の位置づけを理解する
- ソーシャルワーカーとして、地域生活課題をどのように捉えるべきかを理解する
- 多様化・複雑化した地域生活課題がどのような背景で発生し、どのような人たちがその影響を強く受けているのかを理解する

 ## システムとしての地域社会と地域生活課題

1 システムとしての地域社会

　私たちが暮らす地域社会は、多様なシステムの複雑な交互作用によって成立しているシステムの一つである。見方を変えれば、地域社会はより大きなシステムを構成する要素の一つでもある。また、第2節で学んだ地域社会の変化は、地域社会を構成するシステムの変化でもある。急激に変化している地域社会もあれば、緩やかに変化している地域社会もあり、地域社会にはそれぞれ文化・歴史（沿革）、地理、人口構成、資源の保有状況などに固有性がある。そして、地理的な境界線がある。

　地理的な一定の範囲（境界線）のなかに暮らすすべての人のつながりである地域社会は、同様に生活上の課題が表出される場の一つでもあり、そこで認識された人の生活に関係するあらゆる課題が地域生活課題である。地域社会のもつ固有性とその変化との関係によって、地域社会は多様で複雑な地域生活課題が表出される場となる。

　人々は個別に、また、地域の人とともに、日々この地域生活課題を解決したり、対処したりしながら、よりよく暮らすことを目指している。課題を乗り越えることや対処することができない場合は、地域での生活の質を維持できなくなり、同時に地域における生きづらさが発生する。

　地域社会の構成要素である人や家族が、地域社会とどのような関係をもっているか、どの程度の頻度や親密度で、地域社会とどのような方法やきっかけでかかわりをもっているかは、同じ地域社会の構成メンバーであっても、人によって大きな違いがある。しかし、どんなに人の移動

速度が加速し、テクノロジーが発達し、生活のあり方が多様化したとしても、人や家族が生活の場としての地域社会から完全に切り離されることはあり得ない。たとえば、どんなに地域社会と無縁な生活を送っているように見える人や家族であっても、同じアパートや近所に誰が暮らしているのかをまったく知らなくても、そこに生活の場があるのであれば、直接的に、また、地域のなかにある何かを共有することを通して間接的に何らかの関係があり、生活のあり方や行動に影響を受けている。

同じ地域社会と認識される範囲のなかで暮らしている人や家族は、地域という一定の地理的なエリアを共有していることによって、地域社会のシステムの内部から一定の人や家族等に影響を与えるもの、地域社会の外部から地域社会全体に影響するものを共有している。地域社会を構成する人や家族の数、地域社会を構成する人の国籍や年齢、性別、職業、生活スタイルも多様化が進み、地域社会を構成する人と人、家族と家族の直接のつながりが希薄になることで、地域社会の崩壊を危惧する声もある。これは、人や家族同士が直接つながらないことによって、地域生活課題を発見する機能、解決・対処する機能が地域社会から失われつつあることを表している。人々と地域社会との関係が消えてなくなるという意味ではない。

ある一定の地理的な範囲内に暮らすことで、多くの人や家族は、法律・制度（条例）、インフラストラクチャー、価値観、暗黙のルール、気候、災害、大気、治安の状況、道路、行政による公共サービス、保健医療サービス、介護サービス、公共施設（図書館、体育施設、公園）、買い物の場所やレジャー、その他さまざまな資源を共有することになる。

しかし、地域社会で共有しているはずの資源を活用する機会がなかったり、資源を共有していることが意識されていなかったり、資源をほとんど活用しなくても日々の生活に問題が発生しなかったりする場合などには、これらを共有しているという意識や感覚をもつことはほとんどない。

たとえば、地域で利用できる介護サービスが不足していたとしても、自分や自分の家族が介護サービスを必要としていなければ、介護サービスの利用可能性やサービスの質を共有しているという感覚をもつことはできないかもしれない。介護サービスが不足しているという事実は地域社会の問題として認識されず、サービスを必要としていない人たちには地域生活課題は発生しない。このような場合、地域社会を構成する一部の人には地域生活課題が発生し、他の人たちには地域生活課題が発生し

ないという状況を生み出すため、「介護が必要な人や家族の問題」として認識され、地域社会の課題としては認識されにくい。

では、ある自治体内のほぼすべてに整備されている上下水道に何か問題が発生した場合はどうだろうか。この問題は地域社会で共有される大きな問題として取り上げられるだろう。そのとき、同じ「水」を共有していたこと、そしてその「水」によって自分自身の健康が危機にさらされていることが意識化されるからだ。

日頃は同じ地域で生活している人同士がつながっていることが潜在化していても、このような出来事を通して、ともに地域社会を形成していることが顕在化することになる。

災害や気候変動、大気汚染等の影響はどうだろうか。大気が汚染されていればすべての家で窓を開けることができず、出かけるときはマスクをするなど、生活上の制限が共通して課されるだろう。気候変動によって予想もしていなかった大雨による洪水や土石流が発生すれば、地域で暮らす誰もがその地域から避難する必要も発生する。大きな地震による被害を受けることもあり、その後、避難や地域の復旧・復興に向けて力を合わせることが必要だという認識が共有されるだろう。誰もがいつも使っていた道路は使えなくなり、地域のなかに生活に必要な物資が入ってこない状態になることもある。それまで道路を使って地域の外で買い物をしていた人たちも、道路が使えなければ買い物に出かけることはできず、地域のなかに生活に必要なものが不足する状態を共有することになる。

このように何かが起きるたびに、地域社会のつながりの必要性は顕在化し、強く意識されることになる。そして、これらの事実に気づいたり、出来事が起きたりすることで、直接的には弱いつながりであっても、自分が地域社会を構成するメンバーであり、地域社会で発生する地域生活課題を共有しているという意識が呼び起こされることになる。

■2 地域生活課題とは

社会福祉法第4条第3項では、「福祉サービスを必要とする地域住民及びその世帯が抱える福祉、介護、介護予防（要介護状態若しくは要支援状態となることの予防又は要介護状態若しくは要支援状態の軽減若しくは悪化の防止をいう。）、保健医療、住まい、就労及び教育に関する課題、福祉サービスを必要とする地域住民の地域社会からの孤立その他の福祉サービスを必要とする地域住民が日常生活を営み、あらゆる分野の

活動に参加する機会が確保される上での各般の課題」（下線は筆者）を地域生活課題としている。

　生活上の課題は、「福祉サービスを必要とする地域住民及びその世帯が抱える福祉、介護、介護予防、保健医療、住まい、就労及び教育に関する課題」に限らない、「福祉サービスを必要とする地域住民の地域社会からの孤立その他の福祉サービスを必要とする地域住民が日常生活を営み、あらゆる分野の活動に参加する機会が確保される上での各般の課題」であって、地域社会で個人や家族のレベルで表出された日常生活に関係するすべての課題が含まれるという見方である。

　そして、「福祉サービスを必要とする地域住民」は、「福祉サービスを利用している地域住民」とは限らない。法律・制度に基づく多くのサービスは、量的・質的に不十分だったり、地域間・個人間に格差があったりして、すべての福祉サービスニーズが満たされることはあり得ない。顕在化しているニーズもあれば、潜在化しているニーズもある。地域住民はいまだ法律・制度に位置づけられていない福祉サービスのニーズを抱えている可能性もある。

　また、地域社会の変化や認識の変化によって、新たな福祉サービスニーズに気づく可能性もある。地域で生活している人のなかには、身体的・精神的な状態や社会経済的な状況によって参加する機会を得ることをあきらめていた人もいるだろう。活動に参加する機会をあきらめることで受ける生活上の不利益を、いわば甘んじて受け入れていたかもしれない。

　しかし、社会福祉法第4条第3項では、「あらゆる分野の活動に参加する機会が確保される」ことを前提に地域生活課題を捉えることが明らかに示されている。あらゆる分野の活動への参加の機会を確保することを前提とすることは、これまで地域生活を送るうえで認識されていなかった生活上の制限やそれによる不利益を明らかにし、地域生活課題として認識することが必要だということを意味している。

　このように地域生活課題を認識する前提が明らかにされたことは、誰もが自分らしく生きることをあきらめる必要がないというメッセージとして理解できる。つまり、誰もがともに自分らしく暮らす地域社会づくりのプロセスで認識される課題を地域生活課題と捉えることになる。

３ 地域生活課題が表出する場

　社会福祉法第4条第3項が「地域住民及びその世帯」と説明してい

るように、地域生活課題は個人や家族の単位で表出されることが多い。誰もがともに暮らす地域社会を目指したとき、「うまく暮らせない」という状況は人や家族、何らかの共通の背景をもったグループ（たとえば「外国人」「低収入」「子育て家庭」など）の単位で発生しやすいからだ。そのため、地域生活課題であるにもかかわらず、「個人・家族の生活課題」として個人・家族の責任として捉えられてしまいやすい。

しかし、前述のとおり、一定の地域内で暮らすすべての人は、地域の何かを共有することでつながっている。あらゆる地域生活課題は地域社会や地域において共有している資源および環境と人や家族、グループとの間に何らかの関係がある。個人や家族の単位で表出された地域生活課題は、地域社会の抱える何らかの問題を映し出している可能性が高い。どの単位で表出されたとしても、地域社会を構成する要素である人や家族、グループ、そして地域社会やその地域社会を構成要素とするより大きなシステムとの関係性のなかで課題への取り組みに向けたアセスメントを実施する必要がある。

入所施設で暮らしている人は、一定の地域のなかに生活しているにもかかわらず、**地域社会の構成メンバー**として認識されにくい人たちの一形態である。施設の入所者一人ひとりが施設を取り巻く地理的な範囲内にいる地域社会の構成メンバーであることを忘れてはならず、前述のとおり、あらゆる活動への参加の機会が確保されなければならない。暮らしている入所施設のまわりに人が誰も暮らしていない場合でも、施設内で暮らしている人同士は一定の地理的なエリアを共有する地域社会を構成するメンバーと捉えて、地域生活課題の発生と解決を考えることができる。施設内に入所者とスタッフらによる「自治会組織」がつくられることがあることからも、地域生活課題への取り組みや対処に向けた主体として理解できる。

ケアのニーズ等を理由に、生活するための入所施設で暮らす場合を「施設」、施設に入所せずに自宅等で暮らす場合を「在宅」という文脈で分けて捉えて、それぞれの生活の質等が検討されてきている経緯はある。しかし、どちらも地域社会という一定の地理的な範囲内の人のつながりとして、地域生活課題を考えることができる。なぜなら、入所施設で生活している人たちも、社会福祉法第4条第3項が示すように、「日常生活を営み、あらゆる分野の活動に参加する機会が確保される」ことを前提に地域生活課題を捉え、その課題に取り組んだり対処したりする主体としての役割をもつ者として捉えられるべきだからである。

4 地域生活課題が表出されやすい人

　福祉、介護、保健医療、住まい、就労および教育に関する課題、地域社会からの孤立その他日常生活を営み、あらゆる分野の活動に参加する機会が確保されるうえでの各般の課題を抱えて、うまく対応することが難しい状態におかれやすい人たちがいることが明らかになってきている。

　地域生活課題は、特に地域のなかで排除されやすく、傷つきやすい状態に置かれている人や家族の生活に大きな影響を与えていることを忘れてはいけない。社会福祉法第4条第3項が示す「福祉サービスを必要とする地域住民及びその世帯」は、地域生活課題の影響を受けやすく、地域生活課題への対処や問題解決を迫られることも多い。地域のなかで排除されやすく、傷つきやすい状態におかれている人や家族は、地域社会の内外において活用可能な資源の格差によって、課題に対処するための資源を十分に保有したり活用したりすることができず、地域生活課題の存在が認識されることになる。加えて、福祉サービスのニーズをはじめ多様なニーズを抱えている人は、地域社会における活動への参加を制限されることも多く、同じく地域生活課題が認識されやすい。

　たとえば、精神的な疾患を抱えていること自体は、地域生活課題そのものではない。精神的な疾患に対する人々の偏見や差別が、生活に必要な活動からの排除を生み出したり、資源の活用を制限したりすることによって問題が表出され、地域生活課題が認識される。

2 多様化・複雑化する地域生活課題

1 地域社会の多様化・複雑化と地域生活課題

　近年では特に、地域社会自体の**多様化・複雑化**が認識されるようになった。地域社会のなかの人（国籍、年齢、所得、性的指向、文化・価値観、趣味……）、家族や住まいの形（核家族、ひとり親家庭、ひとり暮らし、国際結婚、シェアハウス、アパート、高層マンション、団地、公営住宅、グループホーム……）、つながり方(テクノロジー、移動方法、メール、SNS……)、働き方（自宅でのリモートワーク、SOHO、非正規雇用……）など、地域社会を構成する要素が多様化・複雑化していることがわかる。

　たとえば、買い物を考えても、地域住民が地域内の同じ商店等で日常の買い物をしたり配達してもらったりしていた状態から、生活協同組合

等による共同購入・個人宅配、大きな駐車場を備えたスーパーマーケットや郊外型大型ショッピングモール、インターネットでの注文・配達等、それぞれの生活スタイルに応じて、最も合理的で効率的な、そして魅力的な、個人・家族にとって都合のよい方法が選択される状態へと多様化している。

　地域社会の多様化に伴って地域生活課題も多様な形になったり、複雑で見えにくくなったり、対処しにくくなったりする。過去、想定されなかった地域生活課題が発生しやすい状況や、地域生活課題として認識されてこなかった新たな課題も浮き彫りになってくるだろう。

■2 地域生活課題の具体的な捉え方

　それでは、買い物困難という地域生活課題が認識されたとしたら、これをどう捉えることができるだろうか。地域のなかの徒歩で行ける範囲に買い物をする場所がなくても、車を運転できる人は車で行ける範囲に買い物をする場所があれば困難とは認識されない。この場合、同じ地域で生活をしているが、買い物困難という地域生活課題は本人にとっては潜在化していて、共有されにくい。その結果、車を運転できる人には買い物困難という課題が認識されにくく、車が運転できない人には課題が認識されやすいという個人・家族間の格差が存在している。

　では、車を運転して買い物に出かけていた人に、病気やけが、加齢によって車が運転できなくなるという変化が起きたとき、何が起きるだろうか。車を運転できなくなることで、それまでの生活スタイルを変更し、新しい生活スタイルに適応しなければならなくなり、地域での生活の質は急激に低下する可能性がある。地域の脆弱な買い物環境によって、買い物困難という地域生活課題が、個人レベルで認識されるかもしれない。

　地域の内外のつながりによって車を運転して買い物をしてくれる親戚や友人がいる人、インターネットや電話などを使って注文できる人、経済的にタクシーを利用する余裕がある人、公共交通機関を利用できる人も、多少の不便さを感じるものの、「買い物をする」という課題はクリアできるかもしれない。一方、これらの資源をもたない地域や地域住民とその家族は、「買い物をする」こともできず、やはり個人レベルおよび地域レベルで地域生活課題として認識される。ここで個人が買い物困難という地域生活課題をクリアすることができるかできないかには、個人や家族間、地域間にある資源の保有状況や活用状況の格差が反映される。

買い物困難はより複雑な地域生活課題であり、買い物困難を人口減少や少子高齢化に悩む地域で起きていることと決めつけることはできない。買い物困難を考えたときに、単に身体的な状態と買い物をする場所までの距離を想像した人も多いかもしれない。しかし、「家（部屋）から一歩も外に出たくない」「外に出るのが怖い」「人と接するのが怖い」などの理由で自分の生活スペースにできる限りひきこもることを選択する人、精神的な疾患がある人、日本語を理解できない外国人、宗教的・文化的に購入しなければならないものがある人、経済的に厳しい状態にある人等、買い物困難という地域生活課題に関係する理由や背景は多様である。「徒歩で買い物に行ける範囲」「買い物をしたい店や方法」「一緒に買い物に行きたい人」「買い物にかけられる金額」「買い物で使用する言語」……のように、地域社会の多様化・複雑化によって、買い物困難は単に「買い物に行ければよい」という問題ではない。これらを個人や家族の責任にせずに、地域生活課題として捉えて対応を検討していかなければならない。

3 多様化・複雑化した地域生活課題の表出にかかわる状況とニーズ

1 ひきこもりと「8050問題」

80代の高齢者の親とひきこもり状態の50代の単身・無職の子が同居している「8050問題」が新たな社会問題として指摘されている。必ずしも50代・80代の親子の組み合わせを表すわけではなく、中高年のひきこもり状態の子どもが親と同居して生活している状態を表す。2018（平成30）年度の内閣府の報告書によれば、中高年（ここでは40歳から64歳）の広義のひきこもりの人の数を61.3万人と推定しており、この一部が高齢の親と同居して、生活費等を親に依存しながら生活する状態にある可能性がある。

ひきこもりの背景、ひいては8050問題の背景について、前述の内閣府の報告書をまとめたメンバーの一人である川北は、「今の40代を中心にした人たちは就職氷河期を経験した世代で、不本意な就職をして不安定な雇用状態のままで過ごしてきた人も多く、社会的に孤立するきっかけを多くもっている。また、ひきこもるきっかけは、学校や就職だけではなく何十年も働いてきたなかで途中でつまづいてしまったり親の介護のために仕事を辞めてしまったりした人などいろいろなタイプが含ま

れている[1]」とコメントしている。

このコメントは、ひきこもりの状態は生活のなかでの「つまづき」の経験をきっかけとする社会的孤立が関係していることを指摘していると読むことができる。特に就職氷河期を経験した現在の40代を中心にした人たちが、他の世代に比べて「つまづく」可能性をより多くもっていることを指摘している。これは時代の影響を強く受けた問題であって、いわばひきこもりと8050問題は「社会との関係によって作り出された問題」と捉えることができる。個人が生み出したものではない。

■2 外国人の増加と共生

我が国における外国人の数は、政府の政策による外国人労働者の受け入れの動向と関連して増加の傾向にある（本章第2節「6　外国人住民の増加」（p.18）参照）。在留資格で対前年増加率が最も高いのは「介護」927.8％（167人増）、「高度専門職」44.2％（3393人増）、「技能実習生」19.7％（5万4127人増）、「技術・人文知識・国際業務」19.3％（6451人増）となった。これらの増加率が顕著な在留資格はすべて、日本国内で職業訓練や仕事をするための在留資格と考えられるため、労働に関連した在留外国人と位置づけられる。

同時に、我が国で暮らしている外国人はこれだけではない。忘れてはならないのが、難民申請者の存在である。法務省入国管理局の報道発表資料によれば、2018（平成30）年における難民認定申請者数は1万493人で、前年に比べ9136人（約47％）減少した。一方で、審査請求（不服申し立て）は9021人であり、前年に比べて491人（約6％）増加した。難民と認定した外国人は42人、難民とは認定しなかったものの人道的配慮を理由に在留を認めた外国人が40人で合計82人が難民申請により在留が認められた。また、2019（平成31）年3月27日の法務省入国管理局報道発表資料によれば2018（平成30）年12月末現在、退去強制令書が発布されている被仮放免者数は2501人（法務省資料）とされた。

上記から、我が国で生活する外国人が増加していることは明らかだ。言葉や生まれ育った文化、生活様式の違いから、地域のなかでトラブルになることも少なくない。そのような「違い」から、外国人に対する偏見や差別が地域のなかに生じ、外国人が地域から排除され、孤立を深める状況も危惧される。また、在留資格との関係によって、きつくて危険な仕事に就かざるを得なかったり、低収入や経済的な困窮状態になった

りすることもある。

　そのような弱い立場に置かれる人々やその状況において、地域生活課題が発生する。たとえば、最近では、1990（平成2）年ごろに出稼ぎでブラジルから我が国にやってきた外国人労働者2人が、同じ団地で相次いで孤独死するという事件が報じられた。2人は、近所との関係は希薄で、日本語を十分に使いこなすことはできず、ブラジル本国にいる家族との縁も切れ、長年の無理によって体調が悪化、過酷な仕事をこなすことができなくなり退職、収入は途絶えていた。病院にかかることもできない。1人は仕事を失った後ホームレスとなり、寒い日の朝に路上で亡くなっているのが発見された。これは、我が国で起きている実際の出来事である。

　国籍にかかわらず、ともに生きる環境が地域社会のなかにあれば、「外国人」であることを理由とした地域生活課題は発生しにくくなり、発見しやすくなるだろう。その多様性が尊重される環境を構築していくことがソーシャルワーカーに期待されている。

3 地域生活課題とニーズ

　これらのほかにも、晩婚化・晩産化等を背景にしたダブルケア*や介護離職*等によって社会的に弱い立場となって地域社会のなかで孤立したり、脆弱で希薄な家族や親戚関係により社会的なサポートを受けられなかったり、経済的に不安定な状態に追い込まれたりといった条件が重なり、前述した問題と同様に地域生活上の課題が発生しやすい状況となる。

　地域社会は、時間の経過・時代の変化によって、人々、つながり、文化、価値観、テクノロジー、生活様式などが変化する。これらの変化に応じて新たな偏見や差別が生み出され、特定の人やグループの生きづらさが生み出され、地域社会を舞台に問題が表出され続ける。

　「私は"普通"に暮らしている」「地域生活課題は自分に無関係」と感じながら暮らすことができ、自分たちに与えられている生活上の特権に気づけない人々が支配する地域社会では、生きづらさを抱えながら同じ地域社会で生きている人たちの困難や苦しみを無視して、問題の解決に参加しようとしない。そして、偏見や差別によって人が孤立する地域社会、誰かが生きづらさを感じる地域社会を生み出し、それらの地域社会は社会的孤立や地域生活課題による生きづらさを前に絶望する人々を地域社会から排除する。

　しかし、「"普通"の暮らし」「無関係」はいつまでも続くとは限らない。

★ダブルケア
晩婚化・晩産化等を背景に、育児期にある者（世帯）が、親の介護も同時に担う状態を指す。

★介護離職
介護と仕事の両立が困難となり、仕事を辞めることを指す。

なぜなら、地域社会を含む大きな社会は時代とともに常に変化し、また、誰もがその影響を受けながら、常に変化する存在だからである。「"普通"の暮らし」も「無関係」も変化している。そして、時代の変化とともに、地域は多様化・複雑化し、新たな社会的孤立や生きづらさの要因がつくり出され、誰がその影響を受けるかはわからない。誰もが社会的に孤立し、生きづらさや地域生活課題を抱える可能性があることは、忘れてはならない。

　社会的に孤立した人々を排除したまま地域社会の問題解決を検討することは、すでに「"普通"の暮らし」を手に入れていた人たちの日頃の困りごとの解決にすぎない。地域社会における孤立や生きづらさが、地域で暮らす多くの人々に「私たちの問題」として受けとめられてはじめて、地域社会で暮らす人々の向き合う地域生活課題が認識され、その課題を生み出す問題の解決に向けて動き出す。

　そして、地域生活課題への対応に必要な資源を、真の地域社会のニーズから検討することができるようになり、誰もが活用できる資源が生み出される。これらのすべてに関連する社会的孤立については、次節で考えていく。

◇引用文献
1）https：//www3.nhk.or.jp/news/special/hikikomori/articles/crisis_09.html

第4節 地域福祉と社会的孤立

- 地域福祉の概念と我が国の政策上の位置づけについて理解する
- 社会的孤立とセルフ・ネグレクト、社会的排除の概念について理解する
- ソーシャルワーカーが社会的孤立や社会的排除をどのように捉えるかを理解し、行動を検討する

1 地域福祉とは

　地域福祉は、地域社会の内外にある資源を活用し、地域生活課題に対応し、地域社会を構成する人や家族がよりよく暮らすための仕組みである。この場合の資源とは、あらゆるものを含む。地域社会を構成する要素である多様な人や家族のもつ力、そしてそのつながりによって生み出される力ももちろん含まれる。「地域社会の内外にある」と前置きしたように、地域生活課題に対応し、地域社会を構成する人や家族がよりよく暮らすために活用可能な資源は、地域社会の内側だけではなく、外側にもある。

　地域社会は、地域の内外にある資源を活用するだけではない。地域社会がより大きなシステムを変革する役割・機能・パワーをもち、変化を促す主体として活動する。より大きなシステムの状態を変化させ、地域社会全体に影響を与えている法律・制度やそれまで何らかの理由で活用できなかった地域社会の外部にある資源を活用可能にすること、そのほか外部から影響を受けている状況を変える主体となる可能性もある。

　社会の影響によって起きている問題を、地域社会が抱える問題として内部の力だけで解決しようとすると、資源の不足や外部の影響力の問題から目をそむけることになり、解決は難しい。地域社会における問題や地域生活課題の発生に対して、多様な種類や大きさのシステムとのつながりを踏まえたアセスメントを行う必要がある。総合的かつ包括的な問題解決体制を一定の範囲の地域社会内の資源だけでつくることは難しい。資源の所在を限定せず、問題解決に必要な資源やパワーを活用可能にする働きかけも、地域生活課題に対応し、地域社会を構成する人や家

族がよりよく暮らせる仕組みをつくるために必要である。

1 社会福祉法における地域福祉の位置づけ

社会福祉法では、第1条に「地域における社会福祉」を地域福祉とし、その推進は法の目的として位置づけられた。また、第4条第2項では、「地域住民、社会福祉を目的とする事業を経営する者及び社会福祉に関する活動を行う者」には、地域福祉推進に協力する努力義務が明記されるとともに、地域生活課題の把握および支援関係機関との連携による解決を図る主語に位置づけられている。

2 地域福祉の担い手の考え方

行政とその行政区域内の福祉にかかわる住民および住民組織を主な地域福祉のプレイヤーと想定する時代は変わってきている。地域福祉を担うプレイヤーは多様化し、必ずしも「福祉」を掲げていない。そのプレイヤーは行政区域の範囲を超えて存在している。互助を目的とした住民組織の力は弱まっている。そして、行政は市民の生活に関係する自らの責任を地域住民をはじめさまざまな主体に分配しようとしている。

一方で、地域で生活する主体としての地域住民の位置づけは変わらない。では、地域住民とは誰を指すのだろうか。ここでは、地域で暮らすすべての人を地域住民と位置づけて、地域福祉を考えていくべきである。ソーシャルワーカーとして、一人も取り残さない地域生活課題の把握と対応を目指すべきだからである。最近では住まい方も多様化し、住まう人々も多様化している。これまでと同じく定住する住民とは別に、都市住民が農山漁村などの地域にも生活の拠点をもつ二地域居住というライフスタイルもある。この人たちはそれぞれの地域の住民である。

個別のライフスタイルは多様であり、どこで暮らしていても、誰もが人として尊重されながら、社会から孤立せずに暮らすことができる地域社会の構築を、多様なプレイヤーが協働して目指すことが必要である。

2 社会的孤立

1 社会的孤立の背景

暮らしている一定の地理的範囲内に知っている人が一人もいない人、反対に、暮らしている一定の地理的範囲の人たちからそこに暮らしてい

ることをまったく認知されていないと感じている人もいるかもしれない。その人たちも地域の住民であり、力をもった存在である。

　地域住民は、地域社会を構成する資源を共有し、地域社会の影響を受けている。それらを共有している意識や影響が極端に薄い場合でも、仕事をしていたり、学校に通っていたりすれば、「社会的に孤立」することはない。

　しかし、その状態で身体的・精神的な疾患やけが、加齢その他の理由によって失業し、職場などの所属を失い、生活の中心が家と地域社会に移ったあと、新たな関係や所属を地域でつくらなければ、人に会う機会は極端に減少し、社会的に孤立する可能性が高い。いわゆる「居場所」を失う。地域社会に新たな「居場所」をつくれなければ、そのままそこに暮らしていることが他者から忘れられ、孤立してしまう。

　企業などの第一線で活躍した人たちが定年退職を迎える際に同様の問題を抱え、孤立する可能性がある。数多くの喪失に直面し、精神的にも難しい時期を過ごすことになる人も少なくない。家族がいない場合は、地域とのつながりをつなぎなおすチャンネルが少なく、きっかけを得るのも難しい。

◾2 社会的孤立とは

　では、社会的に孤立した状態とは、どのような状態を指すのだろうか。孤独と孤立はよく混同して使われているが、「孤独」は独りでいることからくる主観的なさみしさの感情を表し、「孤立」は客観的に人との接触がない状態を表す。たとえば、「孤独死」といえば、人とのかかわりがないことによって独りさみしいと感じる状態で死を迎えたことを表し、「孤立死」は、一人で死を迎えたという客観的に観察された状態を表す。孤独は主観的なさみしさの感情なので、独りでいる本人に聞かなければさみしいという否定的な感情をもっているのかどうかわからないのに対して、孤立は客観的な事実として観察されるという違いがある。

　社会的孤立はこれまで高齢者の分野での研究や事例が多かったが、近年では「ひきこもり」の状態にある人との関連で社会的孤立が語られることも増えた。高齢者の社会的孤立に関する研究では、斉藤らは「社会的孤立」[1]を社会的ネットワークの規模とその交流頻度（対面接触頻度・非対面接触頻度）の組み合わせによって捉え、親しい人がまったくいない状態を「極端な孤立」、親しい人が1人以上いても、その人たちとの対面接触頻度と非対面接触頻度のいずれもが少ない状態を「ほとんど孤

Active Learning

人が社会的に孤立すると何が起きるのか、具体的に調べてみましょう。

立」としている。

この基準で、大都市高齢者のどの程度の人が社会的に孤立しているかを捉えたところ、ひとり暮らし高齢者のうち、「極端な孤立（親しい人が1人もいない）」の状態の人は3.7%、「ほとんど孤立（親しい人が1人以上いても、その人たちとの対面接触頻度と非対面接触頻度のいずれもが少ない状態）」は、「少ない状態」を「交流頻度が月1回程度以下」とした場合は7.1%、「交流頻度が月2、3回程度以下」とした場合は12.9%であったと述べており、ひとり暮らし高齢者全体の10～15%程度が孤立状態にある可能性を示唆した。

ソーシャルワーカーとして仕事をしていると、他者の訪問や見守りを拒否する人に出会うことが少なくない。「本人が独りでいることを望んでいるのだから」とか、「さみしくないと言っているのだから」などと、訪問時の表面的なリアクションだけを捉えて、「その人は『孤独』ではない」「かかわる必要はない」などと決めつけてしまうことは避けなければならない。本当は孤独を感じていても、そのさみしさを言葉にできない人たちはたくさんいる。自分自身が孤独を感じていることに気がつかない人もいる。その人たちの拒否の背景には私たちの知らない事実がたくさんあって、その深さは計り知れない。

◾3 セルフネグレクトとは

野村らによれば[2]、セルフネグレクトとは「健康、生命及び社会生活の維持に必要な、個人衛生、住環境の衛生若しくは整備又は健康行動を放任・放置していること」であるとされている。ソーシャルワーカーは、本人が自らを放任・放置している状態を「本人が望んでいることだから」と見過ごすことはできない。鄭は[3]、高齢者がセルフネグレクト状態に陥るメカニズムについて、**図1-7**のように示した。

この図にある「素因（個人的要因）」は「個人の責任」という意味ではない。まず、本人がこれらの「素因（個人的要因）」を抱えるようになった背景を理解する必要がある。また、「危機的ライフイベント」に挙げられている項目は、誰もが経験する可能性のある出来事である。**図1-7**からは、人がさまざまな背景によって素因にあたる状態になることと危機的ライフイベントが発生することによって、社会的孤立の状態やセルフケアができない状態となり、結果的にセルフネグレクトの状態になるというプロセスを読み取ることができる。つまり、誰でもセルフネグレクトの状態になるリスクを抱えている。

第1章 地域社会の変化と多様化・複雑化した地域生活課題

図1-7 セルフネグレクトを引き起こすメカニズム

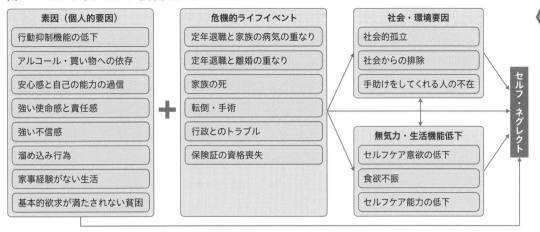

出典：鄭熙聖（JEONG Heeseong）「独居高齢者のセルフ・ネグレクトに影響する要因とそのプロセス——当事者の語りに着目して」『社会福祉学』第59巻第1号，p.65，2018.

4 社会的孤立の影響と社会的排除

　次に、客観的に他者と会う頻度が少ない状態に焦点を当てて、孤立した状態の人たちに何が起きているかを知っておきたい。客観的な事実として人との接触がない、いわゆる社会的孤立の状態に置かれると、人はどうなるのだろうか。

　後藤[4]は、個人レベルにもたらす影響として、ソーシャルサポートの欠如を指摘している。ここでのソーシャルサポートは、浦の説[5]をもとに、❶直接的サポート（生活問題を解決するための食べ物、お金、家事などの手伝いなど直接的に資源を提供）、❷情報的サポート（直接的な資源提供に関する情報の提供）、❸（社会）情緒的サポート（愛情や愛着、親密性のような情緒に関するサポート）、❹認知的サポート（評価やフィードバックのニーズに関するサポート）の四つを指すとしている。社会的孤立の状態では、地域社会のなかで生きていくために必要なこれらのソーシャルサポートが欠如することになる。

　ソーシャルサポートの欠如は、社会的排除を生む。社会的排除は、物質的・金銭的欠如、住まい、教育、医療・保健・福祉サービス、就労等の生活に必要なものを得ることができない状態となり、社会とのつながりをもつことができず、排除されていくプロセスを指す。

5 社会的排除にあらがう

　社会的排除によって周縁化され、社会的に孤立した場合、生きていくことが難しい。たとえば、**社会的排除**では、失業したあとに再就職がで

きなかったり、住む家を失ったり、アルコールや薬物の乱用状態になっても適切な医療を受けることができなかったり、安全で健康な食事を確保することができなかったり、生きるために必要な栄養を摂取できなかったり、生きるために罪を犯さざるを得なかったりする。社会的排除の結果として、刑務所を出たり入ったりしながら最期を迎える場合や寒い日の朝に路上で亡くなっているのが発見される場合、栄養失調による衰弱で孤独死・孤立死したあとも長い間発見されない場合、生きづらさを抱えて自ら死を選ぶ場合などが考えられる。

　排除された結果としてこのような最期を迎えるのは、本人の責任ではない。排除されやすい人々は、あいさつや人付き合いなどのコミュニケーションが極端に苦手だったり、社会が決めつけている「当たり前」や「普通」と違っていたり、社会のなかで強く傷つけられたトラウマ体験があったり、生きてきた時代が辛くて苦しい「就職氷河期」だったり、つまり、それらは社会が人々を繰り返し排除し続けた結果である。

　ソーシャルワーカーが取り組むことは、これらの人々とともに社会的排除にあらがうことだ。これらの社会的に排除されやすい人たちがアクセスできる資源を開発すること、社会的排除を生み出す人々の考え方や価値観の変化を促して資源へのアクセスを確保すること、社会的な排除を助長したり生み出したりするような法律や制度を変えること、排除されやすい状態にある人たちの声を集めてパワーを生み出し、社会を変えることなどによって、人や特定のグループとともに、人々が社会から排除されるプロセスにあらがうことである。そして、これらの取り組みを多くの多様な人々とともに成し遂げ、誰もがともに生きられる社会をつくることである。

◇引用文献
　1）斉藤雅茂・冷水豊・山口麻衣・武居幸子「大都市高齢者の社会的孤立の発現率と基本的特徴」『社会福祉学』第50巻第1号，pp.110-122，2009.
　2）野村祥平・岸恵美子・小長谷百絵ほか「高齢者のセルフ・ネグレクトの理論的な概念と実証研究の課題に関する考察」『高齢者虐待防止研究』第10巻第1号，pp.175-187，2014.
　3）鄭熙聖（JEONG Heeseong）「独居高齢者のセルフ・ネグレクトに影響する要因とそのプロセス——当事者の語りに着目して」『社会福祉学』第59巻第1号，pp.56-69，2018.
　4）後藤広史「社会福祉援助課題としての「社会的孤立」」『福祉社会開発研究』第2号，pp.7-18，2009.
　5）浦博光『支え合う人と人——ソーシャルサポートの社会心理学』サイエンス社，pp.58-61，1992.

◇参考文献
　・内閣府「生活状況に関する調査（平成30年度）」pp.9-12，2019.
　・「クローズアップ現代＋　60代の孤独死　団地の片隅で　〜外国人労働者の末路〜」https：//www.nhk.or.jp/gendai/articles/4391/index.html

第2章

地域共生社会の実現に向けた包括的支援体制

　高齢者等の介護の領域で行われている地域包括ケアシステムについて、および生活困窮者や妊産婦から子育て期、障害者への包括的な相談支援体制について学ぶ。次に、そこから抜け落ちる制度の狭間にいる人々をカバーする包括的支援体制について理解し、具体的な展開方法を学ぶ。さらに、包括的支援体制を構築するうえでの基本にある地域共生社会の考え方を学習し、2020（令和2）年の社会福祉法改正で新たに位置づけられた重層的支援体制について理解し、包括的支援体制や重層的支援体制の実現に向けてのソーシャルワーカーの役割を整理する。

第1節 地域包括ケアシステム

学習のポイント

● 地域包括ケアシステムを理解する
● 地域包括ケアシステムの展開を理解する
● 地域包括ケアシステム確立に向けての展開過程を学ぶ
● 高齢者以外の領域での包括的な相談支援体制を理解する

1 地域包括ケアシステムの考え方

　地域包括ケアシステムとは何か。地域包括ケア研究会は2011（平成23）年に「地域包括ケア研究会報告書」で、地域包括ケアシステムについての定義を「ニーズに応じた住宅が提供されることを基本とした上で、生活上の安全・安心・健康を確保するために、医療や介護のみならず、福祉サービスを含めた様々な生活支援サービスが日常生活の場（日常生活圏域）で適切に提供できるような地域での体制」と試みている。[1]法律上では、「地域包括ケアシステム」という名称が初めて使われたのは、2013（平成25）年に成立した、持続可能な社会保障制度の確立を図るための改革の推進に関する法律である。さらに、2014（平成26）年の、地域における医療及び介護の総合的な確保の促進に関する法律では、「地域の実情に応じて、高齢者が、可能な限り、住み慣れた地域でその有する能力に応じ自立した日常生活を営むことができるよう、医療、介護、介護予防、住まい及び自立した日常生活の支援が包括的に確保される体制をいう」（第2条第1項）と法的に地域包括ケアシステムを定義づけた。

　この結果、地域包括ケアシステムは図2-1のように示されるが、その目指すところは、2025年を目途に、要介護状態となっても住み慣れた地域で自分らしい暮らしを人生の最後まで続けることができるよう、日常生活圏域を単位にして、❶医療、❷介護、❸住まい、❹介護予防、❺サロン・見守り・配食・移送活動といった生活支援が包括的に確保される体制を構築することにある。図にも示されているように、介護予防と生活支援は、高齢者が一体的に取り組むものとして位置づけられている。

図2-1 地域包括ケアシステムの枠組み

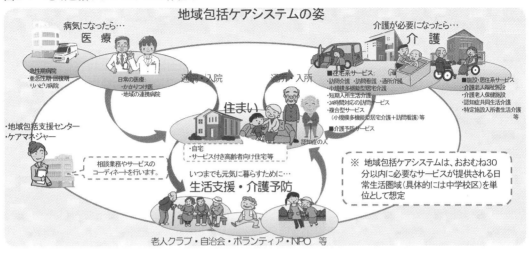

資料：厚生労働省

　この地域包括ケアシステムでは、「自助」「互助」「共助」「公助」を確立し、高齢者がそれらに一体的にアクセスできることが重要であるとされる。2013（平成25）年に公表された地域包括ケア研究会の「地域包括ケアシステムの構築における今後の検討のための論点」では、❶自助を介護保険や医療保険の自己負担部分、市場サービスの購入、利用者本人や家族による対応、❷互助を費用負担が制度的に裏づけされていない自発的なボランティアなどの支援、地域住民の取り組み、❸共助を介護保険・医療保険制度による保険料部分、❹公助を介護保険・医療保険の公費（税金）部分、自治体等が提供するサービス、というように整理している。とりわけ都市部では、今後75歳以上人口が急増していくという状況にあり、意識的に「互助」を強化していく必要があるとしている。

　これら「自助」「互助」「共助」「公助」が確立され、それらが利用者に届けられるためには、地域の団体や機関がネットワークをつくり、地域に必要なサービスや支援をつくり上げ、さらにケアマネジメントを介して個々の利用者に一体的にそれらがワンストップで提供されることが必要である。これが、地域包括ケアシステムがねらいとすることである。

　法的には、2012（平成24）年の介護保険法改正で、国および地方公共団体の責務として、各種施策を包括的に推進することが位置づけられた。保険者である市町村が、地域の自主性や住民の主体性に基づき、地域の特性に応じて、高齢者に対して包括的に支援していく地域包括ケアシステムをつくり上げていくことになった。

　この地域包括ケアシステムは、2003（平成15）年に高齢者介護研究会により提出された報告書「2015年の高齢者介護」において、「地域包括ケアシステムの確立」が提起されたことから始まる。この報告書では、地域包括ケアシステムを、介護以外の問題にも対処しながら、介護サービスを提供することであり、介護保険のサービスを中核としつつも、保健・医療・福祉の専門職相互の連携、さらにはボランティアなどの住民活動も含めた連携によって、地域のさまざまな資源を統合した包括的なケアを提供することと位置づけた。

　この報告書を受けて、2005（平成17）年の介護保険法改正で、地域住民の心身の健康の保持および生活の安定のために必要な援助を行うことで、その保健医療の向上および福祉の増進を包括的に支援することを目的として、地域包括ケアシステムを担う中核施設として地域包括支援センターが設置された。地域包括支援センターでは、当初、要支援者に対するケアマネジメントを行う介護予防支援事業と包括的支援事業を実施していくことになった。当初の包括的支援事業としては、❶二次予防事業対象者（旧特定高齢者）に対する介護予防ケアプランの作成による介護予防ケアマネジメント、❷高齢者に対して介護保険サービスだけでなく、地域のさまざまな社会資源を活用し、関係機関のネットワークを活かしながら実施する総合相談支援業務、❸高齢者の権利擁護の観点から、成年後見制度の活用促進、老人福祉施設等への措置、高齢者虐待への対応、困難事例への対応を行う権利擁護業務、❹ケアマネジメント支援などを包括的に行う包括的・継続的ケアマネジメント支援業務であった。これらでもって、地域包括ケアシステムを推進していくことになった。

　その後、地域包括ケアシステムの全体像が整理されてくる過程で、被保険者が要介護状態や要支援状態になることを予防し、地域において自立した日常生活を送れるよう地域包括ケアシステムを推進していくために、要介護者への保険給付や要支援者への予防給付に加えて、地域支援事業を実施することになった。この地域支援事業は、❶**包括的支援事業**、❷介護予防・日常生活支援総合事業、❸任意事業からなっている。介護予防・日常生活支援総合事業は、要支援者や介護予防・日常生活自立支援事業対象者（基本チェックリストの該当者）を対象にして、訪問

★包括的支援事業
現在、地域包括支援センターが実施する包括的支援事業としては、❶介護予防ケアマネジメント、❷総合相談支援業務、❸権利擁護業務、❹ケアマネジメント支援業務、❺地域ケア会議の推進がある。地域全体で取り組む包括的支援事業としては、❻在宅医療・介護連携推進事業、❼認知症総合支援事業（認知症初期集中支援事業、認知症地域支援・ケア向上事業等）、❽生活支援体制整備事業（コーディネーターの配置、協議体の設置）がある。

型サービス、通所型サービス、配食等の生活支援サービス、介護予防ケアマネジメントである介護予防・生活支援サービス事業と、第 1 号被保険者のすべての者やその支援のための活動にかかわる者を対象にして行う一般介護予防事業がある。任意事業は、介護給付等費用適正化事業、家族介護支援事業、その他の事業からなる。

　以上の施策を推進することで、地域包括ケアシステムは、高齢者が地域社会のなかで、役割をもちながら、できる限り長く生活できるために、高齢者のさまざまなニーズにワンストップで応えられるよう、介護サービスだけでなく、医療、住まい、生活支援、介護予防等のサービスが創設され、それらが連携を深めていくことを目指すものであるといえる。

3 　地域包括ケアシステムの展開

　地域包括ケアシステムを構築していくためには、結果として、日常生活圏域に、高齢者が必要とする住まい、介護、医療、介護予防、生活支援のサービスが整い、それらがワンストップで利用者に届けられるためには、こうしたサービスの充実が求められる。その構築の過程を示したのが、**図 2-2** である。

　図 2-2 に示すように、地域包括ケアシステムは、大きくは、介護保険事業計画の策定のための要介護高齢者等の調査や日常生活圏域での要支援者等の調査、および地域ケア会議での支援困難事例の検討を介して、高齢者についての地域の課題だけでなく、住民・地域社会、社会資源、支援者に関する地域の課題を明らかにすることに加えて、さまざまな社会資源を発掘することになる。これらに基づき、介護保険事業計画や地域ケア会議で、地域の関係者がこれらの地域の課題に対する対応策について検討し、決まった対応策を介護保険事業計画や地域ケア会議等で実施することに反映をさせていくことになる。結果として、介護サービス、医療と介護の連携、生活支援・介護予防サービス等が充実していくことになる。これが PDCA サイクルで循環していくことで、地域包括ケアシステムが構築されていくことになる。

　介護保険事業計画は、市町村が 3 年に 1 回作成し、PDCA サイクルで進めていき、日常生活圏域での要介護者や要支援者等の在宅介護実態調査や要介護状態になる前の高齢者を対象にした介護予防に向けての日常生活圏域ニーズ調査をもとに、地域の課題を明らかにし、既存の社会

Active Learning

身近な市（区）町村の介護保険事業計画をホームページで探し、地域の課題に合わせて、どのような施策を計画しているかを調べてみましょう。

図2-2 市町村における地域包括ケアシステム構築の過程

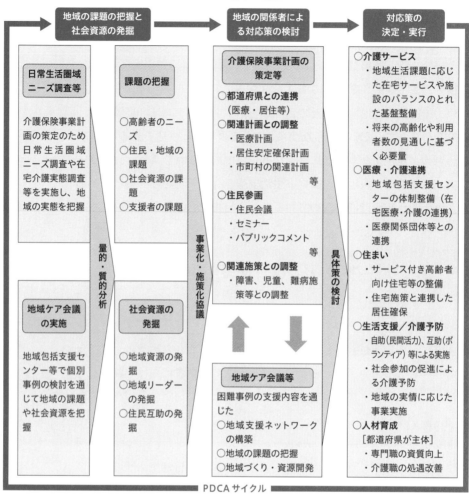

資料：厚生労働省資料に追加・変更

資源を充実したり、新しい社会資源を開発することになる。

地域ケア会議については、地域包括支援センターが主催し、介護支援専門員が抱える支援困難事例について、専門職や関係者により検討を行う地域ケア個別会議と、各機関の代表による地域の課題を明らかにしていく地域ケア推進会議がある。地域ケア会議とは、高齢者個人に対する支援の充実と、それを支える地域の社会基盤の整備とを同時に進めていく、地域包括ケアシステムの実現に向けた手法である。医療、介護等の多職種が協働して高齢者の個別課題の解決を図るとともに、個別ケースのアセスメント等を積み重ねることにより、地域に共通した地域の課題を明確化し、それらの課題の解決に必要な社会資源の開発や地域づくり、さらには介護保険事業計画や高齢者福祉計画への反映などの政策形成につなげていく。

　なお、介護保険制度では、地域包括支援センター以外に、要介護者等の相談に応じ、ケアプランを作成しモニタリングしている居宅介護支援事業所があり、そこでは介護支援専門員がその業務に当たっている。そのため、地域包括支援センターは介護支援専門員と連携し、個別のケースをもとに、地域の課題を明らかにしていくことが求められる。

4 包括的な相談支援体制

　地域包括ケアシステムを確立するための中核となる機関として地域包括支援センターが位置づけられているが、このような包括的な相談支援機関が他の「生活困窮者」「妊産婦から子育て世帯」「障害者」の領域でも、それぞれの利用者を対象にして実施されてきた。

　今後、「地域共生社会」の実現に向けた、具体的な取り組みの一つに包括的支援体制の構築が求められている。この包括的支援体制は、世代や領域別での相談支援では対象外となる人々や世帯をも含めて相談支援を実施し、さらには住民が主体になり、あらゆる住民を対象にした地域づくりを進めていく体制のことである。そして、この包括的支援体制を構築していくにあたっては、上記のさまざまな包括的な相談支援を行う機関や窓口が、いかに、利用者の状況や地域の状況に即して、これまでの「枠」を取り除き、有機的に連携・協働できるかが肝要となってくる。次節では、この「包括的な相談支援」を担う機関について、生活困窮者の領域を中心に整理していく。

◇引用文献
　１）地域包括ケア研究会『地域包括ケア研究会 報告書～今後の検討のための論点整理～』（平成20年度老人保健健康増進等事業），p.6，2009.

生活困窮者自立支援の考え方

学習のポイント

● 生活困窮者自立支援制度の目的、基本理念、概要を学ぶ
● 自立相談支援事業の役割と支援過程を理解する
● 生活困窮者自立支援に必要な倫理と基本姿勢を理解する
● 高齢者、生活困窮者以外を対象とする包括的な相談支援体制について理解する

1 生活困窮者自立支援制度の目的と基本理念

1 生活困窮者自立支援制度の特徴

　生活困窮者自立支援制度は、雇用状況、家族形態、地域社会の状況などの構造的な変化のなかで、生活上にさまざまな困難を抱える人々を支える新たなセーフティネットとして誕生した。

　2013（平成 25）年 12 月に生活困窮者自立支援法が成立し、同法に基づく制度が、2015（平成 27）年 4 月より実施された。その後、法律施行後 3 年目の見直しを経て、2018（平成 30）年 6 月に法改正がなされ、同年 10 月 1 日から改正法が施行されている。

　支援を必要とする人々が「制度の狭間」に陥ることのないよう、「尊厳の保持」を大切にした「断らない相談支援」や「アウトリーチ」を行うとともに、「支援を通じた地域づくり」を行うことが制度の特徴である。

2 生活困窮者自立支援制度の目的

　生活困窮者自立支援制度の目的は、生活困窮者自立支援法第 1 条に規定されるように、「生活困窮者自立相談支援事業の実施、生活困窮者住居確保給付金の支給その他の生活困窮者に対する自立の支援に関する措置を講ずることにより、生活困窮者の自立の促進を図ること」である。

3 生活困窮者自立支援制度の基本理念

　生活困窮者自立支援制度の基本理念[★]は、生活困窮者自立支援法第 2 条に掲げられている。第 1 項には「生活困窮者に対する自立の支援は、生活困窮者の尊厳の保持を図りつつ、生活困窮者の就労の状況、心身の

★生活困窮者自立支援法の基本理念
基本理念は、2018（平成 30）年の法改正により、第 2 条として追加され、法文上に明記された。制度創設時より、国は、「生活保護に至っていない生活困窮者に対する『第 2 のセーフティネット』を全国的に拡充し、包括的な支援体制を構築する」という制度の意義、「生活困窮者の尊厳の確保（保持）」「生活困窮者支援を通じた地域づくり」という二つの目標および「包括的」「個別的」「早期的」「継続的」「分権的・創造的」からなる五つの支援のかたちを理念として示していたが、これらの内容が、第 2 条に明示されるようになった。

状況、地域社会からの孤立の状況その他の状況に応じて、包括的かつ早期に行われなければならない」ことが、第 2 項には「生活困窮者に対する自立の支援は、地域における福祉、就労、教育、住宅その他の生活困窮者に対する支援に関する業務を行う関係機関（以下単に「関係機関」という。）及び民間団体との緊密な連携その他必要な支援体制の整備に配慮して行われなければならない」ことが規定されている。

4 生活困窮者の定義

生活困窮者の定義は、生活困窮者自立支援法第 3 条第 1 項に規定されており、「就労の状況、心身の状況、地域社会との関係性その他の事情により、現に経済的に困窮し、最低限度の生活を維持することができなくなるおそれのある者をいう」とされている。

5 包括的支援体制の充実に向けた取り組み

2018（平成 30）年の改正法においては、都道府県、市および福祉事務所を設置する町村（以下、福祉事務所設置自治体）の福祉、就労、教育、税務、住宅等を所掌する各部局で把握した生活困窮者に対し、自立相談支援事業等の利用勧奨を行う努力義務を規定（法第 8 条）したり、生活困窮者に対する支援にあたっての情報共有を関係機関間で適切に行うために、構成員に守秘義務を課した支援会議を創設（法第 9 条）するなどして、早期的かつ包括的な支援体制の充実を図っている。

2 生活困窮者自立支援制度の概要

生活困窮者自立支援制度の概要は、**図 2-3** のとおりである。

生活困窮者自立支援法第 3 条第 2 項から第 7 項までには、法に基づく事業が規定されている。事業には、福祉事務所設置自治体が必ず実施しなければならない必須事業と各自治体の状況に即して任意に実施する任意事業がある。主な事業の概要は次のとおりである。

1 生活困窮者自立相談支援事業（必須事業）

生活困窮者や家族、関係者からの相談に応じ、必要な情報の提供および助言をするとともに、認定生活困窮者就労訓練事業の利用のあっせんを行ったり、支援計画の策定、関係機関との連絡調整などを行う事業。

図2-3　生活困窮者自立支援制度の概要

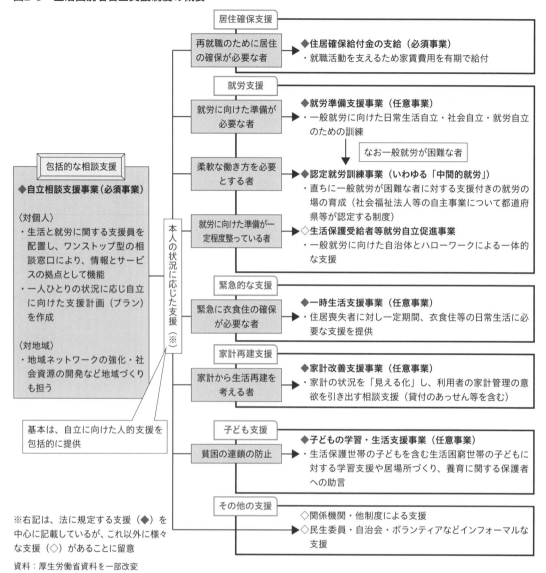

資料：厚生労働省資料を一部改変

2 生活困窮者住居確保給付金（必須事業）

　離職等により経済的に困窮し、住居を失った者、または家賃の支払が困難になった者に対し、家賃相当額にあたる住居確保給付金を支給する事業。

3 生活困窮者就労準備支援事業（任意事業）

　雇用による就業が著しく困難な生活困窮者に対し、一定期間、就労に必要な知識および能力の向上のために必要な訓練を行う事業。

4 生活困窮者家計改善支援事業（任意事業）

生活困窮者に対し、収入、支出その他家計の状況を適切に把握することおよび家計の改善の意欲を高めることを支援するとともに、生活に必要な資金の貸付のあっせんを行う事業。

5 生活困窮者一時生活支援事業（任意事業）

一定の住居をもたない生活困窮者に対し、一定期間、宿泊場所や食事の提供を行う事業。

6 子どもの学習・生活支援事業（任意事業）

生活保護世帯の子どもを含む生活困窮世帯の子どもに対する学習支援や、子どもとその保護者に対して、生活習慣、育成環境の改善、教育および就労に関する支援を行う事業。

7 認定生活困窮者就労訓練事業（いわゆる中間的就労）

都道府県知事等が、雇用による就業を継続して行うことが困難な生活困窮者に対し、就労の機会を提供するとともに、就労に必要な知識および能力の向上のために必要な訓練を行う事業所の認定を行うもの（法第16条）。

8 その他の生活困窮者の自立の促進を図るために必要な事業

生活困窮者自立支援制度では、地域状況に即した柔軟かつ多様な取り組みの実現に向けて、必要な事業を実施できることとしている。

なお、これらの事業の運営実施主体は、福祉事務所設置自治体である。各事業における支援は、福祉事務所設置自治体の職員が行う直営型のほか、社会福祉協議会、社会福祉法人、NPO法人、企業に委託する委託型があり、福祉事務所設置自治体の状況により、多様な形で実施されている。

---

i 2018（平成30）年の法改正まで、生活困窮者家計改善支援事業は、生活困窮者家計相談支援事業という名称で実施されていた。

ii 2015（平成27）年4月に、生活困窮者自立支援制度が施行されたことにより、それまでホームレス対策事業として実施されてきた「ホームレス緊急一時宿泊事業」が、生活困窮者一時生活支援事業に位置づけられた。

iii 子どもの学習支援事業として実施されてきた本事業は、2018（平成30）年の法改正により、子どもの学習・生活支援事業として、支援内容の充実が図られた。

3 自立相談支援機関の役割と支援過程

1 自立相談支援機関の概要

　自立相談支援機関は、生活困窮者自立支援法第3条第2項に規定される、生活困窮者や関係者からの包括的な相談を受けるとともに、プラン策定をしながら、個別支援、サービスのコーディネート、新たなネットワークや資源開発を通じた地域づくりを行う、生活困窮者自立支援制度の中核を担う機関である。

　自立相談支援機関には、主任相談支援員、相談支援員、就労支援員が配置されている。各支援員の役割は次のとおりである[1]。

❶主任相談支援員

　相談業務全般のマネジメント、支援困難ケースへの対応など高度な相談支援、社会資源の開発・連携や地域住民への啓発活動を通じた地域社会への働きかけ、支援員へのスーパービジョンなどを担う。

❷相談支援員

　アセスメント、プラン作成、支援調整会議の実施等の一連の支援プロセスの実施、記録の管理やアウトリーチ、個別的・継続的・包括的な支援の実施、社会資源その他の情報を活用した地域ネットワークのなかでの支援の実施などを担う。

❸就労支援員

　丁寧なアセスメントに基づく個別支援、ハローワーク、商工会議所、企業等との連携、職業紹介、求人開拓、定着支援、企業支援、中間的就労や実習場所等の開拓などを担う。

2 自立相談支援機関における支援過程

　自立相談支援機関における支援過程は、図2-4のとおりである。アウトリーチを行い生活困窮者の早期把握を行うとともに、相談者本人の主体性を尊重し、地域のさまざまな関係機関、社会資源との連携により支援を展開していくことが特長である。

図2-4　相談支援プロセスの流れ

※　以下は、基本的な支援の流れを示したもの。例えば、緊急に支援が必要な場合は、状況に応じて臨機応変に対応していくことが重要。

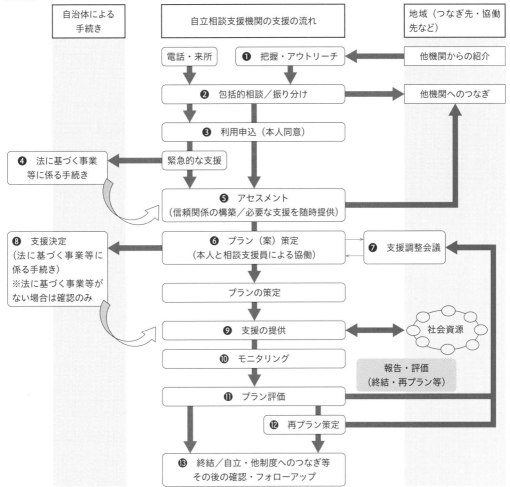

図の中央は、自立相談支援機関が行う相談支援業務の流れ、左は自治体が行う手続き等、右は地域における社会資源に求める役割を示している。

資料：厚生労働省

4 対象者横断的な包括的な相談支援と伴走型支援

1 包括的な相談支援の意義

　社会福祉の領域では、高齢者、障害者、児童、生活保護など、相談者の属性やリスクに対応する制度や相談機関による相談支援を充実させてきた。一方で、分野別の制度だけでは解決できない複合的な課題や、社会的に認知されにくかった新たな課題を抱える人々が「制度の狭間」に置かれ、孤立したり、厳しい環境で生活したりすることを余儀なくされ

ていることが知られるようになった。こうしたなかで、包括的な相談支援の重要性が認識されるようになっている。

　対象者横断的な包括的な相談支援の意義は、住民一人ひとりの尊厳を尊重しながら困りごとを受けとめ、本人の想いや願いを尊重した解決策を本人とともに検討すると同時に、一人の困りごとを解決することを通じて誰もが安心して生活できる地域をつくることを実現することである。国は地域共生社会の実現に向けて、包括的な支援体制づくりを推進している。生活困窮者自立支援制度は、「断らない相談支援」という考え方のもと、対象者の属性にかかわらず、柔軟に、個別的かつ包括的な相談支援を理念に掲げて実践を進めてきた。今後も、包括的な相談支援の中核の一翼を担うことが期待されている。

■2 伴走型支援とはなにか

　伴走型支援とは、「支援者と本人が継続的につながり関わり合いながら、本人と周囲との関係を広げていくことを目指す」[2]支援を意味している。

　「地域共生社会に向けた包括的支援と多様な参加・協働の推進に関する検討会（地域共生社会推進検討会）最終とりまとめ」においては、保健医療福祉等の専門職による対人支援は、一人ひとりの個別的なニーズやさまざまな生活上の困難を受け止め、自律的な生の継続を支援できるよう、本人の意向や本人を取り巻く状況に合わせて「具体的な課題解決を目指すアプローチ」と「つながり続けることを目指すアプローチ」を、支援の両輪として組み合わせていくことが必要であるとしている[3]。伴走型支援は、後者の「つながり続けることを目指すアプローチ」である。

　生活困窮者自立支援制度は、もともと、金銭やサービスの給付ではなく、支援員による相談支援を中核に置いている。今後も、制度の実施にあたっては、伴走型支援の充実が求められているといえるだろう。

▶ 5　生活困窮者自立支援に求められること

■1 支援員に求められる倫理と基本姿勢

　自立相談支援機関を中心とする生活困窮者自立支援制度にかかわる支援員には、次のような三つの倫理と八つの基本姿勢が定められている[4]。

❶基本倫理

❶ 権利擁護（尊厳の保持・本人の主体性の確保）

❷ 中立性・公平性

❸ 秘密保持

❷基本姿勢

❶ 信頼関係を構築する。

❷ ニーズを的確に把握する。

❸ 自己決定を支援する。

❹ 家族を含めた支援を行う。

❺ 社会とのつながりの構築を支援する。

❻ チームアプローチを展開する。

❼ さまざまな支援をコーディネートする。

❽ 社会資源を開発する。

　基本倫理は、多くの対人援助専門職に共通する項目であるが、それら
を守ることは容易ではない。真摯に見直していきたい内容である。

　基本姿勢の❶❷❸は、本人との関係構築には不可欠なものである。❹
は、個人のみならず家族も支援の対象となることを明らかにしている。
❺❻❼❽は、「対個人」だけでなく「対地域」の支援を進めるために必
要となる基本姿勢といえる。基本倫理とともに、支援員が自分自身の実
践力を向上させていくための指針として、常に意識したい項目である。

2 生活困窮者自立支援の充実に向けて

　生活困窮者自立支援を充実させていくためのポイントは以下のとおり
となる。

　第一は、貧困状態にある人々が置かれている状況を理解することであ
る。現代社会では、貧困状態にあることが「自己責任」と考えられてし
まうことがあり、このため、当事者は支援を求められず、自尊感情が失
われるような状況に置かれやすい。また、人権が損なわれ、不利な状況
に置かれることも少なくない。貧困に対する社会的な誤解や偏見をなく
すための働きかけが、極めて重要である。

　第二は、本人を起点とした支援を行うことである。支援者は、ともす
ると、本人が抱えている「課題」の解決に向けて支援者主導で支援して
しまいやすい。「課題」ではなく「人」に向き合うことが支援者の役割
であることを心にとめ、本人理解につとめながら、本人を主体とした支
援を実現することが大切である。

第三は、環境に働きかける支援を充実させることである。従来の支援は、社会の状況に合わせて、当事者にばかり変容を求める支援が行われがちであった。本人のもつ強みや特性を活かし、地域や社会に理解者を増やすとともに、環境に働きかける支援の充実が求められているといえるだろう。

生きづらさを感じ、生活に困難を抱えたり、社会的孤立状態になることは、誰にでも起こり得ることである。相談支援につながった当事者こそ、今後の地域社会をよりよいものとする機会をつくる貴重な存在である。当事者の声を大切に、当事者の経験に学びながら、支援を充実させていきたいものである。

6 子育てや障害領域等を対象とする 包括的な相談支援体制

以上のような高齢者等の介護保険制度や生活困窮者自立支援事業での包括的な相談支援体制に加えて、妊娠期から子育て期や障害の領域でも、それぞれの利用者を対象にして、包括的な相談支援体制が構築されている。

1 子育て世代包括支援センター

子育て世代包括支援センター（母子保健法上の名称：母子健康包括支援センター）は、市町村が実施主体で、妊娠期から子育て期のライフサイクルの世帯を対象にして、妊産婦や乳幼児等の状況を一元的に把握し、妊娠・出産・子育てに関する各種の相談に保健師やソーシャルワーカー（社会福祉士、精神保健福祉士）の専門職が対応し、必要に応じて支援計画の策定や、地域の保健医療または福祉に関する機関との連絡調整を行い、妊産婦や乳幼児等に対して継続的・包括的な支援を提供することで、育児不安の解消や虐待の予防を目的にしている。

さらには、安心して妊娠・出産・子育てができる「地域づくり」も子育て世代包括支援センターの重要な役割であり、地域子育て支援拠点事業所等の関係機関や地域の住民や機関・団体などの地域のさまざまな関

---

iv　生活困窮者支援における「本人理解に基づく相談支援の考え方」については次に詳しい。みずほ情報総研「自立相談支援事業における事例の捉え方と支援のあり方」『生活困窮者自立支援制度の自立相談支援機関における帳票類の標準化に関する調査研究報告書』p.3, 2016.

係機関とのネットワークを構築し、地域の課題を明らかにし、地域で必要な子育て資源を開発していくことを推進しており、包括的な相談支援体制の確立を目指している。

このように、子育て世代包括支援センターでは、従来からの妊娠初期から子育て期のライフサイクルの人々を対象にして、包括的・継続的な支援を実施している。さらに、母子保健法に基づく母子保健事業、子ども・子育て支援法に基づく利用者支援事業、児童福祉法に基づく子育て支援事業などを包括的に捉え、母子保健分野と子育て支援分野の両面から支援が実施されている。

2 基幹相談支援センター

障害者の日常生活及び社会生活を総合的に支援するための法律（障害者総合支援法）に規定される**基幹相談支援センター**は、地域における障害者の相談支援の中核的な役割を担う機関として、市町村が実施主体となり、市町村が自ら設置するか、**一般相談支援事業***や**特定相談支援事業***を行っている事業者に委託して実施している。このセンターでは、❶総合的・専門的な相談支援の実施（障害の種別や各種のニーズに対応できる総合的な相談支援や専門的な相談支援の実施）、❷地域の相談支援体制の強化の取り組み（地域の相談支援事業者に対する訪問等による専門的な指導・助言、地域の相談支援事業者の人材育成の支援、地域の相談機関との連携強化の取り組み）、❸地域移行・地域定着の促進の取り組み（地域移行に向けた障害者支援施設や精神科病院等への普及啓発、地域生活を支えるための体制整備に係るコーディネート）、❹権利擁護・虐待の防止（成年後見制度や利用支援事業の実施、障害者等に対する虐待を防止するための取り組み）を実施している。

基幹相談支援センターは、地域の実情に応じて、地域における障害者の相談支援の中核的な役割を担う機関として、相談支援専門員、主任相談支援専門員、社会福祉士、精神保健福祉士、保健師等の配置が例示されている。

基幹相談支援センターでは、特に、身体・知的・精神の3障害者に対応する総合的な相談支援と同時に、地域の障害者にかかわる相談機関との連携を進め、地域での相談支援体制の強化を図っている。

なお、基幹相談支援センター以外に、障害児・者の相談支援には、障害児・者に対して、サービス等利用計画の作成やモニタリングを実施している指定特定相談支援事業者や指定障害児相談支援事業者と、障害者

★**一般相談支援事業**
入所施設や精神科病院等からの退院・退所といった地域移行支援や彼らが地域生活を継続していくための地域定着支援を行う。

★**特定相談支援事業**
障害福祉サービス等を申請した障害者に対して、サービス等利用計画の作成を行うサービス利用支援や、支給決定後のサービス等利用計画の見直しを行う継続サービス利用支援を行う事業。障害児については、「障害児相談支援事業」という。

施設や精神科病院からの地域移行支援や移行した者の地域定着支援を実施する指定一般相談支援事業者がある。

　地域包括支援センターをはじめ、生活困窮者自立相談支援機関、基幹相談支援センター、子育て世代包括支援センターは、妊産婦から子育て世代、障害児・者、高齢者といったライフサイクルに合わせて、個々の対象者に対して包括的な相談支援体制を確立することを目指している。また、生活困窮者自立支援制度も、経済的に困窮している者を対象にして、包括的な相談支援体制の構築を推進してきたといえる。

　これらの世代別や領域別の施策は、相談支援事業だけでなくサービス提供においても、主として「年齢」や「所得」といった、受給者選択（アロケーション★）により施策を進めてきた。特に相談支援事業については、個人に対する個別支援と地域に対する支援を包括的に行ってきたが、そうした施策側の受給者選択により、相談の対象から抜け落ちる人々や世帯に対して相談支援を実施し、必要なサービスにつないでいくことが課題となってきている。ここから、世代や領域を越えて、誰もが相談が受けられ、同時に住民全体を対象とした地域づくりを目指す包括的支援体制の構築が求められている。

★受給者選択（アロケーション）
施策実施側がサービス利用対象者の範囲を選択すること。この場合には、「年齢」や「所得」といった基準が中心であるが、時にはひとり暮らしといった「家族構成」であったり、アメリカでは退役軍人といった「元職業」といった受給者対象もある。

◇引用文献
　1）自立相談支援事業従事者養成研修テキスト編集委員会「各支援員の役割」『生活困窮者自立支援法 自立相談支援事業従事者養成研修テキスト』中央法規出版，pp.45-48，2014.
　2）「地域共生社会に向けた包括的支援と多様な参加・協働の推進に関する検討会（地域共生社会推進検討会）最終とりまとめ」p.5，2019.
　3）同上
　4）前出1），pp.35-44

第3節 包括的支援体制とは

学習のポイント

- 包括的支援体制について理解する
- 社会福祉法改正（2017（平成29）年）での包括的支援体制を学ぶ
- 包括的支援体制の具体的な展開方法を理解する

 包括的支援体制に向けての展開

　地域包括ケアシステムは、地域包括支援センターが核になり、主として高齢者を対象に日常生活圏域を土台にして、包括的な対応を目指してきたといえる。障害者向けの基幹相談支援センターや子育て世代包括支援センターも、同様に一定の地域を土台にして、特定の対象者に対して包括的な支援を目指すものである。生活困窮者自立支援相談機関も、最低限度の生活を維持することができなくなるおそれのある者に対して、包括的な相談支援を実施している。いずれの相談支援機関も、利用者に対する総合相談をベースにして、利用者の複合的なニーズを包括的に捉え、そうしたニーズに対して多様で多元的なフォーマルサービスとインフォーマルサポートがネットワークを構築し、必要な社会資源を包括的に提供することである。

　ただ、これらの世代別や領域別の包括的な相談支援体制では、80歳代の要介護高齢者の親と50歳代のひきこもりの子どもが社会的に孤立するいわゆる「8050問題」や、介護と育児の両方に直面している「ダブルケア」の世帯といった複合的な問題をもった家族には対応できないことが顕在化してきた。また、いわゆる「ごみ屋敷」に住む人々は適切な相談機関がなく、そのような制度の狭間にいる人々の存在が明らかになってきた。同時に、障害の疑いがあるが障害者手帳の申請を拒否している人といった自ら相談に行かない人への対応が求められている。さらには、65歳未満まで障害者の日常生活及び社会生活を総合的に支援するための法律（障害者総合支援法）で福祉サービスを利用していた障害者が、65歳で介護保険サービスに移行する際に遭遇する制度の違いから生じてくる「高齢障害者」の課題といった、ライフサイクルの変化に伴う

Active Learning

世代や領域別の包括的支援体制では対応が難しい事例が示されていますが、ほかにどのような事例があるか考えてみましょう。

制度の移行時での生活の連続性の欠如が課題となってきた。

　以上のような問題に対応するために、厚生労働省は2015（平成27）年9月に「新たな時代に対応した福祉の提供ビジョン」を公表し、全世代・全対応型の地域包括支援体制の構築が打ち出され、各地で相談支援の包括化に向けたモデル実践が進められてきた。

　「新たな時代に対応した福祉の提供ビジョン」では、以下の四つの改革を提案した。

❶　包括的な相談支援システムとして、複合的な課題を有する場合や分野横断的な対応等の課題に対して、包括的な相談をもとにサービス等と調整し、同時に資源開発を行うこと

❷　高齢、障害、児童等への連続した総合的なサービス等を提供すること

❸　❶を可能とする総合的な人材の育成・確保

❹　効果的・効率的なサービス提供のための生産性向上

　一方で、2016（平成28）年6月に閣議決定された「ニッポン一億総活躍プラン」において「地域共生社会の実現」が提唱され、この地域共生社会の実現に向けて、厚生労働省に2016（平成28）年7月に「我が事・丸ごと」地域共生社会実現本部が設置された。ここでは、❶地域福祉の推進の理念として、支援を必要とする住民（世帯）が抱える多様で複合的な地域生活課題について、住民や福祉関係者による把握および関係機関との連携等による解決を図ること、❷地域共生社会の実現のために、市町村が包括的支援体制づくりに努めること、❸市町村が地域福祉計画を策定するよう努めるとともに、地域福祉計画では福祉の各分野における共通事項を定め、他の計画の上位計画として位置づけること、を示した。

2 ▶ 包括的支援体制実現に向けた社会福祉法の2017年改正

　厚生労働省に地域共生社会実現本部が設置されたことを受けて、2017（平成29）年6月2日公布、2018（平成30）年4月1日施行の改正社会福祉法において、地域福祉の推進の理念として、地域住民等は、福祉サービスを必要とする地域住民やその世帯が抱えるさまざまな分野にわたる地域生活課題を把握し、その解決に資する支援を行う関係機関との連携等によりその解決を図るよう特に留意するものとする旨が新たに示された（社会福祉法第4条第3項関係）。

　そのため、「地域住民等や地域生活課題の解決に資する支援を行う関係機関が地域福祉の推進のための相互の協力が円滑に行われ、地域生活課題の解決に資する支援が包括的に提供される体制」（「社会福祉法に基づく市町村における包括的な支援体制の整備に関する指針」（平成 29 年厚生労働省告示第 355 号）参照）を**包括的支援体制**とし、市町村がその整備に努めることになった。

　これは住民や関係機関が主体的に地域の課題を把握して解決を試みる体制づくりを確立することと併せて、すべての支援を必要とする人々や家族全体の複合化・複雑化した課題を受け止める包括的な相談支援体制づくりを推進することである。

　この包括的支援体制は具体的に以下の 3 点の施策でもって、推進されていくとしている（社会福祉法第 106 条の 3 関係）。

❶　地域住民の地域福祉活動への参加を促進するための環境整備に関する施策

❷　住民に身近な圏域において、分野を超えて地域生活課題について総合的に相談に応じ、関係機関と連絡調整等を行う体制整備に関する施策

❸　市町村圏域において、生活困窮者自立相談支援機関等の関係機関が協働して、複合化した地域生活課題を解決するための体制整備に関する施策

　また、包括的支援体制を実現するために、市町村および都道府県は、福祉分野の共通事項を記載した市町村地域福祉計画および都道府県地域福祉支援計画を策定することの努力義務化がなされた（社会福祉法第 107 条および第 108 条関係）。

　さらには、社会福祉法改正ではないが、障害児者と高齢者が同一事業所で介護サービスを継続して受けやすくするため、訪問介護、通所介護（療養通所介護）、短期入所生活介護について介護保険と障害福祉制度に新たに「共生型サービス」が位置づけられた。介護保険では、訪問介護や通所介護等の居宅サービス等に係る事業所について、他方、児童福祉法の障害児通所支援や障害者総合支援法の障害福祉サービス事業所について、それぞれがもう一方の制度の事業所指定を受けやすくする特例を設けて、両方の制度の指定を受ける事業所を「共生型サービス事業所」とした（介護保険法第 72 条の 2、障害者総合支援法第 41 条の 2、児童福祉法第 21 条の 5 の 17 関係）。この結果、高齢障害者が利用する福祉サービスについて、65 歳で障害者総合支援法から介護保険法に移

行するが、それまで利用していた同一事業者から継続してサービスを利用することが可能となった。

3 包括的支援体制の具体的展開方法

　改正社会福祉法の第106条の3に明記された包括的支援体制の確立に向けて、前述した三つの施策について、厚生労働大臣はその適切かつ有効な実施を図るため2017（平成29）年12月に「社会福祉法に基づく市町村における包括的な支援体制の整備に関する指針」を公表した。

　その指針で示された三つの施策の内容は以下のとおりである。

⑴地域住民の地域福祉活動への参加を促進するための環境整備に関する施策

　市町村は、「住民に身近な圏域」において、地域住民等が主体的に地域生活課題を把握して解決を試みることができる環境を整備するため、次の取組等を実施する。

１　地域福祉に関する活動への地域住民の参加を促す活動を行う者に対する支援

　地域住民が地域生活課題を自らの課題として主体的に捉え、解決を試みることができるよう、地域住民、地縁組織その他地域づくりに取り組む組織等の地域の関係者に対して、必要な働きかけや支援を行う者の活動の支援を行う。

２　地域住民等が相互に交流を図ることができる拠点の整備

　地域生活課題を早期に発見し、適切な対応を行うため、地域住民等が気軽に交流を図ることができる場や、地域住民と社会福祉分野等の専門職が話し合う場ともなる地域住民の活動拠点の整備を支援する。

３　地域住民等に対する研修の実施

　地域生活課題に関する学習会の実施等を通じ、地域住民等の地域福祉に関する活動に対する関心の向上及び当該活動への参加を促すとともに、当該活動を更に活性化させる。

⑵住民に身近な圏域において、分野を超えて地域生活課題について総合的に相談に応じ、関係機関と連絡調整等を行う体制整備に関する施策

　市町村は、地域活動を通して把握された地域住民が抱える地域生活課題に関する相談について、包括的に受け止め、情報提供や助言を行うとともに、必要に応じて支援関係機関につなぐことのできる体制を整備するため、以下の取組を実施する。

1　地域住民の相談を包括的に受け止める場の整備

　「住民に身近な圏域」において、地域住民の相談を包括的に受け止める場を整備する。ここには、地域住民のボランティア、市町村社会福祉協議会の地区担当、地域包括支援センター、障害者の相談支援事業所、地域子育て支援拠点、利用者支援事業（子ども・子育て支援法第59条第1号に規定する事業をいう。）の実施事業所等の福祉各制度に基づく相談支援機関、社会福祉法人、NPO等が担うことが考えられるが、地の実情に応じて協議し、適切に設置する必要がある。

2　地域住民の相談を包括的に受け止める場の周知

　「住民に身近な圏域」において地域住民の相談を包括的に受け止める場の名称、所在地、担い手、役割等を明確にするとともに、地域住民等に広く周知する。

3　地域の関係者等との連携による地域生活課題の早期把握

　民生委員・児童委員、保護司等の地域の関係者、関係機関等と連携し、地域生活課題を抱えながらも相談に来られない者や自ら支援を求めることができない者について、地域住民の相談を包括的に受け止める場が把握できる体制を整備する。

4　地域住民の相談を包括的に受け止める場のバックアップ体制の構築

　「住民に身近な圏域」において地域住民の相談を包括的に受け止める場のみでは解決が難しい地域生活課題については、社会福祉法第106条の3第1項第3号の支援体制と連携・協働し、適切な支援関係機関につなぐことにより、課題解決を行うことができる体制を整備する。

⑶市町村圏域において、生活困窮者自立相談支援機関等の関係機関が協働して、複合化した地域生活課題を解決するための体制整備に関する施策

　市町村は、「住民に身近な圏域」において地域住民の相談を包括的に受け止める場等では対応が難しい複合的で複雑な課題、制度の狭間にある課題等を受け止める相談体制を整備するため、次の取組を実施する。

1　支援関係機関によるチーム支援

　複合的で複雑な課題の解決のためには、専門的・包括的な支援が必要であり、市町村域における支援関係機関等で支援チームを編成し、協働して支援する。その際、協働の中核を担う機能が必要であり、例えば、生活困窮者自立支援制度における自立相談支援機関や地域包括支援センター、基幹相談支援センター、社会福祉協議会、社会福祉法人、医療法人、NPO、行政等の様々な機関が担うことがあり得るが、

地域の実情に応じて協議し、適切な機関が担うことが求められる。
　2　支援に関する協議及び検討の場
　　支援関係機関で構成される支援チームによる個別事案の検討の場等については、既存の場の機能の拡充や、協働の中核を担う機関の職員が既存の場に出向いて参加する方法のほか、新たな場を設ける方法も考えられる。
　3　支援を必要とする者の早期把握
　　「住民に身近な圏域」において地域住民の相談を包括的に受け止める場や、民生委員・児童委員、保護司等の地域の関係者、関係機関等と連携し、複合的で複雑な課題を抱え、必要な支援につながっていない者を早期に把握できる体制を構築することが必要である。
　4　地域住民等との連携
　　複合的で複雑な課題を抱えた者への支援に当たっては、公的制度による専門的な支援のみならず、地域住民相互の支え合いも重要であり、地域住民、ボランティア等との連携・協働も求められる。

　以上の⑴から⑶の施策の取り組みについては、それぞれを連携させて実施していく必要があること、同一の機関が担うこともあれば、別々の機関が担うこともあるなど、地域の実情に応じてさまざまな方法が考えられる。市町村における包括的支援体制の整備については、地域の関係者が話し合い、共通認識をもちながら計画的に推進していくことが求められるが、その際、市町村地域福祉計画を策定する過程を活用することも有効な方策の一つである。
　以上の指針を、ソーシャルワークとして展開することで整理し直すと、⑴は地域支援であり、⑵は個別支援であり、両者を連続あるものとすることで、ソーシャルワークの中核を説明している。⑶については、そうしたソーシャルワークを進めるために、条件整備を市町村に求めたものである。さらに、この条件整備を進めていくためには、市町村地域福祉計画に盛り込んでいくことが重要であるとしている。

第4節 地域共生社会の構築とは

学習のポイント

● 地域共生社会について学ぶ
● 地域共生社会の実現に向けての方法を理解する

 ## 「ニッポン一億総活躍プラン」での地域共生社会

　共生社会とは、誰もが人権が守られ、尊厳をもって、お互いが尊重され、支え合い、誰もが質の高い生活ができることである。これは、障害者とそうでない者、高齢者とそうでない者、外国人とそうでない者、性別に関係なく、共に生きる社会を創ることである。

　共生社会とは、これまで必ずしも十分に社会参加できるような環境になかった障害者、女性、いわゆる性的マイノリティ（LGBTQ等）の人々、国籍・民族等が異なる人々が積極的に参加・貢献していくことができる社会である。それは、誰もが相互に人格と個性を尊重し支え合い、人々の多様なあり方を相互に認め合える社会である。我が国ではこのような共生社会の実現に向けて取り組んできた。

　一方、地域共生社会は、2016（平成28）年6月に閣議決定した「ニッポン一億総活躍プラン」のなかに入れられた。このプランは、少子高齢化での将来の労働人口の減少や経済規模の縮小というリスクに対して、我が国では多くの可能性をもった人々が存在しており、この可能性を実現していく社会を創っていくことを示したものである。「人生は十人十色であり、価値観は人それぞれである。一億総活躍社会は、女性も男性も、お年寄りも若者も、一度失敗を経験した方も、障害や難病のある方も、家庭で、職場で、地域で、あらゆる場で、誰もが活躍できる、いわば全員参加型の社会である」としている。

　「ニッポン一億総活躍プラン」での地域共生社会は、「支え手側と受け手側に分かれるのではなく、地域のあらゆる住民が役割をもち、支え合いながら、自分らしく活躍できる地域コミュニティを育成し、福祉などの地域の公的サービスと協働して助け合いながら暮らすことのできる仕組みを構築する」としている。これは、今まで言われてきた共生社会を

それぞれの地域社会のなかで実現していくことを示したものである。当然、この地域共生社会においても、障害者、女性、いわゆる性的マイノリティ（LGBTQ等）の人々、国籍・民族等が異なる人々を含めた誰もが共生することであり、これを地域社会でいかに実現するかである。

2　地域共生社会の実現に向けて

　この「ニッポン一億総活躍プラン」での地域共生社会の実現に向けて、2016（平成28）年7月15日に厚生労働大臣をトップにした「我が事・丸ごと」地域共生社会実現本部が立ち上がった。これは、高齢者領域で進めてきた地域包括ケアシステムを深化させることを目指すものである。ここでは、地域共生社会を、「制度・分野ごとの『縦割り』や「支え手」「受け手」という関係を超えて、地域住民や地域の多様な主体が『我が事』として参画し、人と人、人と資源が世代や分野を超えて『丸ごと』つながることで、住民一人ひとりの暮らしと生きがい、地域をともに創っていく社会」と定義していた。

　「我が事」とは、地域の課題について地域の人々が他人事ではなく、我が事として捉え、積極的にすべての住民がかかわっていく社会を創っていくことである。「丸ごと」とは、今まで子ども、障害者、高齢者と縦割りで相談にのったり、サービスを提供してきたが、相談や地域づくり、さらには提供するサービスを子どもから高齢者までのすべての住民を対象にしていく仕組みにしていこうとすることである。こうした「我が事」と「丸ごと」でもって、誰もが住み慣れた地域で生活を続けられる「地域共生社会」を創っていくことを目指している。

　これを地域包括ケアシステムの深化として捉えられる根拠は、地域包括ケアシステムでは介護保険財源で実施されており、主として高齢者を対象にした対応であったが、すべての地域住民にまで対象を拡大して実施していこうということが、第一の深化である。第二の深化は、地域包括ケアシステムでは互助が強調されてきたが、地域住民の主体的な活動を導き出す明確な方法が確立されておらず、この方法を確立し、互助を具体的に推進していくことを意図した点である。

　「丸ごと」については、2018（平成30）年4月施行の介護保険法や障害者の日常生活及び社会生活を総合的に支援するための法律（障害者総合支援法）の改正で、両方の法律に共生型サービスが位置づけられた。

しかしながら、それは「丸ごと」のごく一部の議論にすぎない。たとえば、8050問題といった80歳代の要介護高齢者の親と50歳代のひきこもりの子どもの世帯への「丸ごと」相談のあり方や、高齢者、障害者、生活困窮者等に限定することなく、すべての住民を対象にしたまちづくりやサービス提供をどのようにするのかの課題が残されている。

一方、「我が事」については行政施策にはなじみにくい。では、「我が事」はどのようにすれば推進できるのか。「我が事」は住民主体のことであり、住民を巻き込む、専門家から住民への役割の移し替え、といった言葉で、ソーシャルワークが実施してきたことである。その意味では、ソーシャルワークの実践を推進していくことが重要であり、そこへの財源的支援をするのが行政の役割となる。

厚生労働省は、地域共生社会の実現に向けての改革の骨格を、**図2-5**に示したように、四つに整理し、以下のように説明している。

第一は「地域生活課題の解決力の強化」であり、これは生活に身近な地域において、住民が世代や背景を越えてつながり、相互に役割をもち、「支え手」「受け手」という関係を越えて支え合う取り組みを育んでいくことである。そのために、住民相互の支え合い機能を強化し、一方で複合的な問題をもっている人々や世帯に対して、包括的な相談支援体制を構築することである。

第二は「地域丸ごとのつながりの強化」であり、耕作放棄地の再生や森林などの環境の保全、空き家の利活用、商店街の活性化など、地域社会が抱えるさまざまな課題は、他方で高齢者や障害者、生活困窮者など

図2-5 地域共生社会の実現に向けての改革の骨格

地域生活課題の解決力の強化
- 住民相互の支え合い機能を強化、公的支援と協働して、地域生活課題の解決を試みる体制を整備
- 複合課題に対応する包括的相談支援体制の構築
- 地域福祉計画の充実

地域を基盤とする包括的支援の強化
- 地域包括ケアの理念の普遍化：高齢者だけでなく、生活上の困難を抱える方への包括的支援体制の構築
- 共生型サービスの創設
- 市町村の地域保健の推進機能の強化、保健福祉横断的な包括的支援のあり方の検討

「地域共生社会」の実現

- 多様な担い手の育成・参画、民間資金活用の推進、多様な就労・社会参加の場の整備
- 社会保障の枠を越え、地域資源（耕作放棄地、環境保全など）と丸ごとつながることで地域に「循環」を生み出す、先進的取組を支援

- 対人支援を行う専門資格に共通の基礎課程創設の検討
- 福祉系国家資格を持つ場合の保育士養成課程・試験科目の一部免除の検討

地域丸ごとのつながりの強化　　　**専門人材の機能強化・最大活用**

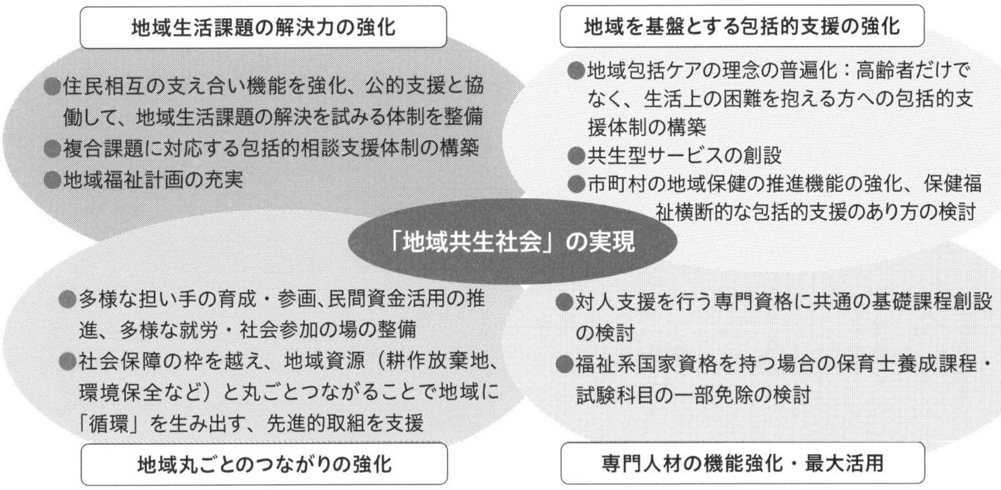

資料：厚生労働省を一部削除

に就労の機会や社会参加の機会を提供する資源でもある。社会・経済活動の基盤でもある地域において、社会保障・産業などの領域を越えてつながり、人々の多様なニーズに応えると同時に、資源の有効活用や活性化を実現するという「循環」を生み出していくことで、人々の暮らしと地域社会の双方を支えていくことである。

　第三は「地域を基盤とする包括的支援の強化」であり、地域包括ケアシステムの理念を普遍化し、高齢者のみならず、生活上の困難を抱える障害者や子どもなどが地域において自立した生活を送ることができるよう、地域住民による支え合いと公的支援が連動し、地域を「丸ごと」支える包括的支援体制を構築し、切れ目のない支援を実現することである。

　第四は「専門人材の機能強化・最大活用」であり、ここでの専門人材は、住民とともに地域を創り、また、人々の多様なニーズを把握し、地域生活のなかで本人に寄り添って支援をしていくという観点から、専門性の確保に配慮しつつ養成課程のあり方を見直すことで、保健医療福祉の各資格に共通する基礎的な知識や素養を身につけた専門人材を養成することとしている。

第5節 地域共生社会の実現に向けた各種施策

学習のポイント

- 包括的支援体制構築事業について理解する
- 包括支援体制の確立に向けての市町村での体制整備について学ぶ
- 包括的支援体制の確立に向けての社会福祉法改正（2020（令和2）年）を理解する
- 包括支援体制の確立に向けてのソーシャルワーカーの役割を学ぶ

1 多機関協働による包括的支援体制

　多機関協働による**包括的支援体制構築事業**が、2016（平成28）年度から市町村等でモデル的に実施されている。これは、福祉ニーズの多様化・複雑化を踏まえ、8050問題といった単独の相談機関では十分に対応できない、いわゆる「制度の狭間<small>はざま</small>」の課題を解決する観点から、複合的な課題を抱える者や世帯に対する包括的な相談支援システムを構築するとともに、それぞれの地域が有しているストレングスを引き出していくことで、地域に必要とされている社会資源を創出していく取り組みである。

　具体的には、市区町村が原則実施主体となり、地域の中核となる相談機関を中心にして、以下の四つの取り組みを行っている。❶相談者が複数の相談機関に行かなくても、複合的な悩みを総合的かつ円滑に相談できる体制を整備し、❷相談者本人が抱える課題のみならず、世帯全体が抱える課題を把握し、❸多機関・多分野の関係者が話し合う会議を開催するなどして、その抱える課題に応じた支援が包括的に提供されるよう必要な調整を実施する。これら❶、❷、❸により、相談者やその世帯が複合的な課題を有していても、一つの相談支援機関でもってワンストップで解決していくことを可能にする。さらには、❹そうした包括的な相談支援をもとにして、地域に必要とされている社会資源の創出を図っていくことである。

　多機関協働による包括的支援体制構築事業は、**図2-6**に示しているように、地域のなかで複合的な課題を抱える要援護者等の制度の狭間にある課題を解決するために、地域の中核となる相談機関の相談支援包括

図2-6　多機関協働による包括的支援体制構築事業の枠組み

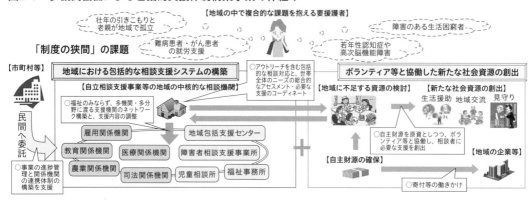

資料：厚生労働省

化推進員がアウトリーチを含む包括的な相談支援を実施することである。こうした相談支援の対象としては、❶相談者本人が属する世帯のなかに、課題を抱える者が複数人存在しているケース、❷相談者本人が従来の相談機関だけでは解決しない複数の課題を抱えているケース、❸既存のサービスの活用が困難な課題を抱えているケース、❹これら❶、❷、❸が複合しているケースなどである。すなわち、既存の相談支援機関単体では対応が難しい相談者なり世帯を対象にしている。

　具体的な相談支援方法としては、世帯全体のニーズを総合的にアセスメントし、必要な社会資源とコーディネートしていく。それを実現するためには、福祉分野だけでなく、地域にある医療機関や公共職業安定所（雇用分野）、法テラス（司法分野）、教育委員会（教育分野）、農業法人（農業分野）といった福祉分野以外の関係機関も参画し、相談支援包括化ネットワークを構築し、「制度の狭間」にある相談者やその世帯に対して支援内容を調整していくことになる。具体的には、相談支援包括化推進員は、他の相談支援機関の相談員と連携しながら、そうした人や世帯を発見し、本人だけでなく家族全体のアセスメントをし、相談支援包括化ネットワークを活用しながら、福祉サービスだけでなく、医療サービス、司法サービス、教育制度や農業等と結びつけた支援計画を作成し、実施していく。

　一方、中核となる相談機関での相談支援をもとにして、相談支援包括化ネットワーク等の協議体で地域に不足している資源を検討し、共同募金の活用、企業または個人からの寄付金拠出の働きかけ等の取り組みを推進しながら、自主財源を確保し、社会福祉法人による地域貢献の取り組みやボランティア等と協議しながら、地域に必要な社会資源を創出し

ていく。

　このモデル的事業の実施主体は市区町村が原則であるが、一つまたは複数の市区町村と連携して広域的かつ総合的に調整する場合には都道府県が実施主体となることもできる。この事業を社会福祉法人やNPO等に委託することができるが、その場合は、市区町村は事業の進捗管理と関係機関の連携体制を構築するうえでの支援を行うことになっている。この事業は、2020（令和2）年度で278自治体が実施予定となっている。

2 包括的支援体制構築に向けた施策の今後の方向

1 市町村での体制整備

　現状の多機関協働による包括的支援体制をさらに推進していくために、地域共生社会推進検討会が2019（令和元）年12月に、「**地域共生社会に向けた包括的支援と多様な参加・協働の推進に関する検討（地域共生社会推進検討会）最終とりまとめ**」を出した。ここでは、市町村が多機関協働による包括的支援体制である相談支援機関での相談業務や地域づくりの構築を円滑に実施できるよう、国や都道府県の補助金等を柔軟に活用できる方策を提案することが大きなテーマであった。

　検討会では、現状を分析するなかで、福祉政策の新たなアプローチの視点が示されている。第一には、ひきこもりもその一例であるが、個人や世帯を取り巻く環境の変化により、人々の生きづらさやリスクが多様化・複雑化していることを認識し、一人ひとりの生が尊重され、社会との多様なかかわりを基礎として自律的な生を継続していくよう支援する機能を強化する視点が示されている。このような対象者は、従来のライフサイクルでの経済的な問題や介護・介助といった課題だけではなく、社会とのかかわりでの課題を有しており、従来の相談支援とは異なったアプローチが求められているとしている。

　第二の視点は、第一の視点を受け、相談支援の専門職による対人支援は、「具体的な課題解決を目指すアプローチ」と「つながり続けることを目指すアプローチ（伴走型支援）」を支援の両輪として組み合わせていくべきであると指摘している。前者のアプローチは相談者の属性や課題に対応するための従来からの相談支援である。このアプローチは本人の抱える課題や必要な対応が明らかな場合には有効であり、既存の相談支援機関やそこでの相談支援の重要性を指摘している。しかしながら、

後者のアプローチは、その人の暮らし全体と人生の時間軸をもとに捉え、本人と支援者が継続的につながりかかわる相談支援が必要である社会的紐帯（ちゅうたい）が希薄な人々に対して効果があるとしている。具体的には、本人の生きづらさの背景が明らかでない場合や、8050問題など課題が複合化している場合、あるいはライフステージの変化に応じた柔軟な支援が必要な場合に有効である。この「つながり続けることを目指すアプローチ」では、空間的には相談者本人だけでなく家族や地域全体を捉えて、かつ時間的にはそれらが変化していくことに合わせて支援していく視点が求められているとしている。

　第三の視点としては、専門職による「つながり続けることを目指すアプローチ」による支援と、地域の居場所におけるさまざまな活動等を通じて、日常の暮らしのなかで行われる地域住民同士の支え合いや緩やかな見守りといった支援が重要であるとしている。これら両者により、社会とのつながりが弱い人や世帯のセーフティネットが強化され、重層的なものとなっていく。ここには、相談支援にかかわる専門職が本人や世帯を継続的に支援していくことと、地域住民が相互に支援し合うことが両輪となって、在宅生活の継続支援が可能になることを示している。これは、地域において、フォーマル側の相談支援の専門職とインフォーマル側の住民が一体になり利用者を支えていく視点を意図している。

　以上のようなアプローチを市区町村で具現化すべく、地域住民の複合・複雑化した支援ニーズに対応する包括的支援体制を構築するためには、現在実施している多機関協働による包括的支援体制構築事業を一層発展させ、「断らない相談支援」「参加支援」「地域づくりに向けた支援」を実施することで包括的支援体制を確立していくことが必要であると指摘している。

　「断らない相談支援」とは、各相談支援機関は介護、障害、子ども、生活困窮といった相談支援に係る事業を一体として実施し、本人・世帯の属性にかかわらず受け止め、相談支援することである。そのためには、本人やその世帯をとりまく支援関係者間を調整する機能と継続的につながり続ける支援機能を強化していくことである。

　「参加支援」は、「断らない相談支援」と一体的に行うものであり、利用者や世帯に対して就労支援、居住支援、居場所機能の提供など、多様な社会参加に向けた支援でもって、社会とのつながりの回復を支援することである。また、制度の狭間のニーズに対応できるように、既存の人的・物的資源を活用して、本人や世帯の状態に合わせた多様な形態での

参加の支援を行うことである。

「地域づくりに向けた支援」は、住民同士が出会い参加することのできる場や居場所の確保に向けた支援や、ケアし支え合う関係性を広げ、交流・参加・学びの機会を生み出すコーディネート機能を、専門職が実施することである。

こうした「断らない相談支援」「参加支援」「地域づくりに向けた支援」の三つの支援を一体的かつ柔軟に実施していくことで、包括的支援体制を構築していくことを目指している。現状では、介護、障害、子ども、生活困窮等のそれぞれの領域で包括的な相談支援事業を進めており、相談支援事業と地域づくりに対して、それぞれの領域別で国等から財政支援を受けている。さらにこの財政支援は、制度により基準額や補助率も異なっている。今後、全住民を対象とする包括的支援体制を進めていくためには、現状の制度ごとに設けられている国等の市町村への財政支援を一体的に実施することが必要となっている。相談支援事業や地域づくりにおいて、年齢や所得による受給者選択を越えた財源を柔軟かつ円滑に活用できることが求められている。このため、国等による財政支援により、介護、障害、子ども、生活困窮等の各制度における関連事業に係る補助について、一体的に執行できる**重層的支援体制**の仕組みが求められている。

２ 新たな社会福祉法改正

以上の重層的支援体制を構築するために、2020（令和２）年６月に社会福祉法が改正され、2021（令和３）年４月から施行された。この改正では、地域福祉と地域共生社会の関係を明らかにするため、地域福祉の推進は、地域住民が相互に人格と個性を尊重し合いながら、参加し、共生する地域社会の実現を目指して行われなければならないと新たに整理し、地域福祉は地域共生社会の構築を目的としていることと位置づけた（第４条第１項関係）。

さらに、国および地方公共団体は、地域生活課題の解決に資する支援が包括的に提供される体制の整備その他地域福祉の推進のために必要な各般の措置を講ずるよう努めるとともに、当該措置の推進に当たっては、保健医療、労働、教育、住まいおよび地域再生に関する施策その他の関連施策との連携に配慮するよう努めなければならないこととし、包括的支援体制は多様な関連施策が連携してこそ確立できることを示した（第６条第２項関係）。

また、市町村地域福祉計画や都道府県地域福祉支援計画では、地域生活課題の解決に資する支援が包括的に提供される体制の整備に関する事項を定めることとなった（第107条第1項第5号関係・第108条第1項第5号関係）。

　新たに、包括的支援体制の確立に向けて、市町村が行える**重層的支援体制整備事業**を具体的に位置づけた。これは、市町村は、地域生活課題の解決に資する包括的支援体制を整備するため、介護保険法、障害者の日常生活及び社会生活を総合的に支援するための法律（障害者総合支援法）、子ども・子育て支援法および生活困窮者自立支援法に基づく事業を一体のものとして実施することにより、地域生活課題を抱える地域住民およびその世帯に対する支援体制ならびに地域住民等による地域福祉の推進のために必要な環境を一体的かつ重層的に整備する事業として、以下の六つの重層的支援体制整備事業を行うことができるとした（第106条の4関係）。

Active Learning

重層的支援体制整備事業を実施している市（区）町村を探し、現在どのような事業を行っているかを調べてみましょう。

❶　地域生活課題を抱える地域住民やその家族その他の関係者からの相談に包括的に応じ、利用可能な福祉サービスに関する情報提供・助言、支援関係機関との連絡調整、高齢者や障害者等に対する虐待の防止やその早期発見のための援助等の便宜の提供を行うため、各法の事業を一体的に行う事業

❷　地域生活課題を抱え社会生活を円滑に営むうえでの困難を有する地域住民に対し、支援関係機関と民間団体との連携による支援体制の下、活動の機会の提供、訪問による必要な情報の提供・助言、その他の社会参加のために必要な便宜の提供を行う事業

❸　地域住民が地域において自立した日常生活を営み、地域社会に参加する機会を確保するための支援、地域生活課題の発生の防止・解決に係る体制の整備、地域住民相互の交流を行う拠点の開設等の援助を行うため、各法の事業を一体的に行う事業

❹　地域社会からの孤立が長期にわたる者その他の継続的な支援を必要とする地域住民やその世帯に対し、訪問により状況を把握したうえで相談に応じ、利用可能な福祉サービスに関する情報提供・助言等の便宜の提供を包括的かつ継続的に行う事業

❺　複数の支援関係機関相互間の連携による支援を必要とする地域住民やその世帯に対し、複数の支援関係機関が、当該地域住民やその世帯が抱える地域生活課題を解決するために、相互の有機的な連携のもと、その解決に資する支援を一体的かつ計画的に行う体制を整備する事業

❻　複数の支援関係機関の連携体制による支援が必要であると市町村が認める地域住民に対し、包括的かつ計画的な支援を行う事業

以上の六つの事業を推進するために、市町村は以下の二つを行うとしている。

❶　重層的支援体制整備事業実施計画の策定（努力義務）（第 106 条の 5 関係）

❷　支援関係機関、重層的支援体制整備事業の委託を受けた者、地域生活課題を抱える地域住民に対する支援に従事する者その他の関係者により構成される支援会議の組織化（任意）（第 106 条の 6 関係）

こうした制度の狭間問題を解決していく重層的支援体制整備事業は、従来の縦割りでの財源では対応が事務的に煩雑であり、国および都道府県は、市町村に対し、重層的支援体制整備事業の実施に要する費用に充てるための交付金を新たに交付することになった（第 106 条の 8 および第 106 条の 9 関係）。

▌3　包括的支援体制を担う人材としてのソーシャルワーカー

既存の相談支援機関においては、社会福祉士や精神保健福祉士のソーシャルワーカーが相談支援業務に従事している場合が多い。個々の相談支援機関での人員配置基準をまとめると、**表 2-1** のようになる。

この表から、介護保険制度での地域包括支援センターでは社会福祉士の配置が義務化されており、居宅介護支援事業所の介護支援専門員については、社会福祉士や精神保健福祉士は、医師、看護師、介護福祉士等の他の専門職と同様、5 年の実務経験を有しており、かつ、介護支援専門員実務研修受講試験に合格し、実務研修を受講することで、介護支援専門員として要介護者等に対する相談支援業務を担うことができる。また、障害者領域での基幹相談支援センターの人員としては社会福祉士や精神保健福祉士が例示されている。

これら以外の**表 2-1** に示した相談支援機関においても、社会福祉士等のソーシャルワーカーが多くを担っているのが現状である。

たとえば、障害者相談支援事業所の相談員では、社会福祉士資格取得者割合は 38.6％、精神保健福祉士資格取得者は 14.6％となっている。また、生活困窮者自立支援事業の自立相談支援機関においては、主任相談支援員では、社会福祉士資格取得者が 44.6％、精神保健福祉士資格

i　日本知的障害者福祉協会「平成 29 年度相談支援事業実態調査報告」p.58，2019.

表2-1　既存の相談支援機関の人員配置

分野	機関名	必須／任意等	人員配置基準等
介護	居宅介護支援事業所	指定	常勤の介護支援専門員を１人以上配置（管理者との兼務が可能であり、管理者は主任介護支援専門員であることが必要（2027（令和９）年度までの経過措置）） 介護支援専門員は医師、看護師、社会福祉士、精神保健福祉士、介護福祉士等の国家資格を有している者か、生活相談員、支援相談員、相談支援専門員、主任相談支援員として従事している者で、その実務経験が通算５年以上であり、従事した日数が900日以上ある者で、介護支援専門員実務研修受講試験に合格し、実務研修を修了したことが要件
	地域包括支援センター	必須	原則、担当区域における第１号被保険者の数がおおむね3,000人以上6,000人未満ごとに１名、以下の職員を常勤専従で配置する。 ○保健師 ○社会福祉士 ○主任介護支援専門員
困窮	自立相談支援機関	必須	法令上の基準は設けられてないが、主任相談支援員、相談支援員、就労支援員の３職種の配置（小規模自治体等では兼務が可能）
障害	障害者相談支援事業所（市町村地域生活支援事業）	必須	法令上の基準は設けられていないが、委託する場合、常勤の相談支援専門員の配置が必要
	基幹相談支援センター	任意	法令上の基準は設けられていないが、地域における相談支援の中核的な役割を担う機関として必要になる人員の配置（主任相談支援専門員、相談支援専門員、社会福祉士、精神保健福祉士、保健師等）
子ども	利用者支援事業所（利用者支援事業）	任意	法令上の基準は設けられていないが、利用者支援専門員（専任職員）を１名以上配置
	子育て世代包括支援センター（法律上の名称：母子健康包括支援センター	任意（努力義務）	法令上の基準は設けられていないが、保健師等を１名以上配置（ソーシャルワーカー（社会福祉士・精神保健福祉士）のみの場合は、近隣の市町村保健センター等の保健師、助産師または看護師との連携体制を確保すること）

資料：厚生労働省を一部加筆

Active Learning

あなたが住んでいる市（区）町村で、表2-1に示されている相談支援機関があるかどうか、また、あったとすればいくつあるのかを調べてみましょう。

取得者が13.5％、相談支援員については、社会福祉士資格取得者が32.9％、精神保健福祉士資格取得者が9.3％となっている。就労支援員では、社会福祉士資格取得者が20.7％、精神保健福祉士資格取得者が

7.0％となっている。また子育て世代包括支援センターでは保健師が主として担っているが、近隣の市町村保健センター等の保健師、助産師または看護師との連携体制を確保することで、社会福祉士や精神保健福祉士のソーシャルワーカーのみを配置することが可能になっている。

このように既存の相談支援事業の多くをソーシャルワーカーが担っていることから、第一には、こうした既存の相談支援を担うソーシャルワーカーは、対象となる人々や世帯を定められた属性を越えて支援していくことで重層的支援体制を担っていくことになる。第二には、重層的支援体制を担う地域の中核となる相談支援機関や相談支援包括化推進員についても、主としてソーシャルワーカーが担うことになっていく。

そのため、ソーシャルワークでは「具体的な課題解決を目指すアプローチ」と「つながり続けることを目指すアプローチ」を支援の両輪として、一体的に実施していくことが求められる。「具体的な課題解決」の中身には、福祉的ニーズに限らず、保健・医療ニーズ、就労ニーズ、教育ニーズ、社会参加ニーズ等も含まれ、これは本人や世帯の生活全体を捉える専門職であるソーシャルワーカーが従来から基本としてきたことであり、利用者主体の立場から一層その専門性を高めていく必要がある。一方、「つながり続けること」を行うための制度については、本人の生活の全体性と併せて日々変化していく継続性を意識しながら相談支援を行っていくことである。そこでは、ソーシャルワーク過程でのモニタリングを重視し、継続的に支援していくことが強調されることになる。

さらに、地域共生社会の実現に向けて、包括的支援体制を構築するために「断らない相談支援」「参加支援（社会とのつながりや参加の支援）」「地域やコミュニティにおけるケア・支え合う関係性の育成支援」の三つの機能が一体的になされることが謳われている。これら3機能を一体的に推進していく人材が必要不可欠である。

具体的には、「断らない相談支援」については、これまでのソーシャルワーカー養成教育では積極的に潜在的な利用者を発見し、支援に結びつけていくアウトリーチを重要視してきた。また、8050問題など複合化した生活課題が生じていたり、制度の狭間で支援が行き届かなかったりするときに、個人への支援だけでなく、家族全体を捉えた支援を行うことを強調してきた。特に、家族成員間の関係性を病理的にではなくレジリエンスやストレングスを見出す視点から捉え、他の専門職との連携

ⅱ　厚生労働省社会・援護局地域福祉課生活困窮者自立支援室「平成30年度生活困窮者自立支援制度の実施状況調査集計結果」p.15, 2020.

をもとに、支援していくことを推進してきた。

　「参加支援（社会とのつながりや参加の支援）」については、利用者の意思決定のもと、課題の解決だけでなく、本人の意欲や潜在的能力を引き出しながら、就労・社会参加等の多様な地域とのつながりを支援していくことは、ソーシャルワークの業務として実施していることである。これを一層推進するため、利用者の能力や意欲といったストレングスを活用して支援していくことでもって、利用者と社会とのつながりの一層の強化を図っていくことが可能となる。

　さらに、「地域やコミュニティにおけるケア・支え合う関係性の育成支援」については、住民が地域社会の活動に主体的に参加することを目指すことを意味しており、ソーシャルワーカーは住民主体の原則に基づき地域づくりを推進してきた。今後一層こうした活動を進めるために、ソーシャルワーカーは、住民が「担いたい役割」や「いたい居場所」といった住民が潜在的に有しているストレングスをアセスメントし、地域の課題解決に向けて多職種・多機関に加えて地域住民とコーディネートしていくことになる。結果として、住民の主体的な活動を支援することで、地域の課題を住民とともに協議し、課題解決に向けた支え合い活動を形成していくことができる。

　なお、2020（令和2）年の社会福祉法改正での重層的支援体制整備事業について、参議院の付帯決議には、市町村は「社会福祉士や精神保健福祉士が活用されるよう努めること」との文言が入っており、ソーシャルワーカーは重層的支援体制だけでなく、全体としての包括的支援体制の確立に向けて、中核的な役割を果たしていくことが求められている。

第3章

地域福祉ガバナンスと
多機関協働

　近年の日本では、たとえば家族規模の縮小に伴う家族機
能の変化、グローバル化の進行、地域住民同士のつながり
の希薄化などが進み、それに伴い、社会的孤立や社会的排
除に直面する住民も増加傾向にある。また、個人や家族が
複合的な課題を抱えていたり、その課題が複雑化・解決困
難化している傾向も見受けられる。こうした状況は、従来
の縦割り型または対象者別の支援での限界を生み、また、
制度の狭間に陥り、生活のしづらさにつながっている。こ
うした厳しい現状においては、包括的支援体制が整備され
ることが必要になるが、その際に、地域福祉ガバナンスの
考え方が重要となる。

　本章では、地域福祉ガバナンスの概念を理解していただ
きたい。また、地域福祉ガバナンスを進めるための協議の
場の必要性およびそこにおける社会福祉士・精神保健福祉
士など専門職の役割や果たすべき機能を正確に理解してほ
しい。

地域福祉ガバナンス

- ガバナンスという概念の意味を理解し、それが地域福祉において重要な概念となっている背景を理解する
- 相談支援や地域づくりにおいて、対象者別ではなく、横断的な連携や協働が求められる背景を理解する
- 地域福祉ガバナンスを進めるための協議の場の必要性と求められる専門職としての役割を理解する

1 ガバナンスの考え方

　ガバナンスについての論考のほとんどが、その冒頭で概念の多義性と曖昧さを指摘しなければならないことからわかるように、ガバナンスについて論じる場合には、それが何を意味しているのか明確にする必要がある。簡潔にいえば、ガバナンスは、統治（治める）プロセスのことであり[1]、その担い方の様態、すなわちありようのことをいう[2]。そのため、グローバルな紛争や環境問題など、ガバナンスの接頭語にさまざまな用語が当てられ（たとえば、グローバル・ガバナンスなど）、それぞれの統治の様態（治めるプロセスのありよう）が論じられている。

　もちろん、ガバナンスという聞きなれない概念がさまざまな領域で使われるようになったのは、これまでの概念では捉えきれない変化が生じているからである。その変化とは、社会の課題が複雑化し、政府（国や地方自治体＝ガバメント）だけでなく、統治（治める）プロセスに関与する主体が多様化しているという変化である。

　実際、課題の複雑化と関与する主体の多様化という二つのキーワードは、現在の地域福祉においても顕著である。地域社会で生じている複雑な課題を解決していくためには、福祉政策や支援の決定・実施に多様な主体の関与が求められるようになっており、そのため、解決の主体はガバメント、すなわち地方政府である都道府県や市町村だけではなくなり、求められる役割や能力も変化している[3]。こうした統治の担い方の変化を捉えようとする概念としてガバナンスが用いられるようになっているのである。地域福祉に当てはめて具体的にいえば、複雑化した課題を

解決するために、都道府県や市町村は、地域住民や社会福祉事業にかかわる専門職、さらにはNPOや企業といった多様な主体と協働して解決に取り組む体制をつくっていく必要性に迫られている。ここでは、こうした都道府県や市町村における新たな体制とその体制における協働のプロセスや責任の担い方の様態を地域福祉ガバナンスという。なお、以下では最も身近な地方政府である市町村を想定して話を進めることにする。

2 複雑化する課題と多機関協働の必要性

　まず、課題の複雑化の背景について確認しておこう。日本では、近年、家族の規模が縮小し、職住分離がますます進み、グローバル化によって雇用環境が大きく変化するなかで、家族に頼れない人が増加し、地域社会のつながりは希薄化し、日本型雇用と呼ばれる雇用慣行は衰退している。結果として、家族、地域、企業といった中間集団に頼れない人や世帯の**社会的孤立**が深刻化し、複数の不利が重なることで社会の周縁に追い込まれてしまう**社会的排除**の問題が顕在化している。たとえば、**8050世帯**といわれるような、高齢者と同居する子世代に長期失業やひきこもり、生活困窮といった問題があり、親の年金に頼って暮らしている世帯や、いわゆる**ダブルケア**といわれるような子どもの育児と親の介護が同時に必要な状態になり、**介護離職**を迫られる状況など、一つの世帯のなかで複数の問題が折り重なって、生活に困窮する世帯の問題が顕在化している。これらの課題は、家族や地域社会、企業といったこれまで日本の社会保障や社会福祉の前提となってきた中間集団の弱体化という社会変動のなかで、必然的に生み出されていると考えるべきだろう。

　一方、日本の社会福祉制度は、対象者別に整備が進められてきた。たとえば、高齢者分野では、介護保険制度等によるサービスに加え、日常生活圏域を単位にした総合相談窓口である**地域包括支援センター**が設置され、個別課題の解決のみならず、多機関とネットワークを構築し、地域生活課題の発見と社会資源開発、そして政策形成を目指す協議の場として**地域ケア会議**が法制化されるなど、地域包括ケアシステム[★]構築を目指した動きが強力に推進されてきた。同時に、児童や障害分野においても、相談支援の体制（児童家庭相談や基幹相談支援センター）や協議の場（**要保護児童対策地域協議会**や**地域自立支援協議会**）が整備され、関係機関が協働した総合的かつ包括的な支援の提供を目指してきた。

> **Active Learning**
>
> あなたが住んでいるまちには、どのような社会的排除が生じ得る可能性があるでしょうか。調べてみましょう。

> ★**地域包括ケアシステム**
> 2013（平成25）年12月に成立した持続可能な社会保障制度の確立を図るための改革の推進に関する法律（社会保障改革プログラム法）の第4条第4項は、「地域の実情に応じて、高齢者が、可能な限り、住み慣れた地域でその有する能力に応じ自立した日常生活を営むことができるよう、医療、介護、介護予防、住まい及び自立した日常生活の支援が包括的に確保される体制をいう」と定義している。

しかしながら、すでに指摘したような複合的な課題を抱えた世帯の問題や、制度の狭間の問題は、対象者別に支援を包括化するだけでは対応できない。そもそも完全雇用を前提に組み立てられてきた日本の社会保障制度では、ひきこもりや長期失業といった稼働年齢層を「対象者」とする福祉制度が生活保護以外にほとんど存在していなかったため、対象者別に支援を包括化してもこうした課題に対応できない。同様に、8050問題に代表されるような一つの世帯に複数の課題がある場合にも、対象者別に支援を包括化するだけでは「世帯」全体の支援につながらない。こうした対象者別の制度では支援できない課題については、分野を越えた関係機関（多機関）が協働して解決していく方策が求められるようになってきているのである。

　以上のように、課題が複雑化するなかで、対象者別に縦割りの制度を包括化していくことが求められるようになっている。いいかえれば、市町村（ガバメント）だけではこうした課題を解決していくことはできず、対象者別の制度を横断して多様な関係機関が連携・協働して解決していく体制が求められるようになっており、そのため、地域福祉ガバナンスが問われるようになっているのである。

3 社会福祉法における包括的な支援体制づくり

　こうした状況に対応した社会福祉の体制整備を行うことを目的として、2017（平成29）年に社会福祉法が改正され、2018（平成30）年4月から施行されている。現在、市町村は、改正社会福祉法で新設された第106条の3の規定に基づいて、❶「住民に身近な圏域」において、地域住民等が主体的に地域生活課題を把握し解決を試みることができる環境の整備、❷「住民に身近な圏域」において、地域生活課題に関する相談を包括的に受けとめる体制の整備、❸多機関の協働による包括的な相談支援体制の構築を**包括的な支援体制**として一体的に整備していくことが求められている。

　すなわち、包括的な支援体制は、さまざまな課題をまずは身近な圏域で受けとめる体制を構築し、住民の主体的な課題解決活動と協働して解決していくこと、同時に身近な圏域で解決が難しい課題については、市町村の圏域で相談支援機関が協働して解決していく体制を構築することと要約できる。身近な圏域で課題を受けとめる機関や相談支援機関の協

働の中核になる機関は法律上明記されておらず、市町村は、誰がどのように こうした役割を果たすのか、地域の実情に応じて検討することが求められている（地域における住民主体の課題解決力強化・相談支援体制の在り方に関する検討会、2017（平成 29）年）。

　また、包括的な支援体制を全国的に整備するための方策について検討した「地域共生社会に向けた包括的支援と多様な参加・協働の推進に関する検討会（地域共生社会推進検討会）」の「最終とりまとめ」（2019（令和元）年 12 月）を受けて 2020（令和 2 ）年 6 月に改正された社会福祉法では、包括的な支援体制を推進するための施策として、**重層的支援体制整備事業**（社会福祉法第106条の 4 ）という新たな事業が新設された。事業の詳細は本書第 2 章で述べられているとおりであるが、包括的な支援体制を構築するためにこの事業を実施する市町村は、同条第 2 項各号に規定された事業を一体のものとして、すなわち多機関や地域住民をはじめとした地域のさまざまな主体と連携して取り組んでいく必要がある。

　このように、包括的な支援体制は、 3 層から構成される市町村域を範囲とする体制であり、市町村が、法律に規定された各号の内容をどう実現していくのかという点と同時に、多様な主体と協力しながら各要素をどのように体制として構築していくのかという点、すなわち地域福祉ガバナンスをどのように確立していくかが課題になる。特に、包括的な支援体制の構築にあたって、市町村には、対象者別の制度福祉の運用とは異なり、庁内関係課、相談支援機関をはじめとした関係機関、地域住民等の関係者と目指すべき目標や規範を共有し、その実現に向かって関係者をまとめあげていく役割が求められることになる。いいかえれば、制度の運用ではなく、さまざまな制度を重ね合わせて包括的な支援体制を構築していく「舵取り」の役割が求められるようになるということでもある。

4 ▶ 多機関協働のマネジメント

　地域包括支援センターといった相談支援機関は、それぞれ法律に基づいて設置されており、その守備範囲も法律で規定されている。一方、包括的な相談支援体制は、こうした各法で定められた相談支援機関が、協働して課題解決に取り組む体制である。そのため、各法で定められた相談支援機関が協働するための「しかけ」は市町村が独自に考えていく必

★**重層的支援体制整備事業**
❶包括的相談支援（第106条の 4 第 2 項第 1 号）、❷参加支援（同項第 2 号）、❸地域づくりに向けた支援（同項第 3 号）、❹アウトリーチ等を通じた継続的支援（同項第 4 号）、❺多機関協働（同項第 5 号）、❻プランの作成（同項第 6 号）を一体のものとして実施する事業である。詳細は第 2 章第 5 節参照。

要がある。

たとえば、8050世帯のような複合的な課題を抱えた世帯の問題を把握した地域包括支援センターは、すべて地域包括支援センターで解決するのではなく、いったんそれを受けとめ、世帯の状況をアセスメントしたうえで、適切な関係機関と協働して解決していくことができるようにしなければならない。適切な関係機関がどこなのかわからない場合や、場合によっては制度の狭間の問題で、対応する適切な相談支援機関がない場合もあるだろう。現在、国のモデル事業（「多機関協働による包括的支援体制構築事業」）では、こうしたさまざまな関係機関が受けとめた複合的な課題を多機関が協働で解決するためのコーディネートを行う専門職として、**相談支援包括化推進員**の配置を進めている。

このように、各市町村は、さまざまな相談支援機関と協議を重ねながら、多機関協働の仕組みを組み立てる必要がある。つまり、市町村にはこれまでとは異なるガバナンスの能力が求められており、その一つが多機関協働のマネジメントなのである。

Active Learning
自分の住むまちの地域包括支援センターについて調べてみましょう。

5 地域住民の参加と協働

包括的な支援体制は、分野横断的な多機関の専門職による協働だけでは成立しない。人は社会関係のなかで自己の存在を肯定され、同時にそのなかで変化していく動物である。つまり、自身の役割を見出し、それを発揮していくことができる関係や居場所を地域のなかに多様な形でつくりだしていく必要がある。こうした関係や居場所は、地域住民やさまざまな社会福祉にかかわる事業者（**社会福祉法人の公益的な取組**など）、そして社会福祉という枠を越えて、地域の企業などとも協力しなければつくり出すことができない。たとえば、子ども食堂や認知症カフェ、多世代交流サロンといったさまざまな居場所や、社会福祉法人の公益的な取組による生活困窮者の**中間的就労**の場づくり、企業などと協力した障害のある人や生活困窮者の就労の場づくりなどである。従来、こうした支援は出口支援と呼ばれてきたが、地域共生社会推進検討会では、これを参加支援と呼んでいる。地域住民等による主体的な活動は、断らない相談支援による早期発見につながる入口であると同時に、参加支援という出口でもある。包括的な支援体制は、地域住民等の参加と協働がなければ、成立しないのである。

★地域共生社会推進検討会
「地域共生社会に向けた包括的支援と多様な参加・協働の推進に関する検討会」の略称。検討会は、包括的な支援体制を全国的に整備するための方策について検討を行うことを目的に設置され、2019（令和元）年12月に最終とりまとめを公表した。

★参加支援
地域共生社会推進検討会では、参加支援を「本人・世帯の状態に合わせ、地域資源を活かしながら、就労支援、居住支援などを提供することで社会とのつながりを回復する支援」としている。

★断らない相談支援
地域共生社会推進検討会では、断らない相談を「本人・世帯の属性にかかわらず受け止める相談支援」としている。

このように地域福祉ガバナンスを進めていくためには、多機関の専門職に加え、地域住民等の参加と協働による地域づくりに向けた支援を同時並行で進めることが不可欠である。

6 地域福祉ガバナンスを進める協議の場の形成と運営

包括的な支援体制の構築は、市町村がその構築に努めなければならないと規定されている。ところが、これまでみてきたとおり、この体制は市町村だけでは構築できない。相談支援機関は、対象者別に分立しているだけでなく、さまざまな民間の機関に委託されて実施されていることが多い。さらに、参加支援を進めていくためには、相談支援機関だけでなく、すでに説明したように地域住民や社会福祉法人、さらには地域の多様な人や企業と協働していかなければ推進することは難しい。

このように考えると、市町村は、包括的な支援体制を構築していくために、庁内・庁外の多様な相談支援機関や、社会福祉法上の地域住民等（地域住民、社会福祉を目的とする事業を経営する者、社会福祉に関する活動を行う者）に加え、企業なども含めたまさに多様な人や機関と連携・協働する必要性に迫られている。つまり、これまでとは異なるガバナンスが求められており、こうした地域福祉ガバナンスを実践していくためには、以下のような三つのレベルでの協働とそのための協議の場が必要になる。

まず、包括的な支援体制を構築していく第一歩として、市町村における庁内連携体制を確立することが重要になる。市町村のさまざまな相談窓口は、福祉の窓口に限らず多種多様な相談を受けており、課題を把握していても、当該窓口の範疇ではない相談に応じることができず、課題を潜在化させている可能性がある。また、介護保険や障害者福祉など、さまざまな制度の担当課は、当該制度が実施している事業と他の制度が実施している事業の重複に気づいていないことがある。庁内で課題を共有したり、制度に基づいて実施している事業間を調整していく場が必要になる。

また、相談支援にかかわる多機関協働の場としては、**相談支援包括化推進会議**といった各相談支援機関が一機関だけでは解決が難しい課題を協力しながら解決していく協議の場（話し合いの場）が必要になる。どのようなケースをこうした場で検討していくのかといったルールづくり

Active Learning

自分の住むまちの、福祉に関係する相談窓口について調べてみましょう。また、その現状から、包括的な支援を展開するに際して課題と思うことを考えてみましょう。

★「つなぐシート」
各相談支援機関が聞き
取った相談内容を記述
し、多機関で協働して
解決する場合に情報を
共有するためのシート
をこのように呼ぶ市町
村がある。

や、「つなぐシート」といった各相談支援機関がケースをこうした場に つないでいくためのツールづくりなどを進めていく必要がある。

　さらに、地域づくりを進めていくためには、多様な人や機関が、出会 い、話し合い、学び合い、合意していくような場が必要になる。こうし た場を**プラットフォーム**という場合がある。地域共生社会推進検討会 は、プラットフォームを「地域における多様な参加の機会と居場所を発 見し、生み出すため、❶地域を知り、地域の役に立ちたいと考えている 住民、❷多様な参加の機会や居場所を生み出す資源を有する地域関係者 （産業分野、まちづくり分野、金融分野など幅広い関係者）、❸相互調整 や情報提供、公的サービスへのつなぎを行う行政などがその都度集い相 談、協議し、学び合う場」と定義している。[4] 人口減少によってこれまで の地域の中核的な担い手の確保が難しくなるなかで、こうしたプラット フォームが地域のなかに多様に存在することで、これまで出会わなかっ た人や機関が出会い、新たな地域づくりの取り組みが開始されることが 重要になるだろう。

　このように、地域福祉ガバナンスを進めていくためには、市町村内、 関係機関の間、そして地域のなかに、多様な協議の場をつくり、それを 運営していくことが必要になる。地域福祉ガバナンスを担うソーシャル ワーカーは、行政職員として、もしくは相談支援機関の専門職として、 さらには社会福祉協議会などの地域を支える専門職として、制度と制 度、事業と事業、機関と機関、人と人をつないでいく場をつくり、運営 する能力と役割が求められるようになっていることを理解しなければな らない。

　なお、包括的な支援体制の構築は、**地域福祉計画**に盛り込むべき事項 とされている。上記のような協議は、地域福祉計画の策定の過程で進め ることも可能であり、同時にその結果をその市町村の包括的な支援体制 として、地域福祉計画に位置づけることが重要である。なお、地域福祉 計画については、第7章第2節で詳述する。

◇引用文献
　1）ベビア，M.，野田牧人訳『ガバナンスとは何か』NTT出版，p.5，2013.
　2）佐藤正志・前田洋介「ローカル・ガバナンスとは何か」佐藤正志・前田洋介編『ローカル・ガ バナンスと地域』ナカニシヤ出版，p.2，2017.
　3）永田祐『ローカル・ガバナンスと参加』中央法規出版，pp.13-15，2011.
　4）「地域共生社会に向けた包括的支援と多様な参加・協働の推進に関する検討会（地域共生社会推 進検討会）最終とりまとめ」p.18，2019.

◇参考文献
　・「地域における住民主体の課題解決力強化・相談支援体制の在り方に関する検討会（地域力強化検 討会）最終とりまとめ」2017.

第2節 **多機関協働を促進する仕組み**

- 多機関が協働する意義を学ぶ
- 多機関が協働する仕組みを学ぶ

1 総合相談

　住民やさまざまな福祉関係者は、支援を必要とする住民や世帯が抱える多様で複合的な地域生活課題を把握し、関係機関との連携等による解決を図ることが目標とされている。

　地域包括ケア体制においては、介護保険制度の制度化に伴い、地域のワンストップ相談の窓口として登場した地域包括支援センターが、❶総合相談支援、❷虐待の早期発見、防止などの権利擁護、❸包括的・継続的ケアマネジメント、❹介護予防ケアマネジメントの機能を、社会福祉士、保健師（または経験のある看護師）、主任ケアマネジャーの3職種で連携しながら困りごとを受けとめ、地域の適切な施設や機関等に責任をもってつなぐ取り組みが登場している。

　2015（平成27）年には、介護保険制度が改正され、互助、および生活支援サービスの充実強化が盛り込まれた。NPOや民間団体、協同組合など、多様な組織機関と連携し、生活支援と介護予防の基盤整備がより目指されることとなった。また、高齢者のニーズとボランティア等地域の資源をマッチングし、専門職だけに頼らないで、住民主体に切り替えることとなった。地域の主体的活動の主体としての協議体がつくられ、さまざまなネットワークの形を呈するようになっている。また、それらネットワークによる話し合いの場がもたれるようになっている。地域ケア会議もその一つであり、地域包括支援センターが中心となり、事例部会や、日々の業務を通して発見されてくる個別事例の共有や、地域のニーズの把握と共有などの情報共有が行われるようになっている。

　現在、地域包括ケア体制の担い手は、多職種連携と地域連携によって、地域に顕在化している課題や地域に潜在化している課題に至るまで、漏らさず逃さず捉える視点と仕組みが求められる。多機関による地域包括

★ダブルケア
育児や介護が一つの家族内で同時に発生している状況および複数のケア関係を指す。少子高齢化、晩婚化、核家族化の問題が集中して顕在化したものである。

支援体制は、世帯全体の複合的・複雑化したニーズを捉え、支援を見立て、さまざまな相談機関と連携協働しながら包括的な相談窓口としての支援を実施している。8050問題を抱える家族、ひきこもりの家族がいる家族支援、ダブルケア、トリプルケアなどの課題がある家族支援など、地域で孤立する可能性がある課題を抱える家族への介入である。2017（平成29）年に発表された「地域力強化検討会最終とりまとめ～地域共生社会の実現に向けた新しいステージへ～」では、「保健・医療・福祉に限らず、雇用・就労、住まい、司法、教育、農業、産業などの分野」への広がりと、「本人の意思や尊厳を尊重する視点」を前提としている。これは、専門職・非専門職にかかわらず、地域に存在する多様な担い手を創出し、彼らによる見守りや連携などによる**情報提供**などが、**安全かつ安心な状況**で行われなければならない。さらに、いつでも「**必要な時に必要な支援が届けられるような環境を整えること**」が重要となる。地域で暮らしている人々の困りごとはなかなか見つけにくいものである。地域社会の偏見、差別、否定的な自己認識、病識や生活障害への認識不足、情報等のアクセシビリティの低さと資源不足、あるいは専門職などによる不適切な対応によって潜在化しているものである。生活課題が顕在化してからの対応はもちろん必要であるが、その場合、事後対応である場合が多い。岩間伸之は、総合相談を「入口の拡大と出口の創造」として、複合化、潜在化する課題に対して以下の八つの整備は必要としている。[1]

Active Learning
福祉や医療に関する情報アクセシビリティの必要性について考えてみましょう。

❶	広範なニーズへの対応	❺	予防的支援
❷	本人の解決能力の向上	❻	支援困難事例への対応
❸	連携と協働	❼	権利擁護活動
❹	個と地域の一体的支援	❽	ソーシャルアクション

　総合的包括的に課題やニーズを把握する見守りや発見、必要な支援を的確に行うチームアプローチに携わる担い手の創出、できるだけ事後対応にならないように、早期発見、早期介入できるような、多様な担い手による見守り体制の構築、課題やニーズに合わせた個別支援体制、それぞれの自治体や地域の生活課題を踏まえた体制づくりや地域づくり（地域支援）が必要となる。これら4点の実現には、どこか一つの専門相談機関だけで対応はできない。多機関協働が必要となる。多機関が協働することで多職種が連携しやすくするためには、関連機関のネットワークと実務者のネットワークの二つの土台づくりが必要となる。

図3-1 支援の階層性

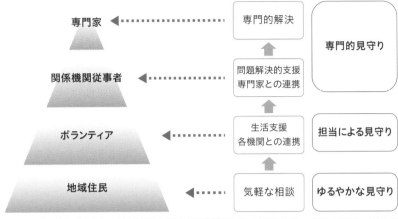

出典：大塚耕太郎「自殺対策と精神保健」『精神神経学雑誌』第114巻第5号, p.560, 2012. をもとに
著者作成

　たとえば、関連機関のネットワークは、都道府県単位や市町村単位の
ものとなる。関連機関や団体がそれぞれ相互に連携することで、地域全
体の取り組みが活発化し、関連機関・団体に属する実務者によるネット
ワークが構築される。実務者ネットワークにより、実務者同士の交流が
促進され、顔が見える関係を構築することにつながる。大塚は、これら
二つのネットワークが構築されて機能すれば、❶すでにその地域にある
対策や計画等を強化することにつながり、❷これまで可視化されていな
かったり、対策や計画策定段階ではまだ十分に共有化されていなかった
問題点や関連性に注目するきっかけにつながることで、その地域に住む
人やその地域自体を支える新たな体制や仕組みなどを構築するような変
化をもたらす可能性があると述べている。[2]

2 包括的な支援体制を底支えする協議・協働の場

　ネットワークが機能するためには、さまざまなネットワークが交差す
る結節点に、協議や協働する場の構築が必要となる。これを「プラット
フォーム」という。川島は、「包括的な支援体制を底支えする地域の土
台づくり」とし、「体制づくりのプロセスにおける『協議の場』をいか
に丁寧に設定していくことができるか。そのためには、行政、専門職、
地域住民、事業者等の多様な主体が、生活圏域から市全域までの各レベ
ルで行う協議の全体像を構想し、協議のなかで『何をめざすのか』とい
う目的を明確化していくことが必要」であるとしている。[3]なぜなら、「包

図3-2　協議・協働の場

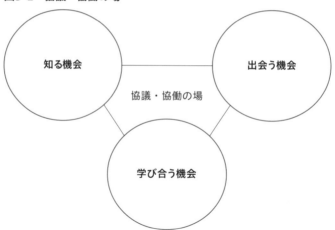

出典：川本健太郎「第７章　基盤としての地域福祉力の向上」川島ゆり子・永田祐・
榊原美樹・川本健太郎『地域福祉論』ミネルヴァ書房，p.138，2017.

表3-1　場づくりのデザイン

段階	ファシリテーション （＝集団による知的相互作用を促進する）のスキル
第１段階：場のデザイン	誰を選ぶか　いつ　どこで　部屋　会議の目的　会議の ルール　自己紹介　アイスブレーキング　ホワイトボード の用意
第２段階：対人関係	意見が出やすくなるように　質問する　傾聴する　非言語 メッセージの重視
第３段階：構造化	フレームでの整理　アセスメント　プランニング
第４段階：合意形成	意見をまとめる　チームとしての意思決定を心がける　役 割設定　期限設定

出典：野中猛・野中ケアマネジメント研究会『多職種連携の技術（アート）──地域生活支援のための
理論と実践』中央法規出版，pp.93-95，2014.　をもとに著者作成

括的な支援体制は、窓口を設置する、あるいはソーシャルワーカーを配
置するということのみで実現するものではありません。連携先の制度別
相談機関、あるいは包括的支援を担うソーシャルワーカーと連携する専
門職や地域住民の意識の変容がなければ、新たに縦割りの組織や機能を
付加することにしかならないから」だとしている[4]。

　従来であれば、福祉的課題に対する見守りや支援の担い手とはあまり
認識されてこなかった立場の人々の気づきや問題意識を、「知る機会」「出
会う機会」「学び合う機会[5]」として共有する時間と場、つまりプラット
フォームがあることで、多様な担い手たちが目的・方法・情報の共有を
し、課題共有や解決に向かって主体性を発揮しあう土台となる。

　地域ケア会議などの会議の場は、社会福祉士・精神保健福祉士が力を
発揮すべき協議・協働の場の一つである。「会議──conference──は

図3-3　ファシリテーション（＝集団による知的相互作用を促進する）のスキル

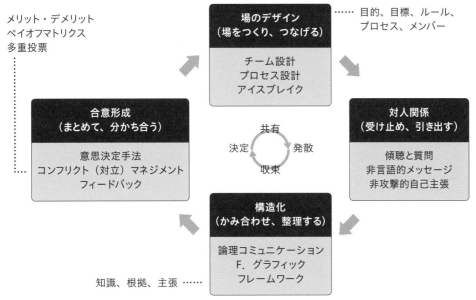

メリット・デメリット
ペイオフマトリクス
多重投票

場のデザイン
（場をつくり、つなげる）

チーム設計
プロセス設計
アイスブレイク

…… 目的、目標、ルール、
プロセス、メンバー

合意形成
（まとめて、分かち合う）

意思決定手法
コンフリクト（対立）マネジメント
フィードバック

対人関係
（受け止め、引き出す）

傾聴と質問
非言語的メッセージ
非攻撃的自己主張

共有
決定　発散
収束

構造化
（かみ合わせ、整理する）

論理コミュニケーション
F.グラフィック
フレームワーク

知識、根拠、主張 ……

出典：野中猛・野中ケアマネジメント研究会『多職種連携の技術（アート）──地域生活支援のための理論と実践』中央法規出版, p.94, 2014.

図3-4　会話・対話・議論

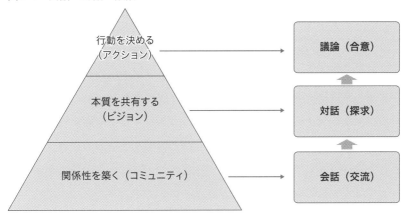

行動を決める
（アクション）

本質を共有する
（ビジョン）

関係性を築く（コミュニティ）

議論（合意）

対話（探求）

会話（交流）

出典：中野民夫・堀公俊『対話する力──ファシリテーター23の問い』日本経済新聞出版, p.28, 2009.

出会いの場[6]」とし、職種ごとの会議、組織内における会議、地域生活を送る人を中心にした多職種で支援するための会議など、「会議を設定して運営する技術[7]」の重要性を説いている。

　さらに、社会福祉士・精神保健福祉士は、話し合いの技法のバリエーションを心得ておく必要がある。たとえば、物事の意味を探求するための話し合い（発散型討議）と結論を出すための収束型の話し合いを、場と目的に応じて使い分けられる必要がある。会話・対話・議論の使い分けも同じである[8]。

1 協議体

　生活支援体制整備事業により、地域の住民や各種団体、企業の関係者など、さまざまな人々が連携しながら多様な日常生活上の支援体制の充実、強化および高齢者の社会参加の推進を一体的に図っていくことを目標に創設されたのが協議体である。協議体とともに、生活支援コーディ ★ネーターという職種が新たにでき、支え合いによる地域づくりの推進と高齢化に伴って発生する課題に早期に対応していく主体的な取り組みをしかける担い手が創出された。

　協議体は、話し合いの主体を指すと同時に主体による話し合いのことも指す。協議体の役割は、第一に、支えられる高齢者も支え手として地域の住民とともに支え合う役割があり、支え合いによる地域づくりの構築がある。そこには地域における気軽な支え合いの発想がある。第二に、介護保険改正に伴い、多様な主体による重層的なサービスの提供体制の構築がある。

　協議体の主体は、各地域によってさまざまである。地域のニーズ把握を得意としてきた市の社会福祉協議会が担う場合、在宅福祉ネットワークを立ち上げた NPO 法人が地域住民向けのセミナーや勉強会を重ねていく場合、自治会と地区社協や老人クラブ等からなるまちづくり協議会が担い、ニーズを解決していくためのネットワークを形成する担い手となる場合、住民が民間のまちづくり団体と協働し、地域の空き家問題にともに取り組むような場合、介護者などのセルフヘルプの活動がネットワークを形成していく場合など、さまざまである。

2 地域ケア会議

　地域ケア会議は、高齢者個人に対する支援の充実と、それを支える社会基盤の整備を同時に進めていく、地域包括ケアシステムの実現に向けた手法である。地域包括支援センター等が主催し、個別ケースの支援内容の検討や、地域の実情に応じて必要な事項について、課題を把握し、解決をしていく手段や方法等を話し合う会議である。介護支援専門員に

★生活支援コーディネーター
「地域支え合い推進員」とも呼ぶ。高齢者の生活支援、介護予防の基盤整備を推進していくことを目的として、地域において生活支援・介護予防サービスの提供体制の構築に向けたコーディネート機能を果たすものを指す。利用者への支援やサービスの質に関する理念、地域の福祉力の形成に関する理念を、利用者、他の専門職、行政職員等とともに共有できるように働きかけつつ、生活支援の担い手の養成、サービスの開発、関係者のネットワーク化、ニーズとサービスのマッチングなどを行う。

Active Learning

自分の住むまちの地域ケア会議について調べてみましょう。

---

i　生活支援コーディネーターと協議体については、厚生労働省老健局長通知「地域生活支援事業の実施について」（平成 18 年 6 月 9 日老発第 0609001 号（最終改正：令和 2 年 5 月 29 日老発 0529 第 1 号））にその詳細が規定されている。

表3-2 地域ケア会議とサービス担当者会議との相違点

地域ケア会議（個別ケース検討）	項目	サービス担当者会議
地域包括支援センターまたは市町村	開催主体	介護支援専門員（契約が前提）
ケース当事者への支援内容の検討、地域包括支援ネットワーク構築、自立支援に資するケアマネジメントの支援、地域課題の把握など	目的	利用者の状況等に関する情報共有、サービス内容の検討及び調整など
・「地域支援事業の実施について」（厚生労働省老健局長通知） ・「地域包括支援センターの設置運営について」（厚生労働省老健局振興課長ほか連名通知）	根拠	「指定居宅介護支援等の事業の人員及び運営に関する基準」第13条第9号
行政職員、センター職員、介護支援専門員、介護サービス事業者、保健医療関係者、民生委員、住民組織、本人・家族等	参加者	居宅サービス計画の原案に位置づけた指定居宅サービス等の担当者、主治医、インフォーマルサービスの提供者、本人・家族等
サービス担当者会議で解決困難な課題等を多職種で検討 （例） ・支援者が困難を感じているケース ・支援が自立を阻害していると考えられるケース ・支援が必要だと判断されるがサービスにつながっていないケース ・権利擁護が必要なケース ・地域課題に関するケース　　　　等	内容	・サービス利用者の状況等に関する情報の担当者との共有 ・当該居宅サービス計画原案の内容に関する専門的見地からの意見聴取

出典：長寿社会開発センター「地域ケア会議運営マニュアル」p.28，2013.

よる自立支援に資するケアマネジメントの支援や地域包括支援ネットワークの構築につながるものとされている。❶地域課題発見機能、❷ネットワーク構築機能、❸個別課題解決機能、❹地域づくり・資源開発機能、❺政策形成機能という五つの機能を果たすことが課せられている。

　主に、支援困難事例を検討し、その解決と地域づくりにつなげていく会議と、地域ニーズを検討する代表者の会議を併せて「地域ケア会議」と呼ぶ。また、地域ケア会議とその他の会議との相違点については、**表3-2**のように整理されている。

　なお、白澤によれば[9]、地域包括支援センターが介護保険法に位置づけられていることにより、さまざまな難しさが指摘されている。第一に、本来であれば高齢者を含めたすべての住民の支援困難事例についても検討されることが望ましいが、どうしても高齢者事例中心となっている現実がある。第二に、介護保険制度においては、ケアマネジャーが適正なケアプランに基づき介護サービスを給付しているかどうかを保険者が点検することを給付適正化というが、地域ケア会議という名の下で、給付適正化の事業者指導が実施されている点である。地域包括ケアのネットワーク構築とはかけ離れた議題であり、保険者による指導監査として別の場で取り上げられるべき内容である。何をテーマに取り上げるかは、先に述べた❶～❺の五つの機能に照らし合わせて決定することが求められる。

■3 地域包括支援センター運営協議会

地域包括支援センター運営協議会（以下、運営協議会）は、地域包括支援センターの適切、公正かつ中立な運営の確保、その他センターの適正、かつ円滑な運営を目指すために設置されたものである。運営協議会は市町村が設置するものである。国は、原則として市町村ごとに一つの運営協議会を設置すればよいとしている。複数の市町村により共同でセンターを設置している場合は、運営協議会を共同設置することができる。

審議する内容は、各地域包括支援センターの運営状況について定期的に報告をしたり、必要な場合は、協議会にとるべき対応について意見を述べることもある。また、センターの業務を支援するため、関係機関との連携を図る場ともなっている。市町村の点検評価に基づいて事業が適切に実施されているか、センターの人員が業務に対して適切なものとなっているか、担当する地域の高齢者のニーズが適切に把握されているか、個人情報保護が徹底されているか、職員間、専門職間で連携が効果的になされているか、成年後見制度の活用や、消費者被害の防止などの取り組みがなされているか、在宅医療、介護連携推進事業、生活支援体制整備事業、認知症総合支援事業との連携がなされているかなど、センターの運営、センターの職員の確保、地域における介護保険以外のサービス等との連携体制の構築、地域包括支援ネットワークを支える地域の社会資源の開発などその他の地域包括ケアに関することを取り上げる。

運営協議会の事務局は市町村に置かれている。構成員は、介護サービスおよび介護予防サービスに関する事業者や職能団体、利用者、被保険者、介護保険以外の地域の社会資源や権利擁護、相談事業等を担う関係者、学識経験者から構成され、会長を設置することとなっている。

■4 要保護児童対策地域協議会

要保護児童とは、保護者に監護させることが不適切であると認められる児童と、保護者がない児童を指す。被虐待児童や非行児童、孤児や保護者に遺棄された児童、保護者が長期拘禁中の児童、保護者が家出した児童などがこれに当たる。要支援児童は要保護児童の下位に位置づけられる概念であり、養育上の支援により要保護児童に移行することを未然に予防することが求められる対象である。出産後間もない時期に養育者が育児ストレスや産後うつ状態、育児ノイローゼになるなどの問題によって子育てに対して強い不安や孤立感を抱える保護者およびその児童や、食事、衣服、生活環境等について、不適切な養育状態にある家庭など、

虐待のおそれやそのリスクを抱え、特に支援が必要と認められる保護者
およびその児童、また、児童養護施設等の退所または里親委託終了によ
り児童が復帰したあとの保護者およびその児童を指す。要支援児童の場
合は、保護者の養育を支援することが特に必要と認められる児童である。

　要保護児童対策地域協議会とは、2004（平成 16）年の児童福祉法改
正で設置された。要保護児童の早期発見や適切な保護を図るために関係
機関がその子どもに関する情報や考え方を共有し、多数の機関が円滑な
連携・協力を確保するために置かれた。

5 障害者自立支援協議会

　障害者の日常生活及び社会生活を総合的に支援するための法律（障害
者総合支援法）および障害福祉計画の基本指針に基づき、障害のある人
が普通に暮らせる地域づくりを目指して、複数のサービスを適切に結び
つけて調整する相談支援と、社会資源の改善および開発を行うため相談
支援事業の充実、およびその中核的役割を担うものである。

　都道府県自立支援協議会と、地域自立支援協議会がある。❶情報機能、
❷調整機能、❸開発機能、❹教育機能、❺権利擁護機能、❻評価機能の
六つの機能があり、地域の支援体制のレベルアップを意図している。

Active Learning

要保護児童対策地域
協議会において、多
機関が連携・協力す
ることの必要性は何
かを考えてみましょ
う。また、異なる機
関や専門職が連携し
あううえで留意しな
くてはならないこと
は何かを考えてみま
しょう。

第3章 地域福祉ガバナンスと多機関協働

◇引用文献
1）岩間伸之「権利擁護の推進と地域包括ケア：地域を基盤としたソーシャルワークとしての展開」
　『地域福祉研究』42号，p.11，2014.
2）大塚耕太郎「自殺対策と精神保健」『精神神経学雑誌』第114巻第 5 号，p.560，2012.
3）川島ゆり子「地域共生社会の実現をめざす包括的な支援体制について」『NORMA 社協情報』1
　月号，pp.6-7，2019.
4）同上，pp.6-7.
5）川本健太郎「第 7 章　基盤としての地域福祉力の向上」川島ゆり子・永田祐・榊原美樹・川本
　健太郎『地域福祉論』ミネルヴァ書房，p.138，2017.
6）野中猛・野中ケアマネジメント研究会『多職種連携の技術（アート）──地域生活支援のための
　理論と実践』中央法規出版，p.91，2014.
7）同上，p.92.
8）中野民夫・堀公俊『対話する力──ファシリテーター 23の問い』日本経済新聞出版社，p.28，
　2009.
9）白澤政和『地域のネットワークづくりの方法──地域包括ケアの具体的な展開』　中央法規出
　版，pp.33-36，2013.

● おすすめ
・中野民夫『学び合う場のつくり方』岩波書店，2017.
・全国社会福祉協議会『多機関の協働による包括的相談支援体制に関する実践事例集』2017.
・鈴木康久・嘉村賢州・谷口知弘『はじめてのファシリテーション──実践者が語る手法と事例』
　昭和堂，2019.

第3節 多職種連携

学習のポイント

● 多職種連携の目的について学ぶ
● 多職種連携を促進する要因やコンピテンシーについて把握する

1 保健・医療・福祉にかかわる多職種連携

　誰もが安心して地域で暮らし続けるには、その人の「住む・暮らす」「費やす」「働く」「育てる・学ぶ」「参加する・交わる」「体の健康」「心の健康」などが満たされる必要がある。何かがきっかけで、これまでのような安心した暮らしが維持継続できなくなったときには、身体的・精神心理的・社会的・経済的課題がどのように発生しているのか、暮らしの連続性と全体性を視野に入れ、切れ目のない生活支援の実現が目指されなくてはならない。住まい、医療、介護、予防、生活支援等が切れ目なく一体的に提供される地域包括ケアの実現には、保健医療福祉専門分野の高度化に伴い、各専門職の知識や技術が専門細分化されている近年、さまざまな専門職同士が連携して、人々の多様化、深刻化する生活ニーズを的確に捉えることが求められる。特に、近年においては、生活ニーズが地域で潜在化していることも多い。本人たちが何らかの理由で、困っていることを表現できない事情がある場合もある。人々の権利擁護や虐待にかかわる課題、依存症や自殺や孤独死、生活困窮やひきこもりにかかわる課題などがまさにそれであり、これらは発見や支援になかなかつながらないことにより、支援困難事例として専門職につながらなかったり、社会的孤立につながっていくことも多く見受けられる。

　社会福祉士・精神保健福祉士は、多職種と連携することで、制度やサービスの狭間（はざま）に陥る人がいないように潜在化したニーズにアウトリーチし、シームレスなニーズキャッチのネットワーク体制をつくることが求められる。同時に、支援が必要なケースを発見した際には、チームワークを発揮し、多職種によるケアチームで迅速に的確な支援を行うことが求められている。

　多職種連携で用いられる連携とは、同じ目的で何事かをしようとする

Active Learning

シームレスなニーズキャッチとは何か、調べてみましょう。また、社会福祉士や精神保健福祉士が実践の場面でそれを実行していくにあたって、どのようなことに工夫や留意をしたらよいかを考えてみましょう。

図3-5 訳語の確認

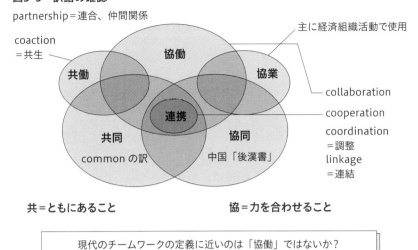

partnership＝連合、仲間関係

coaction＝共生

主に経済組織活動で使用

協働

共働

協業

連携

共同

協同

common の訳

中国「後漢書」

collaboration
cooperation
coordination
＝調整
linkage
＝連結

共＝ともにあること　　　協＝力を合わせること

現代のチームワークの定義に近いのは「協働」ではないか？

出典：野中猛『図説ケアチーム』中央法規出版, p.14, 2007.

ものが、連絡を取り合ってそれを行うことを指す。野中猛は**図3-5**において、「連携」とは、linkage、coordination、cooperation のどの語の訳語ともなることを示し、連携・協働・チーム（ワーク）をめぐる用語の整理を行っている[1]。保健医療福祉の多職種連携の目的は、利用者のためのケアの向上であり、同時に、施設機関やその人が暮らしている地域で提供される支援やケアの質の向上や充実である。その実現を目指し、二つ以上の多種多様な立場の人々がコミュニケーションを取り合い、それを成し遂げようとする営みのことであるといえる。

連携とチームという言葉の関係については、菊池和則による、「分野の異なる専門職がクライエントおよびその家族などの持つニーズを明確にした上で共有し、そのニーズを充足するためにそれぞれの専門職に割り当てられた役割を、他の専門職と協働・連携しながら果たしていく少人数の集団」という定義[2]が参考となる。チームのあり方についてはたとえば**表3-3**のようなものがある。

多職種連携の担い手（チームメンバー）については、社会福祉の領域においては、さまざまな資格や職種などが実態としてある。保健・医療・福祉国家資格となると、社会福祉士、介護福祉士、精神保健福祉士のほかには、医師、歯科医師、薬剤師、保健師、助産師、看護師、診療放射線技師、臨床工学技士、理学療法士、作業療法士、救急救命士、臨床検査技師、視能訓練士、あん摩マッサージ指圧師、はり師、きゅう師、柔道整復師、歯科技工士、歯科衛生士、義肢装具士、管理栄養士、言語聴

表3-3　チームモデルの特徴

	チームメンバー	チームの特徴
連絡モデル	役割分担が明確で、自己の役割に限定して活動。メンバー間の連携は弱い。	情報を共有化し、報告・連絡・相談を密に行い、スピーディーな意思決定。
連携・協働モデル	自己の役割に徹しながらも、状況に応じて役割が重複する。メンバー間の連携や相互作用が出てくる。	コアチームとアソシエートチームが情報を共有化し、報告・連絡・相談を密に行う。課題に応じて変化するなど柔軟な対応。
ネットワークモデル	しばしば自己（自事業所）の役割を超えた役割を担う。交流や連携はメンバー間に留まらず、チーム対チームに発展していく。	二つ以上のチームが存在し、それぞれにコーディネーターがいる。チーム対チームの相互作用が働く。

出典：篠田道子『多職種連携を高めるチームマネジメントの知識とスキル』医学書院, p.18, 2011.

★公認心理師
2017（平成29）年9月15日に施行された我が国初の心理職の国家資格である。保健医療、福祉、教育その他の分野において、専門的知識および技術をもって社会の変化に生じるさまざまな課題に対応できる人材である。

★福祉活動専門員
社会福祉協議会が担当する多様な事業に合わせてつくられた職種の一つ。ボランティアコーディネーター、地域福祉活動コーディネーターなどと並び、福祉の推進役として活動している。

覚士、公認心理師*などである。介護支援専門員（ケアマネジャー）や移動介護従事者（ガイドヘルパー）、訪問介護員（ホームヘルパー）、相談支援専門員など、研修を修了したものが名乗れる資格もある。また、生活相談員や支援相談員、福祉活動専門員*など、特定の施設機関等でその職務につくことで名乗れる職名もある。また、施設機関に属してはいないが、民生委員やボランティアなどの名称もある。さらに、社会福祉士の領域においても、専門分野の別に応じて、スクールソーシャルワーカー、医療ソーシャルワーカー、ファミリーソーシャルワーカー、コミュニティソーシャルワーカーなどと呼称されている。

　多職種連携の担い手に、専門職・非専門職のどこまでを含むのかという議論においては、あくまで対人援助の専門職を指すとの立場もある。生活課題の解決という視点においては、専門職中心の連携もあれば、将来の地域のあり方のビジョンを構築していくような機会においては、地域の住民が中心となる連携もあると考えられる。いずれにせよ、地域福祉の視点から地域を捉えれば、地域生活課題が発生する場であると同時に、解決の場であるともいえる。専門職だけではなく、そこには本人や家族、近隣の住民などが連携の担い手として参加することが重要となる。

　連携と似た言葉に、「協働」がある。「多職種協働」という言葉も用いられる。協働は「異質な主体のパートナーシップ[3]」として定義されている。つまり、多職種協働となると、「関係機関・関係者どうしが、上下の関係や指示的関係でなく、対等な関係でそれぞれが役割をもち、共通の目標に向かってともに活動すること[4]」を指し、立場の対等性の意味合いがより含まれることがポイントである。

　多職種連携や多職種協働には、専門性に分断されることなく、包括的・全体的に生活者（当事者）の暮らしを支えることが目的となる。以下は当事者の立場から、専門職による多職種連携の実践を眺めたときの感想の一部である。特に社会福祉士・精神保健福祉士は、困りごとを抱えている生活者（当事者）の側から、彼らの実感や日常感覚の変化などにしっかりと耳を傾け、本人たちの立場から生活における困りごとの解決を支援していく役割を連携しているチームの活動のなかで果さねばならない。

　　医療と福祉が接近し始めている今日、改めて、医療も福祉も行政も専門家チームの一人ひとりが力量をつけて、医師の診立てに依存せず、チームの中で対等な関係性を築き、同じ人間として当事者と向き合ってほしいと思っています。そして当然のことですがそれぞれが守秘義務を守ってほしいと思います。又、スタッフに市民としての社会性も身につけてほしいとも思います。[5)]

　以上のことから、保健医療福祉の専門職、行政、地域の住民などが連携し、支援に参加することが重要となる。

　しかし、多職種連携には、さまざまな障壁がある。自分以外の専門職や専門資格などについてよく理解していない、各専門職の専門性や教育的文化的背景を把握していない、そもそも他の専門職と仕事などで出会う機会がない、お互いの専門用語がよくわからない、よくわからないまま仕事のなかで情報交換をしている、立場の違いにより質問や意見ができにくいと認識している、などがある。注意しなければならないのは、お互いによくわからないまま、あるいは十分にコミュニケーションをとらないまま支援を進めてしまうと、専門職間には衝突、ストレス、後悔、徒労感が生まれ、燃え尽き症候群につながったり、利用者自身に損失を与えてしまうヒヤリハットや医療介護事故等の原因となりかねない。多機関、多職種、多分野で働く支援者が互いに連携することで、本人や家族にとっても、連携する支援者自身にとっても、他職種等にとっても高い成果を収めることができると実感することができなくてはならない。

　そのために、まずは、多職種がうまく連携するための三つの要因を理解しておく必要がある（**表3-4**）。

　さらに、多職種連携コンピテンシーを発揮し、それぞれの専門職の役割を認識して互いに理解を深め、実践において、その状況に応じたチームを編成し、いつでもスムーズに連携協働できるように備えておかねば

Active Learning
地域住民が果たせる役割や期待できる機能には、どのようなものがあるでしょうか。考えてみましょう。

表3-4　良好な連携の決定要因

対人関係要因	❶連携の喜び（凝集性、成熟など） ❷信頼（自信、協力する能力など） ❸コミュニケーション（技能、交渉、知識の共有など） ❹相互尊敬（相互に貢献が補完する）
組織的要因	❶組織構造（水平性、決定権共有、直接交流など） ❷組織的理念（参加、平等、自由、相互協力など） ❸管理者の支援（リーダー、管理など） ❹チーム資源（時間、場所、情報など） ❺協力と交流（理念、手順、共通様式、会議など）
制度的要因	❶社会的要因（職種、性別、階層、力の不均衡など） ❷文化的要因（連携への価値観、自律性など） ❸専門家要因（優位性、自律性、統制、断片化など） ❹教育的要因（専門家養成優先）

出典：野中猛『図説ケアチーム』中央法規出版，p.48, 2007. を一部改変

ならない。そのために、保健医療福祉の専門職であれば、だれもが学んで身につけておかねばならない能力が多職種連携コンピテンシーであり、必要な場面において意図的にその力を発揮することが求められる。患者・利用者中心、コミュニケーション、パートナーシップ、相互理解と職種活用、ファシリテーション、リフレクション★などが、連携協働が円滑に進むための三つの枠組みで整理され、2016（平成28）年に発表されている。[6]

★リフレクション
振り返りと同じように扱われる場合が多い。内省、省察。デューイの反省的思考を受け、ショーンが専門家が身につけるべき知恵として取り上げた。

　今、保健医療福祉の連携実践に求められるあり方は、機能的連携である。チームモデルでいえば、連携協働およびネットワークモデルに相当するものである。かつては職種連携という形式が主流であったが、今は機能連携の時代にあるといえる。専門職がそれぞれ自らの専門性を持ち寄ってその範囲内での働きを行うというのではなく、変化に応じて柔軟に対応しながら、それぞれの専門性はある程度は踏まえながらも、変化する状況に合わせて役割をそれぞれ見出し、チームとしての目標の達成に取り組むというスタイルである（**図3-6**）。機能的連携においては、高い多職種連携コンピテンシーが求められる。チーム内の1人のメンバーの専門性から見た疑問点を、それに応ずるのにふさわしい他の専門職との間で、話し合い、討論して解決する作業が求められる。さらに、自分ができなければ、他者の協力を得てでも実行することが求められる。連携の障壁を乗り越え、このような相互干渉と一部技術移転ができるチームの関係性構築が日頃から求められる。

図3-6　職種の連携から多職種協働の機能連携へ

（浜村明徳による）

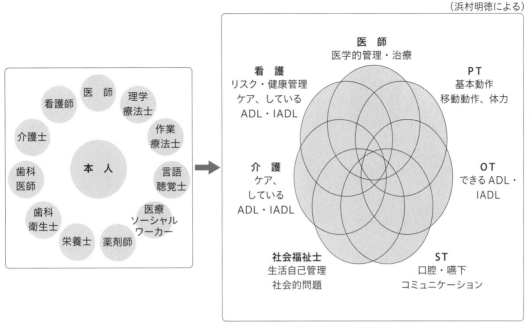

出典：矢野浩二「回復期リハビリテーション病棟におけるチームアプローチとその戦術」『月刊総合ケア』第17巻第4号，p.50，2007.
　　　を一部改変

2　多職種連携等における個人情報保護

　互いの専門性を活用し、チームが一丸となって支援の対象となる本人
や家族等のために活動するには、情報、方針、そして方法の共有が必要
となる。多くの職種が集まるだけではただのグループであるが、そこで
情報や方針、方法が共有されることでチームとなる。グループとチーム
の違いについては、**表3-5**のように整理できる。

　ひとたびチームが形成されれば、メンバー同士の結束力も生まれ、互

表3-5　グループとチームの違い

グループ (group)	類似した職務を担当する人たちが複数あつまっていること。医局、看護部、人事課、総務課などは、似たような仕事をする人たちの集まりである。相乗効果は発揮されず、業績は個々のメンバーの総和になる。
チーム (team)	チームとは、目標を達成するために異なる職種の人たちが協働で活動すること。協調を通じてプラスの相乗効果（シナジー）を生むもので、これにより、個々の投入量の総和よりも高い業績水準をもたらすものとしている。

出典：篠田道子『多職種連携を高めるチームマネジメントの知識とスキル』医学書院，p.11，2011.
　　　より作成

表3-6　専門職間連携の利点と欠点

利　点	①利用者の問題解決	適切な計画、迅速な実施、創造的解決、質の向上
	②効率性	より多くの資源を最大限に活用できる
	③専門職の利益	能力向上、人格発達、環境改善、情緒的支援
欠　点	①利用者の不利益	依存性を増やす可能性、個人情報が漏れやすい
	②非効率性	意見調整に時間がかかる
	③専門職の不利益	役割混乱や葛藤の出現、意見の斉一性から圧力

出典：野中猛・野中ケアマネジメント研究会『多職種連携の技術（アート）——地域生活支援のための理論と実践』中央法規出版、p.13, 2014.

いが刺激し合い、一人では思いもよらなかったようなアイデアや方針が生まれてくる。

　しかしこれはたやすいことではない。多職種で働くことの難しさは、第一に、チームを形成するための前提条件がそろわなければならないということにある。篠田は、メンバーが集まればいいわけではなく、そこには、リーダーシップ*やメンバーシップ、メンバー間の信頼関係と円滑なコミュニケーションなどが揃わなければならないとしている。第二に、ひとたびチームが形成されても、その営みの過程で起こってくる課題があるということである。たとえば、かかわるメンバーが多くなることで、うまく共有できない弊害がでてくる。社会福祉士・精神保健福祉士は、多職種からなるチームの構成員の一人として、チームの営みについての利点や欠点をあらかじめ理解したうえで、情報、方針、方法を共有し、連携協働する必要がある。

　チームでの営みにおける各専門職間に起こる利点と欠点は、**表3-6**のように整理されている。

　チームで動くとき、情報を共有し、会議やカンファレンスで方針を話し合い、チームアセスメントをした結果に基づき支援方針と支援方法を共有して支援を進めていくことが求められる。そこでは、利用者やその家族にかかわる正しい情報や最新の情報を共有することが重要となってくるが、多くのメンバーで共有することで個人情報が漏れやすくなり、利用者の不利益につながることがある。また、かかわる人が多ければ多いほど、意見調整に時間がかかり、それぞれの考えや思いにかかわる情報を一つにまとめて方針を立てていくのには、時間や手間がかかることとなる。以下に、情報にかかわる三つのポイントを整理した。

■1 社会福祉士・精神保健福祉士と秘密保持義務

　まずは、社会福祉士・精神保健福祉士にかかわる個人情報の保護に関

★リーダーシップ
組織のなかで目標を定め、チームをつくり、成果を出す能力。ドラッガーは、リーダーシップとフォロワーシップ、リーダーの責任などを定義した。

連する法律等について、いくつか掲げる。社会福祉士及び介護福祉士法には、以下のような記載があり、連携協働する役割を担っている。

（定義）
第2条　この法律において「社会福祉士」とは、（中略）社会福祉士の名称を用いて、専門的知識及び技術をもって、身体上若しくは精神上の障害があること又は環境上の理由により日常生活を営むのに支障がある者の福祉に関する相談に応じ、助言、指導、福祉サービスを提供する者又は医師その他の保健医療サービスを提供する者その他の関係者（第47条において「福祉サービス関係者等」という。）との連絡及び調整その他の援助を行うこと（中略）を業とする者をいう。
（下線は引用者による）

第47条第1項には、「連携」業務について具体的に明記されている。

（連携）
第47条　社会福祉士は、その業務を行うに当たっては、その担当する者に、福祉サービス及びこれに関連する保健医療サービスその他のサービス（中略）が総合的かつ適切に提供されるよう、地域に即した創意と工夫を行いつつ、福祉サービス関係者等との連携を保たなければならない。

　そこで社会福祉士・精神保健福祉士が連携にかかわる役割と業務を果たす際に注意を払わなければならないのが、「秘密保持義務」である。第46条には義務として明記されている。

（秘密保持義務）
第46条　社会福祉士又は介護福祉士は、正当な理由がなく、その業務に関して知り得た人の秘密を漏らしてはならない。社会福祉士又は介護福祉士でなくなった後においても、同様とする。
（下線は引用者による）

　2007（平成19）年度の社会福祉士及び介護福祉士法の一部改正の際に、個人の尊厳の保持、福祉サービス提供者や医師等の保健医療サービス提供者等との連携について新たに規定するなど、義務規定が見直された。それまでは、「医師その他の医療関係者との連携を保たなければならない」という文言であったが、「個人の尊厳の保持」「自立支援」「地域に即した創意と工夫」「他のサービス関係者等との連携」「資格取得後

の自己研さん」等について新たに規定されることで、上記のように連携の担い手を医療に限らず、生活支援にかかわるさまざまな専門職との連携を前提として修正された。

■2 社会福祉士・精神保健福祉士が連携協働する際にかかわる個人情報保護法・ガイドライン

我が国においては、**表3-7**のような経緯のなかで、個人の情報の取り扱いについてのルールが整理されてきている。個人情報保護というのは、あくまでも個人情報の適切な取り扱いについて定められたものである。利用目的の明示や特定、本人の同意がなく第三者に個人データを提供することを原則禁じるなどである。プライバシー保護*とは、意味が異なる。

個人情報の保護に関する法律（個人情報保護法）は、高度情報社会化への潮流のなかで、個人情報の取り扱いの機会が増加するなかでできた法律である。事前に示されているOECDのガイドラインでは、❶目的明確化の原則、❷利用制限の原則、❸収集制限の原則、❹データ内容の原則、❺安全保護の原則、❻公開の原則、❼個人参加の原則、❽責任の原則という八つの原則が示されたことを受けて、急速に我が国における個人情報の取り扱いが整理されていった。2015（平成27）年に改正された個人情報保護法の2017（平成29）年の全面施行では、「5001人以上の個人情報を利用する事業者」という条件が撤廃された。中小企業や個人事業主、町内会、自治会、教育現場なども個人情報を取り扱う際の事務の

★プライバシー保護
私生活上の事柄をみだりに公開されない法的な保障と権利のこと。自分に関する情報の流れを自分がコントロールする権利のことを指し、個人情報保護とは異なる意味を成す。

表3-7　個人情報保護に関する法とガイドラインの変遷

年	内容
1980（昭和55）年	プライバシー保護と個人データの国際流通についてのガイドライン（OECD）
2003（平成15）年	個人情報の保護に関する法律成立 行政機関の保有する個人情報の保護に関する法律（行政機関個人情報保護法）成立 独立行政法人等の保有する個人情報の保護に関する法律（独立行政法人個人情報保護法）成立
2005（平成17）年	個人情報の保護に関する法律の全面施行
2013（平成25）年	福祉分野における個人情報保護に関するガイドライン 医療・介護関係事業者における個人情報ガイドライン
2015（平成27）年	個人情報の保護に関する法律等の一部改正法成立
2017（平成29）年	改正個人情報の保護に関する法律の全面施行 福祉分野における個人情報保護に関するガイドライン廃止 医療・介護関係事業者における個人情報ガイドライン廃止 医療・介護関係事業者における個人情報の適切な取扱いのためのガイダンス

適用対象となっていることに留意せねばならない。同一の施設や組織内で支援が完結する場合は、同一機関内における個人情報を伝えることが許されていても、地域包括ケアの基盤となる組織外や組織間等、あるいは地域のさまざまな担い手が参加する地域ケア会議で個人情報を取り扱うような場合には、利用者本人の同意が必要になるなど、組織間連携の際には特に個人情報の取り扱いのルールには気をつけなくてはならない。

個人情報の取扱いのチェックポイントは？（政府広報オンライン）

(1) 個人情報を取得するとき

・個人情報を取得する際は、どのような目的で個人情報を利用するのかについて、具体的に特定しなければなりません。

・個人情報の利用目的は、あらかじめ公表するか、本人に知らせる必要があります。

・個人情報のうち、本人に対する不当な差別・偏見が生じないように特に配慮を要する情報（人種、信条、社会的身分、病歴、犯罪の経歴、犯罪被害情報など）は、「要配慮個人情報」として、取得するときは本人の同意が必要です。

(2) 個人情報を利用するとき

・取得した個人情報は、利用目的の範囲で利用しなければなりません。

・すでに取得している個人情報を、取得時と異なる目的で利用する際には、本人の同意を得る必要があります。

(3) 個人情報を保管するとき

・取得した個人情報は漏洩などが生じないように、安全に管理しなければなりません。

　　例：紙の個人情報は鍵のかかる引き出しで保管する、パソコンの個人情報ファイルにはパスワードを設定する、個人情報を扱うパソコンにはウイルス対策ソフトを入れる、など

・また、個人情報を取り扱う従業員に教育を行うことや、業務を委託する場合に委託先を監督することも必要です。

(4) 個人情報を他人に渡すとき

・個人情報を本人以外の第三者に渡すときは、原則として、あらかじめ本人の同意を得なければなりません。

　　※業務の委託、事業の承継、共同利用は、第三者には当たりません。

・以下の場合は、本人の同意を得なくても個人情報を他人に渡すことができます。

　　1．法令に基づく場合（例：警察からの照会）

　　2．人の生命、身体または財産の保護のために必要で、かつ本人から

の同意を得るのが困難なとき（例：災害時）
　　3．公衆衛生・児童の健全育成に特に必要な場合で、かつ本人の同意
　　　が難しいとき（例：児童虐待からの保護）
　　4．国や地方公共団体などへの協力
（5）本人から個人情報の開示を求められたとき
・本人からの請求があった場合、個人情報の開示、訂正、利用停止など
　に対応しなければなりません。
・個人情報の取扱いに対する苦情を受けたときは、適切かつ迅速に対処
　しなければなりません。
・個人情報を扱う事業者や団体の名称や個人情報の利用目的、個人情報
　開示などの請求手続の方法、苦情の申出先などについて、ウェブサイ
　トでの公表や、聞かれたら答えられるようにしておくなど、本人が知
　り得る状態にしておかなければなりません。

　　児童虐待や高齢者虐待の通告・通報の際の取り扱い、また近年では、
地域ケア会議における関係者の守秘義務などがある。

３ チームが直面する倫理的ジレンマ

　　社会福祉士・精神保健福祉士がかかわる事例は、定義、倫理綱領、ガ
イドライン等に照合しようとすると、どこまで裁量を発揮したらよい
か、どこまでの判断に踏み切ってよいか、なかなか決断できない状況に
陥ることもある。倫理的ジレンマとは、相反する複数の倫理的根拠が存
在し、いずれも重要と考えられる場合に、専門職として葛藤し、方針の
決定が困難となることである。社会福祉士・精神保健福祉士は、利用者
や家族、所属組織、行政、専門性、社会それぞれまたはすべてに対し義
務を負っているが、義務と価値が対立する場合、どれを優先するのかの
葛藤が生じる。このような倫理的ジレンマは、チーム内で個々に直面し
ている場合もある。チームとして直面している場合もある。いずれの場
合も、生じている倫理的課題についてチーム内で十分に協議することが
求められる。

　　特に、その職務遂行の特性として必然的に個人のプライバシーへと接
近することとなり、普通なら秘密に属する事柄を明らかにせざるを得な
い場面に遭遇することが多いこと、個人のプライバシーに接近すること
との関連において支援者と本人や家族との話し合いは密室性を帯びる場
合が多いこと、そして場合によっては本人や家族の生活や人生の重大事
にかかわる事柄に遭遇することも多く、社会福祉士・精神保健福祉士の

Active Learning

社会福祉士や精神保健福祉士が実践の場面で直面する倫理的ジレンマには、具体的にはどのようなものがあるでしょうか。考えてみましょう。

倫理が問われることが多い[8]。社会福祉士・精神保健福祉士しか本人から聞かされていないという情報等を支援に活用すべきか否か、難しい事例に直面することもある。

たとえば、情報の取り扱いにおいては、本人の同意がとれないまま、支援を継続しなければならないこともある。意思決定支援にかかわる重要な局面において、そのような状況における情報・方針・方法の共有について事例報告や事例検討、カンファレンスなどで十分に話し合い、チームで乗り切ることが求められている。

個々の専門性において行うアセスメントは連携協働の基盤となる。チームアセスメントは、以下の流れで行うことが原則となる（2015（平成 27）年度三重大学医学部 IPE 研修ファシリテーター資料を参考）。

❶ この利用者と各専門職チームが協働して取り組むべき課題を挙げる
❷ 自分の専門職ができることは何かを挙げる

このような順番で話し合うチームアセスメントを行うことは、複数の専門職が専門的な仕事を役割分担して行う「分業」に対し、互いの役割や業務の範囲に境界を設けることなく連携協働する対等性のもと営まれる[9]、多職種協働実践であるといえる。

◇引用文献
1）野中猛『図説ケアチーム』中央法規出版，pp.14-15，2007.
2）菊池和則「多職種チームの 3 つのモデル　チーム研究のための基本概念整理」『社会福祉学』39号，日本社会福祉学会，pp.273-290，1999.
3）藤井博志『地域福祉のはじめかた——事例による演習で学ぶ地域づくり』ミネルヴァ書房，p.4，2019.
4）同上
5）広田和子「当事者からみた専門家チーム」『精神科臨床サービス』第 7 巻第 4 号，p.125，2007.
6）多職種連携コンピテンシー開発チーム「医療保健福祉分野の多職種連携コンピテンシー」2016.
7）篠田道子『多職種連携を高めるチームマネジメントの知識とスキル』医学書院，p.11，2011.
8）武田加代子・南彩子『ソーシャルワーク専門職性自己評価』相川書房，p.40，2004.
9）細田満智子『「チーム医療」とは何か——医療とケアに生かす社会学からのアプローチ』日本看護協会，p.56，2012.

◇参考文献
・藤井博之「救急医療における多職種協働の行動モデル」救急認定ソーシャルワーカー認定機構監『救急患者支援——地域につなぐソーシャルワーク』へるす出版，2017.
・埼玉県立大学編『IPW を学ぶ——利用者中心の保健医療福祉連携』中央法規出版，2009.
・鷹野和美『チーム医療論』医歯薬出版，2002.
・八木亜希子『相談援助職の記録の書き方——短時間で適切な内容を表現するテクニック』中央法規出版，2012.

●おすすめ
・太刀川弘和『つながりからみた自殺予防』人文書院，2019.
・吉岡隆編『ギャンブル依存症——当事者から学ぶその真実』中央法規出版，2019.

福祉以外の分野との機関協働の実際

学習のポイント

● 福祉分野と福祉以外の分野、フォーマルとインフォーマルという垣根を越えた協働の目的と意義を理解する
● 福祉以外の分野の主体と地域で協働することでどのような効果があるかを理解する
● 地方創生の政策と実際を知る

 さまざまな主体とさまざまな発想で地域福祉を進める必要性

　20世紀終盤までの我が国の社会福祉は、高齢者、障害者、児童、低所得者・失業者など分野別・対象別立法に基づく制度サービスの提供で、ある程度のニーズを充足できたといえるが、21世紀に入る頃から、少子高齢化や低調な経済・雇用不安定化、社会関係の希薄化など社会構造の変化を背景に、社会福祉が目を向けなければならない問題は質的・量的に拡大した。経済困窮や社会的孤立・排除などのいわゆる「制度の狭間」の問題群に対応していく必要が高まっているのである。厚生省（当時）は、2000（平成12）年に「『**社会的な援護を要する人々に対する社会福祉のあり方に関する検討会』報告書**」を発表し、社会経済の変化に付随して生起する「心身の障害・不安（社会的ストレス問題、アルコール依存など）」「社会的排除や摩擦（路上死、外国人の排除や摩擦など）」「社会的孤立や孤独（孤独死、自殺、虐待・暴力など）」のような比較的新しい問題群に対応し、今日的な「つながり」を再構築すること、すなわち「ソーシャル・インクルージョン」（社会的包摂）の必要性を提起した。

　この頃は、1998（平成10）年の**特定非営利活動促進法**の成立、2000（平成12）年の介護保険法の施行などにより、福祉サービスの供給主体の多元化が進んだ時期でもあった。福祉サービスへの営利企業の参入も活発化したのだが、それと同時に、バブル期に隆盛を誇った**企業による社会貢献活動（CSR）**も、その後経済が停滞するなかでより低コストかつ質の高い活動が工夫されるようになった[1]。制度やサービスがカバーしない問題・ニーズへの対応の必要性が増している今日にあって、

このような NPO や企業など民間による自発的な活動が大きな役割を果たしている。

　福祉以外の分野に目を向けると、この時期には、地方経済の衰退と中心市街地の空洞化、農業や林業など第一次産業の後継者不足、町内会などの地域活動の担い手の高齢化などの課題が浮上した。地域福祉においては、福祉当事者に対する制度的支援より、むしろそれが届かない問題領域に敏感に呼応し、住民や民間団体による先駆的で柔軟な実践を開発することこそが本旨といえるため、そのような福祉以外の分野で起きる問題、別の言い方をすればまちづくり全般も視野に入れていくことが肝要である。いうまでもなく、私たちの暮らしは、産業や社会環境などあらゆる側面と深くかかわっているからであるが、多様な分野の主体とそうした問題について協議し協働することが、新しい発想や方法を組み込んだ開発的・生産的な実践を生む。さらには企業の従業員や学生など、多世代が参画することで、地域活動の担い手不足の解消に一役買ったり（この意味においては、住民主体の活動は「住民票をもつ人」だけで行うものという暗黙の了解を見直す必要に、現在の私たちは直面している）、障害者や高齢者などの社会参加・雇用の機会を創出したりと、大きな可能性を含んでいる。

2 | 資源をどう捉えるか

1 地域資源と社会資源

　近年、商店街の空き店舗、空き家、学校の余裕教室・廃校舎などが増加していることを受け、それらを活用してサロンのような住民の交流の場を開いたり、地域活動の拠点にしたりする例が増えている。他方、社会福祉法人には地域における公益的な取組が求められるようにもなり、デイサービスセンターが交流室を子ども食堂の運営場所として提供したり、施設の相談員が住民の生活課題の相談に応じるなど、社会福祉施設・事業所等も地域福祉活動の拠点としての機能を強めている。このように、多くの人びとが立場を越えて協力しあい、柔軟な発想で有形無形の資源が生み出されるようになっている。また、地域に潜在・顕在するそうした資源や住民のニーズ（支援してほしいというニーズ、活動したいというニーズ）を発掘するコミュニティワーカーの地域アセスメントのスキル、資源開発・活用のスキルも求められている。

Active Learning

テキストを手がかりにして、地域資源と社会資源の違いを、自分の言葉で説明してみましょう。

第**3**章　地域福祉ガバナンスと多機関協働

資源開発・活用の手がかりとして、ここで社会資源の二つの整理の仕方を示しておこう。第一は、福祉分野の資源と福祉以外の分野のもの、という概念上の分類である。前者は（制度的なサービスにせよボランティア活動などにせよ）社会福祉を目的として存在するもの、後者はそれ以外のものということである。私たちの福祉ニーズを充足するためには、通常は前者、つまり社会福祉制度に基づくサービスを第一義に考えるべきであろう。しかし、それらの資源も、医療・保健や社会福祉の諸制度、住まい、就労、教育などにかかわる諸サービスと一体的にかかわりながら供給されるほうが、受け手の生活に合っている場合が多いため、後者と協力体制を敷いておくことで、広いニーズを受けとめ、柔軟かつ包括的なサービス提供が可能になると考えられる（たとえば、経済的に困窮状態にある世帯のニーズを充足しようとするとき、現金給付、世帯主の就労支援、家賃・公共料金滞納や債務問題の解消による住まいや生活の保持、扶養する子どもの教育支援などを複合的に支援する必要がある場合が多い）。

　前者を「社会資源（あるいは社会福祉資源）」と、後者を「地域資源」と区別するとすれば、上述の空き店舗や空き家の活用の例などは、地域資源を見直すことで社会資源としての活用方法を創出することになる。それらの地域資源は、もともと社会福祉サービスを目的として存在していたわけではないが、考え方次第、使い方次第で多彩な福祉活動を生み出し得るからである。暫定的に、これを「地域資源の社会資源化」と呼んでおこう。[2]

　なお、地域資源は、組織や建物ばかりではなく、豊富な知識や技術、人脈をもった「人」もまさに資源である。仕事のスキルや趣味など得意分野を活かしたボランティア活動は、活動者の負担が小さく、質の高い活動ができるうえ、活動者自身の喜びにもなる。ゆえに、近年では定年後に「元○○」を活かしたボランティアをする人も増えている。元教師が無料塾で子どもに勉強を教えたり、元運転士が交通指導をしたり、合唱サークルが福祉施設でコンサートをするなど、人の数だけ資源の種類があるといってもよい。

　一般に、経営資源というと、「ヒト（人材）」「モノ（物資、場所）」「カネ（資金）」があるとされる。さらには「トキ（時間）」「シラセ（情報）」を加えることもある。上のような例を見ると、地域福祉の活動においても、地域のあらゆるものが社会資源に応用できる可能性を見出すことができる。

2 フォーマル資源とインフォーマル資源

二つ目の整理の仕方として、フォーマル資源かインフォーマル資源か、というものがある。前者は行政や専門機関のような公的主体、あるいは制度で規定された公的サービスを提供する主体、そして一定程度の専門性を備える主体と、おおむね括ることができよう。後者はそれの反対の意味で、民間による自発的な動機によるもので、制度や専門性を主たる根拠にしないことに特徴がある。

これらは双方に強みも弱みももちあわせているものなので、相互補完的に対をなすものと捉えるべきであろう。たとえば、人生の岐路に立たされている人への相談援助や、医師による治療などのように、高度な専門性や公的な権限・資格が求められる場合は、ボランティアのようなインフォーマルな主体が担うことはできないし、反対に、孤立高齢者宅などに継続的に声かけ・訪問活動をしたり、サロンなどの場で社会的なつながりを維持するときには、住民同士の温かい関係性や、制度に縛られない柔軟な発想・行動が、専門職より優れていることが多い。したがって、両者は（前者のような公的機関や専門機関が上だとする）優劣でとられるべきではないし、二者択一的な（たとえば、近くに在宅福祉サービス事業所が新設されたからといって住民同士の交流の場を閉じてしまってよいというような）関係でもない。

3 異分野の資源が協働することで生まれるもの

どの業種・分野でも、その業種または組織に独自の認識枠組みを共有している。いわば内輪の「常識」のようなもので、安定的に、かつ効率的に仕事を進めるうえではそれが規範として不可欠なのだが、ともすれば固定的・閉鎖的な考え方から抜け出せず、新しい視点や方法を生みにくくなるという弊害もよくある。しかし、住民の福祉ニーズの多様な変化に敏感であるためには、ときには思い切ってそのような壁に風穴をあけてみることも重要である。地域福祉活動を広げたいと思っても、「場所がない」「担い手がいない」「予算がない」「時間がない」と嘆く声があちこちで聞かれるが、これまで接点のなかった地元企業・商店街、大学などとつながることで、思いがけずそれらが一気にクリアされることもある。

さらにいえば、同じ福祉分野のなかにさえ制度的な壁はあって、同じエリアにありながら高齢者施設と障害者や子どもの施設が交わっていないとか、互いの業務を把握しあっていないというようなことは、決して

Active Learning

福祉課題に直面する人たちにとって、インフォーマルな社会資源が効果的である事例を調べてみましょう。

第**3**章

地域福祉ガバナンスと多機関協働

珍しくない。しかし近年では、地域における公益的な取組の進展を契機に、自治体や地域の単位で複数の社会福祉法人や事業所が連携し、地域住民の抱える生活困窮などの制度の狭間の問題の発見・解決に貢献するための体制構築が進んでいる。これにより、上述したように、高齢者施設内のスペースを使って**子ども食堂**を開き、NPOやボランティアの住民がそれを運営するような例や、地域活動の場が障害者の社会参加の場にもなるなどの例が増えている。単独の法人や事業所では生まれない視点や方法が、立場を越えた交流のなかから生み出されるようなことが増えているのである。

このように、地域の福祉課題が質的・量的に増幅しているなかで、官と民、営利と非営利、福祉と医療・教育などの関連分野、福祉内各分野、といった具合に、さまざまな制度・立場を越えて連携することで、新しい取り組みを創出し、効率よく運営する手立てを考えていくことが、今日求められている。

3 福祉以外の分野との協働による開発的実践

上述したような、福祉以外の分野の主体との連携によって地域福祉の新たな資源を開発する取り組みは、全国に広がっている。事例を紹介しておこう。

事例

団地商店街の空き店舗を地域の居場所・活動拠点に

◦「桐ヶ丘サロンあかしや」（東京都北区）

東京都北区にある桐ヶ丘団地は、高度経済成長期に整備された大規模団地である。高齢化率が60％近くまで上昇し、かつて賑わった中央の商店街も、現在ではシャッター通り化が進んでいる。この商店街の活性化を目的に、地区を担当する北区社会福祉協議会のコミュニティソーシャルワーカー、地域包括支援センターの生活支援コーディネーター、障害者の就労支援を行う社会福祉法人の3法人が、商店街の空き店舗を活用した地域の居場所・活動拠点「桐ヶ丘サロンあかしや」を2016（平成28）年にオープンした。現在は、

３法人が商店街、住民・学生などと協力しあい、団地や近隣の住民が交流するプログラム（夕食をともにする会、体操と朝食の会、商店街との連携によるビアガーデンなど）を生み出している。また、桐ヶ丘サロンあかしやの運営には、障害のある利用者が一役買っている。

写真3-1　商店街で体操

写真提供：桐ヶ丘サロンあかしや

　この事例では、空き店舗という既存の地域資源の使い方を見直し、複数の社会福祉法人と商店街、地域の協働により、高齢化・孤立化の進む団地のコミュニティ再生、住民の健康づくり、商店街活性化、まちづくり、障害者の雇用という多彩な効果を生んでいる。

事 例

小学校の余裕教室を使った地区社協活動

● 松山市社会福祉協議会（愛媛県）

　市内40か所に地区社会福祉協議会（地区社協）を置く愛媛県の松山市社会福祉協議会では、児童数が減少してできた小学校の余裕教室を活用して地区社協の事務所兼活動拠点をつくっている。同会では、地区ごとに地域福祉コーディネーターを配置し、相談の受付や地域福祉活動の支援を行っているのだが、この地区では校舎内がその拠点になっている。

写真3-2　小学校の余裕教室で多世代交流

写真提供：松山市社会福祉協議会

第3章　地域福祉ガバナンスと多機関協働

かつて児童の教室だった場所では、福祉講座やイベント、各種相談、ふれあい教室といった地区社協活動が日常的に行われており、活動に参加する住民や地区社協のボランティアの住民がここを訪れている。この拠点ができたことで、住民のなかにある「こんな活動をしたい、ボランティアがしたい」というニーズの受け皿となっているだけでなく、この小学校に在校する子どもたちにとっても、地域の大人たちと日頃から交流し、情緒的な豊かさや高齢者などへの思いやりを身につける場となっている。福祉行政と教育行政がまずは垣根を取り払い、社会福祉協議会が大人と子どもを結びつけることを企図して住民参加を支援することで、このような高付加価値の実践が生まれるのである。

事 例

若年性認知症の当事者が地域おこしの主役に

● 一般社団法人　SPS きずなや（奈良市）

　「きずなや」は、奈良市で若年性認知症の当事者の居場所づくりや就労支援を行う一般社団法人であるが、当事者への個別支援を地域課題解決と一体的に進めているところに先見性がある。象徴的な取り組みとして、地元の農業組合の協力による「大和橘」（ミカン科の植物）の再生がある。大和橘は、奈良時代より神木といわれ、古事記や日本書紀でも不老不死の霊薬とされているが、現在では栽培が衰退している。

　きずなやでは、「支えられる人が支える人に！　福祉×農業＝地域活性・課題解決・文化の発信プロジェクト」というスローガンを掲げ、職場、地域、家庭などで偏見の目で見られがちな若年性認知症当事者が力を発揮し、地域づくりの推進役を果たすという事業に取り組んでいる。当事者を「弱い人、助けられる人」という側面だけの存在に押し込めるのではなく、潜在能力を活かして地域再生のシンボルづくりに寄与できることを立証するのである。

　このような「農福連携」の例は全国に広がっている。農家の後継者不足が喧伝される一方、福祉当事者の就労や社会参加の機会とすることで、本人の役割獲得・自尊感情の涵養や地域再生に転化し得

ることをこの事例は示しており、農業サイド・福祉サイド双方にとって、また地域全体にとって豊かな利益をもたらす可能性があるのである。

4 地方創生と社会的企業

ところで、先にみてきた事例にあるような農業の担い手不足や商店街の衰退などの地域生活課題の解決に、経済の活性化や雇用創出などを盛り込んだ手法は、「コミュニティビジネス」などといわれ、社会福祉の新しい形態としても注目されている。岩間・原田は、その特徴を、中山間地などでの地域再生の取り組みに加えて、何らかの経済活動を伴う地域活動を併行して行うものだと捉えている[3]。具体的には、福祉活動に収益を生む経済活動を組み入れること（活動の持続性や参加者への還元になる）、地域の特産物の復活、商品に付加価値をつけることなどがねらいとされる。農家が高齢化してできた休耕田などで、引退した高齢農家が協力しあって農作業を再開したり、都会から会社員や子どもたちを呼び寄せて一緒に作業をしたりすることが可能になる。このような事例では、地元の企業や商工会、農協、生協などと協働することが鍵となっているものが多い。中山間地の場合、Ｕターンやｌターンによる移住者の受け入れ、農家に宿泊する体験型のファームステイ、環境保護のためのグリーンツーリズムなどが近年盛んになっているため、これらと絡めた取り組みもみられるようになっている。

このような動きを後押しするべく、国は「地方創生」を政策的に推進している。情報支援・人材支援・財政支援を柱として、地域の実情に即した課題解決や地域再生を促進することがそのねらいであり、全国で多彩な取り組みが展開されている。

島根県雲南市は、多様な政策的支援を受けながら地域の課題解決に取り組んでおり、地方創生の先進自治体の一つとして注目されている。市内の主な取り組みとして、次のものがある[4]。

島根県雲南市の地方創生の取り組み

●地域自主組織「波多コミュニティ協議会」

　集落機能の低下を背景に、新たな住民自治のプラットフォームとして「地域自主組織」がおおむね小学校校区単位で市内全域に30組織設立され、自治会・町内会、消防団、PTA、営農組織、文化サークルなどが連携して住民主体で課題解決する仕組みをつくっている。そのうちの一つである「波多コミュニティ協議会」では、協議会の活動拠点である交流センターでのマーケットの運営、地区内での無償運送の取り組みなどを行っている。

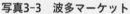

写真3-3　波多マーケット

写真提供：雲南市

●人材育成塾「幸雲南塾」

　課題解決スキルをもつ若者の育成と課題解決ビジネスの創出を目的に、若者の人材育成塾「幸雲南塾」を開講しており、塾の卒業生により「NPO法人おっちラボ」が設立され、空き家を利用したシェアオフィス「三日市ラボ」を拠点に、市と連携を図りながら若者の起業や地域活動を支える中間支援を実施している。こうした取り組みに賛同した若い看護師、医師、薬剤師、弁護士などが市内に移住するとともに、訪問看護ステーションを設立するなどの新しい動きへと波及している。地域自主組織による住民主体の地域づくりを「大人チャレンジ」、幸雲南塾をはじめとした若者による地域生活課題解決を「若者チャレンジ」と位置づけ、加えて、子どもたちへのキャリア教育の取り組み「子どもチャレンジ」、企業が地域生活課

題解決を進める「企業チャレンジ」の四つのチャレンジを連動させ
ながら、持続可能なまちづくりを目指している。

写真3-4　幸雲南塾

写真提供：雲南市

●「株式会社吉田ふるさと村」

　人口減少が進む吉田町では、住民と行政からの出資金で「株式会
社吉田ふるさと村」を設立し、地域産業の復興と雇用の確保、バス
が廃止された後のコミュニティバスの運行、業者不在の水道事業の
施工などに着手しているほか、商工会と連携して観光にも力を入れ
ている。

5 展望と課題

　本節で取り上げた事例は、一見すると福祉とは無関係だと思われてき
た主体を社会資源として捉えて協働することや、公的機関や専門機関と
住民主体の活動が融合することで、地域の閉塞状態を打破できる可能性
があるということの証左である。しかしながら、このような協働も必ず
しも「万能薬」ではなく、一長一短あることは自明である。暮らしの安
心を求める住民と顧客獲得や自社のイメージ向上を求める企業ではそも
そも目指すベクトルが違っているというように、立場の異なる主体が集
えば、それぞれの信条や組織原理の衝突が大なり小なり起きるからであ
る。また、新たな連携体制やプロジェクトを立ち上げる段階と、それを
軌道に乗せ、長く運営していく段階では課題も違い、何年間も続けてい
くうちには立場の違いによる合意形成の難しさにも直面するだろう。

それにもかかわらず、多様な主体間の協働を促進していこうとするねらいには、やはり異分野の出会いだからこそ得られる、「化学反応」ともいうべき新しい視点・発想、方法と出会い、地域の潜在力を喚起することに期待するからにほかならない。協働的実践に参画するそれぞれの主体にとっても、異分野との交流から得られる知識、ネットワークなど、自らのケイパビリティ（能力）を拡張するチャンスにもなる。

　難しい面があるからこそ、それらを媒介・調整するコーディネート役が必要だともいえる。自治体や社会福祉協議会などがそれを担う場合、地域社会全体としての利益（高次の、または普遍的な目標）を明確化し、誰に対してもわかりやすい表現で掲げること、またそれと同時に協力の得られる各主体のもつ参加動機（個別的な目標）をよく把握し、その充足にも応じられるような企画・デザイン力、そして中長期的に地域の将来を多様な主体と協議しながら描き出す計画力、そして協働的実践を動かしていく実行力が問われよう。

◇引用文献
　1）経済団体連合会編『社会貢献白書1999』p.9，1999.
　2）上野谷加代子・原田正樹編『地域福祉の学びをデザインする』有斐閣，pp.240-242，2016.
　3）岩間伸之・原田正樹（2012）『地域福祉援助をつかむ』p.217，有斐閣.
　4）内閣官房まち・ひと・しごと創生本部事務局・内閣府地方創生推進事務局『地方創生事例集（平成28年12月14日）』2016.

第4章

地域福祉の基本的な
考え方

　本章では地域福祉を理解するうえでの基本的な考え方と
その理論を学ぶ。

　第1節の「地域福祉の概念と理論」は、第2節の「地
域福祉の歴史」と一体となって生成されることから両節を
関連づけて理解する必要がある。第3節の「地域福祉の
動向」では、近年の少子高齢化を伴う人口減少期に入った
地域福祉の課題を理解する。そのうえで、第4節で「地
域福祉の主な推進主体」について理解する。地域福祉の推
進主体は基礎自治体内のあらゆる公民の組織が担い手にな
ることが可能であるが、そのなかでも主要な組織を扱う。
第5節では、特にその中核的主体である「地域住民の主体」
の形成とそのための方法としての「福祉教育」の重要性に
ついて学ぶ。

地域福祉の概念と理論

学習のポイント

● 地域福祉の概念を構成する要素について学ぶ
● 代表的な地域福祉の理論の内容について理解する
● 地域福祉をめぐる新たな課題や動向について、理論的な考察を図る

1 地域福祉の概念と理論化をめぐる変遷

　我が国において、戦後の1950年代にアメリカのコミュニティオーガニゼーション理論を移入し、社会福祉協議会における実践の理論的な根拠として用いられてきた。

　そして、地域福祉の概念と理論的な体系化について本格的に論議されたのは、1970年代に入ってからである。それは、1968年のイギリスのシーボーム報告におけるコミュニティケアの理念と地方自治体におけるパーソナル・ソーシャル・サービス（対人福祉サービス）の体系的な整備についての考え方の影響を受け、地域福祉をより理論的体系化しようとする試みが活性化する。

　その先駆けとなったのが、**岡村重夫**である。岡村は、『地域福祉研究』（1970年）、『地域福祉論』（1974年）によって、地域福祉の理論的体系化を試みている。岡村は、『地域福祉論』において、地域福祉概念の

図4-1　岡村重夫の地域福祉論における構成要件

		対象者			
		児童	老人	心身障害者	その他
構成要素	コミュニティ・ケア →	児童地域福祉	老人地域福祉	障害者地域福祉	その他の地域福祉
	一般地域組織化 →				
	福祉組織化 →				
	予防的社会福祉 →				
		分野			

出典：岡村重夫『地域福祉論』光生館, p.63, 1974.

構成要素として、❶最も直接的具体的援助活動としてのコミュニティケア、❷コミュニティケアを可能にするための前提条件づくりとしての一般的な地域組織化活動と福祉組織化活動、❸予防的社会福祉の三つをあげている[1]（図4-1）。

　当時、東京都社会福祉審議会答申「東京都におけるコミュニティ・ケアの進展について」（1969年）、中央社会福祉審議会答申「コミュニティ形成と社会福祉」（1971年）などが公表され、イギリスにおけるコミュニティ・ケアの考え方をいかに日本にもたらすかについて活発に論議されており、岡村の地域福祉の理論的体系化に大きな影響を与えている。また、地域組織化活動を一般地域組織化活動と福祉組織化活動に分けているのも特徴的である。一般地域組織化活動とは、新しい地域社会構造としてのコミュニティづくりを進めるものであり、福祉組織化活動とは、コミュニティを基盤とし、福祉コミュニティづくりを進めるものであるとし、その福祉コミュニティの性格や機能について論じている[2]。この点は、当時高度経済成長時代を経て地域社会の様相が急激に変化し、都市社会学におけるコミュニティ論が奥田道大などによって盛んに論じられ、それらの知見の影響を受けたものと理解される。

　さらに、岡村は、予防的社会福祉を不可欠なものとし、個人の社会生活上の困難の発生を予防するとともに、社会制度や社会福祉サービスの積極的な改善を図るものであるとしている[3]。この点は、今日において、権利擁護などを含めてより広く展開されており、非常に卓見であると考える。

　右田紀久惠は、『現代の地域福祉』（1973年）において、政策論的な視点から地域福祉の概念化を図り、「具体的には、労働者・地域住民の生活権保障と個としての社会的自己実現を目的としている公私の制度・サービス体系と、地域福祉計画・地域組織化・住民運動を基礎要件とする」と規定している[4]。右田は、その後地域福祉の構成要素として、表4-1で示されたように、❶基本的要件（関連公共施策、地方分権化、行政機能の統合化）、❷サービス構成要件、❸運営要件を挙げている[5]。

　右田の地域福祉論は、住民自治や地方分権を重視しており、地域福祉の対象が生活問題一般に広がっており、その固有性が明確でないという指摘がある一方、岡村が挙げていない地域福祉計画を取り上げている点や、関連公共施策の確立や行政機能の統合化を挙げている点は、今日ではむしろ重要な課題となっており、示唆に富んでいるといえよう。後に右田は、1990年代以降の社会福祉における地方分権化の流れにおいて、

Active Learning
福祉コミュニティの具体例を考えてみましょう。

第4章　地域福祉の基本的な考え方

117

表4-1　右田地域福祉論における構成要件

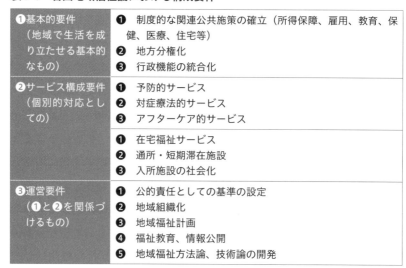

❶基本的要件 （地域で生活を成り立たせる基本的なもの）	❶ 制度的な関連公共施策の確立（所得保障、雇用、教育、保健、医療、住宅等） ❷ 地方分権化 ❸ 行政機能の統合化
❷サービス構成要件 （個別的対応としての）	❶ 予防的サービス ❷ 対症療法的サービス ❸ アフターケア的サービス
	❶ 在宅福祉サービス ❷ 通所・短期滞在施設 ❸ 入所施設の社会化
❸運営要件 （❶と❷を関係づけるもの）	❶ 公的責任としての基準の設定 ❷ 地域組織化 ❸ 地域福祉計画 ❹ 福祉教育、情報公開 ❺ 地域福祉方法論、技術論の開発

出典：右田紀久恵「地域福祉の構成要件」阿部志郎他編『地域福祉教室』有斐閣, p.72, 1984.

図4-2　永田地域福祉論における構成要件

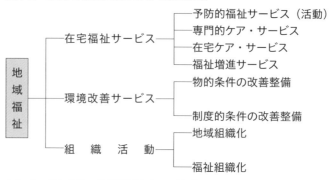

出典：永田幹夫『改訂・地域福祉論』全国社会福祉協議会, p.46, 1993. を参考に作成

「自治型地域福祉」の理論化を図っており、そのなかであらたな「公共」の構築という視点から、公共的営為として地域福祉実践が有する意義などについて論じている[6]。

　永田幹夫は、地域福祉とは、「社会福祉サービスを必要とする個人・家族の自立を地域社会の場において図ることを目的とし、それを可能とする地域社会の統合化・基盤形成をはかるうえに必要な環境改善サービスと対人的福祉サービス体系の創設、改善、動員、運用、およびこれら実現のためにすすめる組織化活動の総体をいう」としている[7]。そして、『改訂・地域福祉論』（1993年）において、地域福祉の構成要件として、**図4-2**に示したように、❶在宅福祉サービス（予防的福祉サービス、専門的ケア・サービス、在宅ケア・サービス、福祉増進サービス）、❷環境改善サービス（物的条件の改善整備、制度的条件の改善整備）、❸

組織活動（地域組織化、福祉組織化）を挙げている[8]。

　永田の地域福祉の構成要件の捉え方の特徴として、**在宅福祉サービス**を地域福祉の構成要件の中核に位置づけている点がある。それは、1970年代に在宅福祉サービスが実験的な取り組みを経て実体化するなかで、「**在宅福祉サービスの戦略**」（1979年）が全国社会福祉協議会から発刊されており、そこでは、居宅処遇の原則に立ったニーズ論を再編成し、そのニーズに対応する在宅福祉サービスについての理論的体系化と新たな供給体制の整備を図ることが提起された。永田の地域福祉論の構成要件の捉え方は、当時の在宅福祉サービスへの社会的な需要の高まりに応えようとする意図が含まれているといえよう。

　岡村、右田、永田のほかにも、1970年代から1980年代初頭にかけて、地域福祉の概念、構成要件について盛んに論じられたことによって、1980年代に入って、地域福祉理論の比較研究が行われる。それらには、牧里毎治による地域福祉を**構造的アプローチ（構造的概念）**と**機能的アプローチ（機能的概念）**で捉える分析などが挙げられる[9]。

　2000年代に入り、岡本栄一は、牧里の地域福祉の二つのアプローチ分析は確かにわれわれの地域福祉理解を助けるものであったとする一方、「この分析方法は、二つの概念枠に理論を無理に押し込め、またそこに入らないほかの理論を排除するといった問題点を抱えやすいことも事実である」と述べ、これまでの理論の特徴をみるために、それらがもつ構成要素や諸概念を抽出し、❶コミュニティ重視志向軸、❷政策制度志向軸、❸在宅福祉志向軸、❹住民の主体形成と参加志向軸の四つの枠組みを提示している（**図4-3**）。そして、その枠組みごとに地域福祉の関連するキーワードを集合させ、❶コミュニティ重視志向の地域福祉論、❷政策制度志向軸の地域福祉論、❸在宅福祉志向の地域福祉論、❹住民の主体形成と参加志向の地域福祉論とし、代表的な論者をあげている[10]。

　また岡本は、このような四つの地域福祉理論の理論化過程において影響を与えた関連ファクターとして、❶史的事実と実践方法、❷地域問題と住民運動、❸地域福祉理念や思想、❹制度・政策的動向、❺海外の動向、❻福祉および関連諸研究を挙げている。そのうえで、1970年代から1990年代にかけてのそれらの六つの関連ファクターの時代的な変遷を整理している[11]。

　岡本のこのような地域福祉理論の志向軸や理論化過程についての分析は、時代的・社会的な環境におけるさまざまなファクターの影響を受け、変化を遂げているということについて理解を助けてくれる。また、その

図4-3　地域福祉論の四つの志向軸

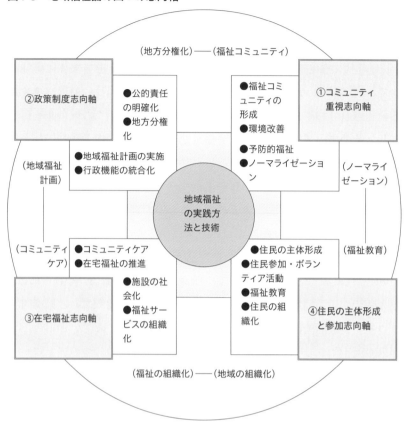

出典：岡本栄一「地域福祉の考え方の発展」『地域福祉論』中央法規出版，p.13，2007.

点からいえば、2000年代に入り今日まで、社会福祉の基礎的な構造や制度・政策が大きく変わり、地域の福祉問題も10年20年前とは、量的にも質的な面からも大きく異なっており、新たな地域福祉の概念や理論について探求する必要があるといえる。

2 地域福祉をめぐる新たな展開と理論的な視点

　近年の急速な高齢化や人口減少は、地域福祉の基盤であり、地域住民の暮らしの場であるコミュニティの持続可能性に深刻な危機をもたらしている。そして、地域の生活環境総体の危機として現れており、地域福祉が対象とすべき範域が大きく拡大している。また、戦後長らく続いた児童、障害、高齢者などの属性分野別による縦割りに区分された法制度に基づく相談・支援だけでは、制度の狭間や複合的な問題に十分に対応できないとの認識が広く共有化されつつある。

このような社会的な背景から、次節で述べるように、政府において、「地域共生社会の実現に向けた地域福祉の政策化」の動きが進行している。それらの動向については、本章第 2 節、第 3 節に譲るが、2017（平成 29）年の社会福祉法の改正において、市町村自治体に包括的支援体制を整備することが努力義務となるなどの改革として実現されて、さらに、2020（令和 2 ）年には、それらをさらに具体化するための新たな事業および財政支援等の規定などについての改正がされている。

地域福祉には、このように従来の社会福祉の制度・システムや方法を止揚する新たな展開と理論的体系化が求められている。近年の地域福祉に関する方法・技術の発展と生活環境をめぐる危機的状況に対応すべき地域福祉のあり方を踏まえ、これから地域福祉の理論的体系化を図ることが必要とされている。

ここでは、地域福祉が時代と社会の要請によって新たな展開をなすうえにおいて検討すべき、地域福祉を構成する内容について述べておくこととする。

その第一として、地域福祉が他の領域と異なる固有性を有する実践方法論は何かという点を明らかにする必要がある。その点で、近年理論的な探求と地域福祉の実践現場での養成や普及が進みつつある**コミュニティソーシャルワーク（地域を基盤としたソーシャルワーク）**を挙げる。

コミュニティソーシャルワークの意義について、1990 年代後半から理論的にまた実証的に提起してきた**大橋謙策**は、コミュニティソーシャルワークを、

> 地域に顕在的に、あるいは潜在的に存在する生活上のニーズを把握し、それら生活上の課題を抱えている人々に対して、ケアマネジメントを軸とするソーシャルワークの過程と、それらの個別援助を通しての地域自立生活を可能ならしめる生活環境の整備や社会資源の改善・開発、ソーシャル・サポート・ネットワークを形成するなどの地域社会において、ソーシャルワークを統合的に展開する支援活動である。

と定義している。[12]

さらに端的に表現すれば、個別的な対象者やその家族を支援する**個別支援**と、地域福祉の従来からの方法論として挙げられてきた地域組織化などによる**地域支援**を組み合わせた実践方法といえる。

コミュニティソーシャルワーク実践は、地域社会において住民の生活上の課題・問題についてニーズ・キャッチ機能、総合相談・支援機能、ネットワーク形成機能、社会資源開発機能を発揮する[13]。少子・超高齢化が進む地域社会において、自ら支援の声を出せない複合的な課題を有する世帯が増加しており、今後、地域福祉の方法論としてのコミュニティソーシャルワークの意義と役割が重要性を増すと考えられ、その発展と検証が求められる。

第二には、地域福祉を構成する内容として、利用者とその家族の生活上の求めと必要に応じ、具体的に日々の暮らしを支えるサービスの内容と提供方法について検討する必要がある。

1970年代から1990年の社会福祉八法改正に至るまで、施設入所中心主義から地域福祉が実態化していく経過において、**在宅福祉サービス**についての実験的導入や理論化、制度化が図られてきた。

そして、1990（平成2）年の**社会福祉八法改正**によって在宅福祉サービスが法制化され、1990年代に**高齢者保健福祉推進十か年戦略（ゴールドプラン）** などによって、在宅福祉サービスの提供は著しく拡大していった。さらに、2000（平成12）年の介護保険の実施によって、提供主体においても、営利企業、NPO法人、医療法人など供給主体の多様化が進んでいった。

今日では、住み慣れた地域で自分らしい暮らしを人生の最期まで続けることができるよう、住まい、医療、介護、予防、生活支援が一体的に提供される**地域包括ケア**の実現が目指されている。この地域包括ケアが提起しているように、ホームヘルプサービスやデイサービスなどの介護サービスだけでなく、訪問診療や訪問介護、住宅改修、生活支援サービスなどが十分にコーディネートされ、一体的に提供される必要があり、今後、地域福祉において、その具体的なサービスの内容と提供方法のあり方が問われる。

近年、地域社会において権利擁護に関する制度と実践、さらに予防的な施策と実践の重要性が増しており、地域福祉におけるその意義や効果について検討する必要がある。

この権利擁護にかかわる制度や実践は、今日においては、まず虐待防止や成年後見制度など権利擁護に関する制度や実践として、地域福祉においてますます位置づけが重要となっている。家族・親族による扶養機能が脆弱化することにより、今後、権利擁護に関する制度や実践のあり方について、さらに改善を図る必要がある。

　また、独居高齢者の孤立死、若者や中高年者のひきこもり状態などの社会的孤立、貧困の世代間継承などの地域生活課題の発生予防や深刻な事態に陥る前の対応策としての予防的な施策や実践活動を、地域の特性に応じていかに展開していくかが地域福祉の重要な課題となっている。高齢者領域においては、地域における介護予防や認知症予防の取り組みが広がってきている。

　この地域福祉における権利擁護や予防的な取り組みの意義として、第一に、社会生活上のハイリスク状態にある人や家族に対しての発生予防として機能する側面がある。第二には、子どもの貧困問題や若者のひきこもり問題のように、中・長期的な視点からみた場合、その社会生活の改善を図ることは、単なる発生予防だけでなく、社会的・経済的な価値を生み出す社会的投資機能として働く。

　地域福祉は、眼前の問題や課題に対処するだけでなく、このような新たな価値を創造する予防的機能をさらに拡充・発展させることが重要となっている。

　最後に挙げられるのが、これからの地域福祉を推進する体制の開発と整備についてである。

　それらの具体的な内容としては、第一に、**地域福祉（活動）計画の策定と進行管理**、第二に、**包括的相談・支援体制の開発・整備**、第三に、**関連公共施策の開発・整備と有機的連携**を挙げる。

　第一の地域福祉（活動）計画の策定と進行管理については、2000（平成12）年の社会福祉法の制定によって、都道府県地域福祉支援計画、市町村地域福祉計画が法的に位置づけられた。

　さらに、政府は、地域共生社会の実現に向けて、2017（平成29）年の社会福祉法の改正によって、市町村自治体に包括的支援体制を整備することを努力義務とした。また、市町村が地域福祉計画を策定するように努めるとともに、福祉の各分野における共通事項を定め、上位計画として位置づけることとしている。

　今後の市町村地域福祉計画、社会福祉協議会における地域福祉活動計画の内容において、コミュニティソーシャルワークを展開可能とするシステムを組み込むことが重要となる。

　第二に、包括的相談・支援体制の開発・整備が挙げられる。その内容として、地域の特性に応じた重層的な保健・福祉エリアの設定、初期総合相談、チームアプローチの体制づくりなどが挙げられる。

　児童、障害、高齢者領域において、法制度上の相談窓口は、民間機関

第**4**章　地域福祉の基本的な考え方

への委託を含めて、近年多様化、拡散する傾向にあった。今後、これら
を地域住民に身近な圏域において、複合的な生活課題を抱える人の相談
にあたり、効果的な支援体制を構築することが求められる。

第三に、関連公共施策の開発・整備と有機的連携が挙げられる。

今後の我が国における人口減少や急速な高齢化は、地域福祉の基盤で
あり、地域住民の暮らしの場であるコミュニティの持続可能性に深刻な
危機をもたらす。それらは、地域住民の生活基盤である医療や介護、住
宅、交通、産業、雇用、さらに住民相互の社会関係や地域の生活文化な
ど、生活環境総体の危機として現れる。そして、これらの危機的な状況
の内容や程度は、地域によってもかなりの相違が生じる。

地域の生活環境の危機的な状況に対応するためには、これまでの対象
を限定した狭義の福祉的なサービスや活動だけでは、地域住民の安心・
安全な暮らしを維持・向上させることに限界がある。政府が推進してい
る地域包括ケアにおいても、多領域、多職種の連携の取り組みの促進が
推奨されている。市町村自治体において、これらの社会福祉に関連する
関連公共施策をいかに開発・整備し、有機的な連携を図る機能を強化す
るかが求められる。

Active Learning

地域という暮らしの
場で展開される社会
福祉の特徴を考えて
みましょう。

◇引用文献
1）岡村重夫『地域福祉論』光生館，pp.62-63，1974.
2）同上，pp.86-101
3）前出1），pp.162-163
4）右田紀久恵「地域福祉の本質」右田紀久恵編『現代の地域福祉』法律文化社，pp.11-13，1973.
5）右田紀久恵「地域福祉の構成要件」阿部志郎他編『地域福祉教室』有斐閣，p.7，1984.
6）右田紀久恵『自治型地域福祉の理論』ミネルヴァ書房，2005.
7）永田幹夫『改訂・地域福祉論』全国社会福祉協議会，p.45，1993.
8）同上，p.46
9）牧里毎治「地域福祉の概念構成」右田紀久恵・高田真治編『地域福祉講座① 社会福祉の新しい道』中央法規出版，1986.
10）岡本栄一「地域福祉の考え方の発展」社会福祉士養成講座編集委員会編『新・社会福祉士養成講座⑦ 地域福祉論』中央法規出版，pp.10-15，2006.
11）同上，pp.13-15
12）大橋謙策・野川とも江・宮城孝編著『21世紀トータルケアシステムの創造──遠野ハートフルプランの展開』万葉舎，pp.58-59，2002.
13）宮城孝「地域福祉計画」日本地域福祉研究所監，中島修・菱沼幹男編『コミュニティソーシャルワークの理論と実践』中央法規出版，pp.79-86，2015.

◇参考文献
・日本地域福祉学会地域福祉イノベーション研究会監修，宮城孝編集代表，神山裕美・菱沼幹男・中島修・倉持香苗編『地域福祉のイノベーション──コミュニティの持続可能性の危機に挑む』中央法規出版，2017.

● おすすめ
・日本地域福祉研究所監，宮城孝・菱沼幹男・大橋謙策編『コミュニティソーシャルワークの新たな展開──理論と先進事例』中央法規出版，2019.

第2節 地域福祉の歴史

学習のポイント

● 欧米の地域福祉の源流の内容について理解する
● 我が国の地域福祉の源流の内容について理解する
● 戦後から今日に至る地域福祉の歴史的変遷の内容について時代背景とともに理解する

　我が国の地域福祉は、戦後の民間福祉活動の目標やスローガン的なあいまいな捉え方から、1970年代における理論的体系化に関する活発な論議を経て、1980年代、1990年代における国民の福祉ニーズの拡大に応じ、具体的な制度、施策、実践において実体化していく。そして、2000（平成12）年に制定された社会福祉法において、「地域福祉の推進」が明確に条文に規定されるに至っている。我が国の地域福祉は、国際的にみても独特の発展の過程を示しており、欧米の理論や政策、実践の影響を受けながら、我が国独自の要素を取り入れて発展してきている。

　ここでは、イギリスやアメリカにおける地域福祉の源流、戦前の我が国の地域福祉の源流となる内容にも触れつつ、我が国に影響を与えた欧米の地域福祉に関連する理論や思想、実践などを紹介する。また、戦後の高度産業社会へと発展していく過程において、我が国における地域福祉が国民の生活問題や地域社会の福祉ニーズの変化に対応していくために、どのような変化と発展を示していったかについて述べることとする。

1 欧米における地域福祉の源流

　欧米における地域福祉の源流は、19世紀後期のロンドンにおける慈善組織化運動やセツルメント運動などにうかがえる。イギリスでは、1869年にロンドンで慈善組織協会（Charity Organization Society：COS）が創設され、無差別な施与による救済の漏救や濫救を防止するために、慈善団体間の調整を図ったり、科学的慈善として友愛訪問などを取り入れた。また、1884年、ロンドン東地区に、バーネット（Barnett, S）が世界で初めてのセツルメント、トインビー・ホールを創設した。このセツルメントでは、大学教授や学生、そして社会事業

家が集まり、バーネットの指導のもとで、社会教育、医療活動など地域の改良活動を行った。

　このような運動は、アメリカに渡り広まっていった。アメリカでは、社会改良運動の広がりのなかで慈善組織協会が設立され、また1889年、アダムス（Addams, J.）によってシカゴにハル・ハウスが創設された。その後、アメリカの社会事業活動のなかから、1910年代にケースワーク、30年代にグループワーク、40年代にコミュニティ・オーガニゼーションが理論化・体系化されていったのである。

　慈善組織協会やセツルメント運動などによる実践は、産業革命以降の近代資本主義の発展とともに拡大した貧困問題やスラムに対する、民間の活動家による地域を基盤とした先駆的な社会福祉実践であった。社会保障や社会福祉に関する近代的な法制度が整備される以前の実践ではあるが、公的な制度だけでは対応が難しい問題に対し、先駆的・開発的に地域を基盤として取り組んだという点からも、今日の地域福祉にも通ずる源流であるといえよう。

Active Learning

コミュニティ・オーガニゼーションについて調べてみましょう。

2 戦前における地域福祉の源流

　明治・大正時代、農業が基礎的な産業であった我が国では、基本的に家族や親族、また農村における「講」や「結」などの相互扶助が行われていた。明治後期になって近代産業が勃興し、資本主義社会が発展するとともに貧富の格差が拡大すると、慈善事業や社会事業が行われるようになった。このような慈善事業や社会事業で地域福祉の源流として挙げられるものに、隣保館などのセツルメント運動、現在の民生委員の前身となった方面委員、民間社会事業団体の設立などが挙げられる。

　我が国のセツルメント運動は、アメリカの宣教師であるアダムス（Adams, A. P.）が1891（明治24）年に岡山に岡山博愛会を設立したことに始まるといわれている。また、1897（明治30）年に片山潜は、キリスト教社会主義に基づき東京の神田三崎町にキングスレー・ホールを開設している。その後、関東大震災以後、学生セツルメントなど活発な活動を展開していったが、財政事情が逼迫したり必ずしも一般大衆の理解を広げるものとはならず、戦後の経済成長において衰退していくことになる。

　現在の民生委員制度の源流としては、1917（大正6）年、岡山県知

事笠井信一が、防貧対策として岡山県済世顧問制度を設置し、また、1918（大正 7 ）年には大阪府方面委員制度が設置されたことが挙げられる。1936（昭和 11）年に「方面委員令」が公布され、**方面委員制度**が制度化された。この方面委員制度は、戦後の民生委員制度の創設に大きな影響を与えた。

　我が国の慈善事業の組織化の淵源は、1908（明治 41）年の**中央慈善協会**の設立に求めることができる。初代会長は渋沢栄一であり、慈善救済活動についての調査や、団体相互の連絡、行政との調整などの活動を行い、地方における組織化も試みられている。それは、戦後、現在の全国社会福祉協議会の組織化に至る源流といえる。

3 戦後復興期における地域福祉

　我が国の戦後から今日までの地域福祉の発展過程を振り返ると、1970 年代に入ってから大きく展開し、今日の状況に続いているといえよう。1970 年以前は、社会福祉の対象の多くは貧困対策であり、地域福祉が国民の間に一般化するには、まだ時代が早かったといえよう。

　戦後の混乱期から 1950 年代までの社会福祉事業は、多くの生活困窮者、戦災孤児、傷痍軍人などの要援護者に対する援護活動が当面の課題であった。終戦の翌年には、生活困窮者を対象とする旧・**生活保護法**（1946（昭和 21）年）、**児童福祉法**（1947（昭和 22）年）、**身体障害者福祉法**（1949（昭和 24）年）が制定され、いわゆる福祉三法体制が確立された。また、戦争を経て、存亡の危機にあった民間社会事業組織の再編においては、現在の全国社会福祉協議会の前身となる中央社会福祉協議会が1951（昭和 26）年に設立された。その後、都道府県・市町村社会福祉協議会の組織化が進んでいき、アメリカの**コミュニティ・オーガニゼーション理論**が、谷川貞夫、牧賢一などによって移入され、**社会福祉協議会**における活動の地域組織化の理論的基盤を形成するに至っている。

　また、戦後の社会的な疲弊のなかにあって、困窮していた多くの人々に対応する民間社会福祉事業も経営難に陥っていた。そして、民間社会福祉事業の資金確保のために、当時アメリカの多くの地で行われていた**共同募金運動**について議論がなされ、1947（昭和 22）年に第 1 回共同募金運動が行われ、中央、都道府県の各レベルに組織化され、1951（昭和 26）年の**社会福祉事業法**の制定に伴い、社会福祉協議会とともに法

制化された。

　また、1946（昭和21）年の民生委員令によって、方面委員は、民生委員に改められた。しかし、GHQ（連合国軍総司令部）から、公私分離等の原則に反するとして批判され、紆余曲折を経て、1948（昭和23）年に、**民生委員法**が制定された。この民生委員法により、制度的ボランティアとしてその後の基本的な仕組みができ、また、児童福祉法の改正にともない、児童委員も兼務することとなった。

　この時代における福祉問題は、生活困窮者への対応が主たる問題であり、実際に一般住民に対しての働きかけがなされるのは、1960年代の高度経済成長時代を経て、社会福祉問題が拡大していくなかで、地域福祉への注目がなされるようになってからである。高度経済成長期において、福祉三法体制から、**精神薄弱者福祉法**（1960（昭和35）年）、**老人福祉法**（1963（昭和38）年）、**母子福祉法**（1964（昭和39）年）が制定され、福祉六法体制へと拡大をしていく。また、社会福祉協議会においては、1962（昭和37）年に**社会福祉協議会基本要項**が制定され、社会福祉協議会の性格を「一定の地域において、住民が主体となり、社会福祉、保健衛生その他生活の改善向上に関連のある公私関係者の参加、協力を得て、地域の実情に応じ、住民の福祉を増進することを目的とする民間の自主的な組織である」と規定することとなった。また、1966（昭和41）年に国庫補助によって市町村社会福祉協議会に福祉活動専門員が設置され、市町村社会福祉協議会が地域福祉を推進する体制の整備が図られた。

 コミュニティケアの移入と地域福祉の展開

　1970年代に入ると高度経済成長時代の経済優先社会から、地方における過疎や都市の過密化、生活環境の悪化などが国民の大きな関心事となり、政府においても経済成長優先の政策から、地域社会の再編成を目指したコミュニティ政策が打ち出されるようになった。1969（昭和44）年には、国民生活審議会によって「コミュニティ——生活の場における人間性の回復」が公表された。そこには、戦後の高度経済成長のひずみが地域共同体を崩壊させ、その崩壊過程でさまざまな地域問題と生活上の問題を発生させたとし、それまでの「経済の重視」から「国民生活の重視」へと考え方の変化が求められている。

　また、地域福祉の理論やサービス提供体制のあり方に大きな影響を与えたのが、イギリスにおけるコミュニティケアの思想とその実施体制である。イギリスでは、1968年のシーボーム報告の公表を経て、1970年には地方自治体社会サービス法が制定されており、それは、コミュニティケアの理念のもと、各地方自治体の社会サービス部において、総合的に対人福祉サービスを提供する体制を整備しようとしたものである。コミュニティケアの考え方は、これまでの社会福祉における施設収容の考え方に論議を起こし、1969（昭和44）年には東京都社会福祉審議会答申「東京都におけるコミュニティ・ケアの進展について」が公表され、施設ケアの対置概念としてコミュニティ・ケアが取り上げられる。さらに1971（昭和46）年、中央社会福祉審議会によって「コミュニティ形成と社会福祉」が公表される。そこでは、コミュニティケアは、「社会福祉の対象を収容施設において保護するだけでなく、地域社会すなわち居宅において保護を行い、その対象者の能力のよりいっそうの維持発展を図ろうとするものである」と定義されている。

　このような論議などを経て、1970年代前半から後半にかけて、地域福祉を理論的に明らかにし体系化する努力が盛んになされた。それらの内容については、前節を参照していただきたい。

　また、地域福祉の展開に大きな影響を与えたのは、1970年代後半から各地で行われた在宅福祉サービスの試行である。それらの動向を踏まえ、1979（昭和54）年には全国社会福祉協議会在宅福祉サービスのあり方研究委員会が、「在宅福祉サービスの戦略：在宅福祉サービスのあり方に関する研究報告」を公表している。そこでは、「在宅福祉サービスは新しい概念であり、今日わが国の社会福祉が新しく切り開こうとしている戦略的課題の一つである」とし、在宅福祉サービスの理論的枠組みや具体的内容の整理を図っている。

　地域福祉の今日の理念にも通じる欧米におけるノーマライゼーションの理念は、我が国においては1981年の国際障害者年の「完全参加と平等」というテーマとして示され、障害者が地域社会において一般住民と同様の生活条件を獲得するものとして理解され普及し、その後の障害者の自立生活運動（IL運動）やバリアフリーの考え方と結びつき、地域福祉に新しい視点や対策を生み出した。

　一方、1970年代後半から80年代にかけての低経済成長下における厳しい財政環境では、新たな社会福祉ニーズに対応する政府の資源投入が抑制され、第二次臨時行政調査会や臨時行政改革推進協議会の各種答

申を受けた制度改革において、国から地方公共団体へ福祉行政が移譲されるとともに、地方公共団体の財政負担率が上げられた。また、1980年代からの高齢化の進展による地域社会における福祉ニーズへの需要の高まりに対して、1981（昭和56）年の東京都武蔵野市福祉公社をはじめ、各地で住民互助団体、福祉公社、社会福祉協議会、生活協同組合など、いわゆる「**住民参加型在宅福祉サービス提供団体**」による、これまでの低所得の高齢者世帯に限らない、一般高齢者世帯などへホームヘルプサービスを提供する在宅福祉サービス供給主体の多元化が進んだ。

5　地域福祉の実体化と発展

　地域福祉が飛躍的に実体化していくのは、1990年代に入ってからである。それは、まず主に高齢者福祉領域に現れる。

　政府は、1989（平成元）年、**高齢者保健福祉推進十か年戦略（ゴールドプラン）** を公表し、1999（平成11）年度までの高齢社会への施設や在宅福祉サービスなどの整備目標を示し、その具体的な対応について市町村および都道府県の計画的推進の必要性を提起した。そして、1990（平成2）年に行われた**老人福祉法等の一部を改正する法律（福祉関係八法の改正）** により、社会福祉事業法における地域福祉の基本的展開の方向性は、市町村を中心に在宅福祉サービス、社会福祉施設を計画的に整備し、推進するものに変換した。社会福祉事業法の基本理念は、「福祉サービスを必要とする者が、（中略）社会、経済、文化その他あらゆる分野の活動に参加する機会を与えられる」こととし、ノーマライゼーションの理念に立脚することや、福祉サービスの総合的実施、計画的実施などの理念が規定された。また、同時に改正された老人福祉法では、在宅福祉サービスの実施を市町村に義務づけ、特別養護老人ホームの入所決定権を都道府県から市町村に移行し、老人保健福祉計画の策定を義務づけた。その結果、市町村が在宅福祉サービスや入所施設を計画的に整備し、提供する体制が大きな展開をみせることとなった。

　一方、1995（平成7）年1月17日未明に起こった**阪神・淡路大震災**でのボランティアやNPOの活躍は、我が国のボランティア活動に大きな影響を与えた。ボランティア活動の社会的役割、行政と異なる独自の意義を国民全体が認識したといえる。そして、1998（平成10）年には、**特定非営利活動促進法（NPO法）** が制定された。

　福祉関係八法の改正以降も少子高齢化はますます進展し、介護や保育をはじめとする各種の社会福祉サービスを必要とする人々が着実に増加していった。1994（平成 6 ）年には、「21 世紀福祉ビジョン」が公表され、21 世紀の超高齢社会を控え、新たな給付と負担のあり方による福祉重視型の社会保障制度の再構築の必要性や、自助・共助・公助の重層的な地域福祉システムの構築の必要性が提言された。また、同年 12 月には「高齢者介護・自立支援システム研究会報告」が出され、高齢者介護における社会保険方式の導入が提起され、1997（平成 9 ）年の**介護保険法**の制定、2000（平成 12）年の介護保険の実施に至っている。

6 社会福祉基礎構造改革と地域福祉の推進

　少子高齢化の進展などにより社会福祉サービスはかつてのように限られた人たちだけでなく、国民の誰もが利用するというのが当たり前の時代になり、半世紀近く基本的な枠組みに大きな変化がなかった社会福祉制度の変革についての論議が開始された。それらは、1997（平成 9 ）年から**社会福祉基礎構造改革**に関する論議として進められ、1998（平成 10）年 6 月に、中央社会福祉審議会社会福祉基礎構造改革分科会により「**社会福祉基礎構造改革について（中間まとめ）**」として公表される。

　そこには、社会福祉の基本法である社会福祉事業法を社会福祉法に名称変更し、利用者の立場に立った社会福祉制度の実現を基本理念とし、行政が行政処分によりサービス内容を決定するこれまでの**措置制度**から、利用者が事業者との**契約**による対等な関係に基づきサービスを選択する利用制度へとその仕組みを大きく転換させる内容が示されている。また、権利擁護や苦情解決など、利用者の利益を保護する仕組みの導入や福祉サービスの質の向上のあり方、市町村による地域福祉計画の策定、社会福祉協議会、共同募金会等の活性化などの内容も含まれていた。そして、その後の論議を経て、2000（平成 12）年 6 月に、社会福祉事業法等の抜本的な見直しを盛り込んだ改正法案「社会福祉の増進のための社会福祉事業法等の一部を改正する等の法律」が成立し、公布・施行されることとなった。

　この社会福祉法への改称・改正によって、福祉サービスの利用者の利益の保護および地域における社会福祉（地域福祉）の推進を図ることが、社会福祉の目的として明確に規定された（第 1 条）。また、これまでの

措置制度は、利用者が事業者との対等な関係に基づき福祉サービスを選択する利用制度へと原則として移行するとともに、情報の提供、利用の援助、苦情の解決等により福祉サービス利用者の利益の保護を図ること、また市町村地域福祉計画の策定および都道府県地域福祉支援計画の策定等によって地域福祉の推進を図ることなどが位置づけられた。

　まさに、この法改正を機に我が国の地域福祉は新たな時代に入ったといえよう。2005（平成17）年には障害者が地域社会で安心して暮らせる社会の実現を目指すものとして障害者自立支援法が成立し、その後、2013（平成25）年には、**障害者の日常生活及び社会生活を総合的に支援するための法律（障害者総合支援法）**に改正されている。2005（平成17）年には、介護保険の仕組みが**予防重視型システム**に大きく転換され、介護予防サービスの導入、施設利用の際の食事や居住費の自己負担化、また新たな仕組みとして、介護の予防や権利擁護の相談機能をもつ**地域包括支援センター**が新設された。

7　地域共生社会の構築に向けた地域福祉の政策化

　2000（平成12）年の社会福祉基礎構造改革における社会福祉法の制定によって、地域福祉が法律に明確に規定され、社会福祉の施策、サービスやその実践において豊かな地域福祉の実現を志向する方向性が明確になった。しかしその一方、厳しい国・地方自治体の財政状況を背景に、2004（平成16）年度から3年間、国から地方への財源の移譲と補助金の削減、地方交付税の削減を進める三位一体改革が行われるとともに、全国において**市町村合併**が盛んに行われた。

　2000年代に入った頃の我が国の社会・経済的な背景として、1990年代中頃におけるバブル経済の破たんによって、それまでの企業における終身雇用などの雇用慣行が崩れ、非正規雇用が増加し、社会不安や貧困などが増大していった。このような新たな形の格差の発生や**社会的排除**が発生している状況に対して、社会福祉の役割について、厚生労働省において「社会的な援護を要する人々に対する社会福祉のあり方に関する検討会」によって、2000（平成12）年に報告書が公表されている。そこでは、「全ての人々を孤独や孤立、排除や摩擦から援護し、健康で文化的な生活の実現につなげるよう、社会の構成員として包み支え合う（ソーシャル・インクルージョン）ための社会福祉を模索する必要がある」

としている。

　2008年にアメリカにおけるリーマン・ショックは、世界の経済に大きな打撃を与え、我が国においても、派遣社員の雇い止めなどが大きな社会問題となり、その後も経済的格差の拡大など国民生活に大きな影響を与えた。

　2008（平成20）年3月には、厚生労働省社会・援護局の「これからの地域福祉のあり方に関する研究会報告書」において、「**地域における『新たな支え合い』を求めて―住民と行政の協働による新しい福祉―**」が公表されている。そこでは、各制度において、地域への移行がキーワードとなっており、地域で支える仕組みの構築が求められていること、公的な福祉サービスだけでは対応できない福祉課題が多く発生しており、こうした課題を地域で受け止め支え合うための取り組みと、そのような取り組みを支援していく体制の整備が求められるとしている。

　また、近年の社会経済環境の変化に伴い、生活困窮に至るリスクの高い人々や稼働年齢層を含む生活保護受給者が増大しており、国民の生活を重層的に支えるセーフティネットの構築が必要であるとして、新たな生活困窮者支援体系の構築と生活保護制度の見直しを総合的に進めるために、2013（平成25）年に生活保護法の一部を改正するとともに**生活困窮者自立支援法**が制定され、全国におけるモデル事業の実施を経て、2015（平成27）年に施行されている。

　2010年代前半においては、経済的な格差の広がりによって、**子どもの貧困**問題が存在することが社会的に認識され、広く国民の関心を高めた。その後、住民ボランティアによる子ども食堂や地域食堂、学習支援活動などが全国的に広がりをみせている。さらに、若者のひきこもり問題や年老いた親と未婚の子どもが同居して問題が複合化、深刻化してしまういわゆる**8050問題**などが顕在化している。これらは、近年の社会・経済環境の大きな変化のなかで、ひとり親世帯や若者・壮年世代において、これまでの社会保障や社会福祉の制度だけでは十分に対応できず、取り残されてしまっていることを意味する。

　高齢者領域においては、2013（平成25）年には、高齢化率が25％を超え、政府は、いわゆる団塊の世代がすべて後期高齢者になる2025年に向けて、一層増加する高齢者医療や介護費用の効率化、社会保障制度の持続可能性を図るため、**地域における医療及び介護の総合的な確保を推進するための関係法律の整備等に関する法律（医療介護総合確保推進法）**を2014（平成26）年に制定している。その内容としては、高

齢者の疾病の実態に応じた慢性的な疾病に対応する病床を増やし、介護が必要な高齢者が住み慣れた地域で可能な限り暮らし続けることができるよう医療、介護、住宅、各種生活支援サービス等を地域で一体的に提供する**地域包括ケアシステム**の構築を目指している。

　障害者領域においては、国連の「障害者の権利に関する条約」の締結に向けた国内法制度の整備の一環として、2013（平成25）年に、**障害を理由とする差別の解消の推進に関する法律**（いわゆる**障害者差別解消法**）が制定され、2016（平成28）年度から施行されている。この法律では、すべての国民が、障害の有無によって分け隔てられることなく、相互に人格と個性を尊重し合いながら共生する社会の実現に向け、障害を理由とする差別の解消を推進することを目的としている。具体的には、役所や事業者に対して、障害のある人から、社会のなかにあるバリアを取り除くために何らかの対応を必要としているとの意思が伝えられたときに、負担が重すぎない範囲で対応する**合理的配慮**の提供を行うこととされている。

　このような近年の社会・経済環境の変化において、社会的に孤立している人々が多く存在していることが社会的に認識され、それらの人々を支える地域社会のあり方、システムの整備や実践のあり方について広く論議されるようになった。

　2015（平成27）年、厚生労働省は、「全世代・全対象型地域包括支援体制」という新しい福祉ビジョンを発表する。さらに、政府は、2016（平成28）年に「我が事・丸ごと」地域共生社会実現本部を立ち上げて以降、翌年には地方自治体における**包括的な支援体制**の整備などを内容とする社会福祉法の改正を行っている。これらの詳細については、地域福祉の動向として、次節において述べることとする。

　少子・高齢化の進展等により、地域の社会的基盤の維持が困難になっている地域や、制度の隙間にある問題が多数発生している状況がある。超高齢社会において、地域福祉は単に理念として語られるものではなく、地域住民の暮らしを安定させ豊かなものにしていくために、いかに**全世代対応型システム**として十分に機能する施策、サービス、実践を構築することができるか、ますます問われる時代に入っているといえよう。

Active Learning
地域共生社会の形成のためにはどのような取り組みが必要なのか、身近な例から考えてみましょう。

◇参考文献
・日本地域福祉学会編，大橋謙策編集代表，上野谷加世子・野口定久・牧里毎治・宮城孝編集幹事『新版 地域福祉事典』中央法規出版，2006.
・新川達郎・川島典子編著『地域福祉政策論』学文社，2019.

第 3 節 地域福祉の動向

学習のポイント

● 人口減少・超高齢社会における地域生活課題について把握する
● 地域生活課題に対応する地域福祉の新たな動向について理解する

　本節では、歴史上また世界でも経験をしたことがない人口減少・超高齢社会を迎える我が国において、コミュニティの持続可能性の危機とそれらに立ち向かう新たな地域福祉のあり方について、地域福祉をめぐる動向を踏まえながら述べてみたい。

1 地域再生とコミュニティサービス

　我が国は、2010 年代半ばから人口減少が顕著となる一方、2040 年まで人口に占める高齢化率は高くなっていくと推測されており、歴史上また世界でも経験をしたことがない人口減少・超高齢社会を迎える。それに伴い、周知のとおり、地方だけでなく大都市部においても医療や介護領域などにおいて深刻な問題が発生することが予測されている。人口減少や急速な高齢化は、地域福祉の基盤であり、地域住民の暮らしの場であるコミュニティの持続可能性に深刻な危機をもたらす。それらは、地域住民の生活基盤である医療や介護、住宅、交通、産業、雇用、さらに住民相互の社会関係や地域の生活文化など、地域の生活環境をめぐる危機として表れる。

　このような地域の生活環境をめぐる危機は、具体的に人々の暮らしにどのような影響をもたらすのであろうか。

　現在、医療や介護領域では盛んに **2025 年問題** が論じられている。それは、戦後のベビーブーマー世代であるいわゆる団塊の世代が、すべて75 歳以上の後期高齢者となるのが 2025 年であり、そのときまでに、医療や介護などの制度やサービスの持続可能性をいかに高めるかということが盛んに議論されている。政府が地域包括ケアを推進しているのも、このような将来への危機感が背景にある。

　たとえば、医療の側面からみてみると、厚生労働省の推計では、我が

国の入院患者数は、2011（平成23）年度の1日当たり133万人が、2025年度には21％増の162万人に、介護サービス利用者は、427万人から51％増の647万人に増加することが予測されている。

　また、今後の急激な高齢化の進展は、医療や介護問題だけでなく、さらに地域の産業構造、地域経済にも大きな影響をもたらすし、交通や住宅問題、住民の各種のコミュニティ活動、さらに防災や防犯等の問題にも大きく影響をもたらすことが予測される。

　経済産業省の調査では、「流通機能や交通網の弱体化とともに、食料品等の日常の買い物が困難な状況に置かれている人々」、いわゆる**買い物弱者**は、2014（平成26）年度において約700万人と推計されており、高齢化の進展とともにさらに増加していくことが予測されている。

　また、**空き家問題**が年々深刻化している。総務省によると2018（平成30）年度の空き家の数は、846万戸に達しており、今後もさらに増加していくことが予測されている。

　このような社会的な情勢のなかで、地域福祉は単なる狭い領域の社会福祉領域だけでなく、地域住民が安心して暮らしていける地域再生と地域住民の生活上のニーズに対応するコミュニティサービスを開発・整備していく役割が期待されている。

Active Learning

あなたが居住する地域での地域生活課題について考えてみましょう。

2　地域共生社会の構築とケアリングコミュニティ

　戦後の社会福祉は、高齢者、障害者、児童などに分かれた福祉六法体制と呼ばれる属性領域別の制度に基づく施策やサービス提供を長らく展開してきている。

　政府は、このような児童、障害者、高齢者などの属性領域別によるこれまでの相談支援体制の限界を認め、「子供・高齢者・障害者など全ての人々が地域、暮らし、生きがいを共に創り、高め合うことができる『**地域共生社会**』を実現する。このため、支え手側と受け手側に分かれるのではなく、地域のあらゆる住民が役割を持ち、支え合いながら、自分らしく活躍できる地域コミュニティを育成し、福祉などの公的サービスと協働して助け合いながら暮らすことのできる仕組みを構築する[1]」とし、2016（平成28）年7月に厚生労働省をあげて、「我が事・丸ごと」地域共生社会実現本部を立ち上げている。ここにいう地域共生社会とは、地域においてともに支え合って生きるケアリングコミュニティを構築す

ることともいえよう。

　その「我が事・丸ごと」の地域づくりの強化に向けた取り組みの具体的なあり方を検討した、2016（平成28）年12月に公表された「地域力強化検討会中間とりまとめ〜従来の福祉の地平を超えた、次のステージへ〜」では、市町村における包括的な相談支援体制について、「それぞれの機関が直接担当している分野だけでなく、『丸ごと』の相談を受け止める場を『住民に身近な圏域』に設けていくべきである」とするとともに、「基本的には市町村をベースとした（地域の実情に応じて、それより大きいことも、小さいこともありうる）、多機関の協働による包括的な相談支援体制が構築されるべきであり、こうした体制が構築されるためには、協働の中核の役割を担う機能が必要である」としている。[2]

　この中間報告を受けて、2017（平成29）年の**社会福祉法の改正**（2018（平成30）年4月1日施行）によって、地方自治体における**包括的支援体制の整備**を努力義務とした。さらに、**地域福祉計画**を福祉各分野の共通事項を記載した、いわゆる上位計画として位置づけるとともに、地域福祉計画の進行管理における PDCA（Plan-Do-Check-Action）**サイクル**を徹底することとした。

　今後の焦点は、住民の暮らしの場である地方自治体において、包括的支援体制をいかに実現するかが問われる。それぞれの地域における空き家問題など住宅に関係する課題、交通移動に関する課題、産業・雇用の課題や、防災の課題など生活環境そのものを維持するための働きを強める必要がある。その点からもこれからの地域福祉は、これまでに述べてきたように社会福祉領域だけでなく、地域の生活基盤である医療や住宅、交通、産業、雇用、防災・防犯などの領域といかに有機的な連携体制を築くかがますます問われるといえよう。

3　多様な主体の参加促進

　近年、地域福祉の主体は、その多様化が進んでいる。行政や社会福祉協議会が、長く主体として期待してきた町会・自治会や老人クラブなどは、近隣関係の疎遠化や高齢化の影響で加入率の低下や活動の停滞が危惧される。民生・児童委員も全国的に進む高齢化によって、担当する地区において独居高齢者や認知症高齢者などが急速に増加している一方、なり手を確保することが難しくなっている。

地域においては、高齢化やその他の対応すべき課題が拡大する一方で、既存の町会・自治会、老人クラブ、民生委員・児童委員などの地縁組織の対応力が問われている。地域の高齢化に危機感を抱いた住民リーダーを中心に、大都市部でも、町会、自治会など身近な近隣エリアにおいて、独居高齢者向けのサロン活動や見守り活動、軽易な生活支援サービスなどを展開している例が増えてきている。今後、社会福祉協議会や地域包括支援センターのこのような住民活動への支援のあり方がますます重要となってきている。

また、地域福祉の主体に関する政策的な動向として、社会福祉法の改正による**社会福祉法人の公益活動**の制度化が開始されている。いかに市町村レベルで社会福祉法人が有している知識、技術、人材、また設備などの資源を活かして地域生活課題へ対応していくかが問われる。

介護保険の事業者は、地域的な違いがあるものの、営利、非営利にかかわらず、ますます多様な事業者が参入している。また、人口減少・超高齢化する地域社会において、地域の生活環境を維持、存続するために、医療法人、生活協同組合、農業・漁業協同組合、不動産や交通事業者、商業施設などの民間事業者、その他の団体なども、地域福祉に関与しているし、さらにその傾向が強くなると考える。

地域福祉における多様な主体の参加について、既存の行政、社会福祉協議会、町会・自治会、民生委員・児童委員、老人クラブなどの地縁組織の主体だけにとどまらない、新たな主体の参加を図り、地域レベルにおいて、地域福祉の協働関係を強化することによって、地域福祉推進の活性化を促す必要があろう。

◇引用文献
1）「我が事・丸ごと」地域共生社会実現本部資料「地域包括ケアの深化・地域共生社会の実現」
　2016年7月15日
2）地域における住民主体の課題解決力強化・相談支援体制の在り方に関する検討会（地域力強化
　検討会）「地域力強化検討会中間とりまとめ〜従来の福祉の地平を超えた，次のステージへ〜」
　2016年12月26日
◇参考文献
・大橋謙策編著『ケアとコミュニティ──福祉・地域・まちづくり』ミネルヴァ書房，2014.

第4節 地域福祉の推進主体

学習のポイント

● 地域福祉の推進主体とは何かについて理解する

● 地域福祉の推進にかかわる主体（組織）についてその役割の実際を理解する

1 地域福祉の推進主体

　地域福祉の推進主体には、地域住民、ボランティア、当事者組織などの活動者、そうした活動者への支援や地域生活支援にかかわる専門職・団体・機関、また地域福祉計画の策定等地域福祉政策にかかわる地方自治体などが含まれる。地域住民は地域福祉推進の主体として欠くことのできない存在であるが、そのほかにも多様な主体がいる。そしてそれぞれの主体が単独での自律的な活動や事業の展開をするのみでなく、複数の主体によるネットワーク組織等も地域福祉の推進主体になりうる。

　ここでは、「組織」に着目して、主だった地域福祉推進の主体の概要と動向、地域福祉における意義などみてみよう。

Active Learning

あなたの暮らす地域での地域福祉活動とその実施団体を一つ挙げてみましょう。

2 地方自治体

　地方自治体は、住民に最も身近な行政単位である市町村（基礎自治体）と都道府県などの広域自治体とに分けられる。基礎自治体には、直接的に福祉サービスを提供する役割と、民間など多様なサービス供給主体が住民のためにサービスを提供する環境を整える役割がある。1990年代から地方分権化が進められ、地方自治体、特に基礎自治体の役割が大きくなった。地域福祉推進の条件整備の役割が大きくなっており、地域の多様な組織や住民等との連携と協働が求められている。

　社会福祉法第4条には、地域福祉の推進は誰が担うのか、つまり地域福祉の推進主体が示されている。従来は地域福祉推進における行政の責務が必ずしも明確には示されていなかったが、2017（平成29）年の社会福祉法改正（2018（平成30）年4月1日施行）で第6条第2項

Active Learning

あなたの住む自治体の地域福祉施策について考えてみましょう。

に地域福祉推進における国および地方公共団体（地方自治体）の責務が明記され、2020（令和2）年6月5日の地域共生社会の実現のための社会福祉法等の一部を改正する法律の成立で、国および地方公共団体は、地域生活課題の解決に資する支援が包括的に提供される体制の整備、その他地域福祉の推進のために必要な各般の措置を講ずるよう努めるとともに、他の関連施策との連携に配慮するよう努めなければならないこと（第6条第2項）、市町村は、地域生活課題の解決に資する包括的な支援体制を整備するため、関係法に基づく事業を一体のものとして実施することにより、地域生活課題を抱える地域住民およびその世帯に対する支援体制ならびに地域住民等による地域福祉の推進のために必要な環境を一体的かつ重層的に整備する事業として、重層的支援体制整備事業を行うことができること（第106条の4）、また国および都道府県は、市町村における重層的支援体制整備事業その他地域生活課題の解決に資する支援が包括的に提供される体制の整備が適正かつ円滑に行われるよう、必要な助言、情報の提供その他の援助を行わなければならないこと（第6条第3項）などが規定され（2021（令和3）年4月1日施行）、地域住民、民間の事業者、地域福祉の活動者らとともに地域福祉推進を担う行政の役割はより重要なものとなった。

　また、こうした包括的支援体制等を整備するうえで、市町村においては社会福祉法第107条において市町村地域福祉計画、都道府県には第108条において都道府県地域福祉支援計画が位置づけられている。

3　民間組織

1　社会福祉協議会

　社会福祉協議会（以下、社協）は、民間の社会福祉活動を推進することを目的とした営利を目的としない民間組織である。社会福祉法で市区町村社協（第109条）および都道府県社協（第110条）について「地域福祉の推進を図ることを目的とする団体」と規定されている。

　「新・社会福祉協議会基本要項」のなかで以下のように社会福祉協議会の基本的性格が示されている。[1]

　　社会福祉協議会は、
　①　地域における住民組織と公私の社会福祉事業関係者等により構

Active Learning

あなたの地域にある社会福祉協議会のホームページを閲覧してみましょう。

★「新・社会福祉協議会基本要項」
社協の組織、活動の原則、機能、事業などの指針を定めたもの。

成され、

② 住民主体の理念に基づき、地域の福祉課題の解決に取り組み、誰もが安心して暮らすことのできる地域福祉の実現をめざし、

③ 住民の福祉活動の組織化、社会福祉を目的とする事業の連絡調整および事業の企画・実施などを行う、

④ 市区町村、都道府県・指定都市、全国を結ぶ公共性と自主性を有する民間組織である。

また「社会福祉協議会は、次の原則をふまえ、各地域の特性を生かした活動をすすめる」として、以下の5原則が示されている[2]。

---

❶ 住民ニーズ基本の原則　　❹ 公私協働の原則

❷ 住民活動主体の原則　　　❺ 専門性の原則

❸ 民間性の原則

---

❶市区町村社会福祉協議会

市区町村社協は、住民にとって身近なところで、地域の実情に即して次のような事業を進めている[3]。

---

❶ 福祉課題の把握、地域福祉活動計画の策定、提言・改善運動の実施

❷ 住民、当事者、社会福祉事業関係者等の組織化・支援

❸ ボランティア活動の振興

❹ 福祉サービス等の企画・実施

❺ 総合的な相談・援助活動および情報提供活動の実施

❻ 福祉教育・啓発活動の実施

❼ 社会福祉の人材養成・研修事業の実施

❽ 地域福祉財源の確保および助成の実施

---

❷都道府県社会福祉協議会

都道府県社協が実施している主な事業は以下のとおりである[4]。

---

❶ 市町村社会福祉協議会の連絡調整、支援および組織強化

❷ 社会福祉その他関連分野の連絡調整、支援および組織強化

❸ 福祉課題の把握、地域福祉活動計画の策定、提言・改善運動の実施

❹ 調査・研究事業の実施

❺ 相談・情報提供事業の実施

❻ ボランティア活動の振興、福祉教育・啓発活動の推進

---

❼　生活福祉資金貸付事業の実施

❽　社会福祉の人材の養成・研修、情報提供事業等の実施

❾　社会福祉財源の確保および助成の実施

❿　共同募金・歳末たすけあい運動の推進

▌2　社会福祉法人

　社会福祉法人とは、社会福祉事業を行うことを目的として、社会福祉法の定めるところにより設立された法人である。「社会福祉を目的とする事業」「公益事業」「収益事業」の３種の事業を行うことができる。社会福祉法人は、営利を目的とするものであってはならず、極めて公共性の高い事業を行う民間組織である。

　また、「社会福祉事業」とは、社会福祉法第２条に定められている第一種社会福祉事業および第二種社会福祉事業のことを指しており、子ども、障害者、高齢者、生活困窮者など、多様な生活上の困難や福祉ニーズを抱えている人たちの生活をサポートしている。

　社会福祉法人制度を含む社会福祉法は大幅に改正された（2017（平成29）年４月１日施行）。改正の目的は、福祉サービスの供給体制の整備および充実を図るため、❶社会福祉法人制度について経営組織のガバナンスの強化、事業運営の透明性の向上等の改革を進めるとともに、❷介護人材の確保を推進するための措置、社会福祉施設職員等退職手当共済制度の見直しの措置を講ずることである。そのために、福祉人材の確保の促進に併せて、経営組織のガバナンスの強化や地域における公益的な取組を実施する責務などの社会福祉法人制度の改革を盛り込んだ。

▌3　当事者組織・団体

　当事者組織・団体は、文字どおり「当事者」がそのメンバーを構成している組織である。代表的なものにセルフヘルプグループがある。

　セルフヘルプグループは、メンバーの自発性と主体性、メンバー間の対等性と連帯性を大切にして活動しているグループのことである。

　セルフヘルプグループには、メンバーによるメンバーのための活動をするグループもあれば、グループ内のメンバーに対してだけでなく、類似した困難に直面している人たちに対しても支援活動を展開しているものもあるし、メンバーの自己変革とメンバーによる社会変革の活動を志向しているグループもある。メンバー構成も、目的や発展段階に応じて、

賛同者や協働者が参加していることもある。しかし、専門職や専門機関などからは独立しているものがセルフヘルプグループであると考えられている。

4 町内会、自治会等地縁組織

地縁による組織は、町または字の区域その他市町村内の一定の区域に住所を有する者の地縁に基づいて形成された団体であり、自治会、町内会、町会、部落会、区会などがある。

団体の活動としては、区域の住民相互の連絡、環境の整備、集会施設の維持管理等、良好な地域社会の維持および形成に資する地域的な共同活動等がある。

総務省「今後の都市部におけるコミュニティのあり方に関する研究会」による都市部のコミュニティの現状と課題についての調査結果によれば、

❶ 地域の関係の希薄化：自治会・町内会加入率の低下、近所付き合いの希薄化、地域活動の担い手不足（自治会・町内会の役員の高齢化の進行、役割の集中と人の固定化の傾向など）

❷ 自治会・町内会の役割の多様化：支援が必要な住民への対応、たとえば一人暮らしの世帯等は近所付き合いが希薄になる傾向、「孤独死」防止の観点等から、一人暮らしの高齢者や災害時の要援護者等、支援が必要な住民の情報の把握の必要性、個人情報管理方法の課題、防災面の取り組みへの期待

❸ コミュニティを構成する主体の多様性：マンションと自治会・町内会の関係、企業等の勤務者や多彩な住民と地域の関係など、新たな地域コミュニティ組織、新たなきっかけによる地域とのかかわり、つながりの発生

など、自治会町内会等地縁組織が抱えている困難や課題、またそうした状況のなかでの新しい動きや展開などがみられる。

2018（平成30）年施行の改正社会福祉法では、地域共生社会の実現を目指し「地域生活課題」の解決を図ることが求められている（第4条第2項（2020（令和2）年6月の改正により、2021（令和3）年4月1日より第3項））。地域生活課題への取り組みはまちづくりの取り組みでもあるといえる。小地域福祉活動等、身近な暮らしの場である地域を基盤とした住民らによる活動において、地縁型組織は重要であるとともに、それぞれの地域での実情に応じて地域での福祉活動の組織的推進基盤体制の工夫が必要である。

5 民生委員・児童委員、主任児童委員

　民生委員は、民生委員法に基づき、市町村ごとに設置される民生委員推薦会による選考等を経て推薦され、厚生労働大臣から委嘱される（任期は3年、再任可）。給与の支給はなく（無報酬）、ボランティアとして活動している。また、民生委員は児童福祉法に定める**児童委員**を兼ねることとされている。民生委員・児童委員制度は全国統一の制度であり、すべての市町村において、一定の基準に従いその定数（人数）が定められ、全国で約23万人が活動している。民生委員・児童委員は、自らも地域住民の一員として、それぞれが担当する区域において、住民の生活上のさまざまな相談に応じ、行政をはじめ適切な支援やサービスへの「つなぎ役」としての役割を果たすとともに、高齢者や障害者世帯の見守りや安否確認などにも重要な役割を果たしている。

　民生委員の主な活動は以下のとおりである。

❶　社会調査：担当区域内の住民の実態や福祉ニーズの日常的把握

❷　相談：地域住民が抱える課題についての相談

❸　情報提供：社会福祉の制度やサービスについて住民に伝える

❹　連絡通報：ニーズに応じた福祉サービスを住民が得られるよう、関係行政機関、施設、団体等に連絡し、必要な対応を促すパイプの役割

❺　調整：住民の福祉ニーズへの対応

❻　生活支援：住民が求める生活支援活動の実施と支援体制づくり

❼　意見具申：活動を通じて得た問題点や改善策について取りまとめ、必要に応じて民児協を通して関係機関等に意見を提起

　なお、民生委員・児童委員の一部（全国で約2万1000人）は、厚生労働大臣により「**主任児童委員**」に指名されている。主任児童委員は、子どもや子育てに関する支援を専門に担当する民生委員・児童委員で、1994（平成6）年1月に制度化されている。それぞれの市町村にあって担当区域を持たず、区域担当の民生委員・児童委員と連携しながら子育ての支援や児童健全育成活動などに取り組んでいる。

6 保護司

　保護司は、保護司法に基づき法務大臣から委嘱された無給・非常勤の国家公務員である。保護司法第1条には保護司は「社会奉仕の精神をもって、犯罪をした者及び非行のある少年の改善更生を助けるとともに、犯罪の予防のため世論の啓発に努め、もって地域社会の浄化をはかり、個人及び公共の福祉に寄与すること」を使命とするとされている。

★保護司の委嘱
各都道府県にある保護観察所の長が候補者を保護司選考会に諮問し、その意見を聴いたのち法務大臣に推薦し、その者のうちから法務大臣が委嘱するという手続きによって行われている（任期2年、再任あり）。

具体的には次のような諸活動に従事している。

保護観察

犯罪や非行をした人たちと定期的に面接を行い、更生を図るための約束事（遵守事項）を守るよう指導するとともに、生活上の助言や就労の手助け等を行う。

生活環境の調整

少年院や刑務所に収容されている人が、釈放後にスムーズに社会復帰できるよう、釈放後の帰住予定地の調査、引受人との話し合い等を行い、必要な受け入れ態勢を整える。

犯罪予防活動

犯罪や非行を未然に防ぐとともに、罪を犯した人の更生について理解を深めるために、世論の啓発や地域社会の浄化に努める。

保護司の定数は、保護司法で全国5万2500人と定められている。実人員はここ数年減少の傾向を示しており、高齢化の進展も顕著であり、2019（平成31）年3月に「保護司の安定的確保に関する基本的指針 改訂版」及び「保護司の安定的確保のための10のアクションプラン」が策定されている。

7 共同募金

共同募金は、戦後直後の1947（昭和22）年に、民間の社会福祉施設などに対する財政補填のために行われていた民間の募金活動を制度化し、民間社会福祉の推進を目的に創設された。社会福祉法では、共同募金を「都道府県の区域を単位として、毎年1回、厚生労働大臣の定める期間内に限ってあまねく行う寄附金の募集であって、その区域内における地域福祉の推進を図るため、その寄附金をその区域内において社会福祉事業、更生保護事業その他の社会福祉を目的とする事業を経営する者（国及び地方公共団体を除く。）に配分することを目的とするものをいう」（第112条）と規定している。

また、全国47都道府県共同募金会の連合体である社会福祉法人中央共同募金会は、赤い羽根をシンボルとする共同募金運動の全国的な企画、啓発宣伝、調査研究、都道府県共同募金会の支援等を行っている。

共同募金で集められた寄附金は、翌年度の末日までに都道府県内の地域福祉団体等に使途を明確にして配分される。高齢者や障害者等を対象として行う食事、入浴サービス事業、住民全般を対象として行う各種福

★**募金期間**
厚生労働大臣の告示により、10月1日から翌3月31日までの6か月間が募金期間とされており、12月については、「歳末たすけあい募金」も実施されている。運動期間の初日には、各地の街頭でボランティアによる募金活動が行われている。

祉研修・講座開催事業、機材整備資金など、地域福祉の推進のために行われるさまざまな事業が配分の対象となっている。地域福祉団体の育成という面でも大きな役割を果たしている。

2000（平成12）年の社会福祉事業法（現・社会福祉法）の改正では、共同募金会が災害ボランティアの支援等を行えるよう、災害時に備えて寄附金の一部を積み立てる「準備金」という制度を創設した。災害が発生した際には積み立てられた準備金を取り崩し、都道府県内の活動を支援することができるほか、他の都道府県共同募金会の支援として拠出することも可能となっている。

共同募金は地域の支えあいを基本として運動を行ってきた。2017（平成29）年に共同募金運動が70周年を迎えたことを契機に、70年答申「参加と協働による『新たなたすけあい』の創造〜共同募金における運動性の再生」が、2016（平成28）年2月に策定された。

「赤い羽根福祉基金」は、制度の対象外でありながら求められるニーズへの対応、新たな社会資源の創出、ニーズに即した分野を超えた対応、全国的・広域的な広がりが期待される事業、複数の団体・関係機関との連携・協働事業や活動などへの助成を通じて、社会課題の実態を明らかにするとともに、これらの事業や活動に賛同・共感する企業・団体や個人からの寄附により、運営を行っている。地域における生活課題は多岐にわたるため、特定分野に限らず、子ども家庭、障害児・者、高齢者をはじめとした分野を広く対象にしている。事業内容も、支援事業・活動、活動の基盤・ネットワークづくり、課題に関する調査・研究など、広く捉えて助成がなされている。

■8 市民活動組織、NPO、中間支援組織

市民活動組織には、任意団体、NPO法人、公益法人などさまざまな形態がある。法人格の有無にかかわらず、市民活動を行う団体はNPO*と呼ばれることもある。NPOは、Non-Profit Organizationの略称で、「民間非営利組織」を意味する。広義には、社会的な利益（公益）のために活動する社会福祉法人や社団・財団法人、学校法人、消費生活協同組合*や労働組合などもNPOに含まれ、また自治会・町内会など地域に根ざした活動も含まれる。

市民活動組織が法人となる場合は、特定非営利活動促進法（NPO法）に基づき、特定非営利活動法人（NPO法人）となることが一般的であり、日本ではNPO法人としての認証を受けた団体を指してNPOと呼ぶこ

とが少なくない。法人となった場合のメリットとして、契約の主体になれる、団体として財産をもつことができるなどが挙げられる。

中間支援組織とは、NPO 等の支援を行う団体であり、「intermediary（仲介・媒介・中間の）」となって、たとえば NPO 同士の仲介や、NPO と行政機関、企業などの仲介をし、NPO の活動の発展を支援している。

近年では、NPO 法人だけでなく、社会課題や地域課題に取り組むさまざまな民間組織やその活動を支援している中間支援組織もみられる。

9 社会的企業、コミュニティビジネス

社会的企業とは事業を通じて社会的課題に取り組む企業や NPO などを指し、英語ではソーシャル・エンタープライズ（Social Enterprise）と呼ばれ、環境、福祉や教育などさまざまな社会的課題の解決に経営やビジネスの手法をもって貢献するという「ソーシャルビジネス」に取り組む事業体のことを指す。経済産業省「ソーシャルビジネス研究会報告書」によれば、❶社会性（現在解決が求められる社会的課題に取り組むことを事業活動のミッションとすること）、❷事業性（❶のミッションをビジネスの形に表し、継続的に事業活動を進めていくこと）、❸革新性（新しい社会的商品・サービスや、それを提供するための仕組みを開発したり、活用したりすること。また、その活動が社会に広がることを通して、新しい社会的価値を創出すること）の要件を満たすものであるとされている。[5]

コミュニティビジネス（以下、CB）は地域の社会的課題を解決しようとするものであり一定の地理的範囲の限定があるものの、CB も社会的な課題をビジネスの手法を通じて解決する活動である。

こうした社会的企業、CB の活動領域は、福祉・保健・医療、障害者・ホームレス支援、就労支援、子育て支援、教育、環境、地域活性化・まちづくり、観光、安全・安心、文化・芸術、スポーツ、国際交流、フェアトレードおよび、これら活動への支援等多岐にわたる。また社会福祉法人、NPO 法人、協同組合、民間営利企業など、さまざまな事業体がこうしたビジネスモデルを取り入れて事業を行っている。

重要なのは社会的課題への優先的主体的なかかわりが社会的企業や CB を特徴づけることであり、営利追求を最優先に福祉領域等でビジネスを展開するものとは一線を画すものであるということである。また社会的課題に重点を置いてはいるが、事業として成り立つよう利益を得る

こともその特徴である。利益の確保と社会的課題への取り組みを両立させ、地域や社会をよりよく、また経済的にも豊かにすることを目指しているのである。

　社会的企業やCBに対しては、さまざまな期待がなされている。解決できないでいた社会的課題をビジネスとして解決するという新たな産業の創出、地域発の新規産業創出に伴う新たな雇用の創出、利用者や対象者となっていた人々の雇用とそれによる社会参加や社会的包摂の実現、地域の持つ潜在的能力の活用や活性化などはその例である。

◇引用文献
　1）「新・社会福祉協議会基本要項」p.5, 1992.
　2）同上, p.5
　3）同上, pp.8-9
　4）同上, pp.21-23
　5）「ソーシャルビジネス研究会報告書」（平成20年4月）経済産業省　https://www.meti.go.jp/policy/local_economy/sbcb/sbkenkyukai/sbkenkyukaihoukokusho.pdf

◇参考文献
　・山岡義典編著『NPO基礎講座 新版』ぎょうせい, 2005.
　・大阪ボランティア協会編著『テキスト市民活動論——ボランティア・NPOの実践から学ぶ 第2版』大阪ボランティア協会, 2017.
　・神野直彦・牧里毎治編著『社会起業入門——社会を変えるという仕事』ミネルヴァ書房, 2012.
　・「ソーシャルビジネス推進研究会報告書」（平成23年3月）経済産業省　https://www.meti.go.jp/policy/local_economy/sbcb/sb%20suishin%20kenkyukai/sb%20suishin%20kenkyukai%20houkokusyo.pdf

第5節 地域福祉の主体と福祉教育

　地域福祉を推進する主体は、前の第4節で示されている。続くこの節では、同じく地域福祉の推進主体である当事者、代弁者、ボランティア、住民に焦点を当てることとする。

　地域における住民主体の課題解決力強化・相談支援体制の在り方に関する検討会（地域力強化検討会）による「地域力強化検討会最終とりまとめ～地域共生社会の実現に向けた新しいステージへ～」（以下、地域力強化検討会最終とりまとめ）は、「少子高齢・人口減少社会という我が国が抱えている大きな課題は、我が国全体の経済・社会の存続の危機に直結している。この危機を乗り越えるためには、我が国のひとつひとつの地域の力を強化し、その持続可能性を高めていくことが必要である。地域力強化を考えるにあたっては、福祉の領域を超えた地域全体が直面する課題を、私たちは改めて直視する必要がある」[1]とした。このように、地域福祉の推進に際しては、すでに行政や福祉専門職の枠を越えた多様な主体がそれぞれの役割や強みを発揮し活かしあいながら、連携・協働することが不可欠である。この多様な主体には、第4節で挙げられた機関や専門職、役割を担う人たちが含まれるが、それだけにはとどまらない。当事者やその代弁者、ボランティアや他の住民も、同様に、地域福祉の重要な推進主体となる。同じく「地域力強化検討会最終とりまとめ」では、その総論のなかにおいても、地域住民、民間事業者、社会福祉法人、民生委員・児童委員、行政等といった多様な構成員が、それぞれに活動するだけではなく、自らの地域福祉を推進していくために参加・協働することが求められているとしている。言うに及ばず、地域福祉の推進主体には、地域生活課題に直面している当事者や、支援する人たち、代弁者も含まれている。

人々の直面する地域生活課題の傾向

現代の人々が抱える地域生活課題には、以下の三つの特徴がある。

❶地域生活課題の拡大と深刻化

高齢の親と就労していない独身の50代の子が同居している、いわゆる「8050問題」や、虐待（児童・高齢者・障害者が対象となる）、子どもの貧困を含めた生活困窮、介護と育児を同時に行う世帯（いわゆる「ダブルケア」）、いわゆる「ごみ屋敷」や社会的孤立など、人々が直面する地域生活課題は拡大の一途にあり、同時に多様化、複雑化している。さらに、深刻化の傾向もみられている。

❷複合化

一人の人、一つの世帯で、複数の地域生活課題を抱えているケースが増えている。たとえば、うつ病で入院している20代男性の自宅には、ひとり親で子どもを育ててきた母（身体疾患を抱えており入退院を繰り返している、不定期就労）、離婚して実家に戻ってきた妹と1歳の子ども（育児放棄、未就労）、認知症の祖父（物忘れ、徘徊、せん妄などを呈している）が狭いアパートに同居しており、個々の家族成員それぞれに何らかの支援が必要であったり、生活状況の悪化や世帯全体の生活困窮などに直面していたりする。昨今では、こうした複合的な課題をもつ個人や家族は、増加傾向にあり、決して珍しくはない。

❸潜在化

こうした地域生活課題に直面し苦しんでいる人や世帯があっても、周囲が気づかないケースも増えてきている。困っていても誰にも相談できず一人で抱え込んでしまう人・家族や、どこに相談してよいのかわからないまま時間が経過し、問題が深刻化するケースもある。なかには、相談をためらう、あるいは相談したくない人、支援を必要だという認識をもたないまま生活をしている人・家族もある。生活課題は地域のなかで常に見えているわけではない。潜在化している課題へ意識を向けていくことが重要である。

地域福祉の主体

こうした状況のもとでは、今後ますます行政や社会福祉法人、民間事

業者等がそれぞれの専門性や持ち味、資源を活かして地域福祉の主体として機能していくことが重要となるが、併せて、地域住民も地域福祉を推進していく主体として重要な役割を果たしていく。自分の住む町に発生、あるいは潜んでいる地域生活課題を発見したり、それらに直面している人たちに気づいたりすることは、むしろ地域住民のほうが効果が期待できる。

　併せて、当事者やその代弁者が、自身と同じような地域生活課題に直面している人にかかわり、支えていく活動も重要である。

1 当事者、代弁者とアドボカシー

　当事者とは、その事柄に直接関係している人のことである。社会福祉においては、疾病や障害、あるいは多様な地域生活課題に直面し、「生活のしづらさ」を抱えている人たちという意味で使われることが多い。かつては「受益者」、あるいは「利用者」「コンシューマー」という用語が使われていた。なお、「当事者」は、疾病や障害をもっていたり地域生活課題に直面する人たちだけを指すものではない。その課題や状況に関心と問題意識をもち、改善に向けて行動する人（しようとする人）も含んでいる概念である。[2]

　「当事者参加」は、ニーズをもつ当事者自身が、諸サービスの企画・実施・評価に関与することとされている。福祉専門職との間で、支援されるという受け身的な立場だけでなく、自分のニーズにそってさまざまな情報を収集し、正確に分析し、自己決定していくという主体としての立場に立つことで、自分に必要な支援やサービスを選びとっていく。エンパワメントを高めることにもつながる。また、政策決定場面での当事者参加は、地域に発生する類似した課題の早期発見・早期対応に、政策面でアプローチしていくことを可能にする。

　「生活のしづらさ」を抱えている人や、権利を侵害される状況に置かれた人々のなかには、自ら声を上げ、置かれている状況を説明したり、気持ちを訴えたり、異議を申し立てたり、改善を求めたりすることが困難な人たちも少なくない。そうした人たちの権利を擁護する代弁者として、他の当事者や当事者団体、あるいは問題意識をもつ人たちへの期待は大きい。こうした機能を、「アドボカシー」という。アドボカシーは、英語の"advocacy"に由来しており、本来の意味は、弁護、擁護、支援運動である。社会福祉の分野では、社会的に弱い立場に置かれている人たちの権利擁護や権利の代弁をするという意味で使われることが多

い。アドボカシーには、❶セルフ・アドボカシー（生活課題に直面している当事者が自ら主体的に実施する）、❷シチズン・アドボカシー（当事者を含む市民が主体となって実施する）、❸パブリック・アドボカシー（公的機関や組織、団体が実施する）、❹リーガル・アドボカシー（弁護士などが協働して実施するもの）がある。

2 ボランティア

ボランティアは、一般に、自発的な意志に基づいて人や社会に貢献すること、もしくは人を指す。誰もが自分らしく暮らしていくことのできる町や社会の実現を目指して、身近なところで、自分にできることを自ら進んで活動すること（人）のことである。

❶ボランティアの活動原則

ボランティアの活動原則は、一般的には次のとおりである。

自主性・主体性

ほかから強制されて行う活動ではない。また、義務としてではなく自分の意思に基づいて行う活動である。

社会性・連帯性

誰もがいきいきと暮らしていけるように、お互いに支え合う。

無償性・無給性・非営利性

活動に報酬を求めない。また、金銭的な見返りを求めない。

創造性・開拓性・先駆性

今、何が必要なのかを考えながら行う。現状を変え、新しい地域や社会を自分たちで創る。

---

❷ボランティアのもつアドボカシー機能

また、ボランティアはアドボカシー機能も有している。権利を侵害されている人々が自ら声を上げることが困難な場合、代弁をしたり、権利を擁護するという役割を果たすことが、ボランティアには期待できる。

❸活動に向けての課題と支援

このようにボランティアは、地域福祉の推進に向けて多様かつ重要な役割を果たす。しかし、活動したいと考えている住民は多いものの、実際に活動を始める人や活動を継続している人は一部にすぎない。活動したいという思いと、実際に活動を開始することは必ずしも直結していないのである。活動に結びつけるためには、さまざまな工夫が必要となる。活動を知る場、活動している人と出会う機会の創出などである。しかし、

きっかけが提供されても、必ずしも活動開始に結びつくとは限らない。活動したいという思いと、自分にできるだろうかという不安や自信のなさなどをもつ人もいる。活動を始めることへの気持ちのゆらぎを乗り越えて、活動開始に向けて一歩を踏みだすためのきっかけの提供、活動の場・機会、活動する人たちとの出会いなど、環境を整えることが求められている。

❹企業の社会的責任（CSR）

ボランティアは地域住民だけが行うものではない。昨今、企業がボランティアや寄付をするケースが増えている。これらの活動は「CSR（corporate social responsibility ＝企業の社会的責任）」と呼ばれる。企業の目的は利益を得ることだけではない。社会に発生しているさまざまな課題を解決することも目的の一つであり、ボランティアを行う企業は増えている。企業の強みとしては、スケールメリット、社員数、多様な技術や知識をもつ社員、資金など、豊富な企業内資源である。それらは、行政や福祉団体では取り組みにくい社会問題に切り込んでいく可能性がある。また、企業側としても、社会貢献することがイメージアップを図ることにもつながる。昨今では、「自分のもっている知識や技能を使って社会に貢献したい」と考える社員も増えつつある。

3 地域住民

ボランティア活動だけが、地域福祉を推進するわけではない。郵便受けに溜まった新聞を見てその家に住む住民を心配したり、朝夕の犬の散歩の際にすれ違う小学生たちに声をかけたり、精神科クリニックの隣にあるコンビニに頻繁に買い物にくる客である精神障害者を、店員が静かに見守っているなど、地域にはさまざまな「気にかける」が行われている。こうした住民による日常的な見守りや手助けも、地域福祉の推進にとって極めて重要である。

「地域共生社会に向けた包括的支援と多様な参加・協働の推進に関する検討会（地域共生社会推進検討会）最終とりまとめ」では、積極的にアウトリーチし支援を提供していくに当たっての地域住民の重要性や、[3]個人が地域づくりにおいて何らかの役割を果たすことは、住民自身の自己肯定感や自己効力感を育むことにつながる[4]と言及している。同様の指摘は、先行研究においてもなされており、「地域住民個人やグループが市民活動に参加することで得るものは、個人の成長から社会改革の達成にまで及ぶ」[5]と指摘されている。

地域住民の主体形成の方法は、さまざまある。詳細は、本書第5章第2節「住民の主体形成に向けたアプローチ」に記されているが、本節では、福祉教育に焦点を当てて説明していくこととする。

■1 福祉教育が必要とされる背景

このように、地域福祉の推進において地域住民の果たす役割は大変に大きい。また、活動への参加が地域住民の成長と力量形成を促していく。地域住民に期待されるものは、日常生活における身近な見守りやかかわりから、地域生活課題の発見・解決まで幅広い。こうした**住民自治**や**住民主体**による活動は、計画策定など制度・政策に関与すること、地域の多様な社会資源を活用・開発していくことなど多岐に及んでいる。

地域住民個人による活動もさることながら、市民が公益的活動に自主的に参加する**市民活動**への期待も高まっている。その活動範囲は保健、医療、教育、まちづくり、地域の安全、子どもの健全育成、災害（予防と緊急対応）、環境保全など多岐にわたり、その各分野での推進や改善を図っている。いうまでもなく、福祉（地域福祉の推進）も例外ではない。

しかし、すべての地域住民が福祉に関心を寄せているわけではないし、福祉の知識を有しているわけでもない。住民に、地域に存在する健在的・潜在的な地域生活課題に気づいてもらい、その解決策を講じてもらうには、福祉への関心を喚起し、福祉への理解を促す媒体（場・機会）が必要となる。その一つが、福祉教育である。

■2 福祉教育とは

福祉教育は、ただ単に福祉の知識を教えることではない。大橋は、「憲法第13条、25条等で規定された基本的人権を前提にして成り立つ平和と民主主義社会をつくりあげるために、歴史的にも、社会的にも疎外されてきた社会福祉問題を素材として学習することであり、それらとの切り結びをとおして社会福祉制度・活動への関心と理解をすすめ自らの人間形成をはかりつつ、社会福祉サービスを利用している人々を社会から、地域から疎外することなく、共に手をたずさえて豊かにいきていく力、社会福祉問題を解決する実践力を身につけることを目的に行われる

意図的な活動である[6]」と定義している。

　以下に、福祉教育の価値、福祉教育のねらい、福祉教育の対象者、福祉教育の実践の場、福祉教育の実施方法を説明していく。

❶福祉教育の基盤を為す価値

・人はすべて個人として尊重され、生命や自由、幸福追求に対する権利は最大限に尊重される（憲法第 13 条）。

・人はすべて、健康で文化的な生活を営む権利を有している。国は、すべての生活部面で社会福祉、社会保障、公衆衛生の向上・増進に努めなければならない（憲法第 25 条）。

❷福祉教育の目的（ねらい）

・福祉について関心を寄せ、高める。

・地域に存在する健在化・潜在化する生活課題を発見し、その発生の背景を見抜く力を涵養する。

・そのために、福祉に関する知識ならびにその他の関連する知識を蓄える。

・基本的人権についての理解を深め、具現化に向けての態度や行動力を涵養する。

・多様な人々と協働することへの価値を見出し、その違いを尊重しながらともに行動する力を涵養する。

❸福祉教育の対象者

・子どもから大人までのすべての地域住民

❹福祉教育の実践の場

・小・中学校、高等学校、短大・大学、その他の教育機関

・社会福祉協議会や福祉団体などが開催する研修会・学びの場

・地域

・家庭

❺福祉教育の実施方法

・講義や講演

・講話（語り部）

・疑似体験

・交流体験

❻福祉教育実践のポイント

　上記を踏まえ、福祉教育の実践におけるポイントを 11 点示していく。

❶　学校などに矮小化せず、多様な場や機会が福祉教育の実践の場であることを意識する。

Active Learning

あなたが体験した福祉教育について振り返ってみましょう。

❷　目的を明確にする。福祉教育を行うことが本来の目的ではない。

❸　目的に応じ、適切な実践方法を選択する。

❹　その際、講義・講演型などの一つのタイプだけでなく、組み合わせることを工夫する。

❺　「教える」のではない。互いに「学び合う」場であることを意識し、積極的に実践に活用する。

❻　多くの機関・多様な人たちの**参加**と**協働**によって実践する（準備・実施・リフレクション）。

❼　障害をもつ人や生活課題を抱えている人たちと一緒にプログラムを練り、実践する。

❽　講話（語り部）は、ただ単に体験談を聞かせる機会ではない。何を伝えたいのかについての目的の精査が重要となる。また、その目的を達成するために、語りに十分な工夫を講じる。

❾　交流体験には、日帰り旅行、料理やバーベキュー、スポーツなど多様なプログラムがあるが、ともすると、実施することに意識が集中しがちになる。たとえば、スポーツを通して、何を理解してもらいたいのか、どのような態度を涵養したいのかなどの目的を常に明確にし、それを達成するための適切なプログラムと工夫を講じる。

❿　交流体験においても、学びを深めるのは参加者だけではなく、当事者も含む。相互に理解し、学んでいく場であることを意識する。

⓫　第三者（個人・団体など）から評価してもらえる場を創る。そこで示された批判や改善ポイントを、その後の実践に最大限に活かす。

◇引用文献
　1）地域における住民主体の課題解決力強化・相談支援体制の在り方に関する検討会（地域力強化検討会）「地域力強化検討会最終とりまとめ～地域共生社会の実現に向けた新しいステージへ～」p.3，2017.
　2）中西正司・上野千鶴子『当事者主権』岩波書店，p.3，2003.
　3）地域共生社会に向けた包括的支援と多様な参加・協働の推進に関する検討会（地域共生社会推進検討会）「最終とりまとめ」p.13，2019.
　4）同上，pp.16-17
　5）Wireman, P. *Urban Neighborhoods, Network, and Families : New Forms for Old Values,* Lexington Books, p.275, 1984.
　6）大橋謙策『地域福祉の展開と福祉教育』全国社会福祉協議会，p.113，1986.

◇参考文献
　・博士論文：松本すみ子「住民の福祉活動参加と主体形成プロセスに関する研究：精神保健福祉ボランティアに焦点化した質的分析」ルーテル大院博甲第5号，平成23年9月28日

第5章

地域を基盤とした
ソーシャルワークの
展開

　本章では、地域を基盤としたソーシャルワークであるコミュニティソーシャルワークの考え方やそれが必要となった背景を学び、コミュニティソーシャルワークが地域共生社会の実現に向けて重要であることを理解する。次に、地域福祉における重要な意味をもつ住民の主体形成を支援するソーシャルワークの視点や方法を学ぶ。最後に、地域を基盤としたソーシャルワークの具体的な展開過程を、制度の狭間にある人々の事例をもとに、そうした人々への対応、個別支援と地域支援、主体性の醸成、対話と組織化、行動を起こす、の五つのポイントでもって具体的に学ぶ。

地域を基盤とした
ソーシャルワークの方法

- 地域を基盤としたソーシャルワークの概念（支援の特徴）を整理する
- 特に影響が大きい生活困窮者自立支援との関係について学ぶ
- 地域を基盤にするとはどういうことかを考える

 地域を基盤としたソーシャルワークの
概念

　地域を基盤としたソーシャルワークとは、本人や家族といった個別支援と生活の場としての地域支援を一体的に展開するソーシャルワークである。**地域自立生活支援**の方法といってよい。コミュニティソーシャルワークともいわれる。

　類似した用語に**コミュニティワーク**がある。コミュニティワークとは、地域組織化の方法で、地域福祉の基盤をつくる支援である。関係者のネットワークや組織を立ち上げたり、イベントや講座を企画したり、ワークショップや調査などを通して地域づくりを進める。コミュニティワークでは、個別の地域生活課題にかかわることよりも、地域への働きかけが中心になる。

　我が国において、コミュニティソーシャルワークの重要性を指摘してきたのが、**大橋謙策**である。大橋は、

　　コミュニティソーシャルワークとは、地域に顕在的、潜在的に存在する自立生活を脅かす生活上のニーズを把握する。それら生活上の課題を抱えている人や家族との間に信頼関係を築いた上で、対面式カウンセリング的対応も行いつつ、それらの人々、家族の悩み、苦しみに共感し、受容し、それらの原因がどこにあるかを明らかにする。かつ複雑化している生活課題の構造的分析を行い、それらを解決する見通し、本人や家族の生きる意欲、生きる希望を確認、励ましつつ援助計画を"本人の求め・希望と生活支援に関わる専門職の判断との両者のインフォームドコンセント"とに基づき立案する。そのことを前提として、問題解決に必要な制度的資源を活用すると

ともに、もし有効な資源がなければ近隣住民のインフォーマルケア
やボランティア活動を活用しつつ問題対応を図る。時には、新たな、
必要な福祉サービスの開発も行う。さらには、地域に差別や偏見が
あればその除去に努めると同時に、日常生活圏域を『福祉コミュニ
ティ』や『ケアリングコミュニティ』になるように働きかける機能、
営み」と言える。[1]

と定義している。

　この考え方の大きな特徴は、個別支援と地域づくりを連続的に捉え、
さまざまなソーシャルワークの機能を包括的かつ総合的に展開するとい
う視点である。

　地域自立生活支援をしていくためには、本人や家族だけの支援では不
十分である。その人たちが社会的に孤立せず、排除されずに、多様な社
会関係のなかで包摂されながら、豊かに暮らしていける地域づくりが必
要になる。そのためには、個別支援と地域支援を両方やるという発想で
はなく、「一体的」に展開するということが大切になる。二つの異なる
支援が別々にあるのではなく、支援は連続的であり、双方向であるから
だ。個別の支援を通して地域づくりを進めること、一方で地域づくりを
推進することで一人ひとりの生活が豊かになること。コミュニティソー
シャルワークでは、それらを一体的に捉える。

　岩間伸之は、「個を地域で支える援助」と「個を支える地域をつくる
援助」の両方が必要だとしている。[2]　その人や家族を公的なサービスだけ
で支えるのではなく、住民同士の支えあいも含めて、みんなで援助する。
ただし岩間のいう地域づくりはソーシャルサポートネットワークを重視
しており、そこにいる一人ひとりを支えられるような地域づくりを進め
る。広範な地域づくりまでは範囲としていない。むしろ地域福祉の基盤
づくりとして区別している。

　本来、ソーシャルワークには、ミクロ、メゾ、マクロといった対象の
レベルがあり、個人や家族から地域、社会全体への働きかけが体系化さ
れてきたが、地域を基盤としたソーシャルワークでは、それらをジェネ
リックにとらえ、統合的かつ包括的に「地域」を意識して支援していく
点に特徴がある。ここでいう「地域」とは、その人の暮らしの基盤とし
ての地域、さまざまなニーズが生じている場としての地域、地域住民の
参加と協働、地域福祉のガバナンス、そして行政サービスを基本とする
基礎自治体としての地域といった多様な側面がある。こうした地域のな

かで自立生活支援をしていくのが地域を基盤としたソーシャルワークである。

2 ▶ 地域を基盤としたソーシャルワークが求められてきた背景

■1 我が国における地域を基盤としたソーシャルワークの発展

コミュニティソーシャルワークについては、イギリスのバークレー報告（1982年）に登場する。この報告では、制度によるサービスを活用した専門的な個別支援と近隣住民によるインフォーマルなサービスを、統合的に提供するアプローチが必要だとする提言である。その背景にはソーシャルワークの方法論の統合化にむけた論議があった。

我が国ではこの考え方に基づき、1990（平成2）年に「生活支援事業研究会」（座長：大橋謙策）が厚生省に組織され、コミュニティソーシャルワークについての研究がなされた。この報告書によって1991（平成3）年からは「ふれあいのまちづくり事業」が創設された。しかしながら、当時はまだ措置行政のなかで、コミュニティソーシャルワークという考え方が十分に展開しなかった。

1990（平成2）年の福祉関係八法改正、2000（平成12）年の社会福祉基礎構造改革において地方分権が進み、市町村ごとに地域福祉のシステム化が図られるようになり、一方で福祉ニーズの潜在化、多様化、複合化などが進展するなかで、コミュニティソーシャルワークという機能、コミュニティソーシャルワーカーという役割が注目されるようになった。2004（平成16）年には大阪府の地域福祉推進計画のなかで、コミュニティソーシャルワーカーの養成・配置事業が取り入れられ、市町村での本格的な取り組みが始まった。

「これからの地域福祉のあり方に関する研究会報告書」（2008（平成20）年）では、地域福祉コーディネーター（コミュニティソーシャルワークの機能を有する人材）について提案がなされ、「安心生活創造事業」としてモデル事業が展開される。

その後、生活困窮者への新たな支援のあり方が検討され、2015（平成27）年には生活困窮者自立生活支援制度が創設される。生活困窮という考え方のなかに経済的な困窮のみならず、現代的な困窮の背景に社会的孤立があることが強調された。社会的孤立や社会的排除の解決に向けては個人のみならず、包摂できる地域づくりの展開が問われるように

なる。

　地域共生社会の実現を目指した「地域力強化検討会最終とりまとめ～地域共生社会の実現に向けた新しいステージへ～」(2017 (平成 29) 年)では、制度の狭間や複合的な課題等に対して包括的支援を推進していくうえで、ソーシャルワーカーの役割が大きく、そのため社会福祉士等のカリキュラムの見直しについても言及された。

　このようにコミュニティソーシャルワークの発想は、バークレー報告にみるものがあるが、我が国における発展は、イギリスからの単純な導入ではなく、むしろ我が国における問題状況や地域福祉との関連のなかで、コミュニティソーシャルワークは独自の発展をしてきた。

2 今日的なニーズの変化と制度の狭間

　現在、従来の児童福祉や障害者福祉、高齢者福祉といった年齢や障害種別による縦割りの制度だけでは解決できないニーズが増えている。典型的なニーズとして各地で起こっているのが、たとえば、8050 世帯の増加であるが、これが即、問題だというわけではない。ただ、将来を見据えたとき、介護や経済的なこと、さまざまな生活の心配が生じる。そのことを相談できる誰かがいるかどうか。つまり社会的孤立の状態に陥っていないかどうかが心配なのである。

　ところが、今までの制度は、本人や家族が困って、自らが「助けて」と言えれば、そこから援助が始まる、申請主義という仕組みであった。助けてと言ってこないのは、大丈夫だからだ。本人が何も言ってこないのに、周りが手を出すのはおせっかいなことだといわれてきた。

　しかし現代は、自ら相談に行く力がない人たちが増えている。周囲に頼る人がいない、どうしていいかわからないという場合もある。あるいは周囲は大変だと思っていても、本人たちにその自覚がない。そのなかには、一人暮らしの認知症の場合もあれば、軽度の知的障害があったり、人によっては生きる意欲そのものが喪失してしまっていることもある。

　また昔は、親戚や近隣でおせっかいな人、世話焼きの人がいてくれたが、今は、見て見ぬ振りをしてしまったり、そもそも関係が希薄になって、まったく周囲に気がつかれないという場合もある。

　社会福祉法第 4 条第 3 項では、地域生活課題を把握し、関係者が連携して、その解決にあたることに留意するように定められた。地域生活課題とは、個人とその世帯が抱えている、❶福祉、介護、介護予防、保健医療、住まい、就労および教育に関する課題、❷福祉サービスを必要

とする地域住民の地域社会からの孤立の課題、❸福祉サービスを必要と
する地域住民が日常生活を営み、あらゆる分野の活動に参加する機会が
確保されるうえでの課題である。

　従来のように個人だけではなく、複合的にその世帯が抱えている課題
を捉え、家族支援を前提にする。そのうえで、福祉や介護、保健、医療
だけではなく、住まい、就労、教育まで広げて地域生活課題を認識する
ことが重要になる。それだけではなく、社会的孤立や社会参加の機会の
確保、つまり社会的包摂や合理的配慮の課題などを含めて「地域生活課
題」として認識していかなければならない。

　こうした既存の制度だけでは対応できない、ときには制度の狭間とい
われる新しいニーズに対して、コミュニティソーシャルワーカーの役割
が期待されているのである。

■3 社会的孤立への対応

　社会的孤立や社会的排除という問題が顕在化してきたのは、我が国に
おいては 2000（平成 12）年以降である。厚生労働省では「『社会的な
援護を要する人々に対する社会福祉のあり方に関する検討会』報告書」
（2000（平成 12）年）によって問題提起した。今日の社会的援護が必
要な人々に対して「つながり」が届いていない。つながりの再構築が必
要であるという内容である。この視点が、その後の生活困窮者自立支援
制度、地域共生社会へと通底する文脈をつくっていく。

　重要な視点は社会的孤立とは、単に一人でいることだけではない。社
会的に孤立している状態のことをいう。それは本人だけの問題ではな
く、孤立を生み出す社会の構造にも問題があるということである。具体
的に社会的孤立の事象を六つに整理しておく（**表 5-1**）。

　❶家族からの孤立（家族関係）、❷近隣社会からの孤立（周囲との関
係）、❸集団、組織からの孤立（集団との関係）、❹情報からの孤立、❺
制度・サービスからの孤立、❻社会的役割からの孤立である。家族や近
隣だけではなく、失業や退職によって職場から離れ、趣味や愛好会、同
窓会、宗教といった集団にも属さない。
そうした状態だけではなく、情報が伝わ
らなかったり、自ら情報をとる意欲がな
くなったり、必要な制度やサービスも届
かず、最終的には誰からもどこからもあ
てにされない、役割が何もない状態にな

表5-1　社会的孤立の事象

❶	家族からの孤立
❷	近隣社会からの孤立
❸	集団、組織からの孤立
❹	情報からの孤立
❺	制度・サービスからの孤立
❻	社会的役割からの孤立

る。この状態が長期化すると、セルフネグレクトのような状況に陥る。

こうした状態は、社会の側からも見えにくくなる。「見えにくい貧困」とか「ミッシング・ワーカー問題」（労働市場から排除された状態）といった社会問題になっている。たとえばイギリス政府は、「孤独担当大臣」のポストを新設し、社会的孤立に陥っている人たちへの総合的な政策を実施している。

さらに社会的孤立が進むと近隣からの排除につながることもある。社会的排除である。

コミュニティソーシャルワーカーは、こうした負の連鎖を断ち切り、その人や家族に生きる意欲を喚起し、周囲もその人たちを受け入れていける、すなわち社会的に包摂された状態、地域共生社会を実現していくことを目指す。

Active Learning

社会的に孤立している人々を例示し、そうした人々にソーシャルワーカーがアプローチするのに有効な具体的方法を考えてみましょう。

第**5**章 地域を基盤としたソーシャルワークの展開

3 生活困窮者自立支援とコミュニティソーシャルワーク

1 生活困窮者自立支援制度の理念

2015（平成27）年から施行された生活困窮者自立支援制度では、制度の理念として二つの目標が定められた。

❶生活困窮者の自立と尊厳の確保

本制度では、本人の内面からわき起こる意欲や想いが主役となり、支援員がこれに寄り添って支援する。

本人の自己選択、自己決定を基本に、経済的自立のみならず日常生活自立や社会生活自立など本人の状態に応じた自立を支援する。

生活困窮者の多くが自己肯定感、自尊感情を失っていることに留意し、尊厳の確保に特に配慮する。

❷生活困窮者支援を通じた地域づくり

生活困窮者の早期把握や見守りのための地域ネットワークを構築し、包括的な支援策を用意するとともに、働く場や参加する場を広げていく（既存の社会資源を活用し、不足すれば開発・創造していく）。

生活困窮者が社会とのつながりを実感しなければ主体的な参加に向かうことは難しい。「支える、支えられる」という一方的な関係ではなく、「相互に支え合う」地域を構築する。

コミュニティソーシャルワーカーにとって、生活困窮者自立支援制度が大切だという理由は、この制度による支援は、**個別支援**と**地域づくり**

を行うという目標のもとに制度設計がされているということである。つまり、日本における最初のコミュニティソーシャルワークの制度といっても過言ではない。

それゆえに、この制度の理念や目標をしっかりと理解しておくことは、コミュニティソーシャルワークの理解にもつながる。以下、さらに詳しく解説しておきたい。

■2 生活困窮者の自立と尊厳の確保

ここで強調されているのは、今日の生活困窮は経済的な困窮だけではなく、社会的な自立を促すことを重視するという視点である。そのなかで本人の内面からわき起こる意欲や想いが主役であるということ、エンパワメントを重視するということである。ただし対象者には、セルフネグレクトの状態にある人たちが多い。自暴自棄に陥っている人たちに対して、どう生きる意欲を喚起するのか、それはとても難しい支援である。アウトリーチを何度も繰り返し、本人との信頼関係を少しずつ育みながら、本人が生き直してみようという気持ちが溜まることを待つ。本人に寄り添いながら、コミュニティソーシャルワーカーはその過程を大切にして支援をしていく。

■3 生活困窮者支援を通じた地域づくり

そのためには本人だけが変わるのではなく、周囲も変わっていく必要がある。早期に気づいていくこと、彼らを受け入れていくこと。そのための場をつくっていくこと。社会的孤立をなくすということは、社会的に包摂できる地域づくりを進めることを同時に展開していかなければならない。

ここでは、「支える」「支えられる」という一方的な関係ではなく、「相互に支え合う」地域を構築する、と記されている。生活困窮者の支援を通じて、社会的孤立をなくしていくということは、相互に支え合う地域をつくることであり、それはケアリングコミュニティのことである。

ケアリングコミュニティを創造していくという思想は、今日の地域共生社会の理念と同軸のものである。ただし、この考え方は国家に押しつけられるものではなく、国民にとっての権利にしていかなくてはならない。

地域共生社会の理念

　全ての人々が地域、暮らし、生きがいを共に創り、高め合うことができる「地域共生社会」を実現する。このため、支え手側と受け手側に分かれるのではなく、地域のあらゆる住民が役割を持ち、支え合いながら、自分らしく活躍できる地域コミュニティを育成し、福祉などの地域の公的サービスと協働して助け合いながら暮らすことのできる仕組みを構築する。　　　　　　　　　　　　　　（ニッポン一億総活躍プラン）

4 地域共生社会の実現に向けたアプローチ

1 「包括」の意味する視点

　地域共生社会を実現していくうえで、重要な鍵概念は「包括」である。ここでは六つの視点で捉えてみる（**表5-2**）。❶生活の包括（全体性）、❷人生の包括（継続性・連続性）、❸世帯の包括（家族支援）、❹制度、サービスの包括（多職種連携）、❺専門職と地域住民の包括（協働）、❻地域課題の包括（減災、居住、産業等）。

　❶生活の包括とは、地域生活課題を踏まえて、生活の全体性をしっかり捉えるということ。❷人生の包括とは、たとえば80歳の人であれば、その人が80年間生きてきた人生、生き様を大切にするということ。❸その人だけではなく、世帯全体を捉えて、必要な家族支援をしていくこと。❹そのためには多職種連携により、ニーズにあわせてさまざまな支援を組み合わせていくこと。❺その際には、専門職や公的なサービスだけではなく、相互の関係性を育むことも含めて、地域住民との協働を進めること。❻さらに、これからの地域づくりでは、福祉分野だけではなく、他の分野との連携をしていかなければ、地域そのものが維持できないこと。

　こうした包括的な支援が、コミュニティソーシャルワーカーに期待されているのである。

表5-2

❶　生活の包括（全体性）
❷　人生の包括（継続性・連続性）
❸　世帯の包括（家族支援）
❹　制度、サービスの包括（多職種連携）
❺　専門職と地域住民の包括（協働）
❻　地域課題の包括（減災、居住、産業等）

2 包括的支援体制とソーシャルワーク

コミュニティソーシャルワーカーは、市町村のなかで、どこか１か所に１人いればよいのではない。より多くの社会福祉専門職がコミュニティソーシャルワークについて学修し、コミュニティソーシャルワークが展開できるシステムを市町村で構築していく必要がある。つまり、コミュニティソーシャルワークの機能を、社会福祉の専門職がそれぞれの実践の場で展開していくことが重要になる。

そのために、これから各市町村で構築していく包括的支援体制（社会福祉法第106条の３）や地域福祉計画（社会福祉法第107条）がとても重要になる。

実際に複合的で、かつ従来の制度やサービスだけでは解決が難しいようなニーズに対して、どう支援していくかを検討するにあたって、多職種連携や多機関連携が不可欠になる。コミュニティソーシャルワーカーは、スーパーマンではない。何でも解決するのではなく、むしろ必要な人たちをつなぎ、チームとして支援できるようにコーディネートしていく役割が期待される。

さらには包括的支援体制を構築していくための計画策定などにも携わるなかで、ミクロ、メゾ、マクロにつながる幅広い視野と知識が求められることになる。ただし繰り返しになるが、一人ですべて担うことではない。

3 共生社会を実現するための地域へのアプローチ

コミュニティソーシャルワーカーが個別支援と地域づくりを一体的に進めていくなかで、地域づくりの経験が不足していると指摘されている。多くの福祉の実践現場で個別支援については経験知が蓄積されてきたが、今まで施設内や制度の枠組みのなかだけで業務をしてきたワーカーにとっては、地域支援は経験がないので難しいという。ワーカーにとっての苦手意識を克服して、地域にアプローチする経験を蓄積していくことが求められる。

なぜならば、地域共生社会を実現するためには、地域住民の意識を変えていく必要があるからである。住民の意識を変えるというとおこがましいが、地域には差別や偏見がある。最近ではヘイトスピーチなど、ますます反福祉的な主張が飛び交う。共生社会というよりも排斥主義が台頭し、福祉施設の建設の反対運動などが各地で報告されている。昔は障害者施設の建設反対運動が多かったが、いまは保育所や老人ホームでも

反対される時代である。

　本気で共生社会を実現していくためには、こうした地域への働きかけをコミュニティソーシャルワーカーがしていく必要がある。政府や行政などに働きかけるソーシャルアクションだけではなく、反共生社会に抗（あらが）っていくようなソーシャルアクションをしていく必要がある。そのときの方法は、「学び」である。差別している人たちを糾弾するだけでは意識は変わらない。まさに福祉教育こそが、コミュニティソーシャルワーカーが丁寧に展開していくことによって、地域共生社会を実現していく糧になる。

◇引用文献
　1）大橋謙策編著『ケアとコミュニティ──福祉・地域・まちづくり』ミネルヴァ書房，pp.19–20，2014.
　2）岩間伸之・原田正樹『地域福祉援助をつかむ』有斐閣，p.15，2014.

●おすすめ
　・原田正樹『地域福祉の基盤づくり──推進主体の形成』中央法規出版，2014.
　・日本地域福祉研究所監，中島修・菱沼幹男共編『コミュニティソーシャルワークの理論と実践』
　　中央法規出版，2014.
　・大橋謙策・千葉和夫・手島隆久・辻浩編『コミュニティソーシャルワークと自己実現サービス』
　　万葉舎，2001.
　・岩間伸之・原田正樹『地域福祉援助をつかむ』有斐閣，2012.
　（視聴覚教材）
　・DVD「プロフェッショナル仕事の流儀 第232回（2014年 7 月 7 日放送）地域の絆で"無縁"を
　　包む──コミュニティソーシャルワーカー（豊中市社協）勝部麗子さん」

第5章 地域を基盤としたソーシャルワークの展開

住民の主体形成に向けたアプローチ

- 地域福祉における「住民の主体形成」の意味と意義を理解する
- 住民の主体形成を援助するソーシャルワークの視点と方法を理解する
- 社会的包摂（地域共生社会）形成に向けた福祉学習について理解する

1 地域福祉における住民の主体形成の意義

1 「住民の主体形成」の意味

　地域福祉の特質の一つは、多様な主体の福祉への参加を促進することである。そしてその多様な主体のなかでも中核的な主体は地域での暮らしや地域社会を形成する住民である。地域福祉はその**住民の主体形成**を重視する。そのことを理解するには、「住民主体」という地域福祉の中核的な原則・理念と住民の主体形成の具体的な内容を学ぶ必要がある。

❶地域福祉における住民主体の意味

　社会福祉援助における個別支援とは、クライエント本人の基本的人権の尊重（権利擁護）を前提とする。そのうえで、自らの生活や人生を生きていくための意思決定・自己決定の支援などの本人（主体）の生きる力を引き出す主体形成支援が重要である。住民の主体形成への支援とは個別支援と同様に、地域という暮らしの場での主役（主体）である住民が、地域社会を形成していく第一の中核的な主体であるという主体認識に基づく支援である。

　住民主体と主体形成の内容は以下のとおり説明できる。

① 　住民主体

　「住民は基本的人権の尊重とそのうえでの連帯、共生の暮らしをつくる主体であり地域生活の権利主体である[1]」

② 　住民の主体形成

　住民の主体形成とは次の四つの住民力の形成を意味する[2]。

❶ 　地域生活課題を早期に発見できる力（課題の発見力）

❷ 　地域生活課題を話し合える力（課題の協議力：民主的に話し合える力、暮らしづらい隣人のことを優先して話し合える福祉的態度）

❸　地域生活課題を協同して解決できる力（課題の協働力：おしつけあわない、自分の団体主義にならない、少しずつ力を出し合える協同的態度）

❹　地域の夢をかたちにする力（ビジョンの形成力：小地域福祉計画策定力）

　以上の四つの住民力の形成は、「**地域の福祉力**」や「**福祉的な住民自治力**」とも呼ばれる。それは、ソーシャルワークの目的である社会変革を地域から進めていく地域社会変革を進める住民力でもある。

2　住民の主体形成の二つのアプローチ

❶住民の主体形成の意義と役割

①　住民の主体形成の意義

　住民の主体形成は次の二つのコミュニティを形成する基盤となる。

❶　人が生きるのに必要な「存在承認」と「役割期待」を自他相互に取り結ぶ豊かな地域社会関係を形成する一般コミュニティ形成の基盤

❷　少数の当事者の問題や制度や仕組みが追いつかない新たな地域生活課題に対して、当事者とその共感者からなる福祉コミュニティ形成の基盤

　特に現在の社会状況は個々人の生活基盤である地域の衰退が顕著である（本書第1章参照）。それは、地域社会資源の欠如とともに社会的排除・社会的孤立の深刻さを生み出している。したがって、個別支援と一体的に上記の二つの地域づくりに取り組む住民の主体的な実践が、ソーシャルワーク実践に求められている。

②　住民が地域福祉に参加する形態

　一般に、地域福祉への**住民参加の形態**は、以下の「活動」「参画」「運動」「評価」の四つの形態がある。

❶　活動：ボランティア活動などの具体的な問題への活動への参加

❷　参画：住民が策定する小地域福祉計画や社協、自治体による地域福祉活動計画や地域福祉計画などの計画の策定とその進行管理を行う委員会などへの参加

❸　運動：深刻な問題や理不尽な問題に対して、デモや署名運動、裁判闘争、その他の世論喚起を行い、社会や行政に訴えかける活動への参加

❹　評価：社会福祉サービスの民営化に対して、利用者・消費者としてのサービス評価活動としての参加

③　住民が地域福祉に参加する役割

　また、これらの地域づくりへの住民活動は、地域福祉への住民参加の役割という側面からも捉えておく必要がある。地域住民への援助や地域住民との協働をするうえで、福祉専門職は住民の地域福祉への参加の意義と役割について理解しておく必要がある。

　住民が地域福祉に参加する役割は次の5点として説明しておきたい。

❶　当事者をエンパワメントし、地域ケアをすすめる役割

　人は人のなかで人になる。すなわち社会関係のなかで相互に認め合い、役割をもつことが人を元気にする。また、それが社会福祉が重視する自立観である。その関係を基盤に要援護状態になっても暮らせる地域ケアが展開される基盤を形成する役割である。

❷　生活者視点に基づいたネットワークを促進する役割

　住民の生活の基本的要求の全体性を中核に、その暮らしの条件づくりのために関係者が連携していくことを促進する役割である。

❸　生活に必要なサービスの質を高めたり、創出する役割

　住民が自らの暮らしの観点からサービスを評価したり、さらに暮らしに必要なケア・サービスを生み出していく役割である。それはサービス間の縦割りから生じる生活の連続性や継続性への支援が不十分であることなど、ニーズに基づかない供給サイドのケア・サービスに対する生活防衛行為といえる。また、ケア・サービスを実際に使えなければ、住民にとっては存在しないのと同じである。その観点から、ケア・サービスを実際に使いやすいようにするなどのアクセシビリティ（接近性）を高める取り組みも、ケア・サービスの創出といえる。

❹　当事者を中核とした社会変革を進める役割

　住民のなかでも、とりわけ生きづらさを抱えた当事者との共感のもとで、当事者を中心とした住民、専門職、行政の連携や、そこから新たな支援・サービスや計画が生み出される連帯のことを、福祉コミュニティという。地域住民は、当事者とともに福祉コミュニティを形成しつつ、だれも排除しないことを目指す共生社会をつくる社会変革を進める原動力となる役割である。

❺　地域生活課題から住民自治とローカルガバナンスを促進させる役割

　さまざまな地域生活課題を解決していく過程において、住民主体の地域づくりとそのうえでの地方自治を官民協働のもとでつくりあげていく役割である。

❷住民主体と当事者主体の理解

　住民の主体形成における「住民」を理解するためには、「住民と市民という用語の関係」と「住民主体と当事者主体の関係」の二つの関係の捉え方を理解しておくことが必要である。

① 　主体形成における「住民と市民」の関係

　一般に住民とは、「一定の地理的範囲に住む人々」を指し、市民は「基本的人権の尊重を前提として、公共空間の形成に自律的、自発的に連帯する人々」を意味する。したがって、住民は地理的範囲における生活様式と利害関係を共有する共同性を基盤とする。それを地域での福祉意識からみれば、個々の地域住民が抱える福祉問題に対して「共感」「排除」または「無関心」「無理解」など多様な意識が混合し、福祉への参加の合意形成は難しい。また、大多数を占めるであろう無関心層は、その住民リーダーの意思によって、無意識的に賛同者としての役割を果たすことになる場合もある。それは、施設コンフリクトなどの問題に多くみられる。また、NIMBY（Not In My Back Yard）といわれるように、総論は福祉に賛成だが、自分にその問題が関係する場合の反対も同様である。

　一方、市民は人権尊重を前提とするので、福祉問題には関心が高く、福祉への参加の合意が得られやすい。しかし、そのコミュニティは必ずしも「地域」を範囲としてつながっているわけではない。むしろ、地理的範囲にこだわらないアソシエーションを形成する。

　しかし、この住民と市民は概念上の区分であり、この二種類の人間が別々に存在するわけではない。現実の地域社会における地域福祉が目指す住民像とは、原則的には市民意識をもって、ある一定の圏域での地域社会を形成する住民を措定している。その市民としての地域住民像を目標とした主体形成という意味では、社会正義、人権尊重、社会的公正という、極めて福祉（ソーシャルワーク）の価値志向が高い主体形成の考え方である。なお、原則的と説明したのは、地理的範囲にこだわらず、同じ問題を抱えた当事者同士のつながりであるセルフヘルプグループや公益的・共益的なボランティアグループや市民福祉活動を担う住民への主体形成も重視しているからである。

② 　住民主体と当事者主体の関係

　上記の説明と関連して、住民主体と当事者主体の関係も地域福祉の主体形成の理解では重要である。社会福祉における「当事者」という用語は、同じ住民のなかでも「事（問題）に当たっている者」を指し、厳密

には「福祉当事者」である。また、当事者主体とは「その自らの問題を認識している者」である。私たちは人生において、健康で生活している時期もあれば、病気を抱える時期もある。就業し生活ができている時期もあれば、失業し収入が途絶える時期もある。また、高齢期には誰もが何らかの障害をもつ確率が高い。このように、住民と当事者の立場性は状況に応じて転換する。その相転換の立場性に基づく人間理解から共感関係が生まれる契機となる。その意味で住民主体は当事者主体を含む考え方である。

　しかし、実際の社会には差別や偏見が存在するように、ある特定の人たちを選別し、特別な存在として無視や排除をする現実がある。また、一般多数の地域の共通課題に対して、少数の当事者の課題が取り上げられないこともよくあることである。かつては認知症高齢者の課題には差別や偏見があったが、超高齢社会の現在では地域の共通関心事である。しかし、同じ地域に住む障害者やひきこもりの人たちの課題は現在においても地域の課題とはなりにくい。したがって、住民へのその理解のための意図的な働きかけがなければ、地域から当事者が排除されることもある。逆の観点からいえば、地域福祉の実践は当事者の地域社会参加を通して当事者が地域社会を構成する住民の一人となっていくことを目指す実践といえる（社会福祉法第4条にこの考え方が反映されている）。

　以上のように、当事者主体は住民主体に含まれる主体認識である。しかし、一般のコミュニティ形成としての「地域づくり・まちづくり★」からの住民主体の捉え方は、当事者主体という主体認識を取り残しがちである。入居施設で生活する高齢者や障害者を地域の一員とする取り組みは、一般の地域づくり・まちづくりではほぼ見受けられないのである。一方、地域福祉・地域を基盤としたソーシャルワークは、あくまでも当事者主体を含んだ住民の主体形成を重視する実践である。むしろ、地域福祉における当事者とは、地域共生社会を形成する中核的な変革者として捉えられるのである。

❸地域福祉と地域（まち）づくりからの二つのアプローチ

　このように、地域を基盤とするソーシャルワークによる地域へのアプローチは、「一般コミュニティと福祉コミュニティ」の二つのコミュニティを意識し、当事者の主体形成を含んだ住民の主体形成を目的とする。その二つのアプローチの概観図が図5-1である。

　一般コミュニティが福祉コミュニティに接近するアプローチ（右円：福祉のまちづくり）と福祉コミュニティを一般コミュニティとして普遍

★「地域づくり」と「まちづくり」
この二つの用語の意味に差異はない。一般に都市部では「まちづくり」が使用され、郡部では「地域づくり」が使用される傾向にある。特に地域づくりは住民の内発性を重視した、地域運営組織の組織化などの地域振興施策に関連して使用されることが多い。地域福祉の面では、介護保険制度における生活支援体制整備事業や生活困窮者自立支援法での社会的孤立の防止や社会参加の推進を含んだ包括的な支援体制におけるまちづくりを「地域づくり」と表現している。

図5-1　地域共生社会をつくる二つのアプローチ

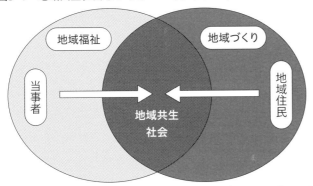

地域生活支援のアプローチ　　　地域づくりのアプローチ
（孤立・排除から地域とつながる）　（孤立・排除しない地域づくり）
　　　（当事者主体）　　　　　　　　　（住民主体）

出典：藤井博志編著『地域福祉のはじめかた』ミネルヴァ書房，p.34，2019.

化させるアプローチ（左円：福祉でまちづくり）の二つのアプローチである。

　図の右円は一般的な地域づくりの活動である。たとえば「健康体操クラブ」のように自分の健康が関心事である。しかし、徐々に体操クラブに来れなくなった仲間も気にかけて活動し出すベクトルが左方向の地域共生社会に向かうベクトルである。一方、左円の地域福祉は地域から孤立している当事者が再び社会参加する右方向のベクトルを目指す活動である。その当事者の周辺には、専門職だけでなく、当事者に共感をもつ福祉性の高い住民が当事者とともに活動している。この双方のベクトルが交わる円の中央が「地域共生社会」ということになる。

　「地域福祉」と「地域（まち）づくり」が相互接近して地域共生社会という一つの円となり、そのなかでソーシャルワークが実践されることが理想である。しかし、一般の地域づくりにおいては、福祉問題は地域づくり全体の課題の一つとして捉えられている。その現状を踏まえて、地域福祉と地域づくりの両方の視点からのアプローチが実践上では求められている。すなわち、左円には、「当事者主体」とともに、ボランティアなどの福祉意識の高い住民が「当事者と協同する主体」としての二つの主体形成への支援が必要である。一方、右円には、福祉に無関心な住民が「自他の生活をともに実現していくための共助の主体」としての主体形成への支援が必要である。

Active Learning

地域づくりと地域福祉の二つのアプローチを実施することで、地域生活課題の解決につながる事例を考えてみましょう。

❹社会福祉と地域づくりのアプローチの差異と地域福祉実践

表5-3 は、社会福祉と地域づくりの両者のアプローチの差異をそれぞれの典型的な実践形態から比較したものである。左の列の社会福祉のアプローチは主に専門職アプローチとして課題分析を重視するが、右の列の地域づくりのアプローチは地域住民のアプローチとしてビジョンづくりを重視する。なぜなら、福祉専門職は福祉課題解決を使命とする。一方、住民の地域づくりは地域住民としての当事者性はあるが福祉専門職にある職業的使命感はない。しかし、自らの生活不安から他者とともに安心した地域での暮らしをしたいという共感をビジョンに結びつけることが住民の福祉への参加の動機になる。もちろん、この課題解決志向とビジョンづくりは双方ともに必要であり、実際は双方の組み合わせで実践が展開される。

さらに地域福祉の専門職実践は、この中間領域としての特徴をもつことを認識しておくことが重要である。地域福祉が社会福祉の実践である限り、領域のとらえ方については明確に当事者発という社会福祉のアプローチをとる。**図5-1** の左円側からのアプローチである。しかし、そのうえで、地域福祉の実践は、福祉が地域づくりの基盤として位置づくように、地域住民に働きかけるというアプローチを重視する。**図5-1** の右円側からのアプローチである。今後、このような両者の差異を意識し、社会福祉と地域づくりの双方の特徴を意識した複眼思考の

表5-3　社会福祉と地域（まち）づくりの実践アプローチの典型例

	社会福祉のアプローチ	地域（まち）づくりのアプローチ
主な主体	福祉専門職／福祉 NPO など	地域住民
取り上げる問題	福祉課題／多くの住民に及ぶ深刻な地域生活課題	生活不安から安心した地域での暮らし／地域生活課題
領域のとらえ方	当事者（福祉）中心から同心円状に他分野へ広がる	多元的、全体的にとらえる：福祉は地域づくり分野の一領域
期　　間	短中期間	中長期間
分析方法	課題分析型（できていないことの要因分析）	ビジョンづくり型（できていることの評価：エンパワメント・ストレングス分析）
実践の指向性	制度内対応重視	開発（ボランタリズム）重視
地域へのアプローチ	個人の孤立・排除状況から地域とのつながりづくり（事後的）	誰もが孤立・排除しない地域づくり（予防的）

出典：筆者作成

アプローチが、両者を媒介する地域福祉の実践には求められる。

2 住民の主体形成の方法

1 住民の主体形成の方法としてのコミュニティワーク

住民の主体形成を支援する中核的なソーシャルワークの方法はコミュニティワークである。我が国においては戦後、社会福祉協議会と共に地域組織化の方法であるコミュニティ・オーガニゼーションがアメリカから輸入された。その理論・方法を受け継ぎ、その後、在宅福祉問題が注目され出した 1970 年代中後期ごろから、コミュニティケアの先進国であったイギリスの用語であるコミュニティワークが使われ出した。その理由は定かでないが、地域社会開発だけでなく公私協働の在宅福祉サービスの開発の課題が、我が国においてもその頃から重視され出したからであろう。

なお、コミュニティ・オーガニゼーションは、近年、コミュニティ・オーガナイジングとして、専門職による地域援助の方法としてのコミュニティワークに対して、当事者・市民自らが課題の組織化・社会化の主体であることを強調する当事者・市民の運動の方法として我が国においても再注目されている。

コミュニティワーク自体は、共通⑫『ソーシャルワークの理論と方法』に詳しいので、本書では、コミュニティワークの概説を住民の主体形成に関連して解説する。

❶コミュニティワークの定義

コミュニティワークとは当事者、地域住民が地域生活課題の解決を目的として、地域での活動組織の組織化や専門職等の関係者の地域への参加を促進するために専門職や地域リーダーが使用する地域援助の方法である。今日的には、次の 3 点を目的とする。

❶ 誰も排除しない地域共生社会の形成を、住民自治による福祉のまちづくりとして進める。

❷ 当事者・地域住民の主体形成および地域の福祉力を高める。

❸ 地域生活課題に対する暮らしに必要な地域ケア資源や活動、まちの環境を創り出す。

❷コミュニティワークを支える思想・理念

コミュニティワークを支える今日的な思想・理念は主として次の理念から形成される。

❶　住民主体／当事者主体

❷　草の根民主主義／近隣基盤

❸　住民自治／ローカルガバナンス

❹　ボランタリズム／社会変革

❺　ノーマライゼーション／ソーシャルインクルージョン

コミュニティワークが背景とする思想や理念の中核となる住民主体・当事者主体についてはすでに解説した（❶）。

その協同（共同）基盤として、近隣での住民同士の直接的な対話や話し合いを進める直接民主主義としての草の根民主主義（grassroots democracy）が重視される（❷）。その理念にもとづく実践は、コミュニティ・オーガニゼーションの地域社会開発モデルの日本版として「小地域福祉活動」がある。

それは、地方自治においては福祉的な住民自治の形成といえる。また、近年では、住民、事業者、行政が協働して地方自治を進める協治としてのローカルガバナンスを、地域福祉から進める住民参加の方法として位置づけることができる（❸）。

これらの「地域づくり」は、住民の自発性に基づくボランタリズムやその行動の先にある、ノーマライゼーションやソーシャルインクルージョンを地域社会から形成する地域社会変革を目標とする（❹・❺）。

❸コミュニティワークの三つの目標

コミュニティワークには次の三つの目標がある。

❶　プロセス・ゴール（住民の問題解決力の向上）

❷　タスク・ゴール（課題達成）

❸　リレーションシップ・ゴール（良好な地域コミュニケーションの形成・権力構造転換）

❶は、地域課題解決の過程を重視する考え方である。課題解決の過程で、基礎的活動を重視して地域の福祉力を地域が形成することを目標にする。端的にいえば住民の協議力と協同（協働）力の形成を重視する考え方である。協議と協同（協働）力を地域住民が身につければ、地域自らの力によって地域生活課題を解決していくことになる。

❷は、具体的な課題達成の度合いを評価する目標である。「地域の居場所づくりを全地区で開催する」など、定量的な評価が可能となる目標

設定である。住民参加を促進するうえでも、小さな成功体験の積み重ねや、成果を可視化することは重要である。

❸は、地域の民主的で対等な関係性を形成する目標である。地域は何らかの個人、団体の権力的な関係で成り立っている。たとえば、「男性の自治会長が女性ボランティアの声に耳を貸さない」というジェンダーバイアスや、「高齢の親のことは地域が助けてくれたが、発達障害のひきこもりの息子については、誰も声をかけてくれない」など、有形無形の権力関係や社会認識、生活様式などが働いている。これらの住民相互の関係性を変革する目標である。それは、地域団体・リーダー間の良好なコミュニケーションの形成であり、権力関係を平等な関係にしていく取り組みである。

上記❶〜❸の三つの目標は相互に関連し、活動展開によって重点が違ってくる。住民は❷の具体的な課題解決のために活動を進めるのであるが、福祉専門職は❶、❸の視点を重視しながら住民活動を援助することが大切である。今後、多様性尊重と共助が求められる地域社会を形成するための住民の主体形成の観点からは❶と❸が重要である。

❹住民主体を尊重したコミュニティワークの展開過程と援助の視点

コミュニティワークの実践過程は、細かいプロセスでも説明できるが、ここでは、3段階五つのプロセスとして説明する（図5-2）。

第1段階は、主として専門職が地域に入り住民や地域リーダーと信頼関係を形成する段階である。この段階は主として専門職が主体となった実践である。専門職が地域のデータ収集とフィールドワーク（地域探索）から地域の生活実態や地域生活課題を住民との対話から地域住民の

図5-2　コミュニティワークの実践過程

①　第1段階 地域との信頼関係づくり	（a）地域の理解と信頼関係の構築
	（b）地域づくりの構想を描く

②　第2段階 立ち上げ支援	（c）組織の立ち上げ

③　第3段階 運営支援	（d）課題の明確化と共有化（課題把握）
	（e）協同活動と評価（計画策定・実施・評価）

参考：第1段階は、韓国住民運動教育院／平野隆之ほか編訳（2018）『地域アクションのちから　コミュニティワークリフレクションブック』CLC、47-50参照。第2・3段階は、「地域組織化のプロセスモデル（永田幹夫）」全国社会福祉協議会（2000）『地域福祉論（改訂2版）』193参照。

出典：藤井博志編著『地域福祉のはじめかた』ミネルヴァ書房, p.71, 2019.

地域生活課題や願いを地域診断として把握し、専門職としての実践仮説を立案する段階である。

　第2段階からの主体は住民である。専門職はその側面的援助にまわる。専門職は第一段階で信頼関係を形成した地域リーダーや問題意識を有する住民との対話と学習を重ね、住民が問題解決のために立ち上がることを支援する。具体的には、住民が問題解決のための組織の「立ち上げ（組織化）」を支援する。

　第3段階は、その組織メンバーによって進められる地域活動の運営を側面的に援助する運営支援の段階である。ここでは、地域リーダーが組織の目標設定と実行計画の策定と実施、その評価のプロセスを踏まえた組織運営ができるように専門職は側面的に援助する。

　この段階での重要な活動は、地域リーダーが核となりながらもより多くの住民に関心を喚起し、地域生活課題への理解と取り組みへの合意と参加を広げることである。具体的には住民自身による地域問題把握のための地域調査の実施や問題の共有化のための座談会や学習会などの集会を開催する支援を行う。個別支援は個人へのアプローチを主とするが、地域生活課題は、地域住民が「私発」の問題に共感・共有し「私たち」の問題にならなければ住民活動は進まないからである。

　また、その共有化の協議のプロセスを踏まえた実行計画の立案の支援を行う。この計画には二つの計画がある。一つは短期で単一の活動プログラムの立案である。ボランティアグループが一人暮らし高齢者の居場所づくりを企画するというものである。もう一つは中長期的な小地域福祉活動計画の立案と実行である。この計画は、先の多様な主体ごとの単一のプログラム間の連携の合意と体系化の作業として大がかりである。また、これらの実施後の評価も住民関係者で行う。この評価において、問題が残されていれば次の活動のための調査や協議を行う。また、実施組織が不十分と判断された場合は組織の改編を行う。たとえば、実行委員会からNPO法人に移行するなどである。また、この実行過程で専門職は必要に応じて外部資源を仲介する。

　以上の過程を繰り返すことによって、住民によるまちづくりの主体力が蓄積されてくるのである。

❺実践過程の特徴と援助の留意点

　コミュニティワークの実践過程での特徴と留意点を次の4点にまとめておく。

① 地域活動は信頼関係と合意形成で成り立つ

　地域組織化活動は信頼関係と合意形成が重要である。専門職にとってみれば、地域との信頼関係を結ぶ第一段階が大切である。これは地域リーダーとメンバーとの関係においても同様の支援が必要である。

② らせん状に実践過程は進む

　実際の実践過程は、過程の段階を飛ばしたり戻ったりしながら紆余曲折するものである。しかし、全体として「前に拓けていく」ものとして、地域リーダーを勇気づけながら、らせん状に向上するイメージをもてるように支援することが大切である。

③ 基礎的活動は常にどの段階でも行われる

　実践過程の「話し合い（協議）」「地域診断」「学習・広報」「関係者や協力者の呼びかけ」「企画・計画づくり」「振り返り・評価」などの地域の福祉力をつけるための活動はどの実践課程でも行われる基礎的・日常的な活動として支援する。

④ 専門職は対話を通した住民との関係を省察する

　専門職と地域住民との対話とは、単なる会話ではなく、住民の奥底にある生活者としての願いを意識化し表出すると同時に、専門職も住民の思いへの気づきと理解を深める相互変容過程である。そのためには、専門職も住民への共感のなかで、生活者としての自分を省察することが大切である。これが地域住民・専門職が相互にエンパワメントされる協働関係の基本的な態度や姿勢である。

2 社会的包摂（地域共生社会）形成に向けた住民学習

❶住民の主体形成を促す学習

　地域は子どもから高齢者まで多世代が暮らす生活の場である。また、多様な生活課題を抱えた住民が暮らす場である。本節では、その地域の特性を踏まえて、住民が自らの暮らしを他者とともにつくりあげていくための住民力＝地域の福祉力をつける主体形成とそれへの専門職のかかわり方について学んできた。そのなかでも、住民が地域福祉の主体者になるための学習支援が重要である。これらの学習活動は、福祉教育とともに「人権教育」「市民教育」「生涯学習」「ボランティア学習や地域づくり学習」などの多様な教育・学習分野と連携しながら、学校、地域社会の双方の場を通して実践的な学習の場が用意されることが求められる。

　最も基本となる学習は基本的人権を含んだ「人権教育」である。住民は地域のあり方を住民自身が決めていく住民自治の主体である。しか

し、そのあり方を決める前提に基本的人権に対する学習が必要である。地域に頻繁に起こるコンフリクトを議論する前提の認識である。特に、子どもへの教育においても、さまざまな差別問題に加えて障害を理由とする差別の解消の推進に関する法律（障害者差別解消法）における合理的配慮などの新しい人権概念の学習が必要である。その次に市民性を育成する「**市民教育**」（citizenship education）である。市民としての市民的権利、政治的権利、社会的権利と義務の学習である。かつての社会教育に類似した内容である。その次に学校教育・社会教育を含んだ学習として「生涯学習」がある。近年では、公民館などでの趣味、生きがい学習が多い。一方、高齢者の消費者被害の予防、成年後見制度、認知症高齢者のオレンジサポーター、介護保険制度の使い方、いじめやひきこもりなどの子育て問題などの学習も見受けられるようになっている。いわば、生活者として必要な「福祉学習」である。今後はSDGsの学習も必要であろう。

このように、地域福祉分野における福祉学習は単独で実施されるものではなく、以上のような「市民」や「生活者」としての学習と関連しあいながら進めていく必要がある。

❷福祉教育の内容と課題

福祉教育の実際の展開としては、学校教育における総合的な学習の時間などを活用した福祉教育プログラムと地域住民への学習活動としての地域での福祉教育などが展開されている。

① **学童生徒への福祉教育の課題と新たな実践**

学校での福祉教育は総合的な学習の時間の短縮や学校教員自体の福祉学習の不足また多忙さ、教育行政と福祉行政の縦割りなどから、その実施に多くの課題を残している。また、最も留意するべき視点は、車いす学習や手引きの方法・技術だけを教える結果、「障害者は保護しなければならない存在」というような旧福祉観による逆福祉教育が広がることである。これらに対して、障害者や高齢者などの当事者が学校の福祉教育に参加する取り組みが試みられている。障害者や高齢者の人間としての力を伝える視点からの学習である。また、子どもが地域の場で学ぶ体験プログラムも実施されている。これらの福祉教育は主に社会福祉協議会（以下、社協）が進めている。たとえば、大阪府阪南市社協では、中学生徒の有志が自主的に地域の障害高齢者のお手伝いをする「子ども福祉委員」を結成している。障害や高齢になっても地域で暮らしていくということはどういうことなのかを、当事者の生活場面に触れることで学

Active Learning

あなたの住んでいる市町村では、どのような福祉教育が行われているかを、ホームページで調べたり、さらには運営している人に連絡して、その内容を聞いてみましょう。

び、行動に変えている。また、阪南市社協では少年院に在院する少年た
ちの地域でのボランティア活動も、地域社会との協力で進めている。社
会的な有用感を培ったその青年たちは仮退院・出院後もボランティア活
動を続けている。

② 実践を通しての学習の重視

　今日的な福祉教育は、阪南市の取り組みのように地域共生社会をつく
るという社会的包摂に向けて、子どもを含む全世代の住民が実践するた
めの教育が目標とされる。しかし、最も効果的な教育は実践上の必要に
応じて学習を進めることである。かつては、公害反対運動を通じて住民
は生活防衛のために環境問題とその解決策を社会に訴えかける方法の学
習を深めた。ある自治会では、障害者施設建設反対運動の過程で障害者
問題への学習を積み重ね、最終的には自治会の目的に「共生のまちづく
り」が加えられた。その後50年を経た現在、その自治会では老人クラ
ブの会員と施設入居者が老人福祉センターで毎週カラオケを楽しんでい
る。他の地域のふれあい・いきいきサロンでは、精神疾患の高齢者が参
加した。サロンのボランティアはそのことに戸惑いながらも、それを契
機に精神障害についての学習を始めた。

　以上のように、福祉教育と関連して、具体的な実践と関連して学ぶボ
ランティア学習やコミュニティワーク（地域づくり）の過程での学習の
実施が効果的である。住民の暮らしに起こる出来事や福祉活動の実践過
程で、その地域生活課題を乗り越えていく学習の場を、機会を逃さずに
地域リーダーとともに設定していくことが福祉専門職の住民の主体形成
に向けたアプローチとして重要である。

◇引用文献
　1）井岡勉・賀戸一郎監『地域福祉のオルタナティブ──＜いのちの尊厳＞と＜草の根民主主義＞
　　からの再構築』法律文化社，p.224，2016.
　2）藤井博志編著『地域福祉のはじめかた──事例による演習で学ぶ地域づくり』ミネルヴァ書房，
　　pp.55-61，2019.

◇参考文献
・韓国住民運動教育院，平野隆之・穂坂光彦・朴兪美編訳著『地域アクションのちから──コミュ
　ニティワークリフレクションブック』全国コミュニティライフサポートセンター，2018.
・野村恭代『施設コンフリクト──対立から合意形成へのマネジメント』幻冬舎ルネッサンス新書，
　2018.
・原田正樹「ボランティアの本質とケアリングコミュニティの構築に向けて」岡本榮一監，ボラン
　ティアセンター支援機構おおさか編『ボランティア・市民活動実践論』ミネルヴァ書房，2019.
・藤井博志「第4章　地域福祉の実践に学ぶ──住民・市民の活動」「第5章　地域福祉の実践に
　学ぶ──社会福祉専門職の実践」「第6章　小地域福祉活動とまちづくり」上野谷加代子・斉藤
　弥生『地域福祉の現状と課題』放送大学教育振興会，2018.
・藤井博志監，宝塚市社会福祉協議会編『改訂版 市民がつくる地域福祉のすすめ方』全国コミュ
　ニティライフサポートセンター，2018.
・マーシャル・ガンツ（Marshall Ganz）『リーダーシップ，オーガナイジング，アクション』NPO
　法人コミュニティ・オーガナイジング・ジャパン，2016.　http://communityorganizing.jp/

第5章　地域を基盤としたソーシャルワークの展開

● 地域を基盤としたソーシャルワーク展開の具体を学ぶ
● 事例の展開過程を通して、五つのポイントを押さえる

1 具体的な展開から読み解く

　本節では、第1節・第2節で示された「地域を基盤としたソーシャルワーク」の具体的な展開について説明する。説明するにあたり、地域を基盤としたソーシャルワークにとって欠かすことができない五つのポイントを示し、ある事例の展開過程を通して、各ポイントについて分析と考察を加える。なお、今回取り上げる事例は、実際の事例を参考に作成した架空の事例である。

2 五つのポイント

1 制度の狭間への対応

事例

場面1：Aさんに届かない支援

　高校生のAさんは外国出身の母親と二人暮らしである。Aさんの母親は25年前に仕事で来日し、5年後に日本人の男性と結婚した。その3年後にAさんを出産したが、Aさんが4歳のときに両親は離婚した。それ以来、Aさんと母親は2人で生活をしてきている。Aさんの母親は日本語で流暢に会話することが難しい。また、精神的に不安定で、過去にうつ病で入院していたこともあり、現在は仕事に就いていない。両親の離婚以来、Aさん世帯は生活保護の保護費を主な収入源として生活している。

　Aさんは、大学に進学するために勉強したいと考えているが、現

在の生活費では塾に通う費用が賄えないことが目下の悩みである。また、母親は精神的に不安定で、日本語が苦手なこともあり、Ａさんに常に家にいるように求めている。

　Ａさんの世帯には生活保護担当のケースワーカーがかかわっているが、Ａさんの進学に関する相談には十分にのることができていない。また、市には外国出身者向けの相談窓口があるが、生活保護の部局とは別の部局にある。Ａさんの教育面の課題については、かつて通っていた小中学校の教師と教育委員会がある程度把握しているものの、その情報は他の部署と共有されてこなかった。ケースワーカーはＡさんの母親と話すことが多く、Ａさんにとっては遠い存在で、相談をできる相手ではない。

●事例の分析と支援の考え方

　Ａさんのような世帯は、複合的な課題を抱えた世帯として捉える必要がある。Ａさんの主訴は大学進学であるが、学習支援を提供するだけでは問題は解決しないだろう。たとえ大学に合格する学力があったとしても、学費や生活費などの制約があり、進学をあきらめる、もしくは進学先が一部の大学に限定される可能性がある。実家を離れて生活することを母親が認めないかもしれないし、たとえ認めたとしても、Ａさんが離れたことで母親の精神状態が不安定になったり、Ａさんによる言語面のサポートが得られなくなることで生活の維持が困難になったりするかもしれない。

　Ａさんのように外国出身の親と同居する子どもは、日本人の両親をもつ子どもに比べて、親の世話に時間や労力を費やさなければならないケースが少なくない。同様に、親が何かしらの疾患を抱えている世帯では、子どもが主たる介助者になるケースや、親が子どもに依存するケースが少なくない。Ａさんのような若者をヤングケアラーと呼び、既存の制度では十分な支援が届いていないことが問題視されている。制度的なサービスの対象者の多くは高齢者や障害者が占めるため、Ａさんの母親のような外国出身者や軽度な精神疾患を抱えている人の場合、既存の制度に

ⅰ　2020（令和２）年４月から、文部科学省による高等教育の修学支援新制度が始まり、住民税非課税世帯の子どもで、学習意欲や入学後の成績などの条件を満たすことができれば、入学金や授業料の減免および給付型奨学金を受け取ることができる。また、受験生に対して受験料や塾代を貸し付ける制度を整備している自治体もある。

よる支援の対象として把握されずに、もしくは把握されたとしても支援の対象として認められずに、支援の手が届かない状態が続くことがあり得る。

　では、Ａさんのような世帯に対しては、どのような対応が可能であろうか。重要なことは２点ある。１点目は、支援の過程においてＡさんが中心にいて、周囲の人たちがＡさんの世界観を肯定するということである。２点目に、Ａさんが地域の資源から最大限の恩恵を受けることができるように資源を結びつけることである。

　１点目のＡさんの世界観を肯定するということは、Ａさんの望み通りの支援を周囲が提供することとは異なる。Ａさんが支援者を含む他者と接する際に、Ａさんが何を大切にしているのか、その大切にしている価値観を実現するために何が欠落しているのかを、対話を通して明らかにすることである。認知症ケアの領域では、人を中心とするアプローチ（person centered approach）という考え方があるが、同様の考え方[ii]が求められる。

　２点目に、Ａさんの世界観を肯定するためには、資源を結びつけることが求められる。資源を結びつけるために支援者ができることは、まず資源となり得る関係者の間でＡさんに関する情報を共有することである。具体的には、生活保護担当のケースワーカーと学習支援の担当者、生活困窮者自立支援の担当者、教育委員会（またはスクールソーシャルワーカー）、市の外国出身者向け相談窓口担当者、母親が利用している医療機関または精神障害者のための地域活動支援センターなどが連携して情報を共有する必要があるだろう。単に情報を共有するだけでなく、また、ＡさんとＡさんの母親を個別のケースとして捉えることでもない。家族の相談を一体的に捉え、関係者が継続的にかかわれるようにコーディネートすることが必要になる。

　高齢者の事例であれば地域包括支援センターがコーディネーターの役割を担うことが期待されるが、Ａさん世帯の場合、課題が複合的であるため、担当する事業の枠を越えて相談支援を提供できる人が求められる。コミュニティソーシャルワーカー（CSW）や相談支援包括化推進員[iii]などの相談支援を包括的に受け付ける相談員が配置されている自治体の場合、その相談員がＡさん世帯の相談にのることが考えられる。その

---

ii　たとえば、Brookerは、本人中心のアプローチを、年齢や認知能力に関係なく、すべての人間には絶対的な価値があるとする価値観、各々の個性を大切にした個別アプローチ、サービス利用者の世界観への理解、心理的なニーズを支援する社会環境の提供、と説明している（Brooker, D., *Person-centered Dementia Care : Making Services Better*, Jessica Kingsley Publishers, 2007.）。

ような相談員が配置されていない自治体の場合、庁内の関係部署と民間団体が情報を共有するプラットフォームが形成される必要がある。

制度の狭間とは、個人や世帯が特殊なニーズを抱えているから生まれるものではない。むしろ、制度の整備状況によって人工的に生み出されるものである。Aさんを中心に課題を見たときに、それらの課題はすべて関連しているにもかかわらず、制度がタテ割りの構造であるがゆえに、資源が結びつかず、Aさん世帯はさらなる困難を突きつけられてしまっているという実態を支援者は認識しなければならない。

2 個別支援と地域支援

事 例

場面2：Aさん世帯の地域での孤立

Aさんの相談は、居住する自治体の社会福祉協議会（社協）に配置されているCSWが担当することになった。CSWはAさんと個別に連絡をとり、Aさんの母親の了承を得てAさん宅を訪問した。初回の面接では、生活状況や相談に至った経緯などについてAさんと母親の話を聞いた。話を聞くなかで、母親がAさんに過度に依存している実態が明らかになり、Aさんが希望する大学進学について快く思っていないことも確認できた。そこで、CSWは後日Aさんに社協を訪問してもらい、改めてAさんと個別に話をする機会を設けた。

Aさんの相談にのるなかで、Aさんの母親は、CSWなど外部の支援機関が家に出入りすることを望ましく思っていないことが明らかになった。Aさんの母親は、周囲の住民から問題を抱えている世帯と思われると、外国出身ということもあり、地域のなかで受け入れてもらえないという不安がある。そうした不安が蓄積することで、うつの症状が深刻になる傾向があるということがわかった。

しかし、実態として、Aさん世帯は地域に知り合いは1人もおらず、近隣住民の名前も知らないし、家の前で会ったとしても会話も交わさないということが、近隣住民の話からわかってきた。

iii 相談支援包括化推進員とは、2017（平成29）年の社会福祉法改正によって厚生労働省がモデル事業として推進した包括的支援体制構築事業によって各地に配置されたコーディネーターの名称である。

●事例の分析と支援の考え方

　Aさん世帯への相談援助を通して明らかになったことは、Aさん世帯が地域のなかで孤立しているということである。単に孤立しているだけでなく、いわゆるセルフネグレクトといわれるように、外部からの支援を拒否し、外部との接触を自ら拒んでいる実態が明らかになった。Aさんの母親が外国出身で、日本語による会話が困難であるということに加え、うつ病を患っていることや、生活保護を受給していることを周囲に知られたくないという感情も、そうした行動の心理に影響を及ぼしていた。

　Aさんへの面接を通して、CSWは三つの支援チームを立ち上げることにした。一つは、Aさん世帯に総合的にかかわるチームで、CSWと生活保護担当のケースワーカー、自立相談支援事業の相談員、民生委員が固定メンバーである。他の二つのチームは、Aさんの支援に中心的にかかわるチームと、Aさんの母親の支援に中心的にかかわるチームである。前者は、CSWと学習支援を提供するNPOの職員、スクールソーシャルワーカーによって構成され、後者は、CSWと生活保護担当のケースワーカー、自立相談支援事業の相談員、地域活動支援センターの相談員、外国人支援のNPOの職員から構成された。

　三つのチームは独自に活動するが、CSWがコーディネーターとなり、三つのチームの情報共有や、場合によっては三つのチーム合同の会議を開き、Aさん世帯に対して総合的に関与することを重視した。Aさんの希望である大学進学を困難にしている要因の一つは親子関係にあるが、支援者がかかわることによって、これまでの親子関係に亀裂が入るようなことは避けなければならない。一方で、親子関係を重視しすぎることで、Aさんから教育を受ける権利を奪うようなことがあってはならない。そのため、世帯全体に一体的にかかわる三つのチームによる丁寧な介入が求められる。

　このように、CSWにはAさんとAさんの母親に個別にかかわり、相談援助を行うことと同時に、Aさん世帯を支えるための支援のネットワークを形成することが求められる。岩間は、地域を基盤としたソーシャルワークにおけるそうした二つのアプローチを「個を地域で支える援助」と「個を支える地域をつくる援助」に整理して説明している。岩間によれば[1]、「個を地域で支える援助」には三つの構成要素がある。第一に、ワーカーによる本人に向けた専門的アプローチで、本事例ではCSWによるインテークやアセスメント、プランニングが含まれる。第

二に、専門機関からのアプローチで、本事例ではスクールソーシャル
ワーカーや、地域活動支援センターの相談員などの専門家による支援が
含まれる。第三に、地域住民からのサポート活動で、本事例では、民生
委員や、場合によっては学習支援先のボランティアによるサポートなど
も含まれるだろう。

　他方、「個を支える地域をつくる援助」には二つの構成要素がある。
第一に、地域の新たな事例やニーズの発見と働きかけである。本事例の
Ａさんの場合、生活保護担当のケースワーカーが把握したニーズを
CSW に相談したところから相談援助の流れが生まれたわけだが、そう
した新たなニーズへの気づきを促すように地域の関係機関や地域住民に
対して働きかけることが含まれる。第二に、圏域全体を視野に入れたサ
ポート体制の拡充である。これは、継続して支援を提供するためのサ
ポート体制を地域のなかに構築することで、関係機関とのネットワーク
の形成などが含まれる。本事例の場合、三つの支援チームを立ち上げた
ことが、これに当たる。

　そうした地域における相談援助の流れを図で示すと、**図5-3** のよう
に整理できる。

　図5-3 で示された相談援助の流れにおけるインテークからプランニ
ングまでは、岩間のいうワーカーによる本人に向けた専門的アプローチ
に当たる過程である。この過程は、主として担当するワーカー（本事例
における CSW）が中心となってかかわることになる。一方、発見・把
握およびつなぎ、開発、さらにモニタリング、終結・評価という過程は
ワーカー１人では十分な支援体制を提供できないため、地域の関係機
関や住民と一体的にかかわる必要がある。そのためには岩間のいうよう

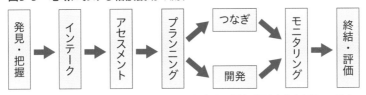

図5-3　地域における相談援助の流れ

発見・把握 → インテーク → アセスメント → プランニング → つなぎ／開発 → モニタリング → 終結・評価

出典：室田信一「地域のセーフティネットの構築」岡部卓編著『生活困窮者自立支援ハンドブッ
　　ク』中央法規出版，p.107，2015．を一部改変

iv　個別支援と地域支援の整理は、岩間に限らず他の研究や CSW の報告書においても
　　類似の整理はみられる。ほかの例として、松端克文『地域の見方を変えると福祉実
　　践が変わる──コミュニティ変革の処方箋』ミネルヴァ書房，2018．や野村総合
　　研究所「コミュニティソーシャルワーカー（地域福祉コーディネーター）調査研究
　　事業報告書」2013．など。

に地域のニーズ発見を促すことや、サポート体制を構築するという働きかけが重要になる。

3 主体性の醸成

事 例

場面3：Aさんの主体性

　Aさんの大学進学について検討するために、AさんとCSW、学習支援を提供するNPOの職員の3名で何度も面談を実施した。Aさんと話すなかで、Aさんは大学に進学したいという希望はあるものの、それは漠然とした目標であり、進学のために準備をすることや、妨げとなっている課題を克服することに対して本人が後ろ向きであることがわかってきた。Aさんの母親は日本の教育に関する知識が乏しく、Aさんには大学進学について身近に相談できる人がいなかった。そのことに加えて、Aさんは自分には与えられた環境を変えることができると信じることができていなかった。

　Aさんの母親の日本語理解は乏しく、Aさんの幼少期から母親の体調が優れなかったこともあり、自宅におけるAさんの学習環境は厳しいものだった。中学校までの成績は常に低位置であったが、高校に入ってからは、Aさんの学力に見合った高校に進学したこともあり、ようやく学校の勉強についていけるようになった。それでもゴールを自ら設定して達成するという経験が乏しく、他者と協力して何かに取り組むという経験も少なかった。

　面談を始めた頃は、大学進学をあきらめる発言ばかりがAさんの口をついて出てきた。しかし面談を繰り返すなかで、Aさんが大学進学を考え始めたきっかけが、高校の英語教師による助言だということがわかってきた。Aさんは英語が最も得意な科目で、それはAさんの母親が英語を話すことができることに由来していることもわかってきた。

●事例の分析と支援の考え方

　子どもの貧困研究からは、貧困家庭の子どもの多くは、身近に勉強を手伝ってくれる大人がいないことや、大人から褒められた経験が乏しいことが明らかになっている。そのような環境で育ってきた子どもや若者

は、同年代の他者に比べて自己肯定感が低いといわれている。

　子どもの貧困に関する調査によると、生活困難層であっても、親や友人、学校教員と楽しいことや悩みを話せる関係にある子どもは、そのような関係をもたない子どもに対して自己肯定感が高くなる傾向があることが示されている[2]。そうした調査結果から、Ａさんが自分に自信をもてない背景に、Ａさんが生まれ育ってきた環境が影響していることがわかる。外国出身の親をもつ子どもが教育上の不利を抱えていることは間違いないが、Ａさんの母親の場合、うつ病を患いながら、1人でＡさんを育て、日本にはほとんど知り合いがいないなかで子育てをしてきた。そのため、Ａさんにとって、母親以外の大人との交流は皆無で、大人から褒められる経験をしないまま成長してきた。

　そうしたなか、高校の英語教師との出会いは、Ａさんにとって大きな契機となった。Ａさんの母親は英語圏の出身ではないが、第二言語として英語を使用する環境で育ってきたため、日本語よりも英語のほうが流暢に話すことができる。日本語能力だけにとらわれてしまうと、母親はコミュニケーションに支障があるという課題に目がいってしまうが、日本語以外の言語を話すことができるというストレングスに注目することで、Ａさん世帯にとって母親が大きな資源であることに気がつく。

　ストレングスに注目して相談者にかかわることは、ワーカーと相談者の関係に変化を生み出す。課題に注目してかかわるとき、ワーカーにはその課題を取り除くための支援者としての役割が期待されるが、ストレングスに注目することにより、相談者自身や相談者の周りに資源を見つけ、その資源を活用して相談者が起こしたい変化を可能にするイネーブラー（enabler）としての役割がワーカーに期待される。

　ここで重要なことは、その起こしたい変化が、相談者の内側から湧き上がってくる思いに基づくものだということである。人とは、人生のなかで何を達成したいのか、社会のなかにどのような変化を求めているのか、自分ではわからないものである。それは、生活に困窮しているから、社会福祉の援助を必要としているから、ということとは関係なく、どのような人であっても、自分の思いを言語化することは容易ではない。それが、Ａさんのように自己肯定感が低く、周囲に話を聞いてくれる人がいない場合、自分の気持ちを他者に伝えるということをしてきた経験が乏しいため、一層困難になる。

　社会福祉学では、そうした個人の内発的な側面を主体性という概念で説明してきた。この主体性を獲得するうえで重要なことは、自分自身を

知るということである。それは、単に自分についてストイックに向き合い、自己の研鑽を高めることではない。むしろ、社会との関係で、自分が置かれた状況を理解し、その状況に変化を起こすために行動することが自分に与える影響と社会に与え得る影響をよく理解することである。その理解を踏まえて、自分がある変化に向かってなぜ行動をとろうとしているのか、その思いの源を語ることが主体性の獲得にとって大きな意味をもつ。Aさんの場合、なぜ大学に進学したいのか、その思いの源を語ることが、主体性の獲得にとって重要になる。

4 対話と組織化

事例

場面4：Aさんとの対話と組織化

　CSWと学習支援を提供するNPOの職員は、Aさんと何度も面談を繰り返した。CSWは、Aさんの母親に対する支援を調整しつつ、Aさんの思いを言語化するための相談援助に時間を惜しまなかった。

　Aさんの大学進学への思いを聞くなかで、母親が外国出身であることがAさんのコンプレックスとなっていることが明らかになった。先生やほかの親とうまくコミュニケーションがとれない母親のことを、クラスメイトがバカにしているような感覚を抱くようになった悔しさが原点となっていることが確認された。しかし、中学や高校の授業で英語を学んだときに、母親が宿題を教えてくれて、Aさんのなかで母親に対する評価が変わり始めた。社会にとって価値のない存在であり、Aさんにとっては迷惑な存在と思っていた母親は、頼もしい存在であり、自慢の存在としての顔をもつようになった。

　Aさんは、自分が大学に進学することで、外国出身の母親がもつ力を証明したいと思うようになった。最初はぼんやりと大学に進学したいと思っていたが、CSWたちと対話を繰り返すなかで、Aさんが自分の使命に気づくようになった。

　学習支援を提供するNPOには、Aさん以外にも外国出身の親を

---

v　主体性という概念は、岡村重夫や右田紀久恵、大橋謙策などによって議論されてきた。それらの先行研究を参考に、原田は主体性を予防、発見、選択、契約、活用、実践、参画、創造という八つの力として整理している（原田正樹『地域福祉の基盤づくり——推進主体の形成』中央法規出版，2014．）。

もつ若者1名と、外国出身の若者1名の利用者がいた。Aさんと話をするなかで、NPOの職員は2人にAさんを紹介することを思いつき提案したところ、Aさんも会って話したいということになった。

●事例の分析と支援の考え方

　Aさんはこれまでに、Aさんに寄り添い、Aさんを認めてくれる大人と出会うことがほとんどなかった。CSWとNPOの職員はまさにその役割を担い、Aさんの主体性が少しずつ輪郭をもつようになっていった。

　このようにして、対話の場をもつことは、本人の主体性を醸成し、かつ問題意識を社会的な課題へと結びつけるうえで重要な手続きになる。ブラジル出身の教育実践家であるパウロ・フレイレは、自身の教育理論を「意識化」「対話」「文化行動」という三つの概念によって説明している。フレイレは社会のなかに抑圧構造を見出し、その抑圧者と被抑圧者の間には非人間的な関係が成立していると考えた。Aさんはさまざまな面において抑圧的な環境に置かれているといえる。それは、日本社会において親が外国出身者であることや、ひとり親であること、親のケアが必要なときに支援を受けることができずに、自身の学習時間を割いて親のケアに従事しなければならなかったこと、そのような状況に置かれた若者が声を上げたくてもその手段も方法もわからず、ただひたすら耐えることしかできなかったことなどを挙げることができる。しかし、そのような環境で育ってきたAさんにとって、そうした環境が抑圧的な環境であるという認識はなかったし、そうした環境を変えることができるとは思っていなかった。

　ここで求められる対話とは、Aさんが向き合ってきた抑圧的な環境について説明することではない。むしろ、Aさんに対して問いを投げかけることから対話が始まる。Aさんの母親について、母親をケアしてきたことについて、小中学校の勉強についていけなかったことについて、高校に進学したことについて、今後の人生の選択肢について、そして、その選択を狭めているものがあるとしたらそれについてどう思っているのか、という問いを投げかけ、それらの問いに対してAさんが丁寧に向き合って考えることを手伝うことが求められる。そうした対話を通して、Aさんが自分自身と社会との関係について理解を深めること、そしてその関係を変えるためにとるべき行動について理解することが、意識化のプロセスになる。

ここでいう文化行動とは、抑圧的な関係を反転して、Aさんが抑圧者を抑圧し返すことではない。それでは結局、非人間的な構造を再生産してしまうにすぎない。文化行動には、既存の構造には存在しない新しい文化、新しい社会を被抑圧者中心に創造していく行動のビジョンが求められる。そのように、自己と社会の関係について、変革可能なものとして理解することがフレイレのいう意識化であり、主体性を醸成するということである。

　NPOの職員がAさんに同じく外国にルーツをもつ若者を紹介したのは、お互いの存在が励みになるということはいうまでもなく、Aさんが彼らとの対話を繰り返すことで、外国にルーツをもつ若者が日本社会のなかで置かれている環境について考えを深めることができるかもしれないと判断したからである。そのようにして個人の問題意識が複数の問題意識へと広がることで、それは社会の問題へと認識されていく。組織化とは対話から始まり、対話を通して一人ひとりの力が社会を動かす力へと変容していくことである。

　コミュニティ・オーガナイジングを専門にするハーバード大学のマーシャル・ガンツは、コミュニティの活動におけるリーダーシップの広がりを図5-4を用いて説明している。この図は活動に参加する個人のリーダーシップが、次に活動に参加する人のリーダーシップを後押しし、そのようにしてリーダーシップの輪が中心から外へ広がっていく構造を示している。リーダーシップというと、他者を引っ張るようなリーダーシップが思い浮かべられることもあるが、ガンツのいうリーダーシップとは、そのように他者を牽引するリーダーシップではなく、他者が仲間

図5-4　スノーフレーク・リーダーシップ

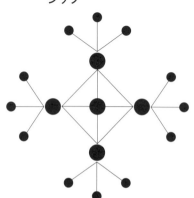

出典：マーシャル・ガンツ, Leadership, Organizing, and Action, 2020. http://communityorganizing.jp/

と設定したゴールに向かって行動をとることを、責任をもって支える
リーダーシップである。自分の行動が本当に社会に結びつくための組織
化には、この図のような広がりのある構造が生み出される必要がある。
なお、そうしたリーダーシップの輪が雪の結晶のように広がることか
ら、ガンツはこれを「スノーフレーク・リーダーシップ」と呼んでいる。

5 行動を起こす

事例

場面5：行動に向けた対話と関係構築

　NPOを通じて出会ったＡさんたちはすぐに意気投合した。Ａさ
んはこれまでに、自分と同じ感覚、同じ価値観で話すことができる
人と出会ったことがなかったため、その経験は新鮮なものであり、
自分の存在が肯定されるような感覚を抱いた。ほかの2人はＡさ
んのようにひとり親世帯出身ではなく、その経験は異なるものだっ
たが、外国にルーツがあることからそれぞれに苦しい体験をしてい
た点では共通していた。

　3人で対話を繰り返すなかで、3人の問題意識に基づいて、外
国にルーツがある若者を応援する活動ができないかと考え、CSW
とNPOの職員に相談した。その結果、まずは県内に居住する外国
にルーツがある若者の実態調査を実施することになった。3人は
手分けをして、各自治体の教育委員会への連絡、外国人支援団体へ
の連絡、SNSによる情報発信と情報収集を行った。調査を通して、
同じ問題意識をもっている仲間と出会い、3人の思いに賛同し活
動に参加する人が増えてきた。CSWは3人の相談にのりながら、
組織の立ち上げを支援した。

　情報を集めるなかで、集めた情報を発信するために動画配信をし
ようと考えたが、CSWと話をするなかで、動画配信以外にも多く
の人が企画から実施まで役割をもってかかわることができる活動が
あったほうがよいという考えに至り、月に1回の定例会と年に1回
の集会を開催することが決まった。定例会や集会で何を話し合うか、
どんな問題意識が育まれるかわからないが、CSWとNPOの職員
がＡさんの相談にのってくれたように、外国にルーツがある若者の
声を聞いて、それを発信することにまずは取り組むことになった。

●事例の分析と支援の考え方

　地域活動はただ人が集まればよいわけではない。人が集まるからには
そこに目標がなければ、その活動はどこにも向かわないまま時間ばかり
が過ぎてしまう。しかし、地域活動の経験がないAさんたち3人は何
から取り組んでよいかわからなかった。そこで、専門家の助言をもらい、
自分たちのコミュニティに関する実態調査を行うことにした。こうした
アプローチはアクションリサーチと呼ばれる。調査というと、研究者や
専門家などが実施するという印象があるが、アクションリサーチとは、
当事者が自分たちのコミュニティについて自ら調査をして、その結果を
発信し、結果に基づいて行動を起こすことである。3人のもつ限られ
た情報で活動の目標を設定しても、コミュニティのほかのメンバーは賛
同しないかもしれない。ましてや、3人の時点では、どのような人が
コミュニティのメンバーとして加わるかもわからない状態である。アク
ションリサーチに取り組むことは、メンバーと知り合う機会になり、メ
ンバーの問題意識を把握する機会になる。

　目標が定まったら、その目標に向かって行動を起こすことになるが、
行動を起こす際に陥りやすい失敗は、中心メンバーだけで達成できる活
動に取り組んでしまうことである。動画配信などのICTを使った活動
は、少数のメンバーで達成できてしまうため、事例にある定例会や集会
のように多くの人がそこにかかわることで達成できる活動と組み合わせ
ることが重要である。図5-4で示したスノーフレーク・リーダーシッ
プのように、活動者のリーダーシップが外に向かって広がるという点を
意識しなければならない。

　事例では具体的な活動にまで言及していないが、Aさんたちの取り組
みは二つの方向に展開可能である。一つは、外国にルーツがある若者の
ための支援プログラムを新たに開発することである。たとえばそれは、
お互いの悩みを相談しあうピアカウンセリングのようなプログラムかも
しれないし、Aさんのように進学を希望する若者などを対象とした学習
支援のプログラムかもしれない。ここでのポイントは、組織化された資
源（外国にルーツがある若者のネットワーク）を活用して、把握された
ニーズ（悩み相談や学習機会）を充足することである。CSWなどの専
門家には、プログラムの運営支援や関係団体との調整、専門的な知識や
技術の提供などの面で活動を支援することが求められる。

　他方、組織化された資源をもってしてもニーズを充足できない場合に
は、外部の資源を求めて行動を起こす必要がある。たとえば、外国に

ルーツがある若者向けの施設を新たに建設することや、奨学金プログラムを創設すること、法律の改正を求めることなどは、政府や企業など外部のより大きな協力が必要になる。そのためには、署名活動や交渉、集会を開催するといったアドボカシー活動が必要になる。そうしたアドボカシー活動を成功させるためには、類似した目標を掲げて活動する他団体と連合体を組み、活動規模を拡大することも求められる。Ａさんたちの取り組みであれば、若者団体や外国人支援団体などと連合を組むことが考えられる。専門家は、そうした連合結成のための交渉や、アドボカシーの対象を定めるための計画づくりなどにおいて専門的な知識や技術を提供することが求められる。

Active Learning

署名活動や交渉、集会の開催といったアドボカシー活動について、あなたの身の回りにはどのようなものがあるか、具体的に考えてみましょう。

事例

後日談：Ａさんとのかかわりの振り返りとその後の展開

　大学に進学を希望するＡさんの相談から始まったかかわりであったが、当初の主訴とはずいぶん違う方向に支援が進んでいった。しかし、Ａさんは、自分の問題を、自分のような仲間を含むコミュニティの問題として捉え直し、自分1人の問題を解決するのではなく、コミュニティ全体の問題を解決する方向に向かって行動し始めた。その結果、Ａさんは自分が抱えていた問題を構造的に理解し、その問題の根源を解決するには時間をかけて取り組む必要があることを認識した。同時に、今できることとして、利用可能な制度を活用して大学に進学することを決めた。大学進学はＡさんのためでもあり、Ａさんのコミュニティのためでもあり、またＡさんの母親のためでもあった。

　一方、Ａさんの母親の健康状態は改善していないため、CSW が中心となって、支援を調整している。Ａさんも母親を支援する資源の一つであるが、以前のように唯一の資源ではなくなった。目標をもって地域活動に取り組むようになったＡさんと母親の関係には変化があり、母親もＡさんの活動を応援している。

第5章　地域を基盤としたソーシャルワークの展開

　本節では、地域を基盤としたソーシャルワークの具体的な展開について、事例を通して解説してきた。地域を基盤とした実践事例というと、小学校区などの地理的なコミュニティを基盤とした実践が想定されることが多く、国の政策においても「住民に身近な圏域」という生活圏域を想定した支援が展開されることを前提としている。翻って、本節では外国にルーツがある若者とその母親の事例に、結果的には、身近な圏域を飛び越えて、県全域における外国にルーツがある若者コミュニティの活動を取り上げた。

　しかし、こうした広がりは、特殊なものではない。同様の広がりは、たとえば地域における介護予防の事例でも見ることができる。ある地域で始まった効果的な介護予防の取り組みが、他の地域にも広がり、各地に展開されるという例はよく耳にする。もしくは、同様の実践を推進するために、自治体が計画に反映して市内全域で取り組んだ結果、都道府県や中央政府がそうした取り組みを政策に反映するということもある。展開方法は異なるが、ある個人の、そしてある地域の問題は、社会全体の問題と結びついているということを意識して専門家はかかわる必要がある。

　地域を基盤としたソーシャルワークのポイントとして、本節では「制度の狭間への対応」「個別支援と地域支援」「主体性の醸成」「対話と組織化」「行動を起こす」という五つの過程を取り上げた。この過程のポイントは、かかわり始めた段階から、相談者の主体性が発揮されるように、本人を中心に位置づけ、本人のストレングスに注目して、本人と対話を繰り返しながら継続的に支援し続けることである。また、そうした支援が成立するために、多様な関係機関や地域住民と連携して、チームを構築しながら支援することである。チームは、個別の支援を提供するためのチームや、地域の活動へと発展する段階におけるチームなど、援助の過程において異なる目的をもつ異なるチームが結成される。専門家は、コーディネーターとしてそれらのチームの立ち上げにかかわる場合や、メンバーとしてチームに参加する場合、本人によるチームの立ち上げを側面から支援する場合など、そのかかわり方はさまざまである。

　最後に、図5-3で示した相談援助の流れを、相談者の視点から書き直した図5-5について説明して本節を締め括りたい。ソーシャルワー

図5-5 相談者の立場から見た地域における相談援助の流れ

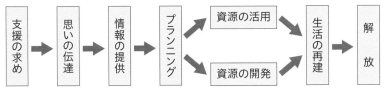

出典：室田信一作成

クの相談援助の流れは、通常**図5-3**のように示されるが、相談者からはその流れが異なるものに見えることに専門家は自覚的でなければならない。本人を中心に支援して、本人の主体性を育むことは、本人の視点から援助の過程を理解することから始まる。専門家からすると、支援のゴールは、相談者の生活が安定して終結することかもしれないが、相談者の視点で見れば、相談に至った背景にある社会状況から自己を解放することこそがゴールである。したがって、Aさんの事例の場合、仮に専門家が大学に進学するための学習支援を提供し、その結果Aさんが大学に合格したとしても、Aさんの生活環境を支配する社会的な構造を変えることができていなければ、その事例は本当の意味で終結とはいえないだろう。

◇**引用文献**
1）岩間伸之「個と地域の一体的支援」岩間伸之・原田正樹著『地域福祉援助をつかむ』中央法規出版，pp.41-48，2012.
2）小田川華子「子供の困難に立ち向かう力」『「子供の生活実態調査」詳細分析報告書』首都大学東京・子ども若者貧困研究センター，2018.

◇**参考文献**
・Brooker, D., *Person-centered Dementia Care : Making Services Better*, Jessica Kingsley Publishers, 2007.
・Ganz, M., Leadership, Organizing, and Action, 2020. http://communityorganizing.jp/
・原田正樹『地域福祉の基盤づくり──推進主体の形成』中央法規出版，2014.
・松端克文『地域の見方を変えると福祉実践が変わる──コミュニティ変革の処方箋』ミネルヴァ書房，2018.
・室田信一「地域のセーフティネットの構築」岡部卓編著『生活困窮者自立支援ハンドブック』中央法規出版，2015.
・野村総合研究所「コミュニティソーシャルワーカー（地域福祉コーディネーター）調査研究事業報告書」2013.

第6章

災害時における
総合的かつ包括的な
支援体制

　ソーシャルワーカーは「日常生活を営むのに支障がある者」に対し、福祉に関する相談に応じ、助言、指導、福祉サービスを提供する。また地域住民との協働、多職種との連携も求められている。

　本章では、災害多発時代ともいわれる近年の状況から、災害時の支援について考える。平常時も災害時も、そこに存在する生活課題（ニーズ）に対し、さまざまな地域資源（リソース）を活用して課題解決を行うのは同様である。しかしながら、災害時には特有の、人と地域の状況がある。まず、災害時における法制度について学び、災害によって生じる課題に対し、どのような地域福祉や包括的支援を行うかについて学習を進めよう。

第1節 非常時や災害時における法制度

学習のポイント

● 被災者を支援するための法制度について学ぶ
● 過去の災害を踏まえた法制度の変遷について理解する
● 災害時特有の制度や措置について理解する

1 はじめに

　我が国の災害対策に関する法律については、災害対策基本法を基本とし、予防、応急、復旧・復興ごとの災害のフェーズや、災害の類型※ごとに、**表6-1**に代表されるさまざまな法律によって体系化されている。

　また、災害対策基本法に加え、被災の規模や被災者の置かれる状況を踏まえて整備された各種の法制度や、時限的な支援が展開されている。

　災害時における福祉支援は、これらの法制度を有効に活用するとともに、被災者の状況を踏まえた資源開発やソーシャルアクションによる支援策の獲得を目指すことが重要である。

★災害の類型
地震・津波災害、火山災害、風水害、地滑り・崖崩れ・土石流災害、豪雪災害、原子力災害がある。

2 災害対策基本法

1 なりたちと目的

　1959（昭和34）年に発生した伊勢湾台風※を契機に、1961（昭和36）年に災害対策基本法が成立した。

　第1条には、法の目的として、

★伊勢湾台風
紀伊半島から東海地方を中心とし、全国にわたって4697名の死者を出すなど、甚大な被害を及ぼした。

> （目的）
> 第1条　この法律は、国土並びに国民の生命、身体及び財産を災害から保護するため、防災に関し、基本理念を定め、国、地方公共団体及びその他の公共機関を通じて必要な体制を確立し、責任の所在を明確にするとともに、防災計画の作成、災害予防、災害応急対策、災害復旧及び防災に関する財政金融措置その他必要な災害対策の基本を定める

表6-1　主な災害対策関連法律の類型別整理表

類型	予防	応急	復旧・復興
	災害対策基本法	・災害救助法 ・消防法 ・警察法 ・自衛隊法	<全般的な救済援助措置> ・激甚災害に対処するための特別の財政援助等に関する法律 <被災者への救済援助措置> ・中小企業信用保険法 ・天災による被害農林漁業者等に対する資金の融通に関する暫定措置法 ・災害弔慰金の支給等に関する法律 ・雇用保険法 ・被災者生活再建支援法 ・株式会社日本政策金融公庫法
地震 津波	・大規模地震対策特別措置法 ・津波対策の推進に関する法律 ・地震防災対策強化地域における地震対策緊急整備事業に係る国の財政上の特別措置に関する法律 ・地震防災対策特別措置法 ・南海トラフ地震に係る地震防災対策の推進に関する特別措置法 ・首都直下地震対策特別措置法 ・日本海溝・千島海溝周辺海溝型地震に係る地震防災対策の推進に関する特別措置法 ・建築物の耐震改修の促進に関する法律 ・密集市街地における防災街区の整備の促進に関する法律 ・津波防災地域づくりに関する法律		<災害廃棄物の処理> ・廃棄物の処理及び清掃に関する法律 <災害復旧事業> ・農林水産業施設災害復旧事業費国庫補助の暫定措置に関する法律 ・公共土木施設災害復旧事業費国庫負担法 ・公立学校施設災害復旧費国庫負担法 ・被災市街地復興特別措置法 ・被災区分所有建物の再建等に関する特別措置法
火山	・活動火山対策特別措置法		<保険共済制度> ・地震保険に関する法律 ・農業保険法 ・森林保険法
風水害	・河川法	・水防法	
地滑り 崖崩れ 土石流	・砂防法 ・森林法 ・地すべり等防止法 ・急傾斜地の崩壊による災害の防止に関する法律 ・土砂災害警戒区域等における土砂災害防止対策の推進に関する法律		<災害税制関係> ・災害被害者に対する租税の減免、徴収猶予等に関する法律 <その他> ・特定非常災害の被害者の権利利益の保全等を図るための特別措置に関する法律 ・防災のための集団移転促進事業に係る国の財政上の特別措置等に関する法律 ・大規模な災害の被災地における借地借家に関する特別措置法 ・大規模災害からの復興に関する法律
豪雪	・豪雪地帯対策特別措置法 ・積雪寒冷特別地域における道路交通の確保に関する特別措置法		
原子力	・原子力災害対策特別措置法		

出典：内閣府資料

資料：内閣府「令和 2 年版 防災白書」附属資料27, 2020.

　　ことにより、総合的かつ計画的な防災行政の整備及び推進を図り、もって社会の秩序の維持と公共の福祉の確保に資することを目的とする。

と規定されており、災害が発生する前に行う防災対策に加え、災害が発生した後の応急対策や復旧までを網羅した法律である。

■2 災害と防災の定義

　我が国は被害の規模はさまざまではあるが、毎年のように各地で自然災害が発生する災害大国といえる。災害対策基本法では、災害の定義を「暴風、竜巻、豪雨、豪雪、洪水、崖崩れ、土石流、高潮、地震、津波、噴火、地滑りその他の異常な自然現象又は大規模な火事若しくは爆発その他その及ぼす被害の程度においてこれらに類する政令で定める原因により生ずる被害をいう」としている（第2条第1号）。

　また、防災については、「災害を未然に防止し、災害が発生した場合における被害の拡大を防ぎ、及び災害の復旧を図ることをいう」と定義し、災害が発生した後に行う取り組みについても防災に位置づけている（第2条第2号）。

■3 防災対策における基本理念

　災害対策基本法第2条の2には、災害対策における6項目の基本理念が示されている。特に、第1号の地域の特性に合わせた取り組みや、第5号の援護の個別性とフェーズに合わせた継続性については、地域福祉と包括的支援体制の重要性を意味づけるものである。

（基本理念）

第2条の2　災害対策は、次に掲げる事項を基本理念として行われるものとする。

　一　我が国の自然的特性に鑑み、人口、産業その他の社会経済情勢の変化を踏まえ、災害の発生を常に想定するとともに、災害が発生した場合における被害の最小化及びその迅速な回復を図ること。

　二～四　（略）

　五　被災者による主体的な取組を阻害することのないよう配慮しつつ、被災者の年齢、性別、障害の有無その他の被災者の事情を踏まえ、その時期に応じて適切に被災者を援護すること。

　六　（略）

---

4 国、都道府県、市町村、住民等の責務

❶ 防災計画（図 6-1）

国は内閣総理大臣を会長とする中央防災会議を設置し、防災計画の基本となる防災基本計画を作成し、地方公共団体、指定公共機関、指定地方公共機関等が処理する防災に関する事務または業務の実施の推進とその総合調整を行う。

また、都道府県は知事を会長とする防災会議を設置し、都道府県地域防災計画を作成するほか、市町村長は、当該市町村の関係機関および他の地方公共団体の協力を得て市町村地域防災計画を作成することとなっている。

地方公共団体の区域内の公共的団体、防災上重要な施設の管理者その他法令の規定による防災に関する責務を有する者は、市町村が作成する市町村地域防災計画に基づき防災に関する施策への協力を行うことが求められている。

2011（平成 23）年 3 月 11 日に発生した東日本大震災において地域コミュニティにおける共助の防災活動の重要性が認識されたことにより、2013（平成 25）年の法改正においては、市町村内の一定の地区に居住する住民や事業者が市町村防災会議に対し、地区防災計画の作成を提案することができるようになった。

❷ ボランティアとの連携

1995（平成 7）年 1 月 17 日に発生した阪神・淡路大震災を機に同年 12 月には災害対策基本法の一部改正において、国および地方公共団体が災害の発生予防や拡大防止のため特に実施に努めるべき事項として

★指定公共機関
独立行政法人、日本銀行、日本赤十字社、日本放送協会その他の公共的機関および内閣総理大臣が指定する通信会社、電力会社、ガス会社などをいう（災害対策基本法第 2 条第 5 号）。

★阪神・淡路大震災におけるボランティア活動
住民の自発的な防災活動のみならず、全国・世界各地から約 138 万人のボランティアによる支援の輪が広がった。

第 **6** 章

災害時における総合的かつ包括的な支援体制

図6-1　各種防災計画の位置づけ

防災基本計画	中央防災会議（会長：内閣総理大臣）
防災業務計画	中央省庁（1 府 12 省庁）
防災業務計画	指定公共機関（独立行政法人、日本銀行、日本赤十字社、日本放送協会、通信会社、電力会社、ガス会社など）
都道府県地域防災計画	都道府県防災会議（会長：都道府県知事）
市町村地域防災計画	市町村防災会議（会長：市町村長）
地区防災計画	市町村の居住者及び事業者

資料：著者作成

「ボランティアによる防災活動の環境の整備」（第8条第2項第13号）が追加された。「ボランティア」という言葉が、我が国の法律に明記されたのはこれが初めてのことである。

　また、その後発生した東日本大震災を機に、2013（平成25）年に行われた改正では、国および地方公共団体は「ボランティアによる防災活動が災害時において果たす役割の重要性に鑑み、その自主性を尊重しつつ、ボランティアとの連携に努めなければならない」（第5条の3）ことが規定された。

　これらの改正を受け、防災基本計画においてもボランティア団体等との連携体制の構築や支援活動等の情報を共有する場の設置など、ボランティアとの具体的連携方法が確立されることとなった。

■5 災害時要配慮者支援

❶災害時要援護者の避難支援ガイドライン

　我が国における災害時要配慮者支援の取り組みは、2004（平成16）年に発生した一連の風水害★に起源を発する。

　これら風水害等への対応に関し、避難勧告等の発令や高齢者等の避難体制の整備等の課題が明らかとなったことから、内閣府では有識者等による検討会を設置し、「災害時要援護者の避難支援ガイドライン」（2005（平成17）年3月28日発表）と「避難勧告等の判断・伝達マニュアル作成ガイドライン」（同日発表）を取りまとめた。

　「災害時要援護者の避難支援ガイドライン」では、要援護者に関する情報（住居、情報伝達体制、必要な支援内容等）を平時から電子データ、ファイル等で管理するとともに、一人ひとりの要援護者に対して複数の避難支援者を定める等、具体的な避難支援計画（「避難支援プラン」と称する）を作成しておくことが必要であるとしている。

❷2013（平成25）年災害対策基本法改正

　2011（平成23）年に発生した東日本大震災を受け、これまでの災害時要援護者の避難支援ガイドラインをさらに進化させ、住民等の円滑かつ安全な避難の確保につながる避難行動要支援者名簿の作成の義務化や被災者保護対策の改善につながる避難後の生活環境の整備についても同法に条文化させる大きな変化をもたらした。

① 要配慮者と避難行動要支援者

　それまでは、「災害時要援護者★」の定義を、「必要な情報を迅速かつ的確に把握し、災害から自らを守るために安全な場所に避難するなどの災

★ 2004年の風水害
同年6月の台風第4号から始まった10個の台風の上陸などにより、死者・行方不明者数230名以上、浸水戸数約17万戸など、各地に大きな被害が発生した。

★災害時要援護者
それまでは、高齢者、障害者、外国人、乳幼児、妊婦等を挙げていた。

害時の一連の行動をとるのに支援を要する人々」としていたが、2013（平成 25）年の災害対策基本法の改正では、高齢者、障害者、乳幼児等は防災施策において特に配慮を要する「要配慮者」とされるようになり、要配慮者のなかでも特に避難行動に支援を要する人々を「避難行動要支援者」と定義するようになった（**図 6-2**）。

内閣府では同年 8 月に「避難行動要支援者の避難行動支援に関する取り組み指針」を策定し、地方自治体における具体的な取り組みを提示している。

② **避難行動要支援者名簿の作成**

避難行動要支援者名簿の作成にあたっては、❶市町村が地域防災計画等において要配慮者の定義を行い、❷それらの定義に合致する要配慮者を把握している関係部局等から情報を収集し、❸要介護状態や障害種別、家族等の支援状況等を考慮した避難行動要支援者の要件を設定し、❹それら要件を満たす避難行動要支援者の名簿を作成し、❺避難支援に必要となる情報を適宜更新・管理し、❻避難行動要支援者本人に直接働きかけるなどして、平時からの地域における支援体制を構築するものである（**図 6-3**）。

Active Learning

居住する市町村における要配慮者の範囲と非難行動の仕組みを調べてみましょう。

第 **6** 章

災害時における総合的かつ包括的な支援体制

図6-2　災害時要援護者、災害時要配慮者、避難行動要支援者の整理

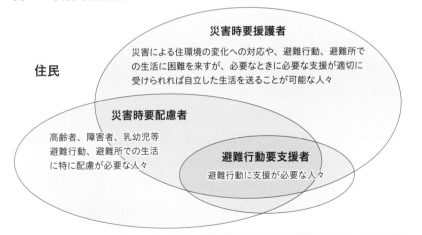

資料：内閣府（防災担当）「避難行動要支援者の避難行動支援に関する取組指針」2013. をもとに著者作成

図6-3 避難行動要支援者名簿の作成と避難行動支援の展開例

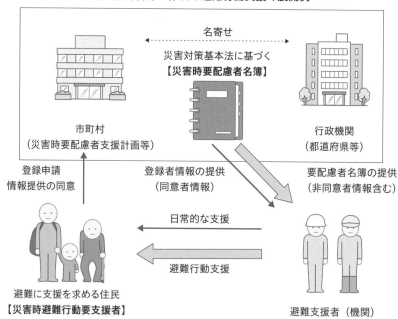

資料：内閣府（防災担当）「避難行動要支援者の避難行動支援に関する取組指針」2013. をもとに著者作成

6 被災者の生活環境の改善

❶避難所運営ガイドライン

　1995（平成7）年の阪神・淡路大震災では約31万人、2011（平成23）年の東日本大震災では東北3県で約41万人、全国では47万人が避難生活を送った。阪神・淡路大震災では避難所の閉鎖までに6か月を要し、東日本大震災では、岩手県で7か月、宮城県で9か月を要した。原発事故を受け福島県双葉町の住民が避難した埼玉県加須市の避難所の閉鎖は2年9か月後であった。

　こうした長期化する避難生活を受け、2013（平成25）年の災害対策基本法の改正により、被災者の生活環境の整備に必要な措置を講ずることが求められるようになり、内閣府では同年8月に「避難所における良好な生活環境の確保に向けた取組指針」を作成し、2016（平成28）年4月に改定。「避難所運営ガイドライン」「福祉避難所の確保・運営ガイドライン」「避難所におけるトイレの確保・管理ガイドライン」の三つのガイドラインを同時期に作成している。

　「避難所運営ガイドライン」においては、災害発生時に必要となる基本的な対応を事前に確認し、災害対応の各段階（準備、初動、応急、復旧）において、実施すべき対応（19の項目）業務をチェックリスト形

Active Learning

新型コロナウイルス感染症（COVID-19）など感染症の大規模な感染拡大下で災害が起こった場合の避難のあり方や課題について考えてみましょう。

図6-4 避難所運営業務における対策項目一覧

運営体制の確立（平時）	
1．避難所運営体制の確立	4．受援体制の確立
2．避難所の指定	5．帰宅困難者・在宅避難者対策
3．初動の具体的な事前想定	

避難所の運営（発災後）	
6．避難所の運営サイクルの確立	10．衛生的な環境の維持
7．情報の取得・管理・共有	11．避難者の健康管理
8．食料・物資管理	12．寝床の改善
9．トイレの確保・管理	13．衣類　　14．入浴

ニーズへの対応	
15．配慮が必要な方への対応	17．防犯対策
16．女性・子供への配慮	18．ペットへの対応

避難所の解消
19．避難所の解消に向けて

資料：内閣府（防災担当）「避難所運営ガイドライン（平成28年4月）」2016.

式で取りまとめたものであり、災害時要配慮者を含む避難者への基本的な対応が整理されている（**図6-4**）。

❷福祉避難所の設置

災害発生時に、高齢者や障害者、子どものほか、傷病者等といった地域の災害時要配慮者が、避難所等において、長期間の避難生活を余儀なくされ、必要な支援が行われない結果、生活機能の低下や要介護度の重度化などの二次被害が生じている場合がある。

災害対策基本法施行令第20条の6には、以下のとおり指定避難所の基準が定められており、第5号に記載の内容は指定避難所での生活が困難な被災者の避難を可能にするための二次的な避難先となる「**福祉避難所**」である。

（指定避難所の基準）

第20条の6　法第49条の7第1項の政令で定める基準は、次のとおりとする。

一　避難のための立退きを行った居住者等又は被災者（次号及び次条において「被災者等」という。）を滞在させるために必要かつ適切な規模のものであること。

二　速やかに、被災者等を受け入れ、又は生活関連物資を被災者等に

配布することが可能な構造又は設備を有するものであること。

三　想定される災害による影響が比較的少ない場所にあるものであること。

四　車両その他の運搬手段による輸送が比較的容易な場所にあるものであること。

五　主として高齢者、障害者、乳幼児その他の特に配慮を要する者（以下この号において「要配慮者」という。）を滞在させることが想定されるものにあっては、要配慮者の円滑な利用の確保、要配慮者が相談し、又は助言その他の支援を受けることができる体制の整備その他の要配慮者の良好な生活環境の確保に資する事項について内閣府令で定める基準に適合するものであること。

「福祉避難所の確保・運営ガイドライン★」のなかでは、市町村は福祉避難所の指定・整備数を検討するための基礎資料として、福祉避難所の対象となる者★の概数を把握することとされ、これらの情報の把握については、民生委員・児童委員、身体障害者相談員、知的障害者相談員からの情報や、障害者団体からの情報についても活用することとされている。

また、福祉避難所の設置場所・施設については、バリアフリーや支援者の確保を主眼に置きながら、❶一般の避難所となっている施設（小・中学校、公民館等）、❷老人福祉施設（デイサービスセンター、小規模多機能施設、老人福祉センター等）、❸障害者支援施設等の施設（公共・民間）、❹児童福祉施設（保育所等）、保健センター、特別支援学校、❺宿泊施設（公共・民間）等を挙げている。

災害救助法が適用された場合において、おおむね10人の要配慮者に1人の生活相談員★等の配置、要配慮者に配慮した器物・消耗機材★の費用について国庫負担を受けることができる。

ガイドラインでは、一般避難所から福祉避難所へ移送する被災者のスクリーニングの例を**表6-2**のとおり示している。

❸避難所以外への支援

一般避難所への移動が困難な住民や避難所の生活環境が合わない住民は避難すること自体をためらい、被災したままの自宅に留まることも多い。こうした住民は、高齢者や障害者やその世帯のみならず、さまざまな理由により社会的に孤立をした住民、さらには日常的に福祉支援との接点が少ない住民も少なくない。

また、大規模災害発生時には避難所の収容人員を超過する避難者が発

表6-2 一般避難所から福祉避難所へ移送する被災者のスクリーニング例

	区分	判断基準		避難・搬送先例
		概要	実例	
1	治療が必要	・治療が必要 ・発熱、下痢、嘔吐 ・出血を伴う怪我をしている	・酸素 ・吸引 ・透析	病院
2	日常生活に全介助が必要	・食事、排泄、移動が一人でできない	・胃ろう ・寝たきり	福祉避難所
3	日常生活に一部介助や見守りが必要	・食事、排泄、移動の一部に介助が必要 ・産前・産後・授乳中 ・医療処置を行えない ・3歳以下とその親 ・精神疾患がある ・感染症の疑い	・半身麻痺 ・下肢切断 ・発達障害 ・知的障害 ・視覚障害 ・聴覚障害 ・骨粗しょう症	個室^注 感染症の疑いの場合、隔離室
4	自立	・歩行可能、健康、介助がいらない、家族の介助がある	・高齢者 ・妊婦	大部屋 （体育館など）

注：個室とは、体育館以外の教室等を指す。
日本赤十字看護大学 国際・災害看護学領域 小原真理子氏 資料をもとに作成した例
資料：内閣府（防災担当）「福祉避難所の確保・運営ガイドライン（平成28年4月）」2016. に一部加筆

生する場合や、指定避難所までが遠く、移動が困難な場合などもあり、やむを得ず地域の集会施設等に自主的に避難所を開設するケースも発生している。

2013（平成25）年の災害対策基本法の改正では、「災害応急対策責任者は、やむを得ない理由により避難所に滞在することができない被災者に対しても、必要な生活関連物資の配布、保健医療サービスの提供、情報の提供その他これらの者の生活環境の整備に必要な措置を講ずるよう努めなければならない」（第86条の7）とされ、避難所以外の場所に滞在する被災者についての配慮を講じることとした。

3 災害救助法

1 なりたちと目的

我が国の災害救助に係る法律としては、1899（明治32）年に制定された罹災救助基金法があったが、1946（昭和21）年の南海地震を契機に、この法律に代わるものとして翌1947（昭和22）年に災害救助法が制定された。

災害救助法は、「災害に際して、国が地方公共団体、日本赤十字社そ

★罹災救助基金法
救助活動の全般にわたる規定がなく、救助費の支給基準に地域格差があるなどの問題があった。

★災害救助法の変遷
制定後も、救助項目の追加や災害対策基本法の制定に伴う一部規定の移管、さらには地方分権の推進を図るための関係法律の整備等に関する法律（地方分権一括法）の制定に伴う法定受託事務としての位置づけや、2013（平成25）年には厚生労働省から内閣府へ所轄庁が移管されるなど、災害や社会背景に影響を受けながら変遷してきた。

の他の団体及び国民の協力の下に、応急的に、必要な救助を行い、被災者の保護と社会の秩序の保全を図ることを目的」（第1条）として定められたものであり、都道府県知事が、政令で定める程度の災害が発生した市町村の区域内において災害により被害を受け、現に救助を必要とする者に対して行うものである。

2 災害救助法の適用

Active Learning

居住する都道府県において過去に災害救助法が適用された災害が発生していたか調べてみましょう。

災害救助法の適用基準は災害救助法施行令第1条第1項により定められており、❶住宅等への被害が生じた場合の基準（第1〜3号基準）と、❷生命・身体への危害が生じた場合（第4号基準）が設けられているが、我が国で適用されている災害救助法のほとんどが第4号基準によるものである（**表6-3**）。

表6-3　災害救助法の適用基準

災害救助法施行令第1条の1号 市町村で下表の被害		災害救助法施行令第1条の2号 都道府県で上表の被害、かつ市町村で下表の被害	
市町村の区域内の人口	住宅が滅失した世帯数	都道府県の区域内の人口	住宅が滅失した世帯数
5,000人未満	30世帯	1,000,000人未満	1,000世帯
5,000人以上　15,000人未満	40世帯	1,000,000人以上　2,000,000人未満	1,500世帯
15,000人以上　30,000人未満	50世帯	2,000,000人以上　3,000,000人未満	2,000世帯
30,000人以上　50,000人未満	60世帯	3,000,000人以上	2,500世帯
50,000人以上　100,000人未満	80世帯	市町村の区域内の人口	住宅が滅失した世帯数
100,000人以上　300,000人未満	100世帯	5,000人未満	15世帯
300,000人以上	150世帯	5,000人以上　15,000人未満	20世帯

災害救助法施行令第1条の3号 都道府県で次表の被害、かつ市町村で多数の世帯の住家が滅失			
		15,000人以上　30,000人未満	25世帯
		30,000人以上　50,000人未満	30世帯
都道府県の区域内の人口	住宅が滅失した世帯数	50,000人以上　100,000人未満	40世帯
1,000,000人未満	5,000世帯	100,000人以上　300,000人未満	50世帯
1,000,000人以上　2,000,000人未満	7,000世帯	300,000人以上	75世帯
2,000,000人以上　3,000,000人未満	9,000世帯	災害救助法施行令第1条の4号 多数の者が生命又は身体に危害を受け、又は受けるおそれが生じた場合	
3,000,000人以上	12,000世帯		

市町村で多数の世帯の住家が滅失とは
・災害が隔絶した地域に発生したものである等、被災者の救護を著しく困難とする府令で定める特別の事情がある場合で、かつ、市町村で多数の世帯の住家が滅失した場合。
・府令で定める特別な事情とは、被災者に対する食品若しくは生活必需品の給与等について特殊の補給方法を必要とし、又は被災者の救出について特殊の技術を必要とする場合。

・多数の者が生命又は身体に危害を受け、又は受けるおそれが生じた場合であって、府令で定める基準に該当する場合。
・府令で定める基準とは、災害が発生し、又は発生するおそれのある地域に所在する多数の者が、避難して継続的に救助を必要とする場合。
・また、被災者に対する食品若しくは生活必需品の給与等について特殊の補給方法を必要とし、又は被災者の救出について特殊の技術を必要とする場合。

資料：内閣府政策統括官（防災担当）「災害救助事務取扱要領（令和2年5月）」2020.

3 救助の種類

災害救助法では救助の種類が示されており、災害被災者に対するすべ
ての部面における応急対応が法によって行われるものではなく、救助に
要した費用の国庫負担割合についても普通税収入見込額との割合に応じ
て変動する仕組みになっている。さらに、救助の程度や方法ならびに期
間については、内閣総理大臣が定める基準に従い、あらかじめ都道府県
知事が定めることが一般的である（**図6-5、表6-4**）。

4 救助の主体

災害対策基本法は、災害の予防、発災後の応急期の対応および災害か
らの復旧・復興の各フェーズを網羅的にカバーする法律であるのに対し、
災害救助法は、発災後の応急期における応急救助に対応する主要な法律
である。

災害救助法が適用されない場合は災害対策基本法に基づき、救助の実
施主体は市町村となり、都道府県が救助の後方支援を実施するのに対
し、災害救助法が適用された場合は都道府県が救助の実施主体に代わ
り、市町村は救助の補助を行うほか、都道府県から事務委任を受けた救
助の実施主体となる（**図6-6**）。

一方、東日本大震災や平成28年熊本地震の教訓をもとに行われた、
2018（平成30）年の災害救助法の改正（2019（平成31）年4月1
日施行）においては、内閣総理大臣があらかじめ指定した「救助実施市」
の市長による救助が可能となった。

5 災害救助法の基本原則

災害救助法を所管する内閣府においては、全国の災害救助の行政担当

図6-5　救助の種類

避難所の設置	被災者の救出
応急仮設住宅の供与	被災した住宅の応急修理
炊き出しその他による食品の給与	学用品の給与
飲料水の提供	埋葬
被服、寝具その他生活必需品の給与又は貸与	死体の捜索・処理
医療及び助産	障害物の除去

資料：内閣府政策統括官（防災担当）「災害救助事務取扱要領（令和2年5月）」2020. をもとに著者
作成

表6-4 救助の種類ごとの概要

1．避難所の設置

	一般の避難所	福祉避難所
対象者	災害により現に被害を受け、または受けるおそれのある者	左のうち、高齢者、障害者、妊産婦、乳幼児、病弱者等避難所において何らかの特別な配慮を必要とする者
費用の限度額	1人1日当たり330円以内	左に加えて、下記対象経費の通常の実費を加算
救助期間	災害発生の日から7日以内	同左
対象経費	避難所の設置、維持及び管理のための賃金職員雇上費、消耗器材費、建物等の使用謝金、借上費又は購入費、光熱水費並びに仮設便所等の設置費	左に加えて、 ①おむね10人の対象者に1人当たりの生活に関する相談等に当たる職員等の配置経費 ②高齢者、障害者等に配慮した簡易洋式トイレ等の器物の費用 ③日常生活上の支援を行うために必要な消耗器材費などを加算できる。

4．飲料水の提供

対象者	災害により現に飲料水を得ることができない者
救助期間	災害発生の日から7日以内
対象経費	①水の購入費 ②給水又は浄水に必要な機械又は器具の借上費、修繕費及び燃料費 ③浄水に必要な薬品又は資材費であって、当該地域における通常の実費

7．被災者の救出

対象者	災害のため現に生命もしくは身体が危険な状態にある者又は生死不明の状態にある者を捜索し、又は救出するもの
救助期間	災害発生の日から3日（72時間）以内 死体の捜索の場合は10日以内
対象経費	舟艇その他救出のための機械、器具等の借上費又は購入費、修繕費及び燃料費として当該地域における通常の実費

8．住宅の応急修理

	半壊・大規模半壊	準半壊
対象者	①災害のため住宅が半壊（焼）し、自らの資力では応急修理をすることができない者 ②大規模な補修を行わなければ居住することが困難な程度に住家が半壊（焼）した者	災害のため住家が半壊に準じる程度の損傷を受け、自らの資力では応急修理をすることができない者
費用の限度額	居室、炊事場、便所等日常生活に必要な最小限度の部分に対して、1世帯あたり595千円以内	居室、炊事場、便所等日常生活に必要な最小限度の部分に対して、1世帯あたり300千円以内
救助期間	災害発生の日から1か月以内に完了	災害発生の日から1か月以内に完了

2．応急仮設住宅の供与

	建設型応急住宅	賃貸型応急住宅
対象者	住宅が全壊、全焼又は流出した者であって、自らの資力では住宅を確保できない者	同左
費用の限度額	1戸当たり平均5,714千円以内	地域の実情に応じた額（実費）
住宅の規模	応急救助の趣旨を踏まえ、実施主体が地域の実情、世帯構成等に応じて設定	世帯の人数に応じて建設型仮設住宅で定める規模に準じる規模
集会施設の設置	おおむね50戸に1施設設置可	—
着工期間	災害発生の日から20日以内	災害発生の日から速やかに提供
救助期間	完成の日から最長2年	最長2年

5．被服、寝具その他生活必需品の給与又は貸与

対象者	住家が全半壊、全半焼、流失、床上浸水により、生活上必要な被服、寝具、その他生活必需品を喪失又は損傷等により使用することができず、直ちに日常生活を営むのが困難な者
費用の限度額	1）住家の全壊、全焼又は流出により被害を受けた世帯 　夏季　1人世帯18,800円　2人世帯24,200円 　冬季　1人世帯31,200円　2人世帯40,400円 2）住家の半壊、半焼又は床上浸水により被害を受けた世帯 　夏季　1人世帯 6,100円　2人世帯 8,300円 　冬季　1人世帯10,000円　2人世帯13,000円 ※季別は災害発生の日をもって決定する ※世帯人数は6人まで基準があり、7人目からは定額加算となる
救助期間	災害発生の日から10日以内
対象経費	①被服、寝具及び身の回り品 ②日用品 ③炊事用具及び食器 ④光熱材料

9．学用品の給与

対象者	災害により住家の全壊（焼）、流失、半壊（焼）又は床上浸水による喪失若しくは損傷等により学用品を使用することができず、就学上支障のある小学校児童、中学校生徒及び高等学校等生徒（幼稚園児、専門学校生、大学生等は対象外）
費用の限度額	①教科書、正規の教材：実費 ②文房具、通学用品及びその他の学用品： 　小学校児童　4,500円以内 　中学校生徒　4,800円以内 　高等学校等生徒　5,200円以内
救助期間	災害発生の日から ①教科書、教材：1か月以内 ②文房具、通学用品及びその他の学用品：15日以内

11．死体の捜索・処理

対象者	災害の際死亡した者に、死体に関する処理（埋葬を除く）をする。
費用限度額	①死体の洗浄、縫合、消毒等の処置 　1体当たり：3,500円以内 ②死体の一時保存 　死体一時収容施設利用時：通常の実費 　上記が利用できない場合： 　1体当たり5,400円以内 　（注）ドライアイス購入費は実費加算可 ③検案：救護班以外は慣行料金
救助期間	災害発生の日から10日以内

3．炊き出しその他による職員の給与

対象者	避難所に避難している者、住家に被害を受け、又は災害により現に炊事のできない者
費用の限度額	1人1日当たり1,160円以内
救助期間	災害発生の日から7日以内
対象経費	主食費、副食費、燃料費、炊飯器・鍋等の使用謝金又は借上費、消耗器材費、雑費

6．医療及び助産

	医療	助産
対象者	災害により医療の途を失った者	災害発生の日以前又は以後7日以内に分べんした者及び災害のため助産の途を失った者
医療（助産）の実施	救護班により行うこと。ただし、急迫した事情がありやむを得ない場合は、病院又は診療所において医療（施術）を行うことができる。	救護班によって行われることが望ましいが、出産は一刻を争う場合も多いので助産師によることも差し支えない。
医療（助産）の範囲	①診療、②薬剤又は治療材料の支給、③処置、手術その他の治療及び施術、④病院又は診療所への収容、⑤看護	①分べんの介助、②分べん前及び分べん後の処置、③脱脂綿、ガーゼ、その他の衛生材料の支給
救助期間	災害発生の日から14日以内	災害発生の日から7日以内
対象経費	救護班：使用した薬剤、治療材料、破損した医療器具等の修繕費等の実費 病院又は診療所：国民健康保険の診療報酬の額以内 施術者：協定料金の額以内	救護班：使用した衛生材料費等の実費 助産師：慣行料金の100分の80以内の額

10．埋葬

対象者	災害の際死亡した者を対象に、実際の埋葬を実施する者に支給
費用の限度額	1体当たり 　大人（12歳以上）：215,200円以内 　小人（12歳未満）：172,000円以内
救助期間	災害発生の日から10日以内
対象経費	①棺（付属品を含む） ②埋葬又は火葬（賃金職員雇上費を含む） ③骨壺及び骨箱

12．障害物の除去

対象者	半壊（焼）又は床上浸水した住家であって、住居又はその周辺に運ばれた土石、竹木等で一時的に居住できない状態にあり、自力では当該障害物を除去できない者
費用の限度額	1世帯当たり137,900円以内
救助期間	災害発生の日から10日以内
対象経費	スコップその他除去のために必要な機械、器具等の借上費又は購入費、輸送費及び賃金職員等雇上費

資料：内閣府ホームページ「災害救助法の概要（令和2年度）」 http://www.bousai.go.jp/taisaku/hisaisyagyousei/pdf/siryo1-1.pdf をもとに著者作成

図6-6　災害救助法の適用による救助主体の変化

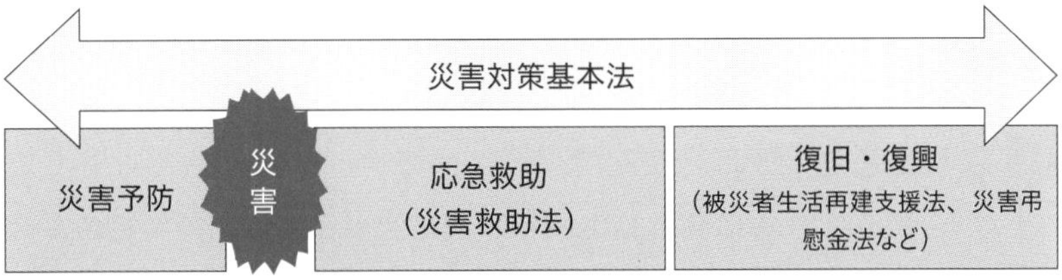

救助法の適用	市町村	都道府県または救助実施市
しない場合	・救助の実施主体	・救助の後方支援・統合調整
した場合	・都道府県の補助（事務委任を受けた救助の実施主体） ・費用負担なし	・救助の実施主体（救助事務の一部を市町村に委任可） ・掛かった費用の最大100分の50（残りは国が負担）

資料：内閣府ホームページ「災害救助法の概要（令和２年度）」 http://www.bousai.go.jp/taisaku/hisaisyagyousei/pdf/siryo1-1.pdf をもとに著者作成

表6-5　災害救助法の基本原則

平等の原則	現に救助を必要とする被災者に対しては、事情の如何を問わず、また経済的な要件を問わずに、等しく救助の手を差しのべなければならない。
必要即応の原則	応急救助は被災者への見舞制度ではないので、画一的、機械的な救助を行うのではなく、個々の被災者ごとに、どのような救助がどの程度必要なのかを判断して救助を行い、必要を超えて救助を行う必要はない。
現物給付の原則	災害時は物資が欠乏し、調達も困難となり、金銭がほとんど用をなさない場合も多いことから、法による救助は現物をもって行うことを原則としている。
現在地救済の原則	発災後の緊急時に円滑かつ迅速に救助を行う必要があることから、被災者の現在地において実施することを原則としている。住民はもとより、旅行者、訪問客、土地の通過者等を含め、その現在地を所管する都道府県知事が救助を行う。
職権救助の原則	応急救助の性質からして被災者の申請を待つことなく、都道府県知事がその職権によって救助を実施する。

資料：内閣府ホームページ「災害救助法の概要（令和２年度）」 http://www.bousai.go.jp/taisaku/kyuujo/kyuujo.html をもとに著者作成

者等に向け、**表6-5**に示す五つの原則を打ち出し、災害救助法の運用を示している。

4 ▶ 特定非常災害特別措置法

1 なりたちと目的

　1995（平成7）年に発生した阪神・淡路大震災では、被災者の多数発生、住宅の倒壊等の多数発生、交通やライフラインの広範囲・長期間にわたる途絶などにより災害救助法による一般的な救助では不足する実態が浮き彫りとなった。

　このことを受け、翌1996（平成8）年には、著しく異常かつ激甚な非常災害においては、行政上の権利利益の満了日の延長等に関する各種特別措置を政令で定めることにより、災害時にこれらの措置を迅速に発動できるようにする、特定非常災害の被害者の権利利益の保全等を図るための特別措置に関する法律(特定非常災害特別措置法)が定められた。

　これまでにこの法律が適用された災害は、以下のとおりである（西暦は災害発生年)。

・1995年：阪神・淡路大震災（(平成7年）兵庫県南部地震）
・2004年：平成16年新潟県中越地震
・2011年：東日本大震災（平成23年東北地方太平洋沖地震）
・2016年：平成28年熊本地震
・2018年：平成30年7月豪雨災害
・2019年：令和元年東日本台風

---

2 適用される措置の内容

　同法が適用された災害においては、特例措置が施され、被災者支援の拡充が行われる。これにより日本司法支援センター[★]による無料法律相談の開設や応急仮設住宅の供与年数の延長などが行われることとなる。

★日本司法支援センター
総合法律支援法（平成16年法律第74号）に基づき、独立行政法人の枠組みに従って設立された組織。通称「法テラス」。

---

❶　行政上の権利利益に係る満了日の延長（法第3条に関する措置）
❷　期限内に履行されなかった義務に係る免責（法第4条に関する措置）
❸　債務超過を理由とする法人の破産手続開始の決定の特例措置（法第5条）
❹　相続の承認または放棄をすべき期間に関する民法の特例措置（法第6条）

---

❺ 民事調停法による調停の申立ての手数料の特例措置（法第 7 条）

❻ 建築基準法による応急仮設住宅の存続期間等の特例措置（法第 8 条）

❼ 景観法による応急仮設住宅の存続期間の特例措置（法第 9 条）

5 災害弔慰金の支給等に関する法律

1 なりたちと目的

災害弔慰金の支給等に関する法律★は、1973（昭和 48）年に成立した、❶災害により死亡した者の遺族に対して支給する災害弔慰金、❷災害により精神または身体に著しい障害を受けた者に対して支給する災害障害見舞金、❸災害により被害を受けた世帯の世帯主に対して貸し付ける災害援護資金の 3 種の金銭による支援を定めたものである。

同一市町村において 5 世帯以上の住居が滅失した場合など、災害救助法の適用がされない場合においても対象となる場合があり、生じる費用負担は国、都道府県、市町村により按分される。

★災害弔慰金の支給等
　に関する法律
災害弔慰金法。1967（昭和 42）年に新潟県と山形県を中心に発生した豪雨災害（羽越豪雨）を機に議員立法により成立した。

2 支給・貸付けの内容

支給・貸付けされる額は、以下のとおりである。

❶ 災害弔慰金：生計維持者が死亡した場合 500 万円、それ以外の場合 250 万円

❷ 災害障害見舞金：生計維持者の場合 250 万円、それ以外の場合 125 万円

❸ 災害援護資金：1 世帯の限度額 350 万円

3 災害関連死

2016（平成 28）年に発生した平成 28 年熊本地震では、避難生活が長期化するなかで体調を悪化させたことにより死亡した、いわゆる「災害関連死」が多数となったことを受け、2019（平成 31）年 4 月、内閣府は災害関連死を定義し本法の適用を促した。

災害関連死：当該災害による負傷の悪化又は避難生活等における身体的

第 6 章　災害時における総合的かつ包括的な支援体制

負担による疾病により死亡し、災害弔慰金の支給等に関する法律（昭和48年法律第82号）に基づき災害が原因で死亡したものと認められたもの（実際には災害弔慰金が支給されていないものも含めるが、当該災害が原因で所在が不明なものは除く。）

（平成31年4月3日内閣府事務連絡）

災害関連死の認定は市町村が行うこととなっているが、災害の影響で亡くなったことの因果関係を判断することが難しく、医師や弁護士、福祉専門職等による災害弔慰金支給審査委員会などを設置し、災害関連死の該当性を諮問することもある。

6 被災者生活再建支援法

1 なりたちと目的

★被災者生活再建支援法
住宅が全壊した世帯のほか、半壊等により住宅を解体した世帯や大規模な補修を行わなければ居住することが困難な世帯（大規模半壊）等に対し、❶住宅の被害程度に基づく基礎支援金と、❷住宅の再建方法に基づく加算支援金を合算した金銭による支援が定められている。

被災者生活再建支援法は、1995（平成7）年に発生した阪神・淡路大震災を機に1998（平成10）年に議員立法により成立した。自然災害によりその生活基盤に著しい被害を受けた者に対し、都道府県が相互扶助の観点から拠出した基金を活用して被災者生活再建支援金を支給するものである。

同一市町村において10世帯以上の住宅に全壊被害が生じた場合に対象となるため、災害救助法の適用がされない場合においても対象となる場合があり、生じる費用負担のうち2分の1は全都道府県の拠出による基金を用い、残り2分の1を国が補助するものである。

2 支給の内容（世帯構成員が複数の場合）

支給される額は、以下のとおりである。

> ❶ 基礎支援金：全壊・半壊・長期避難世帯　100万円
> 　　　　　　　大規模半壊世帯　50万円
> ❷ 加算支援金：全壊世帯で新たに建設・購入する場合　200万円
> 　　　　　　　半壊世帯で補修を行う場合　100万円
> 　　　　　　　長期避難世帯で賃貸による再建を行う場合　50万円
> 　　　　　　　大規模半壊世帯で新たに建設・購入する場合　200万円
> 　　　　　　　大規模半壊世帯で補修を行う場合　100万円
> 　　　　　　　大規模半壊世帯で賃貸による再建を行う場合　50万円

7 その他の支援の仕組み

1 生活福祉資金

都道府県社会福祉協議会が実施する生活福祉資金貸付事業は、金融機関等からの借入が困難な低所得世帯、障害者や高齢者のいる世帯に対して、経済的な自立と生活の安定を図るために必要な経費を貸し付けるものである。

生活福祉資金には、「緊急かつ一時的に生計の維持が困難となった場合の少額の費用（緊急小口資金）」や「災害を受けたことにより臨時に必要となる費用（福祉費（災害援護費））」についての貸付がある。

2 災害義援金

❶義援金の性格と配分の原則

義援金は、日本赤十字社や中央共同募金会等の義援金受付団体が実施する被災者への見舞金の性格をもつものであり、日本赤十字社では、「義援金取扱いのガイドライン」（1998（平成10）年）において、以下の三原則を掲げている。

❶ 被災者にできるだけ早く配分する「迅速性」

❷ 寄付者の意思を生かし、かつ適正に届けられる「透明性」

❸ 被害の程度に応じて等しく配分される「公平性」

❷義援金の流れ

義援金の募集は、原則として災害救助法が適用された場合、あるいは適用の可能性のある災害が発生した場合に、被災都道府県の義援金受付団体が（被害規模が広域かつ大規模な場合は全国組織が）行う。被災自治体は国の防災基本計画の規定に基づき、配分委員会を組織し、義援金の配分基準等について協議し、市区町村を通じて被災者に配分される（図6-7）。

❸義援金に係る差押禁止等に関する法律

これら義援金については、一次的な収入とみなされるため、生活保護の打切りや差押財産として取り扱われることなど課題も発生している。

東日本大震災や平成28年熊本地震、平成30年7月豪雨災害等の特定の災害においては、「義援金に係る差押禁止等に関する法律」が成立しているが、すべての災害において同様の取り扱いになっていない。

第6章 災害時における総合的かつ包括的な支援体制

Active Learning

居住する市町村における義援金の受付窓口や募金実績を調べてみましょう。

★これまでに成立した「義援金に係る差押禁止等に関する法律」

2011年：東日本大震災関連義援金に係る差押禁止等に関する法律

2016年：平成28年熊本地震災害関連義援金に係る差押禁止等に関する法律

2018年：平成30年特定災害関連義援金に係る差押禁止等に関する法律

2019年：令和元年特定災害関連義援金に係る差押禁止等に関する法律

図6-7　災害義援金の流れ

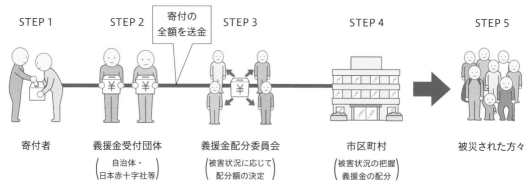

資料：日本赤十字社ホームページ「活動資金、国内義援金、海外救援金の違いとは」 http://www.jrc.or.jp/
contribute/help/

3 各種支援制度における緩和措置等

　各種法制度に根拠をもつ社会福祉事業については、災害発生時等における特例措置が講じられていることも多いほか、こうした特例を用いて被災者に対する具体的な対応が行われる。

　たとえば、各都道府県介護保険主幹部局に通知された、平成25年5月7日付厚生労働省老健局事務連絡「災害により被災した要介護高齢者等への対応について」では、❶被災者の実態の把握については福祉専門機関のみならず、ボランティア等に協力を依頼すること、❷自宅以外の場所（避難所や避難先の家庭、旅館等）で生活している場合でも必要な在宅サービスを受けられる対応をすること、❸利用定員の超過や職員の確保が困難な場合における報酬減算を行わないこと、❹利用者負担額の減免や徴収の猶予を行うことなどが記載されている。

　これらの対応については、障害福祉サービス等においても同様となり、こうした緩和措置が行われるか否かは、そのつど厚生労働省により通知される。

◇参考文献
　・上野谷加代子監『災害ソーシャルワーク入門』中央法規出版，2013.
　・山本克彦編著『災害ボランティア入門』ミネルヴァ書房，2018.
　・中村健人・岡本正『災害救援法務ハンドブック』第一法規，2019.

● おすすめ
　・『災害対応マニュアル』日本介護支援専門員協会，2017.
　・『防災白書』内閣府

非常時や災害時における総合的かつ包括的な支援

学習のポイント

● 被災者が抱える多様なニーズについて学ぶ
● 被災者の状態を踏まえた包括的な支援について理解する
● 災害に備えた平時からの取り組みの重要性について理解する

1 災害と被災者の理解

1 被災者が置かれる状況

　災害時も平常時と同様に、生活課題（ニーズ）に対し、さまざまな地域資源（リソース）を活用して課題解決を行うが、災害時特有の「人と地域」の状況が生じるのが特徴である。

　被災者の状況として、住家やライフラインの損傷のように物理的なもの、あるいはケガや体調不良など身体的なものはイメージがしやすいが、ほかにも、被災による生活再建におけるさまざまな費用の増大、それを補うための各種制度手続等にかかる負担など、多岐にわたる課題が生じる。

　図6-8は被災による課題を六つの側面から整理し、それぞれが人や地域にどのように影響するのかについて示したものである。

❶相互に関連しあう課題

　それぞれの側面から生じる課題は、個別に発生するものではなく、多様かつ複雑に関連しあっている。たとえば家屋や家財の損害、インフラの破壊などの「物理的な側面」の課題は、生業の喪失、収入の減少や途

> **Active Learning**
>
> 自分自身が被災したときに、どのような状況が起こるか想像してみましょう。

図6-8　被災者が置かれる状況（被災によるさまざまな側面）

物理的な側面 家屋や家財の損傷、インフラの破壊	経済的な側面 生業の喪失、収入の減少や途絶、生活費の増加
身体的な側面 けがや体調の悪化、災害関連死	社会関係の側面 家庭や地域の絆の弱体化、社会との断絶
精神的な側面 恐怖や不安、フラッシュバック、認知症の進行	情報に関する側面 情報の不足、申請・契約手続きの増加

資料：來原英文作成資料をもとに一部改変

絶、生活費の増加という「経済的な側面」の課題に関連することは多い。地震による倒壊家屋の解体や水害による泥や被災家財の処理などをするなかで、「身体的な側面」の課題や「精神的な側面」の課題につながることもある。

❷時間の経過とともに変化する課題

被災者が抱える課題は発災直後に一斉に発生するが、災害からの復旧、復興の過程のなかでは時間の経過によって変化、増大する課題や突発的に発生する課題も存在するため、発災当初から中長期的な視点をもった課題への対応や被災者への支援が重要になる（図6-9）。

また、平常時から福祉的な支援を受けていない住民にとっては、支援機関との接点が少ないため災害時の多様な支援につながりにくいことも考えられる。災害によって日常生活が困難な状況となるのは、地域のすべての住民であると前に述べたように、災害時における支援の対象者は平常時よりも拡大して捉えることが必要である（図6-10）。

以上のように、災害と被災者の理解を通し、一人ひとりの異なる課題に対し、丁寧かつ適切な支援を講じるとともに、こうした課題を抱えた住民が暮らす地域全体の復興を目指すことが災害時の支援に求められる。

★時間の経過とともに変化する課題の例
個々の住家や居住する地域の復旧状況には大きな時間差が生じる。復旧の遅れからくる精神的な側面の課題や、被害状況によっては近隣住民の転出等から社会関係の側面の課題をまねくこともある。

2 復興までのプロセス

❶被災者の居所の変化

災害による被害規模や被災地域の状況、また復旧・復興までの時間的な経過によって、被災者の居所は多様なものとなる。災害発生当初は一

図6-9　時間的経過に伴う被災者の状況の変化と支援例

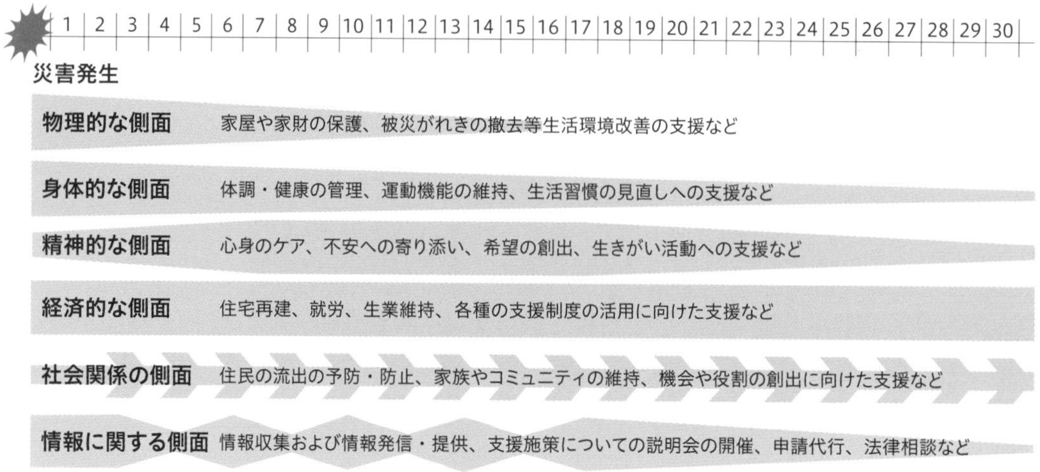

| | 1 | 2 | 3 | 4 | 5 | 6 | 7 | 8 | 9 | 10 | 11 | 12 | 13 | 14 | 15 | 16 | 17 | 18 | 19 | 20 | 21 | 22 | 23 | 24 | 25 | 26 | 27 | 28 | 29 | 30 |

災害発生

物理的な側面　家屋や家財の保護、被災がれきの撤去等生活環境改善の支援など

身体的な側面　体調・健康の管理、運動機能の維持、生活習慣の見直しへの支援など

精神的な側面　心身のケア、不安への寄り添い、希望の創出、生きがい活動への支援など

経済的な側面　住宅再建、就労、生業維持、各種の支援制度の活用に向けた支援など

社会関係の側面　住民の流出の予防・防止、家族やコミュニティの維持、機会や役割の創出に向けた支援など

情報に関する側面　情報収集および情報発信・提供、支援施策についての説明会の開催、申請代行、法律相談など

資料：来原英文作成資料をもとに一部改変

図6-10　災害時における広義の福祉支援対象者

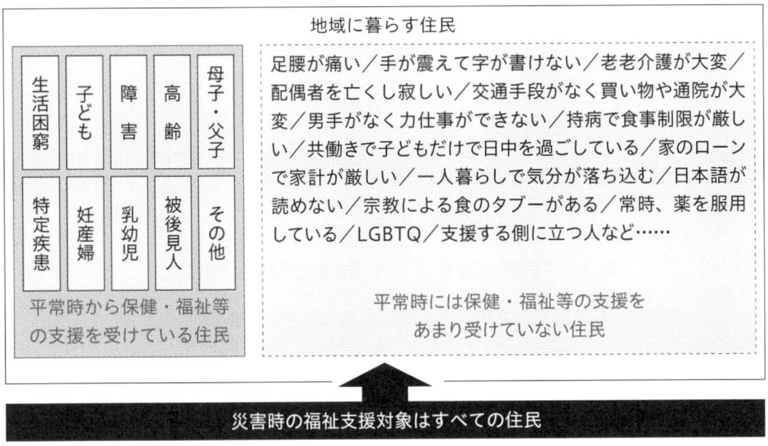

資料：栗原英文作成資料をもとに一部改変

時的な避難により多くの住民が避難所等に集中するが、避難所での生活環境が合わない高齢者や障害者は、そこでの生活をあきらめ、被害のあった住居（家屋内や軒先等）に留まることや車中泊を繰り返す場合も多い。

　避難所に身を寄せる住民についても、応急仮設住宅や復興公営住宅に移動する場合や住み慣れた地域外に自宅再建を果たす場合もある。復興までのプロセスにおいては、そうした被災者の居所に合わせたアウトリーチ型の支援も重要になる。

❷災害サイクル

　一人ひとりの被災者が置かれる状況をフェーズごとに切り分けると、**図6-11**のような展開として説明できる。各フェーズは発災からの明確な日数が定められるものでもなく、また、被災者個々が置かれる災害からの回復状況により個別性が生じるものであるが、平常時の先に発災があるという連続したサイクル*が成り立つ。

❸平常時の地域福祉につながる災害時の支援

　被災者の居所の変化と災害サイクルを重ねて表すと、災害が発生した後に行われる各種の支援が、その後の暮らしにつながっていることがわかる。

　復興のプロセスにおいて各種の支援が連携しあうことや、被災者のエンパワメントを支える取り組みを構築することは、同時に次の災害に備えたレジリエンス*の高い地域を築くことにつながる。

　災害が発生していない地域においては平常時こそがレジリエンスを高めるフェーズにあるため、過去の災害の教訓を踏まえた防災の取り組み

★**災害時のサイクル（例示）**
❶応急対応期：避難所等で過ごし、被災者が相互に支え合う時期
❷生活再建期：応急仮設住宅等で過ごし、住宅の再建を行う時期
❸復興期：住宅の再建を果たし、発災前の生活に近づこうとする時期
❹防災・減災期：次の災害に備え、家庭や地域全体で防災・減災に取り組む時期

★**レジリエンス**
災害などの危機に対する対応力や回復力のこと。

図6-11　被災者の居所と災害サイクル

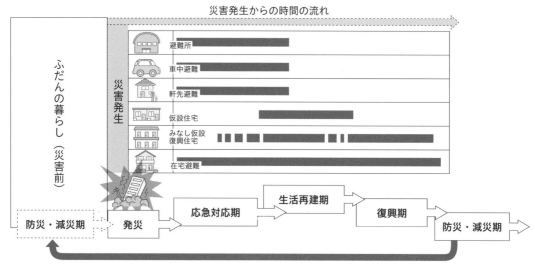

資料：全国社会福祉協議会資料を参考に一部改変

が重要である。

▐3 被災者が抱えるニーズ

　平常時では地域住民個々の生活が多様であるように、災害が発生した地域の住民（被災者）の生活も多様であり、そこに生じるニーズも多種多様である。これらのニーズは、住家への土砂の侵入やライフラインの途絶など、❶災害が起きなければ発生しなかったニーズ（新たに生じたニーズ）や、生活の困窮や病気の悪化、子育て世帯や介護者からのレスパイト、さらにはいわゆるネコ屋敷・ごみ屋敷などの、❷発災前から住民が抱えていた潜在的なニーズが顕在化したもの（顕在化したニーズ）、福祉サービス利用の継続的な利用やサービス内容の変更など、災害発生以前からニーズを抱え、❸各種の支援を受けていたニーズ（継続しているニーズ）の三つに分類することができる（**図6-12**）。

　発災前から各種の支援を受けている住民にとっては、災害時においても継続的に福祉サービスを利用することが必要なうえ、災害によって顕在化したニーズや新たに生じたニーズを併せて抱えることもあるため、重層的な支援を展開することが求められる。

図6-12 被災者ニーズの類型

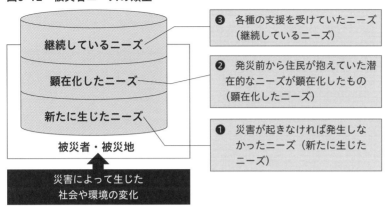

資料：来原英文作成資料をもとに一部改変

2 被災者支援の主体

　被災者が抱える生活課題への対応は、災害が発生した地域の特性や地域の社会資源（地域資源）を踏まえて考えられるため、個別性が高く多様である。しかも、被災するのは"人と地域"であるため、被害が広範囲であるほど、地域資源の多くが被災することにもなる。そのことで被災地域内の地域資源だけでは対応が困難な状況が生じる。

　大規模災害や多数の傷病者が発生した事故等で現地に向かう「災害派遣医療チーム」は、「災害」について以下のように説明している。

　　突然発生した異常な自然現象や人為的な原因により人間の社会的生活や生命と健康に受ける被害とする。災害で生じた対応必要量（Needs）の増加が通常の対応能力（Resource）を上回った状態である。

　災害福祉支援においても、対応必要量を生活課題（ニーズ）、通常の対応能力を地域資源（リソース）とした場合、同様に「ニーズ増、リソース減」という非常事態が起こるのである。

　被災者ニーズの類型でも説明したとおり、平常時から継続したニーズに対し、災害によって顕在化したニーズおよび新たに生じたニーズが加わる。それに対し、地域資源（リソース）は被災していることで弱体化する。このアンバランスな状態を均衡に保つためには、地域内だけでなく外部からの支援を必要とする。

図6-13　被災者支援のさまざまな主体

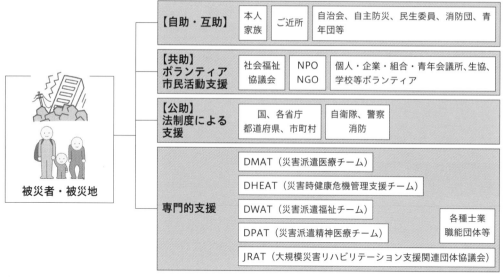

資料：莱原英文作成資料をもとに一部改変

被災者への支援は、内外を含めた多様な支援者や支援機関が相互に連携・協働しあうことになる。その際、被災した地域や人の自立を阻害することのないように留意しながら支援構築をしていく必要がある。被災者支援の主体について整理したものが**図6-13**である。それぞれの支援の詳細については次のとおりである。

1 被災者個々あるいは住民相互による自助・互助による支援

災害が発生する以前から地域コミュニティではさまざまな地縁組織やネットワーク等の互助の取り組みによって暮らしが支えられている。特に、隣保協同の精神で組織される「自主防災組織」は、住民に身近な防災組織として設置されている。

高齢社会や近隣住民との希薄化により被災者個々の自助力（災害への備えや災害時の対応力）が低下するなか、互助の取り組みの強化が重要になっている。

2 災害ボランティアや企業の社会貢献等の共助による支援

1995（平成7）年1月17日に発生した阪神・淡路大震災は、住民の自発的な防災活動のみならず、全国・世界各地から約138万人のボランティアによる支援の輪が広がり、後に「ボランティア元年」と呼ばれるようになった。

2011（平成23）年に発生した東日本大震災では、被災した地域でボ

★自主防災組織の設置率
2019（平成31）年4月1日現在の世帯カバー率は全国で84.1％にのぼる（消防庁『令和元年版消防白書』p.286, 2020.）。

★ボランティア元年以降の動き
災害時におけるボランティア活動の環境整備が進められ、社会福祉協議会を中心に、災害ボランティアセンターの設置や災害ボランティアの育成支援、さらには企業による社会貢献活動の一環としての被災者支援が全国で展開されるようになった。

表6-6　東日本大震災以降の災害ボランティアセンターの設置状況

年	主な災害	設置数
2011年 （平成23）	新潟豪雪／新燃岳噴火／東日本大震災／新潟・福島豪雨／台風12号／台風15号／奄美地方豪雨	233か所
2012年 （平成24）	新潟・長野豪雪／北関東突風／7月大雨／九州北部豪雨／福井大雨／京都府南部豪雨	22か所
2013年 （平成25）	7・8月大雨／竜巻／台風18号／台風24号／台風26号	45か所
2014年 （平成26）	大雪／台風8号・11号・12号／大雨／広島豪雨／台風18号／長野県神城断層地震	41か所
2015年 （平成27）	口永良部島噴火／対馬地方大雨／関東・東北豪雨	12か所
2016年 （平成28）	熊本地震／台風9号／台風10号／台風16号／鳥取県中部地震／糸魚川市大規模火災	34か所
2017年 （平成29）	九州北部豪雨／秋田豪雨／台風18号・21号	25か所
2018年 （平成30）	鳥取県西部地震／秋田県大雨／大阪北部地震／西日本（平成30年7月）豪雨／山形県豪雨／京都府集中豪雨／台風21号／北海道胆振東部地震	91か所
2019年 （平成31・ 令和元）	鳥取県吉賀町大規模火災／山形県沖地震／佐賀・福岡豪雨／岡山県新見市豪雨／台風15号／大雨／台風19号	112か所

注1：災害ボランティアセンターが設置された市区町村以外でも、通常の社会福祉協議会ボランティアセンター等で被災者の支援が行われていたことがある。
　2：略称を用いている災害名がある。
資料：全国社会福祉協議会資料をもとに著者作成

ランティアの受け入れを行う災害ボランティアセンターのみならず、被災した地域へボランティアや物資を輸送するための機能をもつものなど、全国に196の災害ボランティアセンターが開設された。

　災害ボランティアによる支援は、被災がれきや土砂の撤去にとどまらず、心身のケアや生活再建支援など多岐にわたるほか、災害救助法の適用期間にとどまらない長期的な支援が展開されている。

　一方、災害ボランティアセンターについては、設置基準や運営方法等に関する法的根拠がなく、あくまでも任意設置となっていることや、運営にかかる費用についても、一部が災害救助法や社会福祉法第118条に基づく「準備金」の対象となる場合があるが、極めて脆弱な状態である。また、支援内容についても、ボランティアセンターを設置する主体が判断するため、個々の特性に合わせた福祉救援や特殊な資機材や技術を要する活動、さらには農地や社屋などの生業につながる活動を逡巡することがあるなど、課題も生じている。＊

★被災地で展開される
　被災者支援活動の例

泥だし・片付け、炊き出し、物資支援、遺留品洗浄、避難所支援、要援護者のケア、入浴支援、病院送迎、移動支援、引っ越し支援、心のケア、就労支援、元気づけの行事開催、よろず相談・話し相手・寄り添い支援、買い物代行、通訳・翻訳・点訳、わかりやすい情報提供、申請手続き支援、託児・学童保育や児童館支援、学習支援・子どものサポート、ダニ駆除、消臭、洗濯支援（ふとんや衣類）、サロン・場の提供、機材提供、ペットの世話、大工・住宅補修・修繕、個別のニーズ対応（アトピー・糖尿病・障害）、援農・生業支援、など。

3 国や地方公共団体が法制度に基づき実施する公助による支援

本章第1節にあるとおり、我が国における災害対策については、災害対策基本法を基本とし、そのほかにも災害救助法や災害弔慰金の支給等に関する法律、被災者生活再建支援法等によって各種の支援が行われる。

また、被災自治体においては、災害の規模や被災状況を踏まえ、独自の支援策を講じる場合もある。

平成30年北海道胆振東部地震における自治体独自の支援策の例

・一部損壊住家修理金　　　　　　　・墓石修理等見舞金
・自治会等災害支援金　　　　　　　・コミュニティ復興支援事業
・住宅リフォーム補助金　　　　　　・住宅復旧支援事業補助金
・持ち家住宅建築促進助成　　　　　・一部損壊以上の非住家を含む家
・半壊家屋の公費解体時にかかる　　　屋等の解体費助成
　自己負担額の補助

これらの公助による支援は、被災者の申請による手続きや罹災証明書による被害認定が必要になってくることから、さまざまな理由によりこれらの手続きが行えない住民にとっては支援が講じられないことがある。

4 専門職や専門機関による支援

被災者個々のニーズや課題を克服するためには、自助、互助、共助、公助の支援を支え、支援の拡大を目指す取り組みが重要になる。

2011（平成23）年に発生した東日本大震災では、東北3県からの県外避難者が多数発生し、避難者を受け入れる都道府県内の士業等で構成する職能団体が連携し、県外避難者への支援に当たるようになった。

2014（平成26）年に広島県広島市を中心に大きな被害をもたらした土砂災害では、広島市社会福祉協議会が開設した災害ボランティアセンターと広島県災害復興支援士業連絡会が連携し、被災者への相談支援窓口の開設やアウトリーチ型の訪問支援活動などが展開された。

また、被災した地域の福祉事業所においては、事業所内の施設設備が損傷するなどしてサービスを提供できない状況に陥ったり、職員の被災や交通機関等の影響を受け勤務できない状況も生じる。こうした状況にもかかわらず、被災した利用者からは緊急的なケアやレスパイト等のニーズが増加することもあり、社会福祉施設を経営する事業所等で組織

する経営者協議会や種別協議会では、被災した事業所等に対する人的支援などが行われる場合もある。

3 他職種との連携による支援

1 災害派遣医療チーム（DMAT）

阪神・淡路大震災（1995（平成5）年）において、災害医療の課題が顕在化したことから、その反省をもとに、厚生労働省が2005（平成17）年に創設した。大地震や豪雨水害などの自然災害や、航空機・列車事故、テロなどの災害時に、被災した人たちの生命を守るため、被災地に駆けつけ、救急治療を行う。

DMAT*の派遣は、被災都道府県が非被災都道府県に対し派遣要請をすることにより実施される。一つの隊当たりの活動期間は移動時間を除くおおむね48時間以内を基本とし、長期間におよぶ場合は2次隊、3次隊と派遣が継続される。

被災地域活動の詳細は、本部機能（医療情報収集・分析・発信）、応急治療（トリアージ、搬送）、医療機関支援・強化（特に災害拠点病院）などであり、災害の種類や規模で変化する。

2 災害時健康危機管理支援チーム（DHEAT）

大規模自然災害である東日本大震災（2011（平成23）年）では、多くの支援自治体間で指揮調整機能不全や支援資源の有効活用に関する問題が発生した。こうした健康危機発生時における保健医療活動において、自治体間の応援を行う組織として作られた。

DHEAT*は被災都道府県以外の都道府県所属職員（医師、歯科医師、獣医師、保健師、臨床検査技師、管理栄養士、業務調整員、その他の専門職等）によって構成され、派遣される。

活動としては、被災都道府県が担う急性期から慢性期までの医療提供体制の再構築、避難所等での保健予防活動、生活環境確保に関する情報収集、分析・評価、連絡・調整などを実施する。また保健医療調整本部と保健所の指揮調整機能を応援する。

3 災害派遣福祉チーム（DWAT）

災害時における福祉ニーズへの対応については、東日本大震災以降、

★ DMAT（Disaster Medical Assistance Team）
主な活動として、❶被災地域での活動（病院支援、地域医療搬送、現場活動）、❷広域医療搬送（SCU活動、航空機内の医療活動）、❸ロジスティクス（業務調整）、❹ドクターヘリおよび災害医療調査ヘリの活用などがある。

★ DHEAT（Disaster Health Emergency Assistance Team）
2018（平成30）年3月末に厚生労働省健康局より活動要領が通知され組織された。

第6章 災害時における総合的かつ包括的な支援体制

図6-14 「災害時の福祉支援体制の整備に向けたガイドライン」の概要

○ 近年の災害においては、高齢者や障害者、子ども等の地域の災害時要配慮者が、避難所等において、長期間の避難生活を余儀なくされ、必要な支援が行われない結果、生活機能の低下や要介護度の重度化などの二次被害が生じている場合もあり、これら災害時要配慮者の避難生活中における福祉ニーズへの対応が喫緊の課題となっている。

○ このような状況を踏まえ、災害時において、災害時要配慮者の福祉ニーズに的確に対応し、避難生活中における生活機能の低下等の防止を図るため、各都道府県において、一般避難所で災害時要配慮者に対する福祉支援を行う「災害派遣福祉チーム」を組成するとともに、一般避難所へこれを派遣すること等により、必要な支援体制を確保することを目的として、官民協働による「災害福祉支援ネットワーク」の構築に向けた取組を推進するためのガイドラインを策定する。

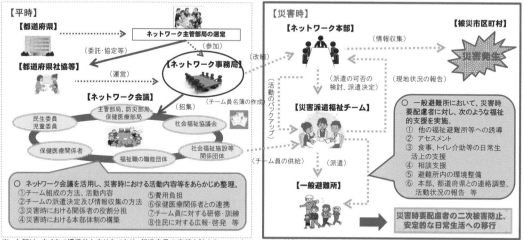

※ 上記は、あくまで標準的な在り方であり、都道府県の実情を踏まえつつ、ネットワークで検討の上、必要な変更を加えていくことが期待される。

資料：厚生労働省ホームページ「災害時における福祉支援体制の整備等」 https://www.mhlw.go.jp/stf/seisakunitsuite/bunya/0000209718.html

一部の都道府県において先進的な取り組みが進められてきたが、厚生労働省では全国的な緊急一時的な福祉支援体制の構築を推進するため、2018（平成30）年5月31日に「災害時の福祉支援体制の整備に向けたガイドライン」を各都道府県知事に通知した。

このガイドラインでは、各都道府県が、一般避難所で災害時要配慮者に対する福祉支援を行うDWAT★を組成するとともに、一般避難所へこれを派遣すること等により、必要な支援体制を確保することを目的として、都道府県、社会福祉協議会や社会福祉施設等関係団体などの官民共同による「災害福祉支援ネットワーク」を構築することになった（図6-14）。

4 災害派遣精神医療チーム（DPAT）

自然災害や航空機・列車事故、犯罪や事件などの災害が発生すると、被災地の精神保健医療機能が一時的に低下する。また被災者が置かれる状況として学んだように、災害ストレスによる精神的な側面の課題も生じる。

このような状況下、おおむね48時間以内に先遣隊は精神科医療機関

★ DWAT（Disaster Welfare Assistance Team）
主な活動として、❶福祉避難所等への誘導、❷災害時要配慮者へのアセスメント、❸日常生活上の支援、❹相談支援、❺一般避難所内の環境整備、❻本部、都道府県との連絡調整、状況等の報告、❼後続のチームへの引継ぎ、❽被災市区町村や避難所管理者との連携、❾他職種との連携、❿被災地域の社会福祉施設等との連携がある。

の被災状況や避難所での診察の必要性などのニーズを速やかに把握する。

　派遣時の班構成は精神科医、看護師、業務調整員（ロジスティクス担当者）が基本であるが、児童精神科医、薬剤師、保健師、精神保健福祉士、臨床心理技術者なども加わる。

　このように多職種との連携を含め、災害時の精神保健医療のマネジメントも行うことから、都道府県・政令指定都市によって組織され研修・訓練を受けている。

　DPAT*は被災都道府県などからの派遣要請によるが、派遣調整は基本的に災害対策基本法に基づいている。被災状況によって、被災都道府県の本庁担当者が管下の DPAT 統括者と協議し、DPAT 事務局（厚生労働省）に対し、派遣調整を要請する。被災地での活動は被災都道府県の災害対策本部の指示に従う。

⑤ 大規模災害リハビリテーション支援関連団体協議会（JRAT）

　日本リハビリテーション医学会、理学療法協会、作業療法協会、言語聴覚士協会等の 10 団体で構成された「東日本大震災リハビリ支援関連 10 団体」は、2011（平成 23）年 4 月 18 日に合同事務局を立ち上げ、宮城県、福島県の計 3 か所に「震災支援チーム」を派遣しリハビリテーション支援を実施。その後、日本義肢装具士協会、日本義肢装具学会等の新規参加および厚生労働省医政局災害対策室 DMAT 事務局（国立病院機構災害医療センター）からのアドバイザー参加などを経て、2013（平成 25）年 7 月 26 日に名称変更、現在の組織*となった。

　災害時にはフェーズに合わせたリハビリテーション支援を実施。具体的には、❶応急修復期のリハビリテーショントリアージ（避難所の住環境評価と整備、避難所支援物資の選定と設置など）、❷復旧期の生活不活発病予防（避難所や施設でのリハビリテーション支援）、❸復興期の健康支援（地域でのリハビリテーション移行支援）を行っている。

4 円滑な被災者支援に向けて

1 平時からの支援体制の構築

❶応援受援の体制づくり

　2016（平成 28）年に発生した熊本地震では、被災地域外の地方公共

Active Learning

居住する都道府県の DWAT（災害派遣福祉チーム）の構成や仕組み、各種専門職チームなどの状況について調べてみましょう。

★ DPAT（Disaster Psychiatric Assistance Team）
2013（平成 25）年 4 月 1 日に厚生労働省より「災害派遣精神医療チーム（DPAT）活用要領」が通知されたことを受け、ストレス・災害時こころの情報支援センターが「DPAT 活動マニュアル」を作成している。

★ JRAT（Japan Disaster Rehabilitation Assistance Team）
2013（平成 25）年 4 月 10 日に厚生労働省社会・援護局より「大規模災害における応急救助の指針」が示され、同指針においてリハビリ専門職が災害派遣の適応職種に位置づけられた。

団体や防災関係機関をはじめ、企業、ボランティア団体等により、さまざまな種類の支援活動が展開された。

その一方で、県と市町村間においては、支援を受け入れる「受援」の役割分担が明確になっていなかったという課題が明確になったことから、内閣府では2017（平成29）年に「地方公共団体のための災害時受援体制に関するガイドライン」（通称「受援計画」）を策定し、地方公共団体における平時からの支援体制の構築を推進している。

このガイドラインでは、自治体以外の主体や医療・保健・福祉分野の専門職能団体との連携が以下のとおり明記されている。

第6章　応援・受援の体制（自治体以外の主体との連携）
　1．ボランティアとの連携
　　　社会福祉協議会と連携し、ボランティアの活動について支援するべきである
　2．NPOなどのボランティア団体との連携
　　　平時より、被災地で活発な活動を行うボランティア団体との連携を検討しておくべきである
　3．ボランティア団体と情報共有する場の設置
　　　ボランティア団体が被災地方公共団体や応援地方公共団体と情報共有する場の設置が、円滑な被災者支援の実現のためには必要不可欠である
　4．医療・保健・福祉分野の専門職能団体との連携
　　　平時より、医療・保健・福祉分野における専門職能団体と連携体制を整えておくべきである

---

❷地域における公益的な取り組みの展開

2016（平成28）年に改正された社会福祉法では、すべての社会福祉法人に対して「地域における公益的な取組」の実施に係る責務が課せられた。

（経営の原則等）
第24条（略）
　2　社会福祉法人は、社会福祉事業及び第26条第1項に規定する公益事業を行うに当たっては、日常生活又は社会生活上の支援を必要とする者に対して、無料又は低額な料金で、福祉サービスを積極的に提供するよう努めなければならない。

この条文における「福祉サービス」については、福祉サービスの充実を図るための環境整備に資する取り組みも含まれ、災害時の福祉支援体制づくりや関係機関との連携強化のためのネットワークづくりといった展開も可能になっている。

❸福祉事業所における事業継続計画（BCP）の策定

平時よりクライエントの生活と命を支えている福祉事業所の役割・機能は、災害発生時に途絶えることはできない。災害時においてもクライエントに対するサービスを安定的に提供するためには、災害の発生を予測した事業継続計画の策定が不可欠となっている。

事業継続計画は、災害や事故など不測の事態を想定して、事業継続の視点から対応策をまとめたものであり、危機発生の際、重要業務への影響を最小限に抑え、仮に中断しても速やかに復旧・再開できるようにあらかじめ策定しておく行動計画となる。

不測の事態において事業の継続を行う仕組みのみならず、組織内における防災意識の浸透、事業継続の仕組みや取り組みを評価・改善する仕組みを盛り込むことが重要である。

過去の災害においては福祉事業所が大きな被害に遭い、多くの人命が奪われた過去の教訓からも、事業継続計画の策定は重要さを増している。

2 災害発生時における支援体制の構築

❶三者連携の構築

被災者から寄せられる多数のニーズに対し、より適切・効果的な支援を行うためには、被災地内外の行政組織、社会福祉協議会（災害ボランティアセンター）、NPO・ボランティア等が協働して被災者支援に当たることが重要とされている（**図6-15**）。

特に、支援経験とノウハウを重ねた多様な支援団体が災害発生直後から長期的な視点に立った支援活動を行うようになり、それらの活動を支え適切な支援活動がなされるよう調整する中間支援組織の役割も重視されるようになってきた。

内閣府では2018（平成30）年に、「防災における行政のNPO・ボランティア等との連携・協働ガイドブック〜三者連携を目指して〜」を取りまとめ、災害時に行政がNPO・ボランティア等と連携する際のあるべき姿を提示した。

また、同年に修正された国の防災基本計画においても、連携体制の構築、被災者のニーズや支援活動の全体像を把握するための情報共有を行

★ 事 業 継 続 計 画 （ B u s i n e s s Continuity Plan： BCP）の策定
法制度に基づく策定義務はないが、地方自治体における事業継続計画の策定は、都道府県では2016（平成28）年に100％に達し、特別区を含む市町村の策定は2018（平成30）年6月時点で81.0％。民間企業においては大企業では64.0％、中堅企業では31.8％にとどまっている（内閣府『令和元年版 防災白書』pp.74-75, 2019.）。

Active Learning

居住する都道府県には、災害支援を行うNPOやボランティア団体があるか調べてみましょう。

図6-15 災害時の「三者連携」のイメージ

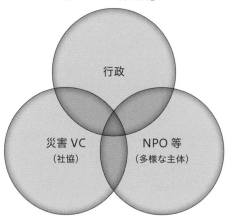

資料：内閣府防災担当「防災における行政のNPO・ボランティア等との連携・協働ガイドブック〜三者連携を目指して〜」p.10，2018.

う場の設置が明記された。

事例

平成30年北海道胆振東部地震における三者連携

2018（平成30）年9月6日午前3時07分、北海道胆振東部を震源とするM7の地震が発生。震源に近い、厚真町、安平町、むかわ町のほか、震源から離れた札幌市やその近郊でも大きな被害を生じた。

災害発生から1週間後の9月13日。北海道外の支援団体38団体を含む、61団体による情報共有会議（支援団体相互の連携のための会議）が苫小牧市で開催された。

この会議を主催・取りまとめたのはNPOの中間支援を行う、北海道NPOサポートセンターと北海道内の支援団体。内閣府や北海道庁、北海道社会福祉協議会の職員等も参加し、被災地域の現状と被災者ニーズについて情報を交換し、避難所の生活環境改善や支援団体のムラ・モレの調整などを行ってきた。

この会議では、在宅被災者の実態把握に不足がある自治体において、支援団体と共同した自治体内の全世帯の状況把握調査や、一部損壊の住家や、倉庫や車庫等の非住家など、法に基づく支援が行えないニーズに対する支援の構築が図られるなど成果があがった。

　災害発生から1年が経過した2019（令和元）年10月、胆振東部地震で培った支援経験を踏まえ、複数の支援団体による災害支援組織「北の国災害サポートチーム」を発足させ、胆振東部地震の被災者支援を継続しながら、さらなる三者連携の推進に向けた取り組みを展開している。

❷被災者見守り・相談支援事業[★]

　応急仮設住宅の供与数などを踏まえ、国は支援を要する高齢者、障害者、生活困窮者、子育て世帯等の安心した日常生活を支えるため、見守り、生活支援、地域交流等の総合的な支援を行う被災者見守り・相談支援センター等に対する設置補助を行っている。

　被災者見守り・相談支援センターには生活支援相談員等が配置され、被災により環境（住所、家族、仕事・学校など）が変化するなかで生じた経済基盤や社会基盤への影響を受け、自立した生活が困難になった人への支援を行っている。意欲がわかない、生活のリズムがつくれない、買い物に行けない、眠れない、新しい生活や人間関係になじめない・なじみたくない、自死を考えるようになった……など、災害により物理的にも精神的にもダメージを受けた被災者が希望をもち、生き生きとした生活を取り戻すことができるように、被災者個々と被災した地域に働きかけた支援活動が行われる。

　災害発生以前からの住民同士の支え合いや民生・児童委員による地域福祉活動は災害時にも重要ではあるが、多くの住民が影響を受ける災害時においては、生活支援相談員の配置による個別支援や地域支援は重要であり、被災地域における地域福祉を補完する役割や活性化する役割を担っているといっても過言ではない。

> **事例**

平成30年7月豪雨災害における岡山県の取り組み

　2018（平成30）年6月28日から7月8日にかけて、西日本を中心に発生した集中豪雨は、気象庁により「平成30年7月豪雨」と命名された。

　岡山県では7月6日深夜から被害が発生し、災害関連死を含め68名が死亡した（2020（令和2）年2月13日現在）。

★被災者見守り・相談
　支援事業
仮設住宅における避難生活の長期化等を踏まえ、被災者がそれぞれの地域のなかで生き生きと安心して日常生活を営むことができるよう、社会福祉協議会等に相談員を配置し、❶見守り・相談支援ネットワークの構築、❷被災者の見守り・相談支援、❸相談員の活動のバックアップ、❹その他被災者の見守り・相談支援と一体的に行われる取り組み、❺「よりそいホットライン」と連携した被災者支援を行う国庫補助事業。

第6章
災害時における総合的かつ包括的な支援体制

岡山県では被災した約5800世帯を対象にした生活支援を行うため、同年10月1日に岡山県社会福祉協議会に「岡山県くらし復興サポートセンター」を設置。被害の甚大だった倉敷市真備と総社市に被災者見守り・相談支援事業実施センターを開設し、約70名の生活支援相談員等とともに被災者の支援に当たっている。

生活支援相談員は被災者個々に対するアウトリーチ型の相談支援活動で得た支援課題を、専門士業を含む県内の多様な資源と連携して解決に当たる取り組みをはじめ、地域住民とともに居場所づくりやコミュニティ形成に向けた取り組みを行っている。

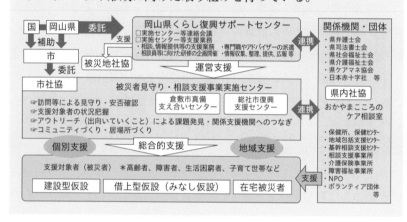

❸災害ケースマネジメントの実践

災害ケースマネジメント[*]とは、「災害によって被害を受けた被災者一人ひとりに寄り添い、生活全体における状況を把握し、それぞれの課題に応じた情報提供や人的支援など個別の支援を組み合わせて計画を実施する取組[1)]」である。

2016（平成28）年10月21日に発生した鳥取中部地震では、鳥取県が震災復興活動支援センターを設置し、職員等が世帯を個別に訪問しながら相談を受理し、相談内容に応じて、行政や社会福祉協議会、地域包括支援センター等が連携して生活復興プランを検討し、生活復興を支える支援チームを派遣するなどして個別の支援に当たっている。

申請を基本とした公的な支援の弊害を克服するため、アウトリーチ型の支援を展開し、多様な支援主体が連携して被災者支援に当たるこの取り組みは、ソーシャルワークにおけるアドボカシー機能につながっている。

★災害ケースマネジメント
2005（平成17）年にハリケーン「カトリーナ」で甚大な被害を受けたアメリカ合衆国で初めて制度化され、国内では東日本大震災で被災した仙台市が取り入れた。

❹支援活動に必要な資金の確保

① 社会福祉法第118条に基づく準備金

1995（平成7）年の阪神・淡路大震災では、多くのボランティアが支援活動を展開した一方、それらの活動を支える資金の調達が課題となった。

このことを受け、2000（平成12）年の社会福祉法改正において、共同募金の寄附金のうち、一定の割合の額を準備金（法第118条）として積み立てることが可能になった。

東日本大震災では、全国の都道府県共同募金会から約8億円の資金を拠出し、100か所以上の災害ボランティアセンターの設置・運営等の資金として役立てられた。

② 災害ボランティア・NPO活動サポート募金

2011（平成23）年の東日本大震災では、災害ボランティアセンターを通じたボランティア支援は約132万人であるが、NPO等を介して支援に当たったボランティアは550万人とこれをはるかに上回る。こうした支援を支えたのが約44億円の募金額となった「災害ボランティア・NPO活動サポート募金」であった。

この募金および助成活動は、東日本大震災以降に発生した大規模災害においても引き続き展開されている。

③ その他の取り組み

上記以外でも、災害の規模等により、公益財団や企業等が実施する活動助成事業が展開されている。また、近年ではクラウドファンディングによる資金の獲得なども行われており、資金の確保・調達方法が多様になっている。

---

5 おわりに

災害が発生すると、人々の暮らしに影響を与えていた各種の社会資源も被害を受ける。その影響は人々が居住する場所のみならず、生活様式や生活習慣にも変化を生じさせる。こうした影響により、それまで地域でさまざまな支援活動を担ってきた住民も一時的または長期にわたり社会福祉の受益者となる場合もあり、あるいは社会福祉に関心の薄かった住民が一時的または長期にわたり社会福祉の担い手となる場合もある。災害はその地域の暮らしを構成している多くのものが被害を受けるだけ

第6章 災害時における総合的かつ包括的な支援体制

235

ではなく、新たな価値をもたらすこともある。

　地域福祉の担い手である住民が災害によるマイナスの影響を早期に解決していかなければ、その地域の福祉力は弱体化する。一方で、住民にとって新たな支援者の発見や地域課題にともに取り組む多様なパートナーと巡り合うことは、その地域の福祉力を高める機会に転じる。

　これまで災害時における法制度と包括的な支援について整理してきたが、災害時におけるソーシャルワークの展開において地域福祉の視点をもつことは、復興後の地域の福祉力を高めることにつながるものである。このことは、平時における災害に備えたソーシャルワークの展開でもまた同様であろう。

　以下に、本章のまとめとして、災害時におけるソーシャルワークの展開において、地域福祉の視点をもって取り組むことのポイントを整理する。

❶　災害時には、そこで生活を営んでいた人々の環境が変化すると同時に、その変化を受け、住民の意識変容や行動変容が生じてくる。この意識変容や行動変容を復興後の地域力の向上につなげるためには、災害時におけるソーシャルワークの展開において地域福祉の視点は欠かせない。

❷　災害時には生活に困窮する者、一時的または長期にわたり福祉サービスの利用が必要になる者、環境の変化により孤立を抱える者などが生じてくる。これらの課題を抱える住民を地域を構成する一員として尊び、その後の生活を当該地域において生き甲斐や希望をもって送ることができるよう地域全体で福祉に取り組むことが重要になる。

❸　災害発生時における応急的な支援は、支援者中心の支援活動が展開されるが、時間の経過とともに、被災当事者である地域住民が復興の主役であることを考慮した地域住民のエンパワメントを高める支援や、住民がもつストレングスを踏まえた支援が求められる。災害により当事者性が広がった災害時こそが、地域福祉を育む重要な時期となる。

❹　災害時に特に困難を抱える要配慮者への支援や多様性（ダイバーシティ）への対応について、平時から地域住民と取り組むことは、共生社会の実現につながる重要なものである。また、社会福祉事業所におけるBCPの策定や福祉従事者の防災対策は、災害時のソーシャルワークの基盤を整えるとともに、そのことこそが地域の福祉力の向上につながるものである。

◇引用文献
1）鳥取県発行パンフレット「生活復興支援に取り組んでいます～鳥取県中部地震からの復興～」

◇参考文献
・消防庁『令和元年版 消防白書』2020.
・日本集団災害医学会 DMAT テキスト改訂版編集委員会編『DMAT 標準テキスト 改訂第 2 版』へるす出版，2015.
・内閣府防災担当「防災における行政との NPO・ボランティア等との連携・協働ガイドブック～三者連携を目指して～」2018.
・内閣府『令和元年版 防災白書』2019.
・小井土雄一・石井美恵子編『災害看護学』メヂカルフレンド社，2020.
・レン・ドミネリ，上野谷加代子・所めぐみ監訳『グリーンソーシャルワークとは何か──環境正義と共生社会実現』ミネルヴァ書房，2017.
・上野谷加代子編『共生社会創造におけるソーシャルワークの役割──地域福祉実践の挑戦』ミネルヴァ書房，2020.
・全国社会福祉協議会「生活支援相談員の手引き」社会福祉法人全国社会福祉協議会地域福祉部，2012.

第7章

福祉計画の
意義と種類、
策定と運用

　本章では、包括的支援体制を構築するうえで不可欠な福祉計画の意義と種類、策定と運用について学ぶ。はじめに、福祉計画の基本的視点や福祉行財政において福祉計画が果たす機能を戦後の福祉計画の歴史を踏まえて学ぶ。次に、市町村地域福祉計画および都道府県地域福祉支援計画の内容について、2000（平成12）年に法定化されるまでの歴史的変遷を踏まえて学ぶ。そのうえで、福祉計画の策定過程と方法・技術、特に福祉計画におけるニーズ把握と評価の方法・技術について、ソーシャルワークの視点に基づいて学ぶ。

福祉計画の定義、目的、機能と歴史的展開

● 福祉計画の基本的視点を学ぶ
● 我が国の戦後の福祉制度の展開を理解し、福祉行財政において福祉計画が果たす機能について把握する

1 福祉計画の定義

　社会福祉法は、第 1 条でその目的を「社会福祉を目的とする事業の全分野における共通的基本事項を定め、社会福祉を目的とする他の法律と相まって、福祉サービスの利用者の利益の保護及び地域における社会福祉（以下「地域福祉」という。）の推進を図るとともに、社会福祉事業の公明かつ適正な実施の確保及び社会福祉を目的とする事業の健全な発達を図り、もって社会福祉の増進に資すること」と規定している（下線部筆者）。

　そして、第 6 条第 1 項では「国及び地方公共団体は、社会福祉を目的とする事業を経営する者と協力して、社会福祉を目的とする事業の広範かつ計画的な実現が図れるよう、福祉サービスを提供する体制の確保に関する施策、福祉サービスの適切な利用の推進に関する施策その他の必要な各般の措置を講じなければならない」と、福祉サービスの提供体制の確保等に関する国及び地方公共団体の責務を明確にしている（下線部筆者）。

　この二つの条文からもわかるように、現在の福祉は、さまざまな福祉計画によって推進されている。国の「高齢者保健福祉推進十か年戦略（ゴールドプラン）」を嚆矢とした長期的な福祉計画（プラン）、自治体の老人福祉計画、介護保険事業計画などの分野別の福祉計画、さらには民間の社会福祉協議会（以下、社協）による地域福祉活動計画など、数多くの福祉計画が策定され、実施されている。その意味で、現代はまさに"福祉計画の時代"であるといえよう。

　「福祉計画」の概念は、「福祉」と「計画」の概念をどのように定義するかによって決まる。しかしながら、それぞれの概念は、その時代の社

Active Learning

福祉計画がなかったらどのようなことが起こるか考えてみましょう。

会的背景などの影響を受けて意味内容が異なるため、福祉計画の概念も
それによって、多様に変化していく。たとえば、福祉が事実上、生活保
護と同義であった福祉三法の時代には、福祉自体が計画的な方法で対応
することができなかったし、また福祉の中心的な課題が福祉施設の整備
であった福祉六法の時代には、福祉計画は、実際には福祉施設の整備計
画を意味していたのである。

　次に、「計画」の概念は、一般に「将来の望ましい状態を構想し、現
状を体系的に変革していく科学的かつ合理的な目標達成の方法」という
ような意味で用いられるが、そこには単なる「将来像」という、かなり
抽象的な意味から、現実に計画的変革（planned change）が可能であ
る、具体的な意味まで、さまざまな意味内容が幅広く含まれている。つ
まり、福祉計画の概念は、それを規定する社会的文脈によって、意味内
容が変化する多義的な概念として考えられるのである。

　そこで、本章では福祉計画の「福祉」を、原則として狭義の福祉サー
ビスの意味に限定し、「計画」を「一定の将来像を明示し、かつそれを
実現するための方針や指針、あるいはその具体的な目標値や手段などに
ついて文書に明記されたもの」と定義することにしたい。

▶2　福祉計画の歴史的展開

　では、我が国において戦後、上述の福祉計画が、どのように展開して
きたのかについて概観しておくことにしよう。[i]

　福祉計画を歴史的にみると、福祉の変化が、その意味内容を変化させ
た要因になっていると考えられるので、その歴史的変遷は大きく四つの
時期に区分することができる。そこで、以下、それぞれの時期の代表的
な計画や、その特徴などについて記述していく。

■1　戦後の福祉計画の通史

●第 1 期　萌芽期（1945 年～1959 年）

　第 1 期は戦後の復興期であり、福祉の最大の課題は、国民の大多数
の生活を脅かしていた貧困問題であった。そのため、福祉は、公的扶助

---

i　社会福祉計画の歴史については、和気康太「社会福祉計画の歴史」定藤丈弘・小林
　良二・坂田周一編『社会福祉計画』（これからの福祉 8）有斐閣, 1996. などを参照。
　ただし、本稿には 21 世紀以降の福祉計画の歴史についても大幅に加筆している。

★**計画の意味内容**
「計画」には『計画書』
に 示 さ れ た 計 画
（plan）だけでなく、
計 画 の 一 連 の 過 程
（process）や、そこで
の 多 元 的 な 主 体 に よ る
行為システム、すなわ
ち 計 画 化（planning）
という意味内容が含ま
れている。なお、ここ
でいう「多元的な主体
による行為システム」
とは、福祉計画には当
該自治体の職員だけで
なく、地域のさまざま
な機関・施設・団体の
専門職などや、利用者
も含む、地域住民など
がかかわっていて、そ
れらの人たちが計画に
いろいろな次元でかか
わることによって、計
画書が出来上がってい
く。それは、計画をめ
ぐる、一つの「システ
ム」を形成していて、
これを「計画化」と呼
んでいる。

★**計画概念の次元**
「計画」の概念について
敷衍しておくと、ソー
シャルワークの分野で
も、たとえばミクロレベ
ルでの問題解決を目指
す、利用者の個別援助
計画や、ケアマネジメ
ントにおけるケアプラ
ンなどのように「計画」
や「プラン」という言
葉を用いる。しかし、
それらはいずれも利用
者が抱える個別的ニー
ズ（individual needs）
に対応するものであっ
て、それらをもって「福
祉計画」とはいわない。
福祉計画が対象とする
のは、メゾ・マクロレ
ベルにおいてそれらを
集合化した集合的ニー
ズ（collective needs）
であり、計画の概念を
考える際には、その違
いに一定の留意が必要
である。

★シビルミニマム
1968（昭和43）年に
策定された「東京都中
期計画」で用いられた
概念で、「都民生活に
とって必要最低限の水
準であり、現代の近代
的大都市が、当然に備
えていなければならな
い最小限度の物的施設
または設備を意味す
る」と定義されている。
なお、この概念は、当
時の革新自治体（美濃
部都政など）によって、
国のナショナル・ミ
ニマムに対する概念と
して措定され、そこに
は「すべての市民の権利」
と「自治体の政策公準」
という二つの意味が込
められていて、当時、
低位なナショナル・ミ
ニマムの水準を引き上
げるという役割を歴史
的に果たしたと評価さ
れている。

★ローリング・システ
　ム
計画は通常、計画の策
定（Plan）→実施（Do）
→評価（See）という
過程で進んでいく。し
かし、計画はこのサイ
クルを1回行えば、
それで終わりというこ
とはない。特に社会問
題のように、時代に
よって変化していく問
題は、このサイクルを
複数回行わなければ解
決しないことが多い。
そこで、1968（昭和
43）年の「東京都中
期計画」で考え出され
たのが、一定期間でこ
のサイクルを繰り返し
ていく「ローリング・
システム」である。

である生活保護法を中心にして、それに児童福祉法と身体障害者福祉法を加えた「福祉三法」で行われていた。この時期には「経済自立5カ年計画」（1955（昭和30）年）などのような社会保障に関する構想計画がいくつか策定されたが、福祉計画自体はそのなかに組み込まれており、独自の制度としては成立しなかった。

❷第2期　試行期（1960年～1973年）

　第2期は高度経済成長期であり、福祉は福祉三法に精神薄弱者福祉法（現・知的障害者福祉法）、老人福祉法、母子及び寡婦福祉法（現・母子及び父子並びに寡婦福祉法）を加えた「福祉六法」へとその範疇を拡大した。この時期には、国の経済計画に対応して、厚生省が「厚生行政の課題」（1964（昭和39）年）などの厚生行政にかかわる計画を策定している。また、福祉の領域での計画としては「社会福祉施設緊急整備5カ年計画」（計画期間：1971（昭和46）年～1975（昭和50）年）が策定されている。さらに、この時期には東京都が「東京都中期計画」（1968（昭和43）年）を策定し、シビルミニマム*の概念や、ローリング・システム*の採用などで全国の注目を集めた。そして、1969（昭和44）年には地方自治法の改正（第2条第5項の追加）によって、基本構想の策定が全国の自治体に義務づけられたが、当時は福祉がその構想の中心になることはなかった（基本構想の策定の義務づけは2011（平成23）年8月1日に廃止された）。

❸第3期　展開期（1974年～1989年）

　第3期は高度経済成長が終焉し、日本社会が安定成長へと移行した時期である。それに伴って、社会保障・社会福祉は"拡大から抑制へ"と大きく変化した。この転換を象徴するのが、1979（昭和54）年に策定された「新経済社会7カ年計画」である。この時期には国レベルでの福祉計画は策定されていないが、神奈川県や神戸市などの自治体が先駆的に福祉計画を策定し始め、社協も在宅福祉サービスとの関連で「地域福祉計画」の策定に取り組み始めた。また、東京都では1989（平成元）年に東京都が地域福祉推進計画、区市町村が地域福祉計画、区市町村の民間団体（社協など）が地域福祉活動計画を策定するという「三相計画」の考え方が出され、それ以降、東京都の区市町村で計画の策定が進められている。さらに、この時期には国連において「国際障害者年行動計画」（1980年）や「高齢者問題国際行動計画」（1982年）など、障害者や高齢者による行動計画も策定されている。

❹第 4 期　確立期（1990 年〜2005 年／2006 年〜現在）

　第 4 期は前期（1990（平成 2）年〜2005（平成 17）年）と後期（2006（平成 18）年〜現在）に分けることができる。

　前期には 1989（平成元）年に国の「高齢者保健福祉推進十か年戦略」（ゴールドプラン）が策定され、1999（平成 11）年までに実現すべき高齢者保健福祉サービスの目標値が示された。さらに、**福祉関係八法の改正**（1990（平成 2）年）が行われ、これにより各自治体に「老人保健福祉計画」の策定が義務づけられたが、この制度改革によって戦後はじめて福祉計画が法定化された。その後、1990 年代には「新・高齢者保健福祉推進十か年戦略（新ゴールドプラン）」や「今後の子育て支援のための施策の基本的方向について（エンゼルプラン）」などが国レベルで、また「障害者計画」や「児童育成計画」が自治体レベルで策定されるようになっている。

　さらに、介護保険制度の導入（2000（平成 12）年）に向けて、1999（平成 11）年には全国の自治体で「介護保険事業（支援）計画」が策定されている。そして、2000（平成 12）年の社会福祉法によって、地方自治体の「地域福祉（支援）計画」が法定化され、以後、2003（平成 15）年には次世代育成支援対策推進法が成立して「次世代育成支援行動計画」が、2005（平成 17）年には障害者自立支援法が成立して「障害福祉計画」が法定化されている。これによって、福祉系主要 3 分野のすべてで、福祉計画が策定されるようになった。

　前期は上述のように、高齢者保健福祉、障害者福祉、児童福祉の主要 3 分野で、福祉計画が法定化され、自治体にその策定が義務化されたことが特徴となっているが、後期はそれがさらに拡大・深化している。具体的には 2012（平成 24）年に子ども・子育て関連 3 法が成立し、新しい子ども・子育て支援制度のもとで、2015（平成 27）年 4 月からの 5 か年計画として、市町村の「子ども・子育て支援事業計画」と、都道府県の「子ども・子育て支援事業支援計画」が策定されている。また、2017（平成 29）年には、地域共生社会の実現に向けて地域福祉をさらに推進するため、社会福祉法が改正され、そのなかで自治体の「地域福祉（支援）計画」の充実が図られている。

■2 福祉計画の通史に見る特徴

　以上、戦後の福祉計画の歴史的展開を四つの時期に大別し、その概要について説明してきた。ここでその通史的な特徴を挙げると、第一は福

祉計画が社会保障制度のなかで、相対的に独自な領域の計画として策定されるようになり、しかもそれが具体的な実施計画を伴うようになったことである。第1期と第2期の福祉は公的扶助である生活保護と連動していたが、第3期以降になるとその政策規模の拡大に伴って、次第に対人社会サービス（personal social service）として生活保護から分離していくようになり、それによって福祉が計画的に整備できるようになった。また、福祉計画自体も、第4期にはいわゆる理念計画ではなく、その内容の具体的な実施に向けた方法・手段を組み込んだ計画へと変化してきている。

第二は福祉計画が地域レベルでの計画、すなわち「地域福祉計画」へと変化してきていることである。第1期と第2期の福祉は施設福祉サービスが中心であったが、第3期には在宅福祉サービスの必要性が認識されるようになった。このようにサービス集約型の給付形態をとる福祉施設から、サービス分散型の給付形態をとる在宅福祉へと福祉サービスの供給システムが変化することによって、福祉計画は、第4期には地域レベルではじめて具体的な計画として機能するようになり、自治体や社協が在宅福祉サービスの供給計画を中心とした「地域福祉計画」を策定するようになってきている。

第三は国が主体となった計画から、自治体あるいは民間団体としての社協が主体となった計画への転換がみられることである。第1期と第2期の福祉では、たとえば第2期の「社会福祉施設緊急整備5カ年計画」（1971（昭和46）年～1975（昭和50）年）のように、国が主体となって福祉計画を策定したが、第3期に入ってからは1986（昭和61）年に福祉の措置が機関委任事務から団体委任事務に変更され、「地方分権型」「地方自治型」の福祉の端緒が開かれたこと、また1990年代を通して「地方分権改革」が進展したことなどもあり、特に第4期以降は、自治体や社協が主体となった、トップダウン型からボトムアップ型への変化が、福祉計画において生じている。

3　福祉計画の種類と類型

ここまで戦後の福祉計画の歴史的展開の通史と、その特徴について論及してきたが、現在、我が国で策定されている「福祉計画」は、次の二つの類型に大別して考えることができる。

図7-1 福祉計画の構造

	C1	C2	C3 ··········· Cm-1	Cm						
N1	C1N1	C2N1	C3N1 Cm-1N1	CmN1	ΣN1	⇔	S1	=	F	(R1、Rr)
N2	C1N2	C2N2	C3N2 Cm-1N2	CmN2	ΣN2	⇔	S2	=	F	(R1、Rr)
N3	C1N3	C2N3	C3N3 Cm-1N3	CmN3	ΣN3	⇔	S3	=	F	(R1、Rr)
⋮	⋮	⋮	⋮ ⋮	⋮	⋮		⋮		⋮	⋮
NL	C1NL	C2NL	C3NL Cm-1NL	CmNL	ΣNL	⇔	SL	=	F	(R1、Rr)

個別の援助計画　→　ニーズの総量　サービスの体系　資源の組織化
(1)地域組織化
(2)福祉組織化

サービス提供計画

＊ニーズの総量は「ニーズ推計」の手法を用いて出すこともある。

注：N（Need）：ニーズ、C（Case）：利用者（当事者）、S（Service）：サービス、F（Function）：機能、R（Resource）：社会資源
資料：全国社会福祉協議会編『地域福祉計画——理論と方法』全国社会福祉協議会，p.16，1984. を参考にして作成

第一の類型は、施設福祉サービスや在宅福祉サービスなどの福祉サービスの提供に関する計画であり、具体的には福祉系主要3分野の計画（老人福祉計画・介護保険事業計画、障害者計画・障害（児）福祉計画、児童育成計画・次世代育成支援行動計画など）が挙げられる。この計画は、**図7-1**のように基本的にはニーズの種類と程度別にそれを有する利用者の数を掛け合わせ、それらを積算することによってニーズの総量を算出し、次にそれに対応するサービスの体系を、サービスの種類別にその提供主体に関する情報をもとに構想する計画である。この計画では、こうした手法によってニーズが明確になり、またそれを充足する具体的なサービスの目標量や、現状との乖離を析出できる。そして、そのうえでサービスの供給に必要となる社会資源の組織化や調達を目的として「組織計画」「人材計画」「財源計画」などが策定されていくことになる。

第二の類型は、地域社会において福祉サービスが利用者や地域住民等に対して、的確に機能するように、その基盤を整備する計画であり、具体的には社会福祉法で法定化された「市町村地域福祉計画」が挙げられる。この計画では、公民協働、すなわち行政（市町村）だけでなく、地域住民や、民間の福祉機関・施設・団体などの主体的な参加が必要になる。つまり、福祉系主要3分野の福祉計画が有効に機能するには、福祉コミュニティの存在が不可欠であり、それを実現することが地域福祉計画の目的となっている。そのため、この計画では「地域組織化」と「福祉組織化」という二つの組織化活動と、民間の社協が策定する「地域福祉活動計画」との連携・協働が重要になる。

★**福祉コミュニティ**
福祉活動による紐帯（つながり）を通して形成されるコミュニティであり、地域コミュニティの下位コミュニティとして位置づけられる。ただし、福祉問題が拡大して、地域社会全体の問題となり、それに対して地域住民が主体的にその解決に取り組んでいる場合などは、地域コミュニティ全体が福祉コミュニティとなる。

★**地域組織化と福祉組織化**
前者は地域社会における住民の組織化活動であり、後者は福祉の利用者や福祉関係者の組織化活動のことを意味している。ただし、福祉組織化活動も、論者によって重点が異なる。たとえば、岡村重夫は利用者（当事者）の組織化活動を、また永田幹夫は福祉関係者の組織化活動を重視している。なお、地域組織化は地域コミュニティ、福祉組織化は福祉コミュニティにおける組織化活動であるといえる。

いずれにしても、こうした福祉計画の類型論からもわかるように、現行の福祉計画には、❶利用者・地域住民等への福祉サービスの提供と、❷福祉コミュニティ形成という、二つの固有の構成要件があると考えられる。

4 福祉計画の機能

戦後の福祉計画の嚆矢をどこに見るかについてはさまざまな考え方があるが、ここでは我が国において、それが老人保健福祉計画によって実体化した1990年代以降に焦点を当てて、福祉行財政の視座から、その機能について5点に集約して論及することにしよう。

第一は福祉政策決定過程の合理化である。1962（昭和37）年の「社会保障制度審議会」の勧告は、当時の福祉の最大の欠陥として組織的、計画的、体系的でないことを指摘しているが、福祉計画にはこの問題、つまり福祉政策決定過程における「漸増主義*」（インクリメンタリズム）の問題点を克服し、それを合理化していく機能がある。

第二は、福祉サービス提供システムの構築である。現代の福祉の特徴は、福祉サービス提供システムの多元化・多様化にある。福祉計画には単に必要な福祉資源の調達・配分だけでなく、多元化・多様化した福祉サービスの提供主体（行政、社会福祉法人、事業者・活動者など）を調整し、効果的・効率的かつ公正なシステムを構築していく機能がある。

第3は、福祉サービス提供システムにおける連携・協働の推進である。福祉サービス提供システムを機能させるため、福祉計画には、❶計画における連携・協働と、❷計画による連携・協働という二つの次元、すなわち❶その内容（plan）と❷その行為（planning）の次元においてそれを推進する機能がある。

第四は、利用者・地域住民等の参加の促進である。**住民参加**[ii]は、福祉の領域では常に古くて新しい課題である。社会福祉法の第107条は、その条文において市町村地域福祉計画における住民参加を規定するとと

★漸増主義（incrementalism）
「増分主義」ともいう。政策決定の際に過去の実績を重視し、基本的にその政策を漸増的な変化に留める行動様式のことである。これは、C.リンドブロムが『政策形成の過程──民主主義と公共性』（邦訳：東京大学出版会、2004.）などで、政策決定の合理主義モデルに対する批判として提起した概念モデルである。漸増主義は、その現実主義的な側面が評価される一方で、政策の現状を容認するモデルであると批判されている。

---

ii　住民参加については、和気康太「住民参加の次元と機能」日本地域福祉学会編『新版　地域福祉事典』中央法規出版，pp.374-375, 2006. を参照。なお、和気は、住民参加を福祉サービスの視点から、❶サービス利用過程への参加、❷サービス提供過程への参加、❸政策（計画）決定過程への参加という三つの次元（dimensions）に分けて論及している。近年の参加論でいえば、❶と❷が社会参加、❸が政治参加になる。

もに、計画に定めるべき事項として、地域福祉の推進に関して住民参加の促進に関する事項を挙げている。このことからもわかるように、福祉計画には住民参加を促進する機能がある。

　第5は、**アカウンタビリティ（説明責任）**の遂行である。福祉がかつてのように一部の特殊な人々のものではなく、すべての人々のものになりつつある現在、福祉にもアカウンタビリティが求められている。そしてそれは、利用者や地域住民等の参加と協働に基づく福祉計画においても同様で、福祉計画には科学的なデータを示して、アカウンタビリティを果たす機能がある。

◇参考文献
・和気康太「社会福祉計画の歴史」定藤丈弘・小林良二・坂田周一編『社会福祉計画』（これからの福祉8）有斐閣，1996.
・和気康太「住民参加の次元と機能」日本地域福祉学会編『新版 地域福祉事典』中央法規出版，pp.374-375，2006.

第7章

福祉計画の意義と種類、策定と運用

市町村地域福祉計画・都道府県地域福祉支援計画の内容

学習のポイント

● 市町村地域福祉計画と都道府県地域福祉支援計画が法定化されるまでの歴史的変遷について理解する

● 地域福祉計画は、「社会福祉法」（2000（平成12）年）において法定計画となったが、この計画がその他の福祉計画とは異なっていることを学ぶ

1 地域福祉計画の歴史的展開

戦後の地域福祉計画の歴史は、大きく四つの時期に区分される。以下、それぞれの時期の「地域福祉計画」について概説することにしたい。

1 地域組織化活動の時代の地域福祉計画（1945年〜1974年）

歴史には連続性と非連続性の二つの側面がある。我が国の戦後社会福祉の歴史は、戦前の社会事業などと連続している面があるものの、基本的には敗戦による経済・社会の混乱と、占領軍（GHQ）による統治、すなわち「民主化」という時代状況もあり、非連続な面が少なくない。

地域福祉の実践活動において重要な役割を果たしてきた社会福祉協議会（以下、社協）は、そうした歴史における非連続性の一環として、占領軍のSCAPIN775の6項目提案の一つに挙げられていたことが契機となり、1950年代に全国の市町村と都道府県で結成された。

アメリカで発達したソーシャルワークの理論は戦後、本格的に我が国の福祉の現場に導入されるようになったが、それは地域福祉の分野、特に社協においても同様で、1950年代になると、アメリカのコミュニティ・オーガニゼーション（以下、CO）の理論が導入され、社協でもそれが実践されるようになった。

COの理論にはいくつかの類型があるが、大別すると、❶連絡・調整と、❷組織化という二つの流れがある。❶連絡・調整とは文字どおり、地域社会で事業・活動を行う、福祉の機関・施設・団体などを適宜、連絡・調整することであり、❷組織化とは、地域社会において"つながり"

のない地域住民や利用者（当事者）を一つの組織にして、その活動を促進することである。

この地域組織化論では、その過程（プロセス）において地域住民が組織化され、福祉の目的・目標を共有し、それに向けて活動を行うときに計画を策定し、それに基づいて活動することになっている。この地域住民による活動計画を、当時は「地域福祉計画」と呼んでいた。ただし、それは文字どおり、地域住民の活動の「計画」であり、今日の社協の「地域福祉活動計画」などのように組織的に成文化された「計画」ではなかった点には留意が必要である。

つまり、この時代の地域福祉計画は、地域社会において福祉を実現するという、抽象的な目的概念としての地域福祉であり、地域福祉計画も、COである地域住民の組織化活動の一環として策定され、実施される「活動計画」を意味していたのである。

❷ 住民参加型在宅福祉サービスの時代の地域福祉計画（1975年～1989年）

在宅福祉は、1960年代に自治体の職員（常勤）が「老人家庭奉仕員」として、家事援助などのサービスを行っていたことが源流となっている。しかし、我が国にも1970年代初頭に高齢化社会が到来して、高齢者の福祉ニーズが拡大し、さらにそれが高度化・多様化したことで、従来までの施設福祉だけでなく、在宅福祉の必要性が強く認識されるようになった。

こうした状況のなかで出現したのが、「**住民参加型在宅福祉サービス**」である。このサービスは文字どおり、地域住民自らが家事援助や訪問介護などの在宅福祉サービスを提供するもので、その団体は非営利（Non-profit）で、❶会員制、❷有料性、❸有償性の三つを特徴としている。

住民参加型在宅福祉サービスは、それまで自治体による措置として原則、無料で提供されていた「老人家庭奉仕員」の在宅福祉サービスの外側に、当該の団体（事業者）と会員（利用会員・協力会員）の契約に基づく有料・有償のサービスが出現したことを意味していた。しかも、それは1980年代の後半から1990年代にかけて急速に拡大し、それまでの福祉サービスの供給システムを変容させていくことになった。

この時期には社協もまた、上記の住民参加型在宅福祉サービスを提供するようになっている。それまでの社協はCO、特に地域住民の組織化活動に取り組んでいたが、上述のような、高齢化社会の進展という社会

環境の変化などもあり、社協はこの時期にいわゆる「事業体社協」へと転換している。そして、それに伴って、社協は「社協発展計画」のような組織計画から地域社会における福祉ニーズの拡大を視野に入れた「在宅福祉サービス供給計画」を策定するようになり、この計画をもって社協は「地域福祉計画」と称するようになっている。

　つまり、この時代の地域福祉計画は、それまでとは異なり、住民参加型在宅福祉サービスという、新しい類型（タイプ）の福祉サービスの出現と拡大によって実体化した、実体概念としての地域福祉であり、地域福祉計画もそれに応じた社協の「在宅福祉サービス供給計画」を主に意味していたのである。

■3 福祉改革の時代の地域福祉計画（1990年～1999年）

　1980年代に入ると、神奈川県や神戸市などの先駆的な自治体が、福祉政策の計画化という文脈で「地域福祉計画」の策定に取り組むようになった。特にそのなかで東京都は、都の地域福祉推進計画、区市町村の地域福祉計画、区市町村社協の地域福祉活動計画という「三相」計画の構想を打ち出し、特に基礎自治体である区市町村で地域福祉計画が策定されるようになった。これによって、それまでの社協とともに市町村（行政）が地域福祉を推進する時代が到来したが、全国でそれが実現するのは、「地方分権改革」などが一定の進展を見せた、約10年後の社会福祉法（2000（平成12）年）の成立後のことである。ただし、社会福祉法で規定された「地域福祉計画」は、東京都の三相計画のそれとは異なったものになっている点には留意が必要である。

　この時期には、福祉関係八法の改正によって老人保健福祉計画が法定化され、全国すべての市町村で計画が策定されるようになり、それがやがて障害者福祉や児童福祉の分野にも波及していくなど、福祉の領域において計画行政（planning administrtaion）が大きく進展している。また、この時期には高齢者保健福祉分野における介護保険制度の法制化などの影響も受け、そのほかの福祉のすべての分野でもそのあり方が議論されるようになった。これがいわゆる「社会福祉基礎構造改革」（以下、基礎構造改革）の議論であり、そのなかで地域福祉計画も、その改革の文脈で取り上げられるようになった。

　基礎構造改革とは、戦後間もなく形成された社会福祉の基礎構造、すなわち措置制度と、福祉の基幹法である社会福祉事業法（1951（昭和26）年）が所管している事項、たとえば福祉事務所、社会福祉法人、

★東京都の「三相計画」
福祉の主要3分野の計画も含む、文字どおり、総合的な「地域福祉計画」であったが、社会福祉法（2000年）の第107条で規定された市町村地域福祉計画の内容は、❶地域における福祉サービスの適切な利用の推進に関する事項、❷地域における社会福祉を目的とする事業の健全な発達に関する事項、❸地域福祉に関する活動への住民の参加の促進に関する事項の三つの事項であり、三相計画と比較すると限定的なものになっている。

社協、民生・児童委員などの運営や経営を改革することを目的として、戦後 50 年という節目の年にあたる 1995（平成 7）年から主に厚生省中央社会福祉審議会社会福祉構造改革分科会などにおいて議論された、一連の改革構想を総称している。

　上記の分科会の「社会福祉基礎構造改革について（中間まとめ）」では、今後は「対等な関係の確立」「地域での総合的な支援」「多様な主体の参入促進」「質と効率性の向上」「透明性の確保」「公平かつ公正な負担」「福祉の文化の創造」を基本方向として改革を進める必要があり、その具体的内容としては、「社会福祉事業の推進」「質と効率性の確保」「地域福祉の確立」の三つを柱として改革を進めていくことが必要であるとされている。そして、その「地域福祉の確立」のなかで、地域福祉計画については、今日の方向性と通底する、重要な視点が示されているが、それが基本的には社会福祉法（2000（平成 12）年）における地域福祉計画の法定化へとつながっていくことになる。

■4 「社会福祉法」の時代の地域福祉計画（2000 年〜現在）

　現在の社会福祉法は、上述のような基礎構造改革の議論を経て 2000（平成 12）年に成立したが、同法は第 1 条で地域福祉の推進を目的として掲げ、第 4 条の地域福祉の推進では「地域住民、社会福祉を目的とする事業を経営する者及び社会福祉に関する活動を行う者は、相互に協力し、福祉サービスを必要とする地域住民が地域社会を構成する一員として日常生活を営み、社会、経済、文化その他あらゆる分野の活動に参加する機会が与えられるように、地域福祉の推進に努めなければならない」（下線筆者）としている（引用の条文は 2000（平成 12）年 6 月 7 日の施行時点のもの。以下このページおよび次ページにおいて同じ）。また、第 6 条は、福祉サービスの提供体制の確保等に関する国および地方公共団体の責務として「国及び地方公共団体は、社会福祉を目的とする事業を経営する者と協力して、社会福祉を目的とする事業の広範かつ計画的な実施が図られるよう、福祉サービスを提供する体制の確保に関する施策、福祉サービスの適切な利用の推進に関する施策その他の必要な各般の措置を講じなければならない」（下線筆者）としている。つまり、社会福祉法は、第 4 条で地域福祉の推進、第 6 条で国及び地方自治体の責務としての福祉計画を規定していて、文字どおり、「地域福祉計画」が社会福祉の運営・経営において最も重要になるとしているのである。

そのうえで、同法では「地域福祉の推進」として第10章が設けられ、2003（平成15）年4月1日からの施行により第107条で市町村地域福祉計画が、また第108条で都道府県地域福祉支援計画が新たに規定された。

　第107条は、市町村地域福祉計画に❶地域における福祉サービスの適切な利用の推進に関する事項、❷地域における社会福祉を目的とする事業の健全な発達に関する事項、❸地域福祉に関する活動への住民の参加の促進に関する事項の三つの事項を盛り込むこと、また「市町村は、（中略）地域福祉の推進に関する事項として次に掲げる事項を一体的に定める計画（以下「市町村地域福祉計画」という。）を策定し、又は変更しようとするときは、あらかじめ、住民、社会福祉を目的とする事業を経営する者その他社会福祉に関する活動を行う者の意見を反映させるために必要な措置を講ずるとともに、その内容を公表するものとする」として、計画への住民参加を規定している。

　第108条は、都道府県地域福祉支援計画に、❶市町村の地域福祉の推進を支援するための基本的方針に関する事項、❷社会福祉を目的とする事業に従事する者の確保または資質の向上に関する事項、❸福祉サービスの適切な利用の推進および社会福祉を目的とする事業の健全な発達のための基盤整備に関する事項の三つの事項を盛り込むこと、また「都道府県は、（中略）市町村の地域福祉の支援に関する事項として次に掲げる事項を一体的に定める計画（以下「都道府県地域福祉支援計画」という。）を策定し、又は変更しようとするときは、あらかじめ、公聴会の開催等住民その他の者の意見を反映させるために必要な措置を講ずるとともに、その内容を公表するものとする」として、やはり計画への住民参加を規定している。

　厚生労働省社会保障審議会福祉部会は、上記の第107条と第108条の規定を受け、2002（平成14）年に「市町村地域福祉計画及び都道府県地域福祉支援計画策定指針の在り方について（一人ひとりの地域住民への訴え）」という報告書を出している。これは、市町村の地域福祉計画、都道府県の地域福祉支援計画をどのように策定するかについて示した指針であり、これ以降、この指針を参考にして、全国の自治体で地域福祉

---

i　本報告書は、すでに厚生労働省子ども家庭局長・社会・援護局長・老健局長連名通知「地域共生社会の実現に向けた地域福祉の推進について」（平成29年12月12日子発1212第1号・社援発1212第2号・老発1212第1号）が通知されたことによって歴史的役割を終えているので、留意が必要である。

計画と地域福祉支援計画が策定されていくことになった。

なお、その後の動向としては、2007（平成19）年には災害時等の要援護者支援策としての市町村地域福祉計画に関する通知が出され、また生活困窮者自立支援法（2015（平成27）年）が成立してからは、たとえば生活困窮者支援を通じた地域づくりなどの事項も、市町村地域福祉計画のなかに盛り込むように通知が出されている。ただし、この時期の市町村地域福祉計画の策定率は、全体としては必ずしも高くなかったため、それが地域福祉全体を通しての課題となっていた。

2 社会福祉法改正と市町村地域福祉計画・都道府県地域福祉支援計画

上述のような状況の転機となったのが、「ニッポン一億総活躍プラン」（2016（平成28）年）の閣議決定である。このプランでは、国民が「支え手側と受け手側に分かれるのではなく、誰もが役割を持ち、活躍できる、地域共生社会の実現」が政策目標となり、厚生労働省もまた、地域福祉の推進を通してその実現に取り組むことになった。

そこで、厚生労働省は「地域における住民主体の課題解決力強化・相談支援体制の在り方に関する検討会」（以下、地域力強化検討会）を立ち上げ、そこでの議論の成果を「最終とりまとめ」（2017（平成29）年）として公表し、❶それぞれの地域で共生の文化を創出する挑戦、❷すべての地域の構成員の参加・協働、❸重層的なセーフティネットの構築、❹包括的な支援体制の整備、❺福祉以外の分野との協働を通じた、「支え手」「受け手」が固定されない、参加の場、働く場の創造、という五つの視点で、これからの福祉政策の方向性を示している。

そのうえで、上述のような地域づくりを実現するためには、❶「住民に身近な圏域」において、地域住民等が主体的に地域生活課題を把握し、解決を試みることができる環境の整備、❷「住民に身近な圏域」において、地域生活課題に関する相談を包括的に受け止める体制の整備、❸多機関の協働による包括的な相談支援体制の構築等を通じた包括的な支援体制の整備が必要であるとしている。なお、この❶～❸が図7-2のように、2017（平成29）年の社会福祉法の改正で追加された第106条の3第1項の第1号から第3号の内容に相応している。

さらに、2017（平成29）年の社会福祉法の改正では、第107条の市町村地域福祉計画と第108条の都道府県地域福祉支援計画に関する

図7-2　市町村における包括的な支援体制の整備について

・1から3は、地域において必要となる機能・取組を示したものであり、同一の機関が担うこともあれば、別々の機関が担うこともあるなど、地域の実情に応じて様々な方法が考えられる。また、それぞれ「点」として個々に実施するのではなく、「面」として連携させて実施していくことが必要。
・地域福祉計画の策定プロセスなども活用した、関係者の総意と創意工夫による市町村における包括的な支援体制の具体化・展開を期待。

| 住民に身近な圏域（※） | 1「住民に身近な圏域」において、地域住民等が主体的に地域生活課題を把握し解決を試みることができる環境の整備に関する事項（法第106条の3第1項第1号関係） | → | ・地域福祉に関する活動への地域住民の参加を促す活動を行う者に対する支援
・地域住民等が相互に交流を図ることができる拠点の整備
・地域住民等に対する研修の実施
・地域の課題を地域で解決していくための財源等（地域づくりに資する事業の一体的実施、共同募金によるテーマ型募金、クラウドファンディング、SIB、ふるさと納税、社会福祉法人による地域における公益的な取組、企業の社会貢献活動との協働等） |

| | 2「住民に身近な圏域」において、地域生活課題に関する相談を包括的に受け止める体制の整備に関する事項（法第106条の3第1項第2号関係） | → | ・地域住民の相談を包括的に受け止める場の整備（担い手については、地域の実情に応じ、地域で協議）

例1：地域住民による相談窓口を設置し、社会福祉協議会のCSWが専門的な観点からサポートする方法
例2：地域包括支援センターのブランチを拠点とした相談窓口を設置するとともに、民生委員等と協働していく方法
例3：自治体等において各種の相談窓口を集約し、各専門職が地域担当として、チームで活動していく方法
例4：診療所や病院のソーシャルワーカーなどが退院調整等だけでなく、地域の様々な相談を受け止めていく方法

・地域住民の相談を包括的に受け止める場の周知（担い手、場所、役割等）
・地域の関係者（民生委員・児童委員、保護司等）等との連携による地域生活課題の早期把握
・地域住民の相談を包括的に受け止める場のバックアップ体制の構築（3の支援体制と連携） |

（※）地域の実情に応じて異なると考えられ、地域で協議し、決めていく過程が必要

| 市町村域 | 3 多機関の協働による包括的な相談支援体制の構築に関する事項（法第106条の3第1項第3号関係） | → | ・複合的で複雑な課題等の解決のため、支援関係機関が支援チームを編成し、協働して支援
・その際、協働の中核を担う機能が必要（担い手については、地域の実情に応じ、地域で協議）

＜展開の例＞
・地域づくりや、働く場や参加する場の創出を意識した相談支援体制は、生活困窮者自立支援制度の自立相談支援機関が福祉以外の分野とつながりながら、中核を担う場合が多い
・個別支援を中心に展開する体制は、住民に身近な圏域にある地域包括支援センターなどが地域住民と顔の見える関係をつくりながら中核を担う場合に見られる
・庁内外の連携体制の構築や情報共有の仕組みづくりは、自治体が組織体制の見直しを含めて体制整備に着手

・支援に関する協議及び検討の場（既存の場の拡充、新たな場の設置等）
・支援を必要とする者の早期把握（2の体制や地域の関係者、関係機関との連携）
・地域住民等との連携（公的制度による支援と地域住民・ボランティアとの協働） |

| 都道府県域 | 4 市町村における包括的な支援体制の整備に対する都道府県の支援について | → | ・単独の市町村では解決が難しい課題を抱える者等（医療的ケア児、難病・がん患者、配偶者からの暴力を受けた者、刑務所出所者等）への支援体制を市町村と連携して構築
・都道府県域で推進していく独自施策の企画・立案、市町村間の情報共有の場づくり、市町村への技術的助言 |

資料：厚生労働省「地域共生社会の実現に向けた地域福祉の推進について（概要）」2017.

条文も変更されている。その変更点としては、第一にそれまで任意とされていた計画策定を「努力義務」としたこと、第二に策定に際しては第1項に第1号として「地域における高齢者の福祉、障害者の福祉、児童の福祉その他の福祉に関し、共通して取り組むべき事項」を追加し、福祉系主要3分野の「上位計画」としたこと、第三に上記の第106条の3第1項の体制整備を促進する観点から「包括的な支援体制の整備に関する事項」を計画で定めるとしたこと、第四に策定した計画は「定期的に、（中略）調査、分析及び評価を行うよう努めるとともに」、必要に応じて見直しを行うとされ、PDCAサイクルのなかで計画の進行管理や評価が明記されたことの4点が挙げられる。

図7-3　市町村地域福祉計画に盛り込むべき事項

①**地域おける高齢者の福祉、障害者の福祉、児童の福祉その他の福祉に関し、共通して取り組むべき事項**

・様々な課題を抱える者の就労や活躍の場の確保等を目的とした、福祉以外の様々な分野（まちおこし、商工、農林水産、土木、防犯・防災、社会教育、環境、交通、都市計画等）との連携に関する事項
・高齢、障害、子ども・子育て等の各福祉分野のうち、特に重点的に取り組む分野に関する事項
・制度の狭間の課題への対応の在り方
・生活困窮者のような各分野横断的に関係する者に対応できる体制
・共生型サービス等の分野横断的な福祉サービス等の展開
・居住に課題を抱える者への横断的な支援の在り方
・就労に困難を抱える者への横断的な支援の在り方
・自殺対策の効果的な展開も視野に入れた支援の在り方
・市民後見人等の育成や活動支援、判断能力に不安がある者への金銭管理、身元保証人等、地域づくりの観点も踏まえた権利擁護の在り方

・高齢者、障害者、児童に対する虐待への統一的な対応や、家庭内で虐待を行った養護者又は保護者が抱えている課題にも着目した支援の在り方
・保健医療、福祉等の支援を必要とする犯罪をした者等への社会復帰支援の在り方
・地域住民等が集う拠点の整備や既存施設等の活用
・地域住民等が主体的に地域生活課題を把握し解決に取り組むことができる地域づくりを進めるための圏域と、各福祉分野の圏域や福祉以外の分野の圏域との関係の整理
・地域づくりにおける官民協働の促進や地域福祉への関心の喚起も視野に入れた寄附や共同募金等の取組の推進
・地域づくりに資する複数の事業を一体的に実施していくための補助事業等を有効に活用した連携体制
・全庁的な体制整備
・その他

②**地域における福祉サービスの適切な利用の促進に関する事項**

・福祉サービスの利用に関する情報提供、相談体制の確保、支援関係機関間の連携
・社会福祉従事者の専門性の向上、ケアマネジメント、ソーシャルワーク体制の整備
・サービスの評価やサービス内容の開示等による利用者の適切なサービス選択の確保
・成年後見制度、日常生活自立支援事業、苦情解決制度など適切なサービス利用を支援する仕組み等の整備
・避難行動要支援者の把握及び日常的な見守り・支援の推進方策

⑤**包括的な支援体制の整備に関する事項**

・「住民に身近な圏域」において、住民が主体的に地域生活課題を把握し解決を試みることができる環境の整備〔社会福祉法第106条の3第1項第1号に規定する事業〕
・「住民に身近な圏域」において、地域生活課題に関する相談を包括的に受け止める体制の整備〔社会福祉法第106条の3第1項第2号に規定する事業〕
・多機関の協働による市町村における包括的な相談支援体制の構築〔社会福祉法第106条の3第1項第3号に規定する事業〕

③**地域における社会福祉を目的とする事業の健全な発達に関する事項**

・民間の新規事業の開発やコーディネート機能への支援
・社会福祉法人による「地域における公益的な取組」の推進
・福祉、保健、医療と生活に関する他分野との連携方策

④**地域福祉に関する活動への住民の参加の促進に関する事項**

・活動に必要な情報の入手、必要な知識、技術の習得、活動拠点に関する支援
・地域住民の自主的な活動と公共的サービスの連携
・地域住民、サービス利用者の自立
・地域の福祉の在り方について住民等の理解と関心を深めることによる主体的な生活者、地域の構成員としての意識の向上
・住民等の交流会、勉強会等の開催、福祉教育の推進
・福祉活動専門員、社会福祉従事者等による地域組織化機能の発揮
・民生委員・児童委員活動の充実に向けた環境整備

資料：厚生労働省「地域共生社会の実現に向けた地域福祉の推進について（概要）」2017.

　なお、市町村地域福祉計画に盛り込むべき事項としては、従来の三つの事項に上記の第二と第三の事項が追加され、全体で五つの事項で構成されている（第107条第1項第1号～第5号）。その具体的な内容については**図7-3**のようになっている。

図7-4 市町村地域福祉計画、都道府県地域福祉支援計画の策定ガイドライン

1 市町村地域福祉計画	2 都道府県地域福祉支援計画
(1) 市町村地域福祉計画に盛り込むべき事項 ①地域における高齢者の福祉、障害者の福祉、児童の福祉その他の福祉に関し、共通して取り組むべき事項	(1) 都道府県地域福祉支援計画に盛り込むべき事項 ①地域における高齢者の福祉、障害者の福祉、児童の福祉その他の福祉に関し、共通して取り組むべき事項

ア 様々な課題を抱える者の就労や活躍の場の確保等を目的とした、福祉以外の様々な分野（まちおこし、商工、農林水産、土木、防犯・防災、社会教育、環境、交通、都市計画等）との連携に関する事項 イ 高齢、障害、子ども・子育て等の各福祉分野のうち、特に重点的に取り組む分野に関する事項 ウ 制度の狭間の課題への対応の在り方 エ 生活困窮者のような各分野横断的に関係する者に対応できる体制 オ 共生型サービス等の分野横断的な福祉サービス等の展開 カ 居住に課題を抱える者への横断的な支援の在り方 キ 就労に困難を抱える者への横断的な支援の在り方 ク 自殺対策の効果的な展開も視野に入れた支援の在り方 ケ 市民後見人等の育成や活動支援、判断能力に不安がある者への金銭管理、身元保証人等、地域づくりの観点も踏まえた権利擁護の在り方	コ 高齢者、障害者、児童に対する虐待への統一的な対応や、家庭内で虐待を行った養護者又は保護者が抱えている課題にも着目した支援の在り方 サ 保健医療、福祉等の支援を必要とする犯罪をした者等への社会復帰支援の在り方 シ 地域住民等が集う拠点の整備や既存施設等の活用 ス 地域住民等が主体的に地域生活課題を把握し解決に取り組むことができる地域づくりを進めるための圏域と、各福祉分野の圏域や福祉以外の分野の圏域との関係の整理 セ 地域づくりにおける官民協働の促進や地域福祉への関心の喚起も視野に入れた寄附や共同募金等の取組の推進 ソ 地域づくりに資する複数の事業を一体的に実施していくための補助事業等を有効に活用した連携体制 タ 全庁的な体制整備

②地域における福祉サービスの適切な利用の促進に関する事項 ③地域における社会福祉を目的とする事業の健全な発達に関する事項 ④地域福祉に関する活動への住民の参加の促進に関する事項 ⑤包括的な支援体制の整備に関する事項（法第106条の3第1項各号に掲げる事業を実施する場合） ⑥その他　　※下線部分は、今般の法改正により追加された記載事項 (2) 計画策定の体制と過程（主な項目） ・計画策定体制、策定方針の決定、策定の手順、各関係機関の役割、計画期間、評価及び公表等、計画の見直し　など	②市町村の地域福祉の推進を支援するための基本的方針に関する事項 ③社会福祉を目的とする事業に従事する者の確保又は資質の向上に関する事項 ④福祉サービスの適切な利用の促進及び社会福祉を目的とする事業の健全な発達のための基盤整備に関する事項 ⑤市町村における包括的な支援体制の整備への支援に関する事項 ⑥その他　　※下線部分は、今般の法改正により追加された記載事項 (2) 支援計画の基本姿勢 (3) 支援計画策定の体制と過程 ・計画策定体制、策定方針の決定、策定の手順、各関係機関の役割、計画期間、評価及び公表等、計画の見直し　など

<計画策定の体制と過程に関する追加内容等>

・福祉分野の「上位計画」として、各種計画との調和を図るとともに、推進していくために総合計画に地域福祉計画の内容を盛り込むことも一つの方策として考えられること ・他の計画との調和を図る具体的方法の例（見直しの時期を揃える、一体的に策定する等）	・福祉以外の分野（成年後見制度、住宅、自殺対策、災害対策等）の計画の内容のうち、地域福祉として一体的に展開することが望ましいものについて位置付けるなどの地域福祉計画の積極的活用 ・計画策定委員会の議論の活性化等に向けた配慮（必要に応じ分科会、WGを設置）　　　　　　　　　　　　など

資料：厚生労働省「地域共生社会の実現に向けた地域福祉の推進について（概要）」2017.

　また、計画の策定に関しては、2019（平成31）年の厚生労働省子ども家庭局長・社会・援護局長・老健局長連名通知「地域共生社会の実現に向けた地域福祉の推進について」（平成29年12月12日子発1212第1号・社援発1212第2号・老発1212第1号）において、**図7-4**のような市町村地域福祉計画と都道府県地域福祉支援計画の策

定ガイドラインが示され、そこでは福祉系主要 3 分野の福祉計画と健
康増進計画だけでなく、関連する計画として、成年後見制度の利用の促
進に関する法律（成年後見制度利用促進法）（2016（平成 28）年）の
市町村計画、住宅確保要配慮者に対する賃貸住宅の供給の促進に関する
法律（住宅セーフティネット法）（2017（平成 29）年）の供給促進計画、
自殺対策基本法（2006（平成 18）年）の市町村自殺対策計画、再犯の
防止等の推進に関する法律（再犯防止推進法）（2016（平成 28）年）
の地方再犯防止推進計画、災害対策基本法（1961（昭和 36）年）の市
町村地域防災計画などとも一体的に策定・展開もしくは一部共通化する
ことも想定されている。

　一方、都道府県地域福祉支援計画は、基本的には市町村地域福祉計画
の構成と共通しているが、広域行政の視点から、❶地域における高齢者
の福祉、障害者の福祉、児童の福祉その他の福祉に関し、共通して取り
組むべき事項、❷市町村の地域福祉の推進を支援するための基本的方針
に関する事項、❸社会福祉を目的とする事業に従事する者の確保または
資質の向上に関する事項、❹福祉サービスの適切な利用の推進および社
会福祉を目的とする事業の健全な発達のための基盤整備に関する事項、
❺市町村における包括的な支援体制の整備への支援に関する事項が挙げ
られている（第 108 条第 1 項第 1 号～第 5 号）。

　また、上記の通知「地域共生社会の実現に向けた地域福祉の推進につ
いて」では「支援計画は、あくまで、市町村の自主的な地域福祉計画の
推進を支援するためのものである」ので、「市町村の裁量を狭め、地域
福祉計画の策定意義を失わせるような詳細な規制等を置かないことが適
当である」とされている。

　最後に、市町村社会福祉協議会は、地域福祉を推進するさまざまな民
間団体で構成され、社会福祉法の第 109 条において、その中心的な団
体として明確に位置づけられている。また、市町村社協は、これまでも
地域住民の福祉活動への参加を促進したり、ボランティア活動を推進し
たり、福祉教育やまちづくりなどに取り組むなど、地域福祉の推進に大
きな役割を果たしてきた。市町村（行政）の「地域福祉計画」において
は、そうした実績を踏まえ、社協に組織として計画の内容の実現に積極
的に協力することが期待されている。なお、社協が中心となって策定し
ている「地域福祉活動計画」は、文字どおり地域住民等の福祉活動の計
画として、地域福祉活動を推進していくものであることから、地域福祉
計画と一体的に策定したり、その内容を一部共有したり、計画の内容を

第 **7** 章

福祉計画の意義と種類、策定と運用

図7-5　市町村地域福祉計画の構造とその他の福祉計画等との関連

地域福祉計画の位置づけ：地域福祉計画と諸計画の関係性・イメージ

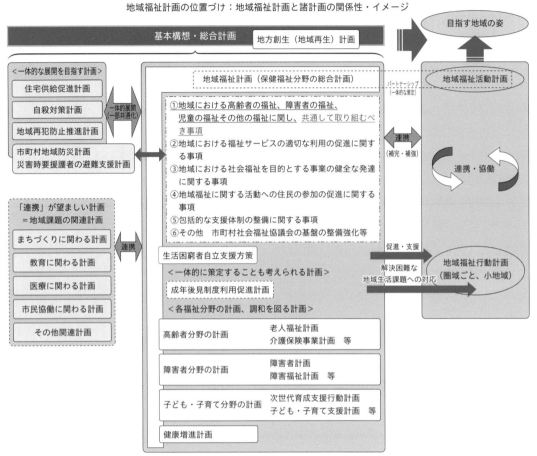

資料：「地域共生社会の実現に向けた地域福祉計画の策定・改定ガイドブック」全国社会福祉協議会，p.49，2018.

　実現するための施策を組み込んだりするなど、両者の役割分担について合意形成をしながら、相互に連携と協働を図ることが求められている。

　以上、今回の社会福祉法改正後の、現在の市町村地域福祉計画の内容や、社協の地域福祉活動計画など、また、その他の福祉計画、あるいは関連する計画との関係などについて説明をしてきたが、それらを図示すると**図7-5**のようになる。

◇**参考文献**
・和気康太「地域福祉計画の視点と方法」（第2章）牧里毎治・野口定久・武川正吾・和気康太編『自治体の地域福祉戦略』学陽書房，pp.37-61，2007.
・永田幹夫『地域福祉論』全国社会福祉協議会，2001.
・『在宅福祉サービスの戦略』全国社会福祉協議会，1979.
・『地域福祉計画——理論と方法』全国社会福祉協議会，1984.
・厚生省社会援護局企画課編『社会福祉の基礎構造改革を考える——検討会報告・資料集』中央法規出版，1998.
・阿部志郎他『新しい社会福祉と理念——社会福祉の基礎構造改革とは何か』中央法規出版，2001.

福祉計画の策定過程と方法

学習のポイント

● 計画に包含されている一連の過程（process）を理解する
● 福祉計画が計画化され、策定されていく際の主体と過程を学ぶ
● 計画化で用いられる方法や技術、留意点について理解する

1 福祉計画の主体

　現在の福祉系主要3分野の計画は、老人福祉計画は老人福祉法、介護保険事業（支援）計画は介護保険法、障害福祉計画は障害者の日常生活及び社会生活を総合的に支援するための法律（障害者総合支援法）というように個別の福祉法に規定されている。また同様に、地域福祉（支援）計画は、社会福祉の基幹法である社会福祉法において規定されている。したがって、現在の福祉計画の主体、特にその責任主体は、自治体（都道府県と市町村）である。より具体的にいえば、自治体のなかで個別の福祉法を所管している担当部課などが計画の策定主体となる。つまり、老人福祉計画は「高齢者福祉課」、介護保険事業計画は「介護保険課」、地域福祉計画は「地域福祉課」というように、行政内部で当該の事業を所管している部課などが、その事業（業務）の一環として計画の策定を行っているのである。

　このように、福祉計画の主体は自治体であるといえるが、実際には計画の策定主体として「計画策定委員会」（名称は地方自治体によって異なる場合がある）が、設置要綱などによって行政内に組織され、そこが実務的な面での策定主体となることが多い。

　それは、現在の福祉計画が単なる行政計画ではなく、「社会計画[★]」としての性格を有しているからである。換言すれば、福祉計画では、その内容を実現するため、行政の内部だけでなく、外部の関連組織（福祉の機関、施設、団体など）や、人（福祉専門職や準専門職など）の利害関

★社会計画
英訳すると「ソーシャル・プランニング」（social planning）となり、アメリカのソーシャルワーク論のなかでもメゾ・マクロレベルの方法・技術として確立している。しかし、ここでの「社会計画」は、主として国・自治体による、国民・市民の社会生活上の諸問題を対象とした計画を意味している。なお、その中核となるのは社会保障の計画であり、社会福祉計画は、広くはその下位計画として位置づけられる。

---

i　計画策定委員会が組織される場合でも、当該自治体の計画担当課は、事務局として計画の策定などを技術的に支援する役割を担っている点には留意しておく必要がある。

係を調整し、合意を形成する必要があること、また利用者や地域住民等が計画の策定に参加し、その福祉問題（ニーズ）や、さまざまな意見を表明する機会をつくって、それを計画の策定に活かす必要があることなどの理由による。

2　計画の過程モデル

　福祉計画もまた、計画の一つであるため、その基本的な過程は他の計画と同じである。そのため、福祉計画においても、計画の過程は**図 7-6** のように、計画の策定（Plan）→実施（Do）→評価（See）と進み、再度、策定されていくという、一連の循環過程（PDS サイクル）として考えることができる。このように、計画を一定の期間で見直していく方法は、一般に「ローリング（Rolling）方式」といわれ、我が国では1969（昭和44）年の地方自治法の改正によって、地方自治体の「総合計画」（基本構想）のなかに取り入れられ、福祉系主要3分野の計画などでもすでに計画のシステムとして確立されている[ii]。

　なお、福祉計画の領域でも近年、「経営」（マネジメント）の概念が積極的に取り入れられるようになり、経営学の領域で用いられる PDCA サイクル、すなわち計画の策定（Plan）→実施（Do）→評価（Check）→改善（Action）が、計画のプロセスモデルとして用いられるようになってきている[iii]。このモデルは、上述の PDS サイクルのモデルにおける評価（See）の部分を二つに分割し、計画の評価と合わせて、「改善（Action）」という行為を具体的な構成要素として位置づけ、計画の問題解決志向をより明確にしているところに特徴がある。なお、本節では計画の過程について、上記の PDS サイクルに基づいて説明していくことにしたい。

Active Learning

あなたの身近なところにある問題の解決に向けた計画の過程を、Plan → Do → See の PDS サイクルに従って、考えてみましょう。

---

ii　なお、2011（平成23）年5月の地方自治法の改正によって、地方自治体の「基本構想」は廃止となった。ただし、法改正によって「基本構想」が、直ちにすべての自治体で廃止されたわけではなく、それが継続されている自治体もあるので、留意が必要である。

iii　社会福祉の領域において、PDCA サイクルが最も積極的に活用されているのは、介護保険制度の分野である。たとえば、この点については、厚生労働省老人保健局の一般介護予防事業等の推進方策に関する検討会（第4回）の資料として、「PDCAサイクルに沿った推進方策について」（2019（令和元）年）が報告されている。

図7-6 福祉計画の過程モデル

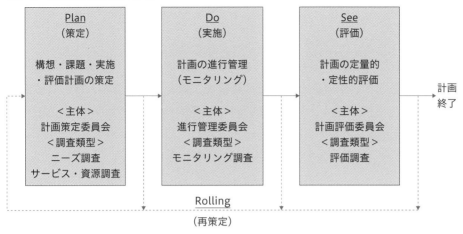

出典：和気康太「地域福祉計画と地域福祉調査――ニーズ調査を中心にして」「ソーシャルワーク研究」第28巻第
1号，相川書房，p.12，2002．を一部改変

3 福祉計画の過程とその特徴

1 福祉計画の過程

❶計画の策定（Plan）

　この過程では文字どおり、計画を策定していくことが目的となる。計画の策定主体に関しては前述のとおりであり、その主体が中心となって通常、構想計画、課題計画、実施計画の三つの計画が段階的に策定されていく。また、近年では計画の評価が重視されるようになってきたため、計画の策定段階から評価計画も同時に策定されることもある。ただし、この過程での計画の策定は、必ずしも直線的に進むものではなく、実際にはフィードバックを繰り返しながら、螺旋状に進んでいくことになる。なお、この過程では計画策定主体によってニーズ調査やサービス・資源調査が行われる。

❷計画の実施（Do）

　計画が策定され、その成果が「計画書」となって公刊されると、次の過程では計画の進捗状況を確認していく作業、すなわち「進行管理」が必要になる。福祉計画は、福祉の目的や、具体的な目標をより確実に達成するための合理的な方策の体系であるが、それ自体はどのように周到に策定されたとしても完璧なものではなく、常に見直しが求められる。そのため、この過程では進行管理委員会が組織され、モニタリング（調査）が行われる。

★モニタリング
「環境の変化、計画の実施状況、計画の実行に伴う波及効果を組織的に観測し、計画策定時の想定との乖離を明らかにし、目標へ向けて軌道修正をはかるための情報処理活動」であり、計画をより実効的にするために必要なものである。

❸計画の評価（See）

　計画の最後の過程は評価である。計画の実施状況は、計画主体によって年度ごとに評価されていくことになるが、それは実質的にはモニタリングの活動に近い。ここでいう評価（See）とは、中長期的な計画（たとえば5か年計画）の最終段階で、総合的な視点から行われる評価（evaluation）であり、❶計画の目的や目標がどのように達成されたかに関する評価と、❷計画のプログラム、すなわちそのプロセスや、サービス提供システムが、利用者や地域住民等に対していかに機能したかに関する評価の二つの次元が含まれている。なお、この過程では評価委員会が組織され、プログラム評価などの方法・技術に基づく評価調査が行われる。

▌2　福祉計画の過程の特徴

　福祉計画は、一般的には前述の計画の策定→実施→評価の順に進んでいくが、常にその順番で進行するかというと必ずしもそうとはいえない。自治体や社会福祉協議会（以下、社協）などの計画主体が福祉計画に取り組む契機は、法定化によって計画が義務化された場合などを除けば、❶まったく新しい福祉問題（ニーズ）が生まれた場合、❷既存の事業（プログラム）や、実施中の計画に何らかの問題が発生し、それを解決しなければならない場合、❸政治的・経済的・社会的な環境の変化による問題が生じ、計画を継続する必要がある場合の、三つの場合が想定される。その場合、❶は前記の「策定→実施→評価」の順番で進んでいくが、❷ではモニタリングの情報がもとになるため、「実施」から、❸では評価の情報に基づくため、「評価」から計画の策定がはじまるといえる。このように、計画とはその策定過程だけでなく、全体としてもまたフィードバックを繰り返し、螺旋状に進んでいくシステムになっている。なお、上述の❶、❷、❸は、いずれも理念型（モデル）であり、現実にはそれらが混合されている点には留意が必要である。

▌3　地域福祉計画の過程モデル

　第2節でも言及したように、2000（平成12）年に社会福祉事業法が社会福祉法に改正され、その第107条で市町村地域福祉計画、第108条で都道府県地域福祉支援計画が規定された（2003（平成15）年4月1日施行）ため、厚生労働省社会保障審議会福祉部会が検討を行い、その結果を「市町村地域福祉計画及び都道府県地域福祉支援計画策定指

表7-1　地域福祉計画策定手順（策定委員会と住民等との協働関係）

			課　題	市町村レベル		小地域レベル
				策定委員会の役割	地域福祉推進役の役割	地域福祉推進役による住民等に対する直接的働きかけ
第一段階	地域福祉計画策定委員会 住民等自身による課題の把握	準備段階	・地域福祉計画策定の趣旨の確認と合意 ・地域福祉推進役の育成 ・地域の特性と生活課題の大要を把握するための地域社会の各種データの収集と分析 ・地域のサービス関係機関・団体等の活動状況を把握	・小地域における地域福祉推進役の選定 ・地域福祉計画策定の広報 〔・行政や社協が保有する生活課題とサービスについての情報の策定委員会への提示〕 ・地域福祉推進役の会議・研修	・地域福祉計画策定の意義の共有 ・生活課題とサービスの分析結果のわかりやすい解説による、解決活動を起こすための必要性の理解の促し ・地域福祉推進の主体は皆、同格のパートナーであることの確認 ・各々の立場から、各々どのようなことができるかの話し合いと合意	・地域福祉計画策定の意義の住民に対する周知
第二段階	地域福祉計画策定委員会 地域福祉計画策定	手順①	・地域住民の自主的協働活動を必要とする生活課題の存在を確かめ、その実態を把握するための各種調査活動の実施	・調査活動の企画（目的・実施方法の検討・決定） ・地域住民自身による生活課題発見のため、地域住民が調査に参加する方策の検討 ・調査結果の取りまとめ・分析	・調査活動の目的と方法を理解 ・調査結果の策定委員会への報告 ・小地域における人づくり	・住民等による交流会・小地域座談会などへの参加や調査活動への参加・協力を求めることにより、将来の活動に向けての動機づけを実施 ・こうした活動により、その地域における生活上の課題を自ら発見するよう支援
		手順②	・住民等に、調査の結果明らかになった地域における生活課題を周知し、解決活動への動機づけを行うための広報 ・教育活動の実施	・効果的な広報・教育活動の実施方法の検討	・小地域における効果的な諸広報・教育活動の企画	・文書 ・集会　〔による各種広報・教育活動の ・視聴覚　　実施 ・その他
		手順③	・前の段階で明らかにされ、住民が解決したいと考えるようになった生活課題の中から、計画に位置付ける解決活動の課題を決定するよう援助	・計画に位置付ける生活課題の検討	・右欄の各種活動の結果を報告し、課題に位置付ける解決活動の課題を策定委員会に報告	・各種の会合で、地域社会の生活課題について検討するよう働きかけ、また援助し、意見をまとめる
		手順④	・取り上げられた課題に関係を持つ人達を選び出し、活動に組み入れ	・課題別に候補の団体・機関・個人を選び出し、また必要な下部組織や、計画と活動のための体制案の作成	・地域福祉推進役のメンバーができるだけ役割分担して、計画策定に参加するように働きかける	・候補に上った団体・機関・個人への公式、非公式の働きかけ ・計画と活動のための活動体制・組織作りを援助
		手順⑤	・地域福祉計画の目標の決定	・「何を実現しようとするのか」を決定	・住民等が目的解決のためにそれぞれ何をどのように行うかを働きかける	・話合いを重ね、目的の共有を目指す ・各種の問題別の組織や機構の会合が定期的にしかも能率的に開かれるよう事務的な処理を進める ・討議に必要な資料を提供して、また専門家を招く
		手順⑥	・地域福祉計画の策定 ・地域福祉計画評価方法の決定	・実際に何を、どこが（誰が）、いつまでに、どのようにやるかを決める ・計画評価方法の検討		・上記に加えて、予想される計画策定上の障害や問題点を指摘しつつ、任務分担、時期、その他について討議を行い、解決活動を起こすよう援助 ・評価方法の周知
第三段階	地域福祉計画評価委員会	計画の実施 手順⑦	・地域福祉計画の実施	・計画実施状況の点検 ・計画の円滑な実施のための方策の検討及び実施	・右欄の結果を評価委員会に報告し、必要に応じ、決定あるいは指示を受ける	・計画実施上の問題を解決するための具体的な援助の実施 ・参加団体、機関、個人の協力を維持するよう援助の実施 ・地域社会に対する活動の意欲を維持、発展させるために実際に行われている活動や残された生活課題について発信・広報、啓発活動の実施
		評価・見直し提言 手順⑧	・地域社会の協力活動の体制がどのくらい高まったか、福祉水準がどのくらい高まったかを評価、必要な見直しを提言	・必要に応じ、効果測定のための調査を行い、評価の結果を、地域社会に知らせ、次の活動への動機づけの一助とする	・右欄の調査結果及び全般的な状況について検討がなされ、適切な評価が行われるように援助	・評価のための調査活動への参加・協力を求める

資料：厚生労働省社会保障審議会福祉部会「市町村地域福祉計画及び都道府県地域福祉支援計画策定指針の在り方について（一人ひとりの地域住民への訴え）」2002.

針の在り方について（一人ひとりの地域住民への訴え）」（2002（平成14）年）という報告書として公表している。**表7-1**は、その報告書のなかで示された地域福祉計画の過程モデルであり、これまでの福祉計画

に関する策定指針などのなかで最も詳細なものになっている。

　表7-1では、計画の策定手順が大きく3段階に分けられている。つまり、第1段階は策定の準備、第2段階は住民等自身による課題の把握と地域福祉計画の策定、第3段階は計画の実施と評価・見直し・提言である。上述の地域福祉計画の過程モデルでいえば、第1段階と第2段階が計画の「策定」（Plan）、第3段階が計画の「実施」（Do）と「評価」（See）に相当している。なお、この過程モデルが示されたのは、全国の市町村が地域福祉計画の策定に取り組む時期と重なっていたため、第2段階について詳説されている点が大きな特徴となっている。

４　問題の分析と合意形成過程

　上述の地域福祉計画の過程モデルは、地域社会のなかに存在する福祉問題（ニーズ）を分析し、それを解決する必要がある、また、そのために計画を策定・実施・評価する必要があると、計画策定主体（自治体や計画策定委員会など）が利用者、地域住民等の間に合意を形成する過程になっていると考えることができる。

　たとえば、表7-1の「策定委員会の役割」を見ると、第2段階の手順①では「調査活動の企画（目的・実施方法の検討・決定）」「地域住民自身による生活課題発見のため、地域住民が調査に参加する方策の検討」「調査結果の取りまとめ・分析」、手順③では「計画に位置付ける生活課題の検討」、手順④では「課題別に候補の団体・機関・個人を選び出し、また必要な下部組織や、計画と活動のための体制案の作成」、手順⑤では「『何を実現しようとするのか』を決定」、手順⑥では「実際に何を、どこが（誰が）、いつまでに、どのようにやるかを決める」「計画評価方法の検討」という順になっている。

　また、これに合わせて「地域福祉推進役の役割」や、「地域福祉推進役による住民等に対する直接的働きかけ」では、「小地域における効果的な諸広報・教育活動の企画」「住民等が目的解決のためにそれぞれ何をどのように行うかを働きかける」、あるいは「住民等による交流会・小地域座談会などへの参加や調査活動への参加・協力を求めることにより、住民等の意識の変革を図り、将来の活動に向けての動機づけを実施」「各種の会合で、地域社会の生活課題について検討するよう働きかけ、また援助し、意見をまとめる」「話し合いを重ね、目的の共有を目指す」

「予想される計画策定上の障害や問題点を指摘しつつ、任務分担、時期、その他について討議を行い、解決活動を起こすよう援助」する、などの役割が記されている。

このように地域福祉計画の過程は、第2段階だけでなく、第1段階や第3段階も含めて、地域の福祉問題（ニーズ）を分析し、それらを解決する必要があると「住民等」が認識して、それぞれが自らの役割を分担しながら、問題解決に向けた活動を起こすように合意を形成していく過程になっている。なお、本節では上記の特徴を最も示している「地域福祉計画」を具体例として説明したが、こうした特徴は、その他の福祉系主要3分野の計画においても共有されている。

5 福祉計画の過程における方法・技術

福祉計画が、1970年代まで地域組織化活動（当時のcommunity organization）の一環として、社協が「地域福祉計画」（現在の地域福祉活動計画）を策定していた時代には、その方法・技術は、基本的に地域援助技術（コミュニティワーク）のそれとほぼ同じであったといえる。しかし、今日の福祉計画、特に1990年代に老人保健福祉計画が法定化されてからは、それが自治体の策定する計画へと変化し、そのなかで他の関連諸科学（政策科学、社会工学、情報科学など）からの影響を受けながら、計画の方法・技術は次第に発展してきている。たとえば、第4節で説明する「ニーズ推計」の技術などはその典型的な例であり、我が国の福祉計画に革新をもたらしている。

福祉計画の過程における方法・技術は、「**方法**」（method）と「**技術**」（skill・technique）の二つに分類される。前者の方法とは、❶ニーズ把握、❷評価、❸住民参加などであり、またそれらをいかに進めていくかを意味している。一方、後者の技術とは、上記の方法のもとで、それを実現し、より有効なものにするための技術を意味している。たとえば、❶ニーズ把握には量的方法と質的方法があるが、「ニーズ推計」は量的方法の技術の一つになる（本章第4節参照）。❷評価におけるプログラム評価法（本章第5節参照）は、アウトカム評価の一つであるが、「実験計画法」はその技術になっている。❸住民懇談会は、住民参加を進めるための方法であるが、その場で用いられる「ブレインストーミング」や「KJ法」はその技術である。

★**ブレインストーミング（brainstorming）**
「小集団のメンバーがあるテーマをめぐって自由にアイディアや情報を出し合い、新たな独創的なアイディアを創造していく議論の技法」である。そのため、❶批判厳禁、❷自由奔放、❸多量提案、❹結合改善の四つが基本的なルールとなる。

★**KJ法**
「現地調査（フィールドワーク）」によって得られた、さまざまな情報を分類・整理・統合するために、川喜田二郎によって開発された技法である。しかし、この技法は、地域社会の福祉ニーズの分類や、解決すべき問題の整理、新しいアイデアの発想などに役立つため、福祉計画の領域でも用いられている。

なお、福祉計画の方法・技術は、その対象とする福祉そのものが、たとえば利用者の**生活の質**（quality of life：QOL）のように定性的なものを数多く含み、経済計画が対象とする「市場」のように定量化して、具体的な課題や目標を明確にすることが難しいため、まだ十分に成熟した段階に達しているとはいえず、今後の研究と実践の両面での課題となっている。

6 ▶ 福祉計画の過程における留意点

　最後に、ここまでの内容を踏まえて、福祉計画の過程における留意点を2点挙げることにしたい。

■1 福祉ガバナンスの視点

　第一は福祉ガバナンスの視点である。

Active Learning

福祉にかかわる多様な行為主体が計画に参加することによって、計画の実現性や実行性が高まるのはなぜか、考えてみましょう。

　近年、社会福祉（学）の領域でも、ガバナンス（governance）への関心が高まっている。その意味は「中央政府（＝国家）だけでなく、地方政府、地域住民、民間企業、NPO・NGOなどが共同、協働、対立しつつ、権力を分有して、統治を行う」ことであり、「これまでのガバメント（政府）による一元的な権力的統治に代わる、新たな政治社会のあり方」のことである。福祉計画は単なる行政計画ではなく、「社会計画」としての側面も有している。つまり、それは、福祉にかかわる多様な行為主体（自治体、事業者、利用者・地域住民等）が計画に参加することによって、その実現性や実効性が高まる計画なのである。その意味で、福祉計画では、その策定・実施・評価のいずれの過程においても、できるだけ多くの主体の参加を図り、連携・協働していくという福祉ガバナンスの視点が重要になる。

■2 ソーシャルワークの視点

　第二はソーシャルワークの視点である。

　福祉計画も、策定主体が市町村（行政）であれ、民間の社協であれ、その目的は福祉サービスの提供による、利用者の自立生活の実現と、地域社会の共生力（＝社会的統合力）の向上、すなわち福祉コミュニティの実現にある。したがって、福祉計画もまた、地域社会の側に介入（intervention）していく方法・技術の一つとしての「社会計画」（social planning）として考えることができる。アメリカにおいて、「社会計画」がマクロ領域のソーシャルワーク（macro social work）の一つとして位置づけられ、体系化が図られているのは、まさにこのような理由からである。我々は福祉計画を、これから上記のような視点で考えていく必要がある。

第**7**章

福祉計画の意義と種類、策定と運用

◇参考文献
・坂田周一「問題分析と福祉ニーズ」定藤丈弘・小林良二・坂田周一編『社会福祉計画』（これからの社会福祉 8）有斐閣，p.116，1996.
・武川正吾「ローカル・ガバナンスと地域福祉」牧里毎治・野口定久・武川正吾・和気康太編『自治体の地域福祉戦略』学陽書房，pp.13-36，2007.
・Rothman,J. & Tropman J., "Models of Community Organization and Macro Practice Perspective", Cox,F., Rothman, J., Tropman, J. et al., *Strategies of Community Organization*, fourth edition, F. E. Peacock Publishers, pp.26-63, 1987.

第4節 福祉計画における ニーズ把握の方法・技術

- 現在の福祉計画の方法・技術のうち、計画策定の「原点」ともいうべき、「ニーズ把握」に焦点を当てて、ニーズの概念や類型を学ぶ
- ニーズ把握の量的・質的な方法・技術や、その留意点などについて知る

1 ニーズの概念

　ニーズは、福祉の専門的な概念である。しかしながら、あらためて「ニーズとは何か」と問われると、その答えは決して容易ではない。それは、ニーズという概念にその時代の社会状況や社会規範（価値観）などが内包され、歴史的、社会的に変化していくためである。したがって、その概念定義は、相対的なものにならざるを得ない。

　たとえば、ニーズの代表的な概念の一つとして、三浦文夫は、福祉政策科学的な視点からニーズを次のように定義している。**社会的ニーズ**とは「ある種の状態が、①一定の目標なり、基準からみて乖離の状態にあり、そして②その状態の回復・改善等を行う必要があると社会的に認められたもの[1]」である。

　実は、この定義のなかには、ニーズに関して二つの意味内容が含まれている。すなわち、それは、①乖離の状態を診断するという意味での**診断的ニーズ**と、②その解決策の必要性を示すという意味での**処方的ニーズ**あるいは**サービス・ニーズ**と呼ばれる、2種類のニーズである。

　ニーズの分類方法はほかにもいろいろあるが、福祉計画に関していえば、上記の①診断的ニーズの分析を前提としながら、主として②サービス・ニーズをいかに計画的に充足するかが具体的な目標となる。そして、その際に課題になるのは、だれが、どのようなニーズを、いかなる方法・技術で把握するかである。

2 ニーズの類型

福祉計画の策定に関して、上記のような視点からみると二つの類型に大別することができる。

まず第一のニーズは**客観的ニーズ**である。客観的ニーズとは、ある一定の望ましい基準と利用者の現状を比較して、利用者がその基準から乖離している場合に「その利用者にはニーズがある」と専門家（具体的には行政職員、保健師・社会福祉士（精神保健福祉士）・介護支援専門員などの専門職、研究者などを意味する。以下、便宜的に「専門家」と略す）が判断するニーズである。また、そうした判断基準は、法律（法律の施行令や施行規則、法解釈なども含む）、中央省庁（厚生労働省など）からの通知・通達・指針、専門職や研究者などによる価値判断*などである。なお、利用者と同一の特性をもちながら、当該のサービスを利用していない場合も、このニーズの判断基準となる。

次に、第二のニーズは**主観的ニーズ**である。主観的ニーズとは、サービスの利用を当該の機関、団体、施設などへ実際に申請したり、利用者がサービスの必要性を自覚したりする場合のニーズである。たとえば、利用者に対して、サービスの利用を申請したかどうか、どのようなサービスを、どの程度、利用したいかなどの、利用状況や利用意向を尋ねて把握されたニーズである。ただし、サービスの利用については、**情報の「非対称性」**の問題が存在するので、利用者がそのサービスについて正確に知っていること、またサービスの利用に伴う**スティグマ**が極小化されていることなどが、このニーズの前提条件となる。

上述のニーズの把握に関していえば、客観的ニーズと主観的ニーズが一致しているのが最も望ましい。しかし、実際にはそれぞれ長所と短所があるので、両者を組み合わせて考えていく必要がある。**図7-7**は、上記の2種類のニーズをそれぞれ＋（プラス）と－（マイナス）に区分し、四つの象限に分けて図式化したものである。ここでは、この図をもとに、その組み合わせの特徴などについて説明することにしよう。

第Ⅰ象限は、客観的ニーズ、主観的ニーズともに＋であり、専門家によってニーズがあると判断され、また利用者もニーズを自覚し、サービスの利用を申請したりしている場合である。

第Ⅱ象限は、客観的ニーズは＋であるが、主観的ニーズは－の場合である。ここでは、専門家はニーズがあると判断しているものの、利用者

★**専門職や研究者などによる価値判断**
その基準は、専門職ならば福祉実践の経験を通して得られた「専門知」であり、研究ならば研究活動や研究実践の経験を通して得られた「研究知」である。なお、専門職の専門知や研修者の研究知には、顕在化されたニーズを確認するだけでなく、社会でだれも気づいていない、潜在的ニーズを探索するという機能もある。それは、譬えていえば、「坑道のカナリア」のような機能である。

図7-7　客観的ニーズと主観的ニーズの関係

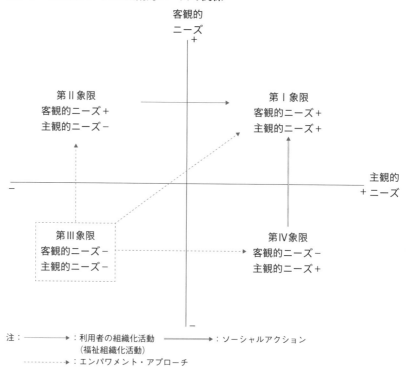

注：————▶：利用者の組織化活動　　　　　⟹：ソーシャルアクション
　　　　　　（福祉組織化活動）
　　　‥‥‥▶：エンパワメント・アプローチ

出典：和気康太「地域福祉計画と地域福祉調査——ニーズ調査を中心にして」「ソーシャルワーク研究」
　　　第28巻第1号，相川書房，p.14，2002.

にニーズが自覚されていないため、サービスの利用申請に結びついていない。その理由としては、既述のサービス情報の不足やスティグマの問題だけでなく、利用者がそうした生活状況に適応している場合や、サービス利用の**接近性**（accessibility）や**利便性**（availability）などのシステム上の問題も考えられる。

　第Ⅲ象限は、客観的ニーズ、主観的ニーズともに－であり、専門家によってニーズがないと判断され、また利用者もニーズを自覚していない場合である。ただし、この場合でも実際にニーズがないのか、それとも専門家と利用者の双方がニーズを自覚していないのかについては峻別する必要がある。

　第Ⅳ象限は、客観的ニーズは－であるが、主観的ニーズは＋の場合である。ここでは、専門家はニーズがないと判断しているものの、逆に利用者はニーズがあると自覚しており、サービスの利用申請をしている。この場合、専門家と利用者の判断基準が乖離しているので、専門家には利用者への**アカウンタビリティ**（説明責任）が求められる。このことは、サービスの利用が措置制度から契約制度へと移行した場合には特に重要

になる。

　以上、２種類のニーズの組み合わせを四つの象限に分けて説明したが、福祉計画を策定する「専門職」（以下、計画者）は、**図7-7**の第Ⅰ象限だけを真のニーズととらえて計画を策定すればよいかというと、必ずしもそうではない。実はその他の象限も、計画者にとっては意味のあるニーズであり、そこに市町村（行政）が策定する福祉計画においてソーシャルワーク、とりわけコミュニティワークが必要とされる理由がある。

　つまり、**図7-7**の第Ⅱ象限でいえば、専門家には利用者がニーズを自覚できるような援助活動（利用者の組織化活動など）や、利用者の人権を保護する活動（日常生活自立支援事業など）が必要になるであろうし、場合によっては専門家がアドボカシーを行う必要も出てくる。また、第Ⅲ象限では、**エンパワメント・アプローチ**によって潜在的なニーズが顕在化し、その他の象限へ移行する可能性もある。さらに、第Ⅳ象限では、利用者、サービス提供者、地域住民などの**ソーシャルアクション**が必要な場合もある。

★エンパワーメント・アプローチ
たとえば地域住民（のなかの福祉に関心の高い人）、民生・児童委員などの準専門職、研究者という、文字どおりの第三者がいろいろな実践活動（他の地域の福祉プログラムや、よりよい実践事例（グッドプラクティス）の情報提供など）を行うことによって、利用者や専門家がニーズに気づくことなどを意味している。

3 ニーズ把握の方法・技術

　上述のようなニーズを、計画の策定主体（計画策定委員会など）が、いかなる方法・技術を用いて把握するかについて、量的な方法・技術と質的なそれの二つに分けて説明していくことにしたい。

1 ニーズ把握の量的な方法・技術

　ニーズ把握の量的な方法・技術とは、統計調査法を用いて利用者のニーズを把握することである。つまり、多数の利用者、サービス提供者、地域住民などに対して、質問紙調査（留置調査、集合調査、郵送調査）、調査票を用いての訪問面接調査などの技術を用いて、ニーズに関するデータを収集し、それらを計数または計量して、客観的にニーズを分析する方法・技術のことを意味している。

　このような技術の代表的なものとしては、1980年代以降に主として高齢者保健福祉の領域で、福祉政策科学の視点から開発された**ニーズ推計**が挙げられる。ニーズ推計とは、文字どおり、利用者や地域住民のニーズを推計することであり、それは基本的にはニーズをサービスに変換し、そのサービスを資源へ変換し、さらにその資源とニーズの適合状

図7-8　ニーズ推計の手順

出典：高萩盾男「福祉ニーズの把握とニーズ推計の技術」定藤丈弘・坂田周一・小林良二編『これから
の社会福祉⑧　社会福祉計画』有斐閣，p.156，1996. を一部改変

況を評価するという三つの要素で構成されている。具体的には
図7-8のように、❶利用者や地域住民のニーズ状況の把握、❷ニーズ
の類型化と出現率の推定、❸ニーズ類型に対応するサービスの種類と必
要量の算出、❹サービス資源の整備目標の設定という一連の過程で成り
立っている。

　このニーズ推計の技術は、福祉関係八法改正で法定化された**老人保健
福祉計画**で全面的に取り入れられ、計画策定の方法に大きな影響を与え
た。また、この技術はその後、介護保険事業計画でも活用され、さらに
障害福祉計画や次世代育成支援行動計画などの、その他の福祉分野にお
ける計画でも用いられるようになっている。

　しかしながら、ニーズ推計の技術には、福祉調査やニーズの類型化の
技法、サービス・モデルの設定などにおいて違いがあり、現時点で必ず
しも確定しているわけではない。それはむしろ開発途上にあり、今後と
も発展させていかなければならないものである。特に社会福祉法で法定
化された市町村地域福祉計画では、いわゆる**社会的排除**（social
exclusion）と呼ばれる福祉問題（ニーズ）を対象としているため、福
祉系主要3分野、特に高齢者保健福祉や介護保険の分野の計画で開発
されているニーズ推計の技術をそのまま用いることはできない。した
がって、地域福祉計画では上記のニーズ推計を再検討し、社会的に排除

i　このニーズ推計の技術は、現在では「日常生活圏域ニーズ調査」となっている。こ
　の調査は第5期の介護保険事業計画の策定の際に導入されたが、すべての市町村で
　一律に調査が実施されているわけではなく、どの調査項目を選択するかなどは、実
　施主体である市町村（保険者）の裁量に任されている部分がある。なお、市町村に
　よっては「全数調査」を実施しているところもあり、その場合は推計ではなく、文
　字どおりの「ニーズ把握」となる。

されている人たちのニーズの実体に近づけていく、より精緻な技術を開発していくことが課題になっている。

　なお、ニーズ推計の技術は、専門家が客観的ニーズを把握するためのものであるが、主観的ニーズを把握するため、福祉サービスの利用状況調査や利用意向調査なども、福祉計画の過程では行われている。また、主観的ニーズを把握する量的な技術としては、当該サービスの「待機者リスト」（たとえば、介護老人福祉施設（特別養護老人ホーム）の待機者数など）も重要である。

② ニーズ把握の質的な方法・技術

　ニーズ把握の質的な方法・技術とは、事例調査法を用いて利用者のニーズを把握することである。つまり、少数の利用者、サービス提供者、地域住民などに対して、**自由面接法**や**観察法**（参与観察・非参与観察）などの技術を用いて、ニーズに関するデータを収集し、それらを主観的、洞察的に分析して、主観的にニーズを把握する方法・技術のことを意味している。

　ここでは、こうした技術の留意点として、対象別に3点挙げることにしたい。

❶利用者への自由面接法と観察法

　第一は、利用者およびその集団、団体への自由面接と観察である。なお、この技術では利用者個人だけでなく、要介護高齢者の家族介護者などのように、利用者の生活を支援している人たちへの自由面接や観察も、ニーズをより正確に把握するために必要となる。それは、認知症の高齢者や知的障害者などのように、自らの意思で主観的ニーズを表明するのが難しい人たちが利用者のなかにいるからであり、また家族介護者なども、やはり利用者と同じようにニーズを有しているからである。

　さらに、利用者やその家族などだけでなく、少人数の集団（グループ）に対する自由面接や観察も、ニーズを把握するうえで重要である。それは、調査者（専門家）と被調査者（利用者など）が面接の場面で必ずしも対等・平等の関係を維持できない場合があること、また利用者同士のダイナミックス（力動性）によって、利用者自身が主観的ニーズに気づく場合もあるからである。なお、利用者やその家族などで組織される「利用者（当事者）団体」への自由面接も、主観的ニーズを把握する意味で重要になる。

★自由面接法
面接法には構造化面接法と非構造化面接法、すなわち「自由面接法」があり、構造化面接法は統計調査で用いられることが多い。一方、自由面接法は、事例調査で用いられ、文字どおり、自由に面接を行う方法である。なお、この中間には「半構造化面接法」（semi-structured interview）がある。この面接法は、構造化面接法のように質問項目は決めるものの、ゆるやかで、その範囲内では非構造化面接法のように自由に面接を行うことができるという面接法である。

第**7**章　福祉計画の意義と種類、策定と運用

★サービス提供者
福祉事務所の現業員や
査察指導員、各種相談
所の相談員、福祉施設
の生活相談員、介護支
援専門員、保健師・看
護師、訪問介護員な
ど、保健福祉関係の専
門職が含まれる。

❷サービス提供者への自由面接法と観察法

　第二は、サービス提供者（ただし、家族介護者などは除く）およびその集団、サービス提供団体、福祉関連団体への自由面接と観察である。なお、このようなサービス提供者への自由面接や観察が必要となるのは、彼らが利用者の気づかない客観的ニーズを把握しているからである。

　また、利用者の場合と同様、サービス提供者の少人数の集団（グループ）に対する自由面接や観察も、調査者がニーズを把握するうえで重要である。それは、サービス提供者が専門職としてお互いに情報を共有し、議論し合うなかで、利用者のニーズに気づく場合もあるからである。なお、サービス提供者によって組織されるサービス提供団体や福祉関連団体（民生委員協議会など）への自由面接も、客観的ニーズを把握する意味で重要になる。

❸利用者・サービス提供者および地域住民の集会

　第三は、利用者、サービス提供者、地域住民などの集会である。

Active Learning

地域住民として市民
集会などに参加しよ
うと思うか、また、
その理由は何かを考
えてみましょう。

　ここでいう「集会」には、市民集会などのように百人単位の大規模な集会から、小地域での住民懇談会などのように十人単位の小規模な集会まで、さまざまな集会が含まれる。このような集会が必要となるのは、利用者やサービス提供者の個人、集団、団体への調査だけではわからないニーズ、すなわち地域社会全体が抱えるニーズや、そのなかで潜在化しているニーズを、調査者や参加者が把握できるからである。

　また、利用者、サービス提供者、地域住民などが集会に参加することによって、地域社会のニーズや、地域福祉調査への関心と意識が高まり、潜在的なニーズが顕在化するという機能も、こうした集会は果たしている。とりわけ、上記のなかで「キーパーソン」といわれる人たちが集まり、小規模な集会を開催して自由に意見を交換することは、単にニーズへの理解を深めるだけでなく、相互啓発の意味においても重要である。

★地域福祉調査
地域福祉調査とは、福
祉領域において行われ
る地域調査のことでは
ない。地域福祉調査
は、アクションリサー
チを志向する調査であ
り、それ自体が住民参
加の福祉実践となって
いる点には留意したい。

★自由な意見交換
社会調査の領域では
「グループインタ
ビュー法」と呼ばれて
いる。

4　ニーズ把握の方法・技術の留意点

　最後に、計画の策定主体が、福祉計画を策定する際のニーズ把握の方法・技術において留意しなければならないことを3点挙げておく。

　第一は、利用者や地域住民のニーズの性質の明確化である。これには、当該のニーズが客観的ニーズなのか、主観的ニーズなのかというだけでなく、ニーズを判定するときに、どのような「価値基準」をもとにして

いるかということも含まれる。第二は、ニーズを把握するときのソーシャルワーク実践とのかかわりの重視である。これは、既述のようにニーズを静態的に捉えるのではなく、さまざまな実践活動とかかわらせながら、動態的に捉えることを意味している。第三は、ニーズの総合的な把握である。これはニーズを把握するときに、一つの方法・技術だけでなく、できるだけ複数のそれを用いて、ニーズを多角的・多面的な視点から立体的に把握していくということである。

◇引用文献
　1）三浦文夫『社会福祉政策研究』（増補改訂版），全国社会福祉協議会，p.59，1995.

◇参考文献
　・和気康太「地域福祉計画と地域福祉調査──ニーズ調査を中心にして」『ソーシャルワーク研究』第28巻第1号，相川書房，pp.11-18，2002.
　・和気康太「課題の発見と目標の設定」（第6章）武川正吾編『地域福祉計画──ガバナンス時代の社会福祉計画』有斐閣，pp.115-134，2005.
　・笠原千絵・永田祐編『地域の＜実践＞を変える社会福祉調査入門』春秋社，2013.
　・武田丈『参加型アクションリサーチ（CBPR）の理論と実践』世界思想社，2015.
　・高山忠雄・安梅勅江『グループインタビュー法の理論と実際──質的研究による情報把握の方法』川島書店，1998.

第**7**章　福祉計画の意義と種類、策定と運用

福祉計画における評価

- 計画の評価について、「説明責任」（アカウンタビリティ）という意味でも、重視されている現状を理解する
- 福祉の領域における評価として、「事後評価」（エバリュエーション）について学ぶ

1 評価の難しさ

評価は、計画全体のなかで一つの重要な構成要素となっている。つまり、評価の仕方によっては、いかに立派な計画を策定し、実施したとしても、その計画の成果が正当に評価されないばかりか、その後に再策定される計画の内容や、その成否にも大きな影響を与えることになる。その意味でいえば、評価は、計画の策定や実施と同じように、あるいはそれ以上に、重要な機能をその過程において果たしているといえる。

評価は、科学的、合理的、客観的に行わなければならない。しかし、それは決して容易ではない。我々にとって、評価という行為が難しいのは、それ自体がきわめて多元的かつ相対的なものだからである。つまり、「いつ、誰が、どのような立場で、何を対象として、いかなる方法・技術で評価するか」によって、その結果が大きく異なる場合があるからである。

たとえば、地域福祉計画では「住民参加」が重要になるが、ある市の地域福祉計画の策定過程で、地域住民の地区懇談会への参加人数が急激に増加したとしよう。計画の策定主体である計画策定委員会や、事務局の役割を果たしている市の担当部課は、それを地域住民の地域福祉計画への関心の高まりと考えて、住民参加を達成できたと評価するであろう。

しかし、その一方で市の別の部課は、「住民参加を達成した」といっても、それは全住民のわずか数％にも満たない規模であり、地域住民の過半数以上が参加する「住民投票」などと比較して、住民参加を達成したとはいえないと評価するかもしれない。この場合、前者は時系列的な評価、後者は比較に基づくそれであるが、評価として考えると、両者のうち、どちらかが正しいのではなく、どちらも「正しい」のである。

このように、評価の結果は、その視点や基準を変えれば異なってしまうことがあり、この点に評価のもつ本質的な難しさが存在している。

2 福祉計画における評価の方法・技術

第 1 節でも言及したように、福祉計画は、利用者・地域住民の**個別的ニーズ**（individual needs）を対象とする援助計画ではなく、それらを集合化したニーズ、すなわち**集合的ニーズ**（collective needs）を対象とした**社会計画**である。そこで、福祉計画を評価する場合に重要になるのが、**プログラム評価法**（program evaluation）と呼ばれる方法・技術である。以下、この評価法を中心にして、福祉計画をいかに評価するかについて説明することにしよう。

1 福祉サービスのプログラム評価法

福祉サービスのプログラム評価法の構成要素には、**図 7-9** のように、❶投入資源、❷実施過程、❸効果（結果）、❹効率の四つがある。ここでいう❶投入資源とは、サービスを実施するために投入された物的・人的資源およびそれらがサービスとしての具体的な形態をとったサービス活動量のことである。また、❷実施過程とは、サービスの実施過程およびそこで利用者に対して用いられる「方法・技術」（ソーシャルワーク実践）を意味している。具体的な過程評価としては、ヴォルフェンスベルガー（Wolfensberger, W.）らが開発した福祉施設の評価方法「PASS 3」や、東京都老人総合研究所が開発した「特別養護老人ホームサービス評価法」などを先駆的な評価法として挙げることができる。

次に、❸効果とは、サービスの目標として設定されたニーズがどの程度、充足されたか、あるいはサービスを実施した結果として利用者やそ

図7-9　社会福祉サービスのプログラム評価

出典：冷水豊「福祉計画におけるサービス評価」定藤丈弘・坂田周一・小林良二編『これからの社会福祉⑧　社会福祉計画』有斐閣，p.180，1996．を一部改変

の家族、地域社会などにどのような便益（benefits）をもたらしたかを意味している。さらに、❹効率とは、上述の投入資源と効果を関連させて、資源の投入がいかに効率的に行われたか、つまり具体的な目標として設定された❸効果を達成する複数のサービス・プログラムのなかで、投入資源が最も少ないものを選択することである。なお、この効果と効率を組み合わせた評価方法が、**費用—効果分析**（cost-effectiveness analysis）、すなわち「あるプログラムを実施するために必要とする費用と、その事業の実施によって達成された効果を関連づけて分析することによって、効率性という基準に基づいて、そのプログラムを分析・評価する方法」である。

　ただし、福祉サービスには、第一に問題の解決が望めない、もしくはその可能性が低い人たち（認知症の高齢者など）を対象にしている、第二に利用者の日常生活の代替・補完機能を果たしているため、その効果が潜在的、間接的、長期的に現れることが多い、第三にサービスの効果の判断が個別的、主観的にならざるを得ない、という特質があるため、上述の四つの構成要素のなかで、特に❸効果の評価が難しくなっているという点には留意が必要である。

２ 福祉計画の評価の視点と方法・技術

　このような福祉サービスのプログラム評価法の基本的視点は、福祉計画を評価する場合にも有用である。そこで、ここではそれを踏まえて、福祉計画を評価する際の視点と方法・技術について、地域福祉計画を具体例として説明する。なお、本節では投入資源を前提として、**過程評価**と**効果・効率評価**の二つに分けて論及していく。

　地域福祉計画を評価する視点と方法・技術は、理論的には**図7-10**に示したとおりである。

　地域福祉計画を評価する場合、まず計画化（以下、プランニング）と、計画の実質的な内容である事業・活動（以下、プログラム）、すなわち計画に基づいて実施されている、あるいは計画で新たに実施されることになったサービス・プログラムを区別して考える必要がある。なお、ここでいうプランニングとは、地域福祉計画が策定・実施されていくプロセス（過程）と、そこにかかわるさまざまな行為主体（専門家や地域福祉関係の機関・施設・団体など）およびそこで用いられる方法・技術（コミュニティワークなど）の総体を意味している。

　なお、実際の地域福祉計画では、上記のプランニングとプログラムは

図7-10　福祉計画の評価の視点と方法

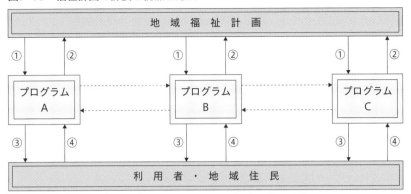

①プログラムの実施・開発　②プログラム評価
③サービス提供　　　　　　④サービス評価

注1：この図は理論モデルのため、三つのプログラムを例示しているが、実際の地域福祉計画は数多くのプログラムで構成されている。なお、この図ではプログラムが相互に「外生変数」として機能する場合を便宜的に捨象し、破線で示している。
　　2：②プログラム評価は、利用者・地域住民の集合的ニーズに、また④サービス評価は、同様にその個別的ニーズに対応するものであるが、いずれにおいても、評価の視点としては「過程評価」と「効果・効率評価」がある。プログラム評価では、「実験計画法」が、サービス評価では「シングル・システム・デザイン法」が、専門家による評価方法として用いられる。
　　3：実際の評価では、この図に示したような利用者・地域住民による利用者評価だけでなく、ソーシャルワーカーが自ら行う自己評価、第三者の評価機関や評価者が行う第三者評価なども行われる。
出典：和気康太「地域福祉計画における評価」武川正吾編『地域福祉計画——ガバナンス時代の社会福祉計画』有斐閣，p.197，2005.

相互に密接に関連しあい、いわば不可分の関係にあるが、評価の際にはさしあたり両者を区分したうえで、その関連性を考えるべきである。

　具体的にいえば、プランニングについては、たとえば第3節で言及した市町村地域福祉計画のプロセスモデルである**表7-1**（p.263）で示されている、一つひとつのステップを評価基準（criteria）として設定し、それに従ってその過程を評価していくことになる。また、プランニングの最終的な評価としては、次のサービス・プログラムの評価結果を踏まえたうえで、地域福祉計画の目的や目標を実現するのに、より効果的かつ効率的な「代替案」（alternatives）がなかったかどうかを評価していくことになる。

　なお、サービス・プログラムの評価についても、プランニングと同様に「過程評価」と「効果・効率評価」を個別のプログラムに関して行うことになるが、その際、効果・効率の評価では、次に説明する「実験計画法」が有効な技術となる。

　以上のプランニングとサービス・プログラムの評価の関係は、たとえていえば、プロ野球球団における❶チーム全体の評価（＝優勝という目的に向けての基本的な戦略や戦術は妥当であったか）と、❷所属する選手個人の評価（＝どの程度、与えられた役割を果たし、チームの勝利に

貢献したか）に似ているといえる。つまり、福祉計画では、前者がプランニングの評価であり、後者がプログラムの評価なのである。

▌3 実験計画法

福祉の領域では、これまでいくつかの専門的な評価方法が開発されてきている。

ソーシャルワークの分野の**シングル・システム・デザイン法**は、援助を受けている単一の利用者（個人、家族、小集団など）への効果を評価する方法として活用されている。この方法は、上記のような小規模な対象に対しては有用であるが、コミュニティワークやソーシャルプランニングなどのように、利用者の規模が大きい場合は、必ずしも有効な方法とはいえない。そこで、そのような対象（大規模な集団やコミュニティなど）に対しては、別のアプローチが必要になる。福祉サービスのプログラム評価法の分野でよく用いられる実験計画法は、そうした技術の代表的なものである。

福祉サービスのプログラム評価法の主な目的は、そのプログラムが全体として利用者や地域住民等に対して効果的であるかどうかを明らかにすることにある。つまり、それは、あるプログラム（たとえば、介護保険制度に基づく介護サービス）において、「介護サービスの利用」という原因と「利用者（要介護高齢者）の生活の質の向上」という結果の関連性（因果関係）を明確にすることを意味している。

この因果関係を分析するには、利用者が介護サービスを利用する前と後の具体的な変化（利用者の生活の質が向上したかどうか）を調査すればよいが、その場合、さまざまな外生変数の影響によって**内部妥当性**を確保できないという欠点が生じる。たとえば、上記の「介護サービスの利用」と「利用者の生活の質の向上」との関係において、もし利用者が介護サービス以外の福祉サービス（住民参加型在宅福祉サービスなど）を利用していた場合（外生変数）は、生活の質の向上が介護サービスによるものなのか、それともそれ以外の福祉サービスによるものなのかを判断するのは容易ではなく、緻密な調査が必要になる。

実験計画法は、こうした欠点を是正するために考えられた技術であり、二つ以上のグループを意図的にコントロール（統制）して分析する技術である。ただし、実験計画法は、利用者（対象者）をコントロールするため、福祉の領域では倫理的問題（たとえば、あるグループにはサービスを提供し、別のグループにはそれを提供しないことによって惹起す

★外生変数
ある調査対象に対して行った統計調査において、従属変数Ａと独立変数Ｂの間に因果関係が認められたとしても、その結果が、実際にはその因果関係の外側に存在する、他のＣ、Ｄ、Ｅなどの変数によって生じている可能性がある。このときのＣ、Ｄ、Ｅなどを外生変数と呼ぶ。

る問題など）が生じる可能性がある点には十分に注意が必要である。な
お、実験計画法にも、シングル・システム・デザインと同様、いくつか
のタイプ（**疑似実験デザイン**、**サービス比較デザイン**など）があり、上
記の倫理的問題などをできるだけ少なくする技術も考えられている。

3 福祉計画における評価の実際

　ここまでは、福祉計画を評価する方法・技術に関する理論について説
明してきた。

　福祉計画の内容を構成しているプログラムを、プログラム評価法や、
実験計画法などを用いて評価することは理論的には可能である。しか
し、現実には福祉計画の第一線の実践現場（市町村や市町村社協など）
にはそれを行うだけの十分な余裕がないのもまた確かである。その意味
では、確定的評価（summative evaluation）によってプログラム評価
を行い、それをもとに福祉計画を評価していくことには、現状ではやは
り一定の制約と限界があるといえる。したがって、地域福祉計画などで
は、たとえば利用者や地域住民に対する**満足度調査**を用いて、計画の評
価を行っているところもある。

　一方、プログラム評価法のような、厳密な意味での科学的方法を用い
ない計画の評価もある。それは、政策評価の領域などにおける**業績測定**
（performance measurement）と呼ばれる技術を適用したものである。
これは、計画の目標の達成度や、プログラムの実施状況を表す**業績指標**
（performance indicator）を用いて計画を評価していく技術で、特に
業績指標の数値を達成目標の「基準値」と比較して評価する技術は、ベ
ンチマーク法もしくは**ベンチマーキング**といわれている。福祉計画の領
域では、この業績測定の技法が、福祉系主要 3 分野の計画（老人福祉
計画・介護保険事業計画、障害福祉計画、次世代育成支援行動計画など）
で、サービス提供量に関する計画の達成度などを評価する際に用いられ
ている。

4 福祉計画における評価の方法・技術の留意点

　我が国の福祉の領域では、長らく「計画は策定するものであって、評

★確定的評価（summa-
tive evaluation）
「主に実験計画法など
を用いてサービス・プ
ログラム全体の効果を
包括的かつ最終的に判
定する評価」である。
それに対して部分的な
サービス・プログラム
の要素や、細かな援助
方法のプロセスや効果
を記述的に評価し、部
分的にサービスを改善
していくための資料と
する 形 成 的 評 価
（f o r m a t i v e
evaluation）もある。

第 7 章　福祉計画の意義と種類、策定と運用

281

価するものではない」という意識が研究者や実践者などの間に強く、また評価自体が、これまで「説明責任」（アカウンタビリティ）として、社会的に厳しく求められることがなかったため、計画の評価に関する先行研究や、先駆的な実践活動は必ずしも多くないのが現状である。しかし、21世紀に入り、社会福祉法が制定（2000（平成12）年）され、さらにそれが地域共生社会の実現という目的に向け、2017（平成29）年に改正されて、我が国の福祉がいわば新しい段階（ステージ）に入った今日、福祉計画の分野、特に市町村地域福祉計画においても評価がこれまで以上に重要になると考えられる。

　福祉計画を科学的、合理的、客観的に評価するために、具体的な評価指標を設定し、ベンチマーク法などの技術を用いて量的に評価する方法は、そのほかの行政計画、社会計画と同様、必要不可欠なものであり、すでに市町村の介護保険事業計画などにおいてある程度、実用化されている。しかし、前述のように、福祉計画が評価の対象とする福祉ニーズやサービスにはそうした量的な方法・技術だけでは捉えることができない特性があるので、それらは質的なそれ（過程評価など）によって補完されている必要がある。

　つまり、福祉の組織（機関、団体、施設など）や、その従事者（ソーシャルワーカーなど）が行う「自己評価」、サービスの利用者が行う「利用者評価」、そして両者とは直接的にかかわりをもたない評価機関や評価者が行う「第三者評価」などにおいて、量的な方法・技術と質的なそれをいかに組み合わせて、福祉計画（プラン）のプロセスや、そこでのさまざまなプランニング、あるいは計画を構成するプログラムなどを総合的に評価するかが重要になるのである。そして、そのためには福祉計画の評価を単なる「技術論」に矮小化することなく、それを基底から支える理念や価値が必要になる。福祉計画の評価とは結局、誰が、何のために行うのか。そこでは、文字どおり、評価という行為の「存在理由」（レーゾンデートル）が常に問われているのである。

---

i　東京都高齢者保健福祉計画では、第6期以降、計画の進行管理を具体的な評価指標を用いて行っている。同計画書（第6期）の第3部第5章では「目標となる指標」と題して、個別の具体的な事業（プログラム）ごとに計画策定時（平成25年度）を基点として、目標年次に達成すべき数値（目標値）を示し、それが東京都全体としてどれ位、達成できたかという数値（実績値）を示している。また、当該年度の予算決算と併せて、上記の二つの数値を用いて「達成率」（＝実績値／目標値）を算出している。さらに、こうしたアウトプット指標に基づく評価だけでなく、それとアウトカムを関連づけた評価も行っている。

第**7**章 福祉計画の意義と種類、策定と運用

◇**参考文献**
・冷水豊「福祉計画におけるサービス評価」定藤丈弘・小林良二・坂田周一編『社会福祉計画』（これからの社会福祉 8 ）有斐閣，pp.179-193，1996.
・平岡公一「費用－効果分析」定藤丈弘・小林良二・坂田周一編『社会福祉計画』（これからの社会福祉 8 ）有斐閣，p.195，1996.
・和気康太「地域福祉計画における評価」武川正吾編『地域福祉計画──ガバナンス時代の社会福祉計画』有斐閣，pp.189-209，2005.
・平山尚「シングル・システム・デザイン」平山尚・武田丈・呉栽喜・藤井美和・李政元『ソーシャルワーカーのための社会福祉調査法』ミネルヴァ書房，pp.128-147，2003.
・武田丈「実験計画法」平山尚・武田丈・呉栽喜・藤井美和・李政元『ソーシャルワーカーのための社会福祉調査法』ミネルヴァ書房，pp.103-127，2003.
・増子正・三浦輝美他「地域福祉活動計画策定における社会福祉協議会の事業評価に関する研究──住民ニーズ把握の方法としての活用」日本地域福祉学会編『日本の地域福祉』第16巻，2002.
・三重野卓「社会指標と政策評価」武川正吾編『地域福祉計画──ガバナンス時代の社会福祉計画』有斐閣，pp.171-188，2005.

第 8 章

福祉行財政システム

　我が国では、日本国憲法第 25 条で国民の生存権が規定されており、これを実現するために公的責任のもとで福祉サービスが提供されている。第 8 章では、第 1 節から第 3 節で国や都道府県、市町村の役割について行政のシステムを理解し、第 4 節では地方の分権化の状況と国と地方の関係について考える。第 5 節では社会福祉の実施体制と専門職の配置について理解し、第 6 節では国家予算、地方予算ともに現在、最も多くの割合を占めている福祉の財源構成について学ぶ。また、公的財源のみならず民間財源の現状について理解する。福祉行財政システムは法律・システム・財源をもとに日々の福祉サービスが展開されている身近な分野であることの理解を深める。

第1節 国の役割

学習のポイント

- 行政の骨格について把握する
- 国の福祉行政体制を理解する
- 法定受託事務と自治事務について学ぶ

1 行政の骨格

1 行政とは

　一般に、行政とは、

　　①国家作用の一つ。立法・司法以外の統治または国政作用の総称。
　　　すなわち司法（裁判）以外で、法の下において公の目的を達する
　　　ためにする作用。
　　②内閣以下の国の機関または公共団体が、法律・法令その他法規の
　　　範囲内で行う政務。

と理解されており[1]、国が法により行う事務とされている。

2 三権分立とは

　日本国憲法では、「国会（＝立法）」「内閣（＝行政）」「裁判所（＝司法）」
の三つの独立した機関が相互に抑制し合い、バランスを保つことにより、権力の濫用を防ぎ、国民の権利と自由を保障する「三権分立」の原則を定めている（図8-1）。

　特に、「内閣」は国会の召集や、衆議院の解散、国会に対する連帯責任を負う立場となる。現在、行政府としての「内閣」では内閣官房、内閣府、復興庁とともに11の省が組織されている。

図8-1 三権分立

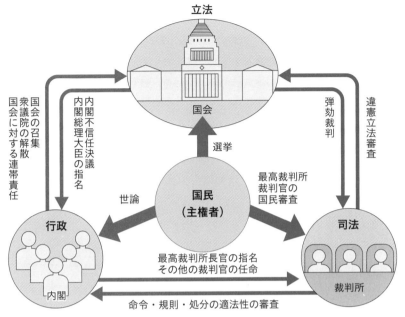

資料：衆議院ホームページ http：//www.shugiin.go.jp/internet/itdb_annai.nsf/html/statics/kokkai/kokkai_sankenbunritsu.htm

2 国の福祉行政体制とその役割

　社会福祉分野に関する行政を福祉行政と位置づけることができるが、福祉行政は日本国憲法第 25 条に規定されている**生存権保障**に対する公的責任を遂行する。

　国における福祉行政の主な所管省庁は、厚生労働省である。

1 厚生労働省

　厚生労働省の前身は厚生省と労働省である。厚生省は 1938（昭和13）年１月に内務省衛生局、社会局などを統合して発足し、労働省は1947（昭和 22）年９月に厚生省で行われていた労働行政を統合し発足した。その後、1998（平成 10）年、内閣機能の強化、省庁再編、独立行政法人制度の創設などを主な内容とする中央省庁等改革基本法が成立した。また、1999（平成 11）年には、国家行政組織法の一部改正および厚生労働省設置法により厚生省（廃棄物行政は環境省へ移管）と労働省が統合され、2001（平成 13）年１月に厚生労働省が発足した。

　統合の理念は「国民生活の保障・向上」と「経済の発展」を目指すた

めに、社会福祉、社会保障、公衆衛生の向上・増進と、働く環境の整備、職業の安定・人材の育成を総合的・一体的に推進することであり、現在は統合のメリットを活かした**少子高齢化**、**男女共同参画**、経済構造の変化等に対応し、社会保障政策と労働政策の行政展開を行っている。

現在の厚生労働省には11の局が組織されているが、そのうち特に社会福祉に関する部局としては**子ども家庭局**（家庭福祉、児童の育成環境整備、保育、婦人保護、母子保健等を担当）、**社会・援護局**（社会福祉全般、生活保護、地域福祉、社会福祉基盤整備等を担当）、**障害保健福祉部**（身体障害・知的障害・精神障害児者の福祉と医療等を担当）、**老健局**（老人福祉、老人保健、介護保険等を担当）が挙げられる。そのほかにも健康局（難病対策や医療社会事業）や労働基準局（労働災害被災者の福祉）、職業安定局（高齢者や障害者、外国人の雇用促進）、年金局（老齢年金や障害年金）など多くの部局が社会福祉にかかわっている。

▌2 社会保障審議会

社会福祉制度や今後の福祉サービスのあり方などを議論・検討するため、国では厚生労働省に社会保障審議会が、都道府県（指定都市・中核市を含む）では社会福祉審議会・児童福祉審議会（社会福祉審議会が兼ねることもできる）が設置されている。社会保障審議会は厚生労働大臣、社会福祉審議会は都道府県知事（指定都市・中核市長）からの諮問を受けて答申を行う。なお、市町村は任意で設置することができる。

現在の社会保障審議会は2001（平成13）年より開催されており、社会保障審議会の下に分科会、特別部会、研究会なども設けられている。構成メンバーである学識経験のある委員等の任命は厚生労働大臣となっている。

▌3 国立社会福祉施設

国立の社会福祉施設は、直接福祉サービスを提供する直営の社会福祉施設として、国立障害者リハビリテーションセンターが設置され、その内部組織として病院や研究所、障害児・者の施設が設けられている。そのほか、国立児童自立支援施設2か所が設置されている。

Active Learning

あなたの住む地域（都道府県、指定都市、中核市等）の社会福祉審議会について、どのようなことが審議されているか調べてみましょう。

★諮問・答申
諮問とは学識経験者や機関などの専門家に意見を求めることを指し、答申は意見を求められた者や機関が答えることを指す。

3 ▶ 法定受託事務と自治事務

現在、地方公共団体が処理する事務には法定受託事務と、自治事務の[i]2種類がある。

1 法定受託事務

法定受託事務とは、国や都道府県に代わって地方公共団体が事務を行うものであり、第一号法定受託事務と第二号法定受託事務が区分されている。

❶第一号法定受託事務

都道府県、市町村または特別区が処理することとされる事務のうち、国が本来果たすべき役割に係るものであり、国においてその適正な処理を特に確保する必要があるものとして法律またはこれに基づく政令に特に定めるものを指す（地方自治法第2条第9項第1号）。

❷第二号法定受託事務

市町村または特別区が処理することとされる事務のうち、都道府県が本来果たすべき役割に係るものであり、都道府県においてその適正な処理を特に確保する必要があるものとして法律またはこれに基づく政令に特に定めるものを指す（同項第2号）。

2 自治事務

自治事務とは、地方公共団体が処理する事務のうち、法定受託事務以外のものを指す（地方自治法第2条第8項）。

◇**引用文献**
　1）新村出編『広辞苑 第6版』岩波書店，p.732，2008.

◇**参考文献**
　・厚生労働省『平成30年度版 厚生労働白書』2019.

●**おすすめ**
　・坂田周一『社会福祉政策（第3版）』有斐閣アルマ，有斐閣，2014.
　・河合雅司『未来の年表――人口減少日本でこれから起きること』講談社現代新書，講談社，2017.
　・河合雅司『未来の年表2――人口減少日本であなたに起きること』講談社現代新書，講談社，2018.

i　以前の地方公共団体の事務の区分については本章第4節1（p.296）を参照のこと。

第 2 節 都道府県の役割

学習のポイント

● 地方公共団体について理解する
● 都道府県における福祉行政体制や組織について把握する
● 福祉行政における都道府県の役割について学ぶ

1 地方公共団体とは

　地方公共団体は、住民の福祉の増進を図ることを基本として、地域における行政を自主的かつ総合的に実施する役割を広く担うものとされている。地方公共団体には**普通地方公共団体**と**特別地方公共団体**の2種類が規定されており（地方自治法第1条の3第1項）、普通地方公共団体は、都道府県および市町村であり（同条第2項）、特別地方公共団体は、特別区※、地方公共団体の**組合**および**財産区**となっている（同条第3項）。なお、地方公共団体は地方自治体、自治体、地方と呼ばれることもある。

★特別区
2012(平成24)年の、大都市地域における特別区の設置に関する法律の制定・施行により、道府県も特別区を設置することが可能となった。人口200万以上の指定都市または一部の指定都市およびそれに隣接する同一道府県内の市町村の総人口が200万以上となる場合、道府県と関連市町村の合意を経て住民投票が行われ、過半数の賛成があったときは、市町村を廃止して特別区を設置することができる。現時点では、東京23区が特別区であるが、大阪では「大阪都構想」が検討されている。

2 都道府県の福祉行政体制と組織

　都道府県では、都道府県知事の部局として**条例**で民生部、厚生部、福祉部などが置かれるが、必要に応じて部局のもとに福祉政策課、高齢者支援課、児童家庭課などの課が置かれている。近年は保健福祉との連携強化に伴い、保健福祉部や健康福祉部という名称も多くなっている。

3 福祉行政における都道府県の役割

1 福祉行政の広域的調整

　都道府県は、市町村を包括する広域の地方公共団体として、広域にわたる事務、市町村に関する連絡調整に関する事務およびその規模または

性質において一般の市町村が処理することが適当でないと認められる事務を処理するものとすると規定されている（地方自治法第2条第5項）。

1999（平成11）年の**地方分権の推進を図るための関係法律の整備等に関する法律（地方分権一括法）**による改正前の地方自治法（以下、旧・地方自治法）では、都道府県の事務として、広域事務、統一事務、連絡調整事務および補完事務の4種類の事務を処理するとされてきたが、改正により市町村に対して優越的な地位に立つ存在ではなくなり、対等・協力の関係にある広域的な地方自治体として、「地域における事務」等のうち、広域事務、連絡調整事務および補完事務という3種類の事務を処理する存在となっている。

Active Learning

広域的に取り組むことでメリットがあると考えられる施策にはどのようなものがあるか、考えてみましょう。

2 事業者の指導監督

都道府県（指定都市を含む）の福祉行政では、社会福祉法人や社会福祉施設の認可や指導・監督を行っている。

たとえば、社会福祉法人の設立には、原則として、都道府県知事による認可が必要であり、事前に事業の公共性が判断される。また、第一種社会福祉事業は、国、地方公共団体、社会福祉法人が経営することを原則とするが（社会福祉法第60条）、それ以外の者が行う第一種社会福祉事業*は、都道府県知事の許可やその許可に係る条件付与などを規定し監督を強化している（第62条第2項〜第6項）。

そのほか都道府県知事は、社会福祉法人に対して、業務や会計状況に関する報告や財産の状況を検査する権限を有している（第56条第1項）。また、社会福祉法人の運営が著しく適正を欠く場合などは、期限を定めて必要な措置をとるべき旨を勧告し（同条第4項）または命じ（措置命令。同条第6項）、それに従わないときは、業務の全部または一部の停止を命じ、または役員の解職を勧告することができる（同条第7項）。さらに、このような段階的介入を経ても、正当な理由がなく法人がその目的の事業を行わないときなどは法人の解散を命ずることができる（解散命令。同条第8項）。また、社会福祉法人が定款で定められた事業以外の事業を行ったときなどは、社会福祉法人の事業の停止を命ずることができる（業務停止命令。第57条）。

★第一種社会福祉事業
社会福祉法では第一種社会福祉事業と第二種社会福祉事業が規定されており、第一種社会福祉事業は利用者への影響が大きいため、経営安定を通じた利用者の保護の必要性が高い事業（主として入所施設サービス）であり、経営主体は行政や社会福祉法人、その他の者である。

● **おすすめ**
・河合雅司『未来の地図帳──人口減少日本で各地に起きること』講談社現代新書，講談社，2019.

第**8**章　福祉行財政システム

第3節 市町村の役割

学習のポイント

● 市町村の設立要件について理解する
● 市町村における福祉行政体制や組織について把握する
● 福祉行政における市町村の役割について学ぶ

1 市町村の設立要件

1 基礎的な地方公共団体として

地方公共団体のうち、われわれ住民に一番身近な地方公共団体が市町村であり、そのため「基礎自治体」とも呼ばれる。総務省によれば、市町村は人口規模などによる要件により以下のように区分されている。

❶指定都市

「指定都市」は、政令で指定する人口50万以上の市をいう。「政令指定都市」とも呼ばれる。指定都市は市であるが、都道府県が処理することとされている事務の全部または一部で政令で定めるものを処理することができる（地方自治法第252条の19第1項）。

❷中核市

「中核市」は、政令で指定する人口20万以上の市をいう。中核市は、指定都市が処理することができる事務のうち、都道府県がその区域にわたり一体的に処理することが効率的な事務など以外の事務で政令で定めるものを処理することができる（同法第252条の22第1項）。

❸施行時特例市

地方自治法の一部改正により、2015（平成27）年4月1日から特例市制度が廃止された。廃止前までは、市のなかに特例市が位置づけられていたが廃止により「施行時特例市」になり、原則的に中核市に移行することとされている（地方自治法の一部を改正する法律（平成26年法律第42号）附則第2条等）。

❹その他の市

「指定都市」「中核市」「施行時特例市」以外の市であり、人口5万以上の要件となっている（地方自治法第8条第1項第1号）。

★中核市の人口要件の変更と特例市制度の廃止
特例市制度は1999（平成11）年の地方自治法改正により創設された。その後、2013（平成25）年の地方制度調査会答申において、「まちづくりや環境規制の分野において一般市への事務の移譲が進展した。これを踏まえて、特例市に対して更なる事務の移譲を進めることが必要である」「人口20万以上であれば保健所を設置することにより中核市となるという形で、中核市・特例市の両制度を統合することにより、一層の事務の移譲を可能とすべきである」とされた。これを踏まえ、2015（平成27）年4月1日より特例市制度が廃止され、それまで30万以上が要件であった中核市の人口要件が「人口20万以上の市」に変更された。

図8-2 地方公共団体が担う主な事務

指定都市	
・児童相談所の設置 ・市街地開発事業の認可 ・市内の指定区間外の国道や県道の管理 ・県費負担教職員の任免、給与の決定 等	

中核市	都道府県
・特別養護老人ホームの設置認可・監督 ・身体障害者手帳の交付 ・保健所設置市が行う事務 　〔地域住民の健康保持・増進のための事業 　飲食店営業等の許可、温泉の利用許可〕 ・屋外広告物の条例による設置制限 ・一般廃棄物処理施設、産業廃棄物処理施設設置の許可 ・市街化区域又は市街化調整区域内の開発行為の許可 ・市街地開発事業の区域内における建築の許可 ・騒音を規制する地域の指定、規制基準の設定 等	・指定区間の1級河川、2級河川の管理 ・小中学校に係る学級編制基準、教職員定数の決定 ・私立学校、市町村（指定都市を除く）立学校の設置許可 ・高等学校の設置・管理 ・警察（犯罪捜査、運転免許等） ・都市計画区域の指定 　　　　　　　　　　　　　　等

市町村		
・生活保護（市及び福祉事務所設置町村が処理） ・特別養護老人ホームの設置・運営 ・介護保険事業 ・国民健康保険事業	・都市計画決定 ・市町村道、橋梁の建設・管理 ・上下水道の整備・管理運営 ・小中学校の設置・管理	・一般廃棄物の収集や処理 ・消防・救急活動 ・住民票や戸籍の事務 　　　　　　　　　等

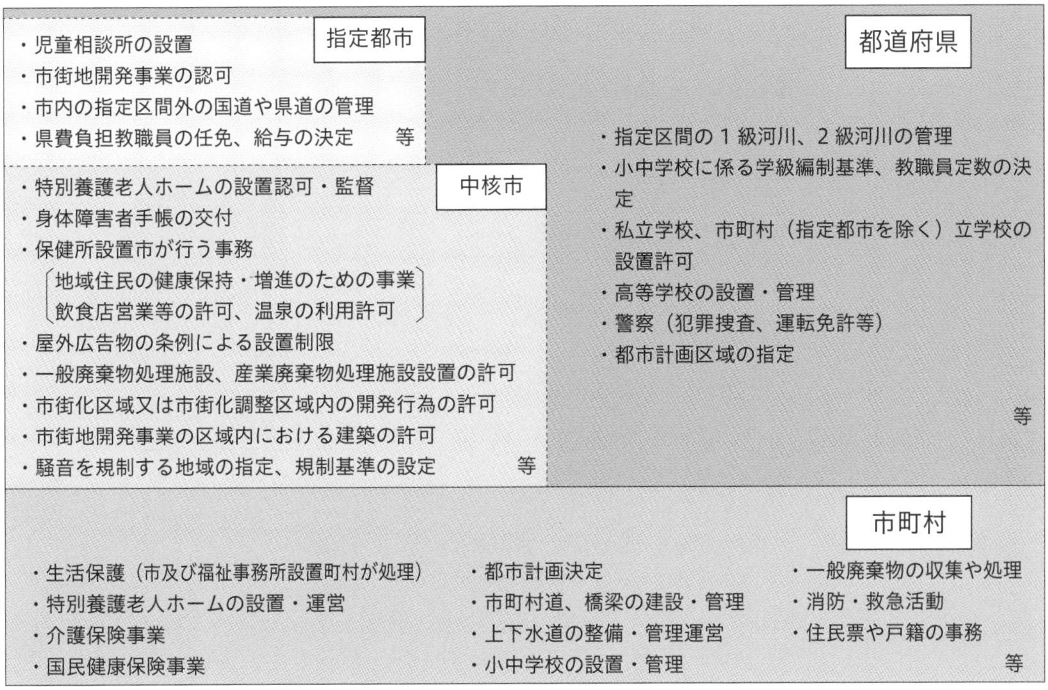

資料：総務省ホームページ　https://www.soumu.go.jp/main_content/000451013.pdf

❺町村

　町は、都道府県の条例で町の要件を定めることとなっており（同条第2項）、村は要件が定められていない。

❻特別地方公共団体の区、指定都市の区

　特別地方公共団体の一つである「特別区」は都（東京都）の区をいう（地方自治法第281条第1項）。また、指定都市は、市長の権限に属する事務を分掌させるため、条例で区を設ける（同条第252条の20第1項）。

　地方公共団体が担う主な事務は**図8-2**のとおりである。

2　「平成の市町村合併」とは

　1999（平成11）年以来、全国的に市町村合併が積極的に推進された。市町村合併の目的は、人口減少・少子高齢化などによる社会経済情勢の変化や地方分権の担い手となる基礎自治体にふさわしい行財政基盤の確立である（**図8-3**）。具体的には、市町村の合併の特例に関する法律

図8-3 「市町村合併の背景とポイント」

市町村合併の背景とポイント

1. 地方分権の推進
○地方でできることは地方で
○住民に最も身近な市町村について、規模・能力の充実が大切

2. 少子高齢化の進展
○人口減少社会に突入
○少子高齢化に対応した、サービス提供・専門スタッフが必要

3. 広域的な行政需要が増大
○日常生活圏（通勤、通学、買い物等）の拡大に応じた、市町村の拡大が必要

4. 行政改革の推進
○極めて厳しい財政状況。国・地方とも、より簡素で効率的な行財政運営が必要→更なる行政改革の推進

基礎自治体である市町村の規模・能力の充実、行財政基盤の強化が必要 → 市町村合併の推進

資料：総務省「平成の『合併』について」p.3　https：//www.soumu.go.jp/gapei/pdf/100311_1.pdf

（2004（平成16）年）に基づき、1999（平成11）年から2009（平成17）年までは財政支援、2009（平成17）年以降は国・都道府県の積極的な関与により推進された。その結果、1999（平成11）年3月31日に3232であった市町村数が、2016（平成28）年には1718市町村（北方領土の6村を含めると1724）となるなど、市町村合併はある程度進展した。しかし、地域ごとの進捗状況には差異が見られ、現在も人口1万人未満の市町村が480存在している。

3　市町村の福祉行政体制と組織

　市町村では、市町村長の部局として条例で社会福祉課などを設けることとなっている。ただし、指定都市（中核市）は都道府県（指定都市）とほぼ同様の事務を処理することとされているため、行政組織も一般の市とは異なり都道府県（指定都市）とほぼ同様のものとなっている。

4 福祉行政における市町村の役割

1 サービスの運営主体として

　市町村は、住民にとって一番身近な地方公共団体であり各種福祉サービスの運営・実施主体と位置づけられている。そのため、市町村福祉事務所（市は義務設置、町村は任意設置）を中心として、老人福祉施設の入所措置を行っている。また、介護保険制度では保険者として要介護認定、居宅介護サービス費の支給や第 1 号被保険者の保険料の決定などを行っている。障害福祉サービスにおいても実施主体として障害支援区分の認定や介護給付費等の支給の決定事務などを行っている。

2 地方社会福祉審議会とは

　社会福祉に関する事項（児童福祉および精神障害者福祉に関する事項を除く）を調査審議するため、都道府県ならびに指定都市および中核市に社会福祉に関する審議会その他の合議制の機関（地方社会福祉審議会）を置くものと規定されている（社会福祉法第 7 条第 1 項）。地方社会福祉審議会は都道府県知事または指定都市もしくは中核市の長からの諮問を受けて答申を行う（同条第 2 項）。

Active Learning

市町村が住民にとって身近な存在となるためには、どのようなことが必要か考えてみましょう。

第8章

福祉行財政システム

◇**参考文献**
・総務省「平成の『合併』について」（平成22年 3 月）

● **おすすめ**
・菊池馨実『社会保障再考──＜地域＞で支える』岩波新書，岩波書店，2019.

学習のポイント

- 中央集権から地方自治への流れを理解する
- 地方分権の意義と改革の流れを把握する
- 地方創生について学ぶ

1　中央集権から地方自治への流れ

★福祉三法
生活保護法、児童福祉法、身体障害者福祉法を指す。

★福祉六法
福祉三法に、精神薄弱者福祉法（現・知的障害者福祉法）、老人福祉、母子福祉法（現・母子及び父子並びに寡婦福祉法）を指す。

　戦後の社会福祉事業法および福祉三法★体制（と、その後の福祉六法★体制）では、国は上級機関として福祉行政の中心的な役割を果たし、地方（都道府県や市町村）は下級機関・国の出先機関として機関委任事務により運営されていた。機関委任事務とは、国が処理すべき事務を地方公共団体の長に委任し執行させる事務のことを指し、国と地方が上下関係や主従関係にあるという象徴的な制度となっていた。

　機関委任事務をはじめとする中央集権的な仕組みは、最低限の福祉水準を全国均一に確保するという点では有効であった。しかし、実際には都道府県が行う事務のうちの約 7 割、市町村が行う事務のうちの約 4 割が機関委任事務であり、本来地方公共団体が行う事務は約 3 割に過ぎないとされ、「三割自治」と指摘されていた。また地方公共団体により行政ニーズが違うことや地方公共団体の主体性・独自性を考えたときに、機関委任事務という仕組みには限界が出てきた。

　その後、福祉行政では施設福祉から在宅福祉サービスに重きが置かれ、地方公共団体が地域の状況をみてサービスを展開することが求められることとなった。

　1986（昭和 61）年の地方公共団体の執行機関が国の機関として行う事務の整理及び合理化に関する法律（整理合理化法）により、機関委任事務の多くが団体委任事務に移行した。団体委任事務とは、国から地方公共団体そのものに委任された事務であり、地方公共団体の固有事務（＝団体事務）とほぼ変わらない位置づけである。

　これにより福祉行政では身体障害福祉法、老人福祉法、児童福祉法、精神薄弱者福祉法（現・知的障害者福祉法）、母子福祉法（現・母子及

び父子並びに寡婦福祉法）などの社会福祉関係法の多くの措置事務など
が団体委任事務化された。

2 地方分権改革の推進

1 地方分権改革とは

　内閣府によれば、「地方分権改革とは、住民に身近な行政は、できる
限り地方公共団体が担い、その自主性を発揮するとともに、地域住民
が地方行政に参画し、共同していくことを目指す改革」と位置づけてい
る。そのため、地方公共団体が自主的かつ総合的に広く担い、地域住民
が自らの判断と責任において地域の諸課題に取り組むことができるよう
にするための「地方分権改革」が進められている。

2 地方分権改革の流れ

　整理合理化法が施行された後、地方分権が進んできたものの、依然と
して国と地方の上下関係は維持され、福祉行政でも生活保護法などが機
関委任事務とされていた。

　1997（平成9）年施行の**地方分権推進法**（平成7年法律第96号）
では、国と地方公共団体が分担すべき役割を明確にし、地方公共団体の
自主性・自立性を高めることを基本理念とした。この考え方をもとに、
2000（平成12）年4月、**地方分権の推進を図るための関係法律の整
備等に関する法律（地方分権一括法）**（平成11年法律第87号）と改正
地方自治法が施行され、これまでの機関委任事務が廃止となり、法定受
託事務と自治事務に再編され、国と地方の役割分担の明確化、国の関与
のルール化等が図られた。

　現在の福祉行政における主な法定受託事務は社会福祉法人の認可、生
活保護法による保護、福祉関係手当の支給、福祉施設の認可などである。
自治事務は児童福祉法、身体障害者福祉法、知的障害者福祉法、老人福
祉法、母子及び父子並びに寡婦福祉法による措置や福祉施設・福祉サー
ビス利用者からの費用徴収、自治体独自事業などである。

　このように地方分権が進むことにより、地方公共団体は自らの判断と
責任により、地域の実情に沿った行政を展開していくことが期待されて
いる。さらに、2014（平成26）年からは従来の国主導による「委員会
勧告方式」から、地域の事情や課題に精通した地方の「発意」と「多様

性」を重視し、個々の地方公共団体等から全国的な制度改正の提案を広く募る「提案募集方式」が導入されている。

地方分権の推進によって、国と地方公共団体の新たな関係という土台のうえに、規制緩和や事務・権限の移譲の積み重ねによって、地方公共団体が地域の実情に応じた行政が展開できるようになった。また、「提案募集方式」により、それまでの国主導の改革から、地方の提案に基づく現場目線でのボトムアップ型の地方分権改革が期待されている。福祉分野に関する地方分権改革の主な流れは**表8-1**のとおりである。

表8-1　福祉分野における地方分権改革の主な流れ

1999（平成11）年7月 地方分権の推進を図るための関係法律の整備等に関する法律（地方分権一括法）制定	・自治体の事務をそれまでの「機関委任事務」「団体委任事務」「団体事務」から「法定受託事務」「自治事務」に再編
2009（平成21）年11月	・地域主権戦略会議の設置
2011（平成23）年4月 地域の自主性及び自立性を高めるための改革の推進を図るための関係法律の整備に関する法律（第1次地方分権一括法）制定	・義務づけ・枠づけの見直しと条例制定権の拡大 （例：児童福祉施設の設備及び運営に関する基準の都道府県の条例への委任）
2011（平成23）年8月 第2次地方分権一括法制定	・都道府県から市町村への事務・権限の移譲 （例：未熟児の訪問指導） ・義務づけ・枠づけの見直し （例：福祉事務所設置の知事同意協議の同意を廃止）
2013（平成25）年6月 第3次地方分権一括法制定	・義務づけ・枠づけの見直し （例：児童福祉審議会の委員定数の上限の廃止）
2014（平成26）年	・委員会勧告方式に替えて新たに「提案募集方式」を導入し、地方の発意に根差した新たな取り組みの推進
2015（平成27）年6月 第5次地方分権一括法制定	・国から地方公共団体または都道府県から指定都市への事務・権限の移譲 （例：指定都市立特別支援学校の設置等認可を都道府県から指定都市に移譲） ・義務づけ・枠づけの見直し （例：精神医療審査会委員の任期を、3年を上限に条例で規定可能、保育所型認定こども園に係る認定の有効期間の廃止）
2016（平成28）年5月 第6次地方分権一括法制定	・都道府県から市町村への事務・権限の移譲 （例：高齢者居住安定確保計画の策定を都道府県から市町村へ移譲） ・義務づけ・枠づけの見直し （例：地方社会福祉審議会において調査審議できる事項に精神障害者福祉に関する事項を追加）
2017（平成29）年4月 第7次地方分権一括法制定	・都道府県から指定都市・中核市への事務・権限の移譲

	（例：幼保連携型認定こども園以外の認定こども園の認定等の事務・権限を指定都市へ移譲等、指定障害児通所支援事業者の業務管理体制の整備に関する届出の受理、立ち入り検査等の事務・権限を中核市へ移譲） **・義務づけ・枠づけの見直し** （例：特別支援学校への就学のための経費支弁事務におけるマイナンバー制度による情報連携の項目に生活保護関係情報を追加）
2018（平成30）年 6 月 第 8 次地方分権一括法制定	**・都道府県から中核市への事務・権限の委譲** （例：幼保連携型認定こども園以外の認定こども園の認定に係る事務・権限を都道府県から中核市へ移譲等） **・義務づけ・枠づけの見直し** （例：幼保連携型認定こども園に係る居室床面積基準について保育所と同様に一部地域について「従うべき基準」から「標準」に緩和等）
2019（令和元）年 5 月 第 9 次地方分権一括法制定	**・都道府県から中核市への事務・権限の移譲** （例：介護サービス事業者の業務管理体制の整備について、届出・立入検査等に係る事務・権限を都道府県から中核市へ移譲） **・義務づけ・枠づけの見直し等** （例：幼保連携型認定こども園の保育教諭の資格要件等を緩和する特例の延長、放課後児童健全育成事業に従事する者およびその員数の基準について、「従うべき基準」から「参酌すべき基準」に見直し等）
2020（令和 2 ）年 6 月 第10次地方分権一括法制定	**・都道府県から指定都市への事務・権限の移譲** **・地方公共団体に対する義務づけ・枠づけの見直し等** （例：地域型保育事業を行う者に対する確認について、事業所が所在する市町村以外の市町村による確認を不要とする見直し）

第8章 福祉行財政システム

3 地方創生への動き

　地方創生は、人口急減・超高齢化という我が国が直面する大きな課題に対し、政府と地方が一体となって取り組み、各地域がそれぞれの特徴を活かした自律的で持続的な社会を創生することを目指すために第二次安倍晋三内閣で掲げられた。

　2014（平成 26）年 11 月 28 日にまち・ひと・しごと創生法が制定・施行され、2014（平成 26）年 12 月 27 日に「まち・ひと・しごと創生長期ビジョン」「まち・ひと・しごと創生総合戦略」が閣議決定し、内閣に、まち・ひと・しごと創生本部が置かれた。まち・ひと・しごと創生法では、人口減少を克服し、将来にわたって成長力を確保し、「活

Active Learning
地方創生における地域福祉について考えてみましょう。

力ある日本社会」を維持するため、「稼ぐ地域をつくるとともに、安心して働けるようにする」「地方とのつながりを築き、地方への新しいひとの流れをつくる」「結婚・出産・子育ての希望をかなえる」「ひとが集う、安心して暮らすことができる魅力的な地域をつくる」という四つの基本目標と、「多様な人材の活躍を推進する」「新しい時代の流れを力にする」という二つの横断的な目標に向けた政策が進められている。

現在は、「まち・ひと・しごと創生長期ビジョン（令和元年改訂版）」および第2期「まち・ひと・しごと創生総合戦略」のもとで、第2期「総合戦略」＜第2期の主な取組の方向性＞が進行中であり、2020（令和2）年7月17日には、「まち・ひと・しごと創生基本方針2020」が閣議決定された。

この基本方針では、新型コロナウイルス感染症（COVID-19）に伴う地域の経済・生活への影響を考慮し、以下の主要事項を掲げている。

❶　地域経済・生活の再興
❷　新たな日常に対応した地域経済の構築と東京圏への一極集中の是正
❸　結婚・出産・子育てしやすい環境の整備
❹　総合性のある具体事例の創出
❺　地域の実情に応じた取組に対する国の支援等

◇参考文献
・平野方紹「地方分権改革と自治体福祉施策」小林雅彦編著『地域福祉の法務と行政』ぎょうせい，2002.

● おすすめ
・「まち・ひと・しごと創生本部」ホームページ「事例のご紹介」 https：//www.kantei.go.jp/jp/singi/sousei/case/index.html

福祉行政の組織および専門職の役割

学習のポイント

- 社会福祉の実施体制について把握する
- 社会福祉の専門機関について理解する
- 社会福祉の専門職について学ぶ

1 社会福祉の実施体制

1 社会福祉の実施体制の概要

福祉行政の実施体制は、図8-4のように、国・都道府県・市町村がそれぞれ独自の役割を果たしつつ、相互に連携・協力しながら推進している。

2 社会福祉の法令等の読みかた

我が国の福祉行政の実施体制は、国、都道府県、市町村で構成されている。地方自治法でも規定されているように、市町村は住民に身近な基礎的な自治体として福祉サービスの実施基盤となり、都道府県が広域的に市町村の支援や社会福祉法人の認可・監督を行っている。国は、社会福祉行政全体にかかわる法律等の制定や施策の実施や調整、財政支援を行う。なお、法律に基づいて福祉行政の展開がされるが、福祉に関するさまざまな法律では骨格を示すにとどまっており、具体的な事務は**政令、省令、告示、通知**などで詳細に規定され実施する。

3 地方公共団体が定める条例とは

地方公共団体は議会立法として条例を、さらに首長（地方公共団体の長のこと）は条例を具体化して実施するための行政立法として**条例施行規則**を定める。たとえば社会福祉法第14条第1項では、都道府県および市（特別区を含む）は、条例で福祉事務所を設置しなければならないとしており、福祉事務所の所管区域や事務組織などを条例で定める。

なお、地方公共団体が条例を定めるときは、すべてを独自に定めるだけではなく、国から通知や通達という形で設定の類型が位置づけられて

図8-4 社会福祉の実施体制の概要

資料：厚生労働省編『令和2年版 厚生労働白書（資料編）』, p.193, 2020.

いる。

　たとえば福祉事務所の所員数は設置自治体が条例で定めるが、現業員については標準数が社会福祉法第16条で示されている。1999（平成11）年に地方分権の推進を図るための関係法律の整備等に関する法律（地方分権一括法）が成立するまでは、現業員の数は「法定数」としてこれを満たさなければならなかった。しかし、地方分権の観点から目安となる「標準数」となり、地方公共団体の実情に合った組織運営を推進

することとなった。なお、総務省では、条例を定めるにあたっての基準設定の類型を、「参酌すべき基準」型、「標準」型、「従うべき基準」型の三つに位置づけている。

2 社会福祉の専門機関

1 福祉事務所

福祉事務所は、社会福祉法第 14 条第 1 項に規定されている「福祉に関する事務所」をいい、福祉六法（生活保護法、児童福祉法、母子及び父子並びに寡婦福祉法、老人福祉法、身体障害者福祉法および知的障害者福祉法）に定める援護、育成または更生の措置に関する事務をつかさどる第一線の社会福祉行政機関である（同条第 6 項）。

福祉事務所は 1951（昭和 26）年に社会福祉事業法（当時）により創設されたが、創設の目的は公的扶助と社会福祉の総合センターとして一元的に運営するためであった。その後、1993 年（平成 5 年）4 月は老人および身体障害者福祉分野で、2003 年（平成 15 年）4 月は知的障害者福祉分野で、施設入所措置事務等が都道府県から町村へ移譲されたことから、都道府県福祉事務所では、従来の福祉六法から福祉三法（生活保護法、児童福祉法、母子及び寡婦福祉法（当時））を所管することとなった。

都道府県と市が義務設置であり、町村は任意設置である。

市と町村が設置する福祉事務所はその市町村域を担当し、都道府県の設置する福祉事務所は、福祉事務所の設置されていない町村域を担当する。このため、市町村が設置する福祉事務所を「市部福祉事務所」、都道府県が設置する福祉事務所を「郡部福祉事務所」と呼ぶことが多い。

市部福祉事務所のうち、政令市、特別区、市の福祉事務所は複数の区や市での共同設置は認められず、各市・区に一つ以上の福祉事務所を設置しなければならないが、町村が福祉事務所を設置する場合は、複数の町村での共同設置が認められる。なお、都道府県が設置する福祉事務所では、一つの福祉事務所が複数の町村を担当することが多い。

現在では、市部福祉事務所は福祉六法の所掌する現業機関であり、郡部福祉事務所は、生活保護法、児童福祉法、母子及び父子並びに寡婦福祉法の三法を所掌する現業機関である（図 8-5）。

2020（令和 2）年 4 月時点で、全国では 1250 か所設置されている。

第 8 章　福祉行財政システム

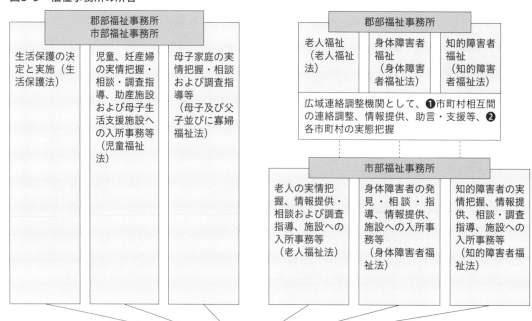

図8-5　福祉事務所の所管

郡部福祉事務所
市部福祉事務所

生活保護の決定と実施（生活保護法）

児童、妊産婦の実情把握・相談・調査指導、助産施設および母子生活支援施設への入所事務等（児童福祉法）

母子家庭の実情把握・相談および調査指導等（母子及び父子並びに寡婦福祉法）

郡部福祉事務所

老人福祉（老人福祉法）

身体障害者福祉（身体障害者福祉法）

知的障害者福祉（知的障害者福祉法）

広域連絡調整機関として、❶市町村相互間の連絡調整、情報提供、助言・支援等、❷各市町村の実態把握

市部福祉事務所

老人の実情把握、情報提供・相談および調査指導、施設への入所事務等（老人福祉法）

身体障害者の発見・相談・指導、情報提供、施設への入所事務等（身体障害者福祉法）

知的障害者の実情把握、情報提供、相談・調査指導、施設への入所事務等（知的障害者福祉法）

福祉事務所　1,250か所（令和2年4月）
査察指導員　3,762人（平成28年10月）
現 業 員　24,786人（平成28年10月）

所　　　長　　　　老人福祉指導主事
査察指導員　　　　家庭児童福祉主事
現 業 員　　　　家庭相談員
面接相談員　　　　婦人相談員
身体障害者福祉司　母子・父子自立支援員
知的障害者福祉司　嘱 託 医

その他福祉6法外の事務

婦人保護・災害救助・民生委員・児童委員・社会福祉協議会・生活福祉資金に関する事務等

資料：社会福祉の動向編集委員会編『社会福祉の動向2020』中央法規出版，p.27，2020．を一部改変

表8-2　福祉事務所の設置状況（2020（令和2）年4月1日現在）

設置主体	都道府県	市（特別区含む）	町村	計
か所数	206	999	45	1,250

地方公共団体ごとの設置状況は**表8-2**のとおりである。

2 児童相談所

　児童相談所は、児童福祉法第12条に基づく児童福祉の第一線機関と

して位置づけられており、児童に関するさまざまな相談に応じ、専門的な調査・診断・判定を行い、児童や保護者等への指導、里親への援助や児童福祉施設への入所措置を行う。また、障害児の入所サービスについても専門的な判断を行っている。このほか、緊急に保護が必要な児童の一時保護を行っている。

都道府県と指定都市が義務設置であり、中核市および特別区は任意設置である。

近年の動向として、児童相談所の体制強化のため 2016（平成 28）年に児童福祉法等が改正され、弁護士や児童心理司等の専門職を配置することや、児童福祉司は、国が定める基準に適合する研修を受けなければならないことが規定された。この改正および同年 4 月に策定した「児童相談所強化プラン」に基づき、2016（平成 28）年度から 2019（平成 31）年度の期間で児童福祉司等の専門職の増員や資質の向上、関係機関との連携強化等に取り組んでいる。

2018（平成 30）年度中の児童相談所における相談の対応件数は 50 万 4856 件となっている。相談の種類別にみると、「養護相談」が 22 万 8719 件（構成割合 45.3％）と最も多く、次いで「障害相談」が 18 万 8702 件（同 37.4％）、「育成相談」が 4 万 3594 件（同 8.6％）となっている。また、「養護相談」の構成割合は年々上昇している（**図 8-6**、**表 8-3**）。

2020（令和 2）年 4 月時点で全国では 219 か所設置されている。

Active Learning

「児童相談所強化プラン」を調べ、児童福祉司に求められる専門性について発表してみましょう。

第**8**章

福祉行財政システム

図8-6　児童相談所における相談の種類別対応件数

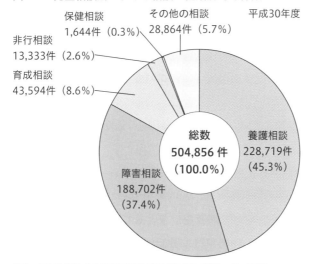

保健相談
1,644件（0.3％）

その他の相談
28,864件（5.7％）

平成30年度

非行相談
13,333件（2.6％）

育成相談
43,594件（8.6％）

総数
504,856件
（100.0％）

養護相談
228,719件
（45.3％）

障害相談
188,702件
（37.4％）

資料：厚生労働省「平成30年度福祉行政報告例の概況」p.7, 2020.

表8-3　児童相談所における相談の種類別対応件数の年次推移

(単位：件、%)

	平成26年度	構成割合	27年度	構成割合	28年度	構成割合	29年度	構成割合	30年度	構成割合	対前年度 増減数	増減率
総　　数	420 128	100.0	439 200	100.0	457 472	100.0	466 880	100.0	504 856	100.0	37 976	8.1
養護相談	145 370	34.6	162 119	36.9	184 314	40.3	195 786	41.9	228 719	45.3	32 933	16.8
障害相談	183 506	43.7	185 283	42.2	185 186	40.5	185 032	39.6	188 702	37.4	3 670	2.0
育成相談	50 839	12.1	49 978	11.4	45 830	10.0	43 446	9.3	43 594	8.6	148	0.3
非行相談	16 740	4.0	15 737	3.6	14 398	3.1	14 110	3.0	13 333	2.6	△ 777	△ 5.5
保健相談	2 317	0.6	2 112	0.5	1 807	0.4	1 842	0.4	1 644	0.3	△ 198	△10.7
その他の相談	21 356	5.1	23 971	5.5	25 937	5.7	26 664	5.7	28 864	5.7	2 200	8.3

3 身体障害者更生相談所

　身体障害者更生相談所は、身体障害者福祉法第11条に基づき、主として18歳以上の身体障害者を対象として、身体障害者福祉司、医師、ケースワーカー、心理判定員、職能判定員などが、専門的立場から相談に応じるとともに、判定・指導を行っている。

　都道府県は義務設置であり、指定都市は任意設置である。

　相談内容は、

❶　身体障害者に関する専門的相談・判定、補装具・自立支援医療（更生医療）に関する相談および要否・適合判定

❷　身体障害者手帳に関すること

❸　障害者の日常生活及び社会生活を総合的に支援すための法律（障害者総合支援法）の自立支援給付の支給要否決定に際し意見を述べること

などである。

　2000（平成12）年の社会福祉法改正と、2003（平成15）年から障害福祉サービスの事業が措置制度から支援費制度へ移行したことに伴い、各市町村が行う支給決定事務に対する援助・指導の役割を新たに担うこととなった。

　2020（令和2）年4月時点で全国に77か所設置されている。

4 知的障害者更生相談所

　知的障害者更生相談所は、知的障害者福祉法第12条に基づき、主として18歳以上の知的障害者を対象として、知的障害者福祉司、医師、ケースワーカー、心理判定員、職能判定員などが、専門的立場から相談に応じるとともに、判定・指導を行っている。

都道府県は義務設置であり、指定都市は任意設置である。

相談内容は、

❶ 知的障害者に関する専門的相談・判定

❷ 療育手帳に関すること

❸ 障害者総合支援法の自立支援給付の支給要否決定に際し意見を述べること

などである。

2000（平成 12）年の社会福祉法改正と、2003（平成 15）年から障害福祉サービスの事業が措置制度から支援費制度へ移行したことに伴い、各市町村が行う支給決定事務に対する援助・指導の役割を新たに担うこととなった。また、市町村が行う援護の実施に関する専門的な技術的援助指導、市町村に対する情報提供などの業務が追加されるとともに、知的障害者更生相談所に知的障害者福祉司が配置されることとなった。

2020（令和 2 ）年 4 月時点で全国に 86 か所設置されている。

5 精神保健福祉センター

精神保健福祉センターは精神保健及び精神障害者福祉に関する法律（精神保健福祉法）第 6 条に基づき、精神保健および精神障害者の福祉に関する知識の普及・調査研究、精神障害者保健福祉手帳の判定、自立支援医療（精神通院医療）の支給認定の意見具申などを行う。また、医師、精神保健福祉相談員、看護師等などが、専門的立場から相談・指導を行っている。都道府県と指定都市は義務設置である。

2020（令和 2 ）年 4 月時点で全国に 69 か所設置されている。

6 婦人相談所

婦人相談所は売春防止法第 34 条に基づき、性行または環境に照らして売春を行うおそれのある女子（以下、要保護女子）を対象として、医師や相談員が保護更生のため、要保護女子に関する相談や必要な調査ならびに医学的、心理学的および職能的判定を行い、必要な指導を行っている。また、要保護女子の一時保護を行っている。

なお、2001（平成 13）年に配偶者からの暴力の防止及び被害者の保護等に関する法律（DV 防止法）が制定され、翌年 4 月から同法第 3 条に基づき、婦人相談所は配偶者暴力相談支援センターの機能も果たしている。都道府県は義務設置であり、指定都市は任意設置である。

2018（平成30）年4月時点で全国に49か所設置されている。

7 地域包括支援センター

地域包括支援センターは、2005（平成17）年の介護保険法改正により、介護保険法第115条の46に基づいて設置され、地域の高齢者の総合相談、権利擁護や地域の支援体制づくり、介護予防に必要な援助などを行い、高齢者の保健医療の向上および福祉の増進を包括的に支援することを目的とし、地域包括ケアシステム実現に向けた中核的な機関として市町村が設置している。

2018（平成30）年4月時点で全国では約5000か所が設置されている（ブランチ（支所）とサブセンターを含めると7000か所以上）。

3 社会福祉の専門職

これまでにみてきた社会福祉の各種相談機関に設置される主な専門職は、**表8-4**のとおりである。

1 福祉事務所の査察指導員・現業員

福祉事務所には、社会福祉法第15条に基づいて、査察指導員や現業員が配置されている。このほか、老人福祉の業務に従事する社会福祉主事、身体障害者福祉司、知的障害者福祉司などが配置されている福祉事務所がある。

査察指導員は一般的にスーパーバイザーと呼ばれ、現業員に専門的助言、指導訓練、業務の進行管理・職員管理などを行う。現業員は一般的

表8-4 各相談所に設置される主な専門職

相談 機関 職種	福祉事務所	児童相談所	身体障害者 更生相談所	知的障害者 更生相談所	精神保健福祉 センター	婦人相談所
	・所長 ・査察指導員 ・現業員 ・老人福祉指導主事 ・家庭児童福祉主事 ・母子・父子自立支援員	・所長 ・児童福祉司 ・児童心理司 ・医師 ・保健指導員 ・保育士	・所長 ・身体障害者福祉司 ・心理判定員 ・医師	・所長 ・知的障害者福祉司 ・心理判定員 ・医師	・所長 ・医師 ・精神保健福祉相談員 ・看護師 （保健師）	・所長 ・相談指導員 ・心理判定員 ・保護所職員

にケースワーカーと呼ばれ、援護や育成または更生の対象者などを訪問・面接し、本人の資産・環境などの調査や保護などの措置の必要の有無や種類を判断し、本人に対し生活指導を行う。査察指導員や現業員は以上のような職務にのみ従事することが原則であるが、その職務の遂行に支障がない場合には、他の社会福祉または保健医療に関する業務を行うことができることとされており（第 17 条）、民生委員・児童委員に関する事務、児童扶養手当に関する事務などを行っている福祉事務所が多くなっている。また、査察指導員・現業員ともに、社会福祉主事の任用資格が必要である。

Active Learning
社会福祉主事の任用資格について調べてみましょう。

2 児童福祉司

児童福祉司は、児童福祉法第 13 条〜第 15 条に規定されており、児童相談所に置かなければならない専門の職員である。児童福祉司は、児童相談所長の命を受けて、児童の保護その他児童の福祉に関する事項について相談に応じ、専門的技術に基づいて必要な指導を行う等児童の福祉増進に努めるが、具体的には**児童相談所運営指針**によれば、❶担当区域内の子ども、保護者等から子どもの福祉に関する相談に応じること、❷必要な調査、社会診断を行うこと、❸子どもや保護者、関係者などに必要な支援・指導を行うこと、❹子どもや保護者等の関係調整（家族療法など）を行うこととされている。

児童福祉司の任用要件は以下のとおりである。

❶ 都道府県知事の指定する養成施設を卒業し、または都道府県知事の指定する講習会の課程を修了した者

❷ 大学において、心理学、教育学または社会学等を修めて卒業した者で、厚生労働省令で定める施設において 1 年以上の実務経験がある者

❸ 医師

❹ 社会福祉士

❺ 精神保健福祉士

❻ 公認心理師

❼ 社会福祉主事として 2 年以上の実務経験がある者であって、厚生労働大臣が定める講習会の課程を修了した者

❽ ❶〜❼に掲げる者と同等以上の能力を有すると認められる者であって、厚生労働省令で定めるもの

また、児童福祉司に必要な専門的技術に関する指導および教育を行う

第**8**章

福祉行財政システム

児童福祉司は一般的にスーパーバイザーと呼ばれるが、児童福祉司としておおむね5年以上勤務した者でなければならないとされている。

3 身体障害者福祉司

　身体障害者福祉司は、身体障害者福祉法第11条の2に規定されており、都道府県は、その設置する身体障害者更生相談所に置かなければならない（同条第1項）専門職である。身体障害者福祉司は、❶市町村の援護の実施に関し、市町村相互間の連絡調整、市町村への情報提供その他必要な援助およびこれらに不随する業務のうち、専門的な知識や技術を必要とするもの、❷身体障害者に関する相談や指導のうち、専門的な知識や技術を必要とするものを行うこととされている(同条第3項)。

　身体障害者福祉司の任用要件は以下のとおりである（第12条）。

❶　社会福祉主事として2年以上の実務経験がある者
❷　大学において厚生労働大臣の指定する社会福祉に関する科目を履修して卒業した者
❸　医師
❹　社会福祉士
❺　都道府県知事の指定する養成施設を修了した者
❻　❶〜❺に準ずる者であって、身体障害者福祉司として必要な学識経験を有する者

4 知的障害者福祉司

　知的障害者福祉司は、知的障害者福祉法第13条に規定されており、都道府県は、その設置する知的障害者更生相談所に置かなければならない（同条第1項）専門職である。知的障害者福祉司は、❶市町村の更生援護の実施に関し、市町村相互間の連絡調整、市町村への情報提供その他必要な援助およびこれらに不随する業務のうち、専門的な知識や技術を必要とするもの、❷知的障害に関する相談や指導のうち、専門的な知識や技術を必要とするものを行うこととされている（同条第3項）。

　知的障害者福祉司の任用要件は以下のとおりである（第14条）。

❶　社会福祉主事として2年以上の実務経験がある者
❷　大学において厚生労働大臣の指定する社会福祉に関する科目を履修して卒業した者
❸　医師
❹　社会福祉士

❺　都道府県知事の指定する養成施設を修了した者

❻　❶～❺に準ずる者であって、知的障害者福祉司として必要な学識経験を有する者

5　精神保健福祉相談員

精神保健福祉相談員は、精神保健福祉法第48条に規定されており、精神保健福祉センターや保健所などの施設で、精神保健および精神障害者の福祉に関する相談に応じ、精神障害者および家族への訪問・指導を行う、都道府県知事または市町村長より任命された公務員の専門職である。精神保健福祉相談員の職務は多岐にわたるが、「保健所及び市町村における精神保健福祉業務運営要綱」によれば❶企画調整、❷普及啓発、❸研修、❹組織育成、❺相談、❻訪問指導、❼社会復帰および自立と社会参加への支援、❽入院および通院医療関係事務、❾ケース記録の整理および秘密の保持等、❿市町村への協力および連携とされている。

精神保健福祉相談員の任命要件は以下のとおりである。

❶　精神保健福祉士

❷　政令で定める資格を有する者

◇参考資料
・社会福祉の動向編集委員会編『社会福祉の動向2020』中央法規出版，2020.
・精神保健医療福祉白書編集委員会編『精神保健医療福祉白書2018/2019——多様性と包括性の構築』中央法規出版，2018.

第8章　福祉行財政システム

福祉における財源

学習のポイント

● 国の財源について学ぶ

● 地方（都道府県・市町村）の財源について学ぶ

● 民間の財源について学ぶ

1 国の財源

国の財政状況は、財務省による一般会計予算における歳出と歳入の内訳をみることで理解することができる。

図8-7 は 1990（平成2）年度と 2019（令和元）年度における国の一般会計歳入歳出であるが、社会保障関係費が大幅に増えていることがわかる。

1 歳出

2019（令和元）年度の一般会計予算における歳出は、全体が約 101兆 5000 億円となり、そのうち、「**社会保障**」が 34 兆 593 億円（33.6%）

図8-7 1990（平成2）年度と2019（令和元）年度における国の一般会計歳入歳出の比較

（単位：兆円）

【平成2（1990）年度当初予算】

| 歳入 66.2 | 税収 58.0〔決算 60.1〕 | | | | その他収入 2.6 | 建設国債 5.6 |

| 歳出 66.2 | 公共事業 6.2 | 文教・科技 5.1 | 防衛 4.2 | その他 9.6 | 社会保障 11.6 (17.5%) | 交付税 15.3 | 国債費 14.3 〔3.1 債務償還費 11.2 利払費等〕 |

+33.2　+0.9　+22.4　+0.7　+9.2

| 歳出 99.4 | 公共事業 6.1 | 文教・科技 5.4 | 防衛 5.2 | その他 9.3 | 社会保障 34.0 (34.2%) | 交付税 16.0 | 国債費 23.5 〔債務償還費 14.7　利払費等 8.9〕 |

| 歳入 99.4 | 税収 62.5 | | | | その他収入 5.1 | 建設国債 6.2 | 特例国債 25.7 |

【令和元（2019）年度予算】

注1：括弧内は一般会計歳出に占める社会保障関係費の割合。
　　2：平成2年度の一般歳出には、産業投資特別会計への繰入等を含む。
　　3：令和元年度の計数は、臨時・特別の措置に係る計数を除いたもの。
資料：財務省「日本の財政関係資料 令和元年10月」p.8, 2019.

図8-8　2019（令和元）年度一般会計予算（歳出）

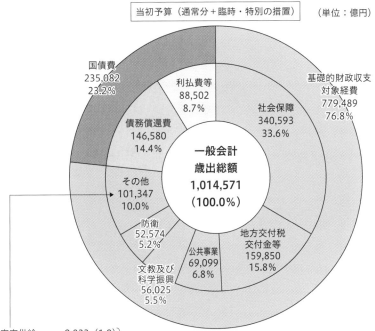

当初予算（通常分＋臨時・特別の措置）　（単位：億円）

国債費
235,082
23.2%

利払費等
88,502
8.7%

基礎的財政収支
対象経費
779,489
76.8%

社会保障
340,593
33.6%

債務償還費
146,580
14.4%

一般会計
歳出総額
1,014,571
（100.0%）

その他
101,347
10.0%

防衛
52,574
5.2%

公共事業
69,099
6.8%

地方交付税
交付金等
159,850
15.8%

文教及び
科学振興
56,025
5.5%

食料安定供給	9,823	(1.0)
エネルギー対策	9,760	(1.0)
経済協力	5,021	(0.5)
恩給	2,097	(0.2)
中小企業対策	1,790	(0.2)
その他の事項経費	67,856	(6.7)
予備費	5,000	(0.5)

※「基礎的財政収支対象経費」とは、歳出のうち国債費を除いた経費のこと。当年度の政策的経費を表す指標。

※「一般歳出」（＝「基礎的財政収支対象経費」から「地方交付税交付金等」を除いたもの）は、619,639（61.1%）。うち社会保障関係費は55.0%

資料：財務省「日本の財政関係資料 令和元年10月」p.1, 2019.

と最も多く、次いで「**地方交付税交付金等**」15兆9850億円（15.8%）である。また、「**国債費**」（＝国債の償還と利払い）が23兆5082億円（23.2%）と全体の約4分の1を占めていることである（**図8-8**）。

「国債費」＋「地方交付税交付金」＋「社会保障」＝歳出全体の4分の3以上を占めている。

2 歳入

2019（令和元）年度の一般会計予算における歳入では、税収となる「**租税及び印紙収入**」を62兆4950億円（61.6%）を見込んでいる。「租税及び印紙収入」の内訳は「**所得税**」19兆9340億円（19.6%）、「**消費税**」19兆3920億円（19.1%）、「**法人税**」12兆8580億円（12.7%）、「**その他**」10兆3110億円（10.2%）となっている。税収で賄われているのは約3分の2で、3分の1は国の借金である「**公債金**」32兆6605億円（32.2%）で賄われている状況である（**図8-9**）。

また、今後も、高齢化の進展により、社会保障給付費は急激な増加が

Active Learning

1990（平成2）年と2019（令和元）年の歳出で社会保障が大幅に増えている理由を考えてみましょう。

第8章 福祉行財政システム

図8-9 2019（令和元）年度一般会計予算（歳入）

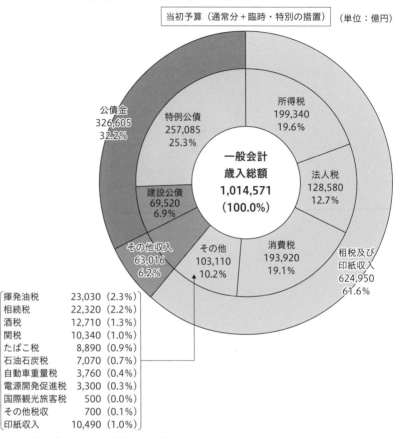

当初予算（通常分＋臨時・特別の措置）　（単位：億円）

公債金
326,605
32.2%

特例公債
257,085
25.3%

所得税
199,340
19.6%

一般会計
歳入総額
1,014,571
（100.0%）

法人税
128,580
12.7%

建設公債
69,520
6.9%

その他収入
63,016
6.2%

その他
103,110
10.2%

消費税
193,920
19.1%

租税及び
印紙収入
624,950
61.6%

揮発油税	23,030	（2.3%）
相続税	22,320	（2.2%）
酒税	12,710	（1.3%）
関税	10,340	（1.0%）
たばこ税	8,890	（0.9%）
石油石炭税	7,070	（0.7%）
自動車重量税	3,760	（0.4%）
電源開発促進税	3,300	（0.3%）
国際観光旅客税	500	（0.0%）
その他税収	700	（0.1%）
印紙収入	10,490	（1.0%）

資料：財務省「日本の財政関係資料 令和元年10月」p.2，2019.

図8-10 社会保障負担の見通し

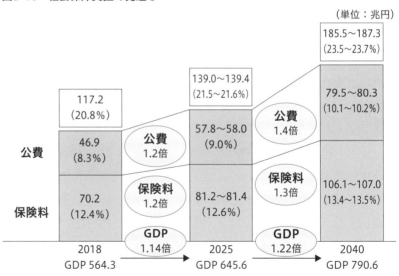

（単位：兆円）

185.5～187.3
（23.5～23.7%）

139.0～139.4
（21.5～21.6%）

79.5～80.3
（10.1～10.2%）

公費
1.4倍

117.2
（20.8%）

57.8～58.0
（9.0%）

公費
1.2倍

公費
46.9
（8.3%）

保険料
1.2倍

保険料
1.3倍

106.1～107.0
（13.4～13.5%）

保険料
70.2
（12.4%）

81.2～81.4
（12.6%）

GDP
1.14倍

GDP
1.22倍

2018
GDP 564.3

2025
GDP 645.6

2040
GDP 790.6

出典：内閣官房・内閣府・財務省・厚生労働省「2040年を見据えた社会保障の将来見通し」（計画ベース・経済ベースラインケース）（30年5月）
注：（ ）内の%表示はGDP比。
資料：財務省「日本の財政関係資料 令和元年10月」p.32，2019.

見込まれている。団塊の世代全員が 75 歳以上となる 2025 年や 20 〜 64 歳の現役世代が大幅に減少する 2040 年に向けて、特に医療・介護分野の給付は、財源調達のベースとなる GDP の伸びを大きく上回って増加していくことが予測されるため、受益と負担の均衡が取れた社会保障制度を早く構築していく必要が求められている（**図 8-10**）。

★団塊の世代
第二次世界大戦終了後 1947 年（昭和 22 年）〜 1949 年（昭和 24 年）に生まれた世代であり、第 1 次ベビーブーム世代とも呼ばれる。

2 地方の財源

地方財政については、総務省が毎年発表している『地方財政白書』から理解することができる。

図 8-11 は、2018（平成 30）年度における国と地方の歳出の規模を目的別に示したものである。社会保障関係費をみると、年金は 100％国が支出しているが、福祉関係費である**民生費**や、衛生費、学校教育費などの日常生活に関係の深い分野は地方が多くを支出しており、地方が財政的に大きな役割を果たしている。

1 歳入

歳入に占める割合は、歳入純計決算額では**地方税**、**地方交付税**、**国庫支出金**、**地方債**の順になっている。このうち、地方税や地方交付税のように、使途が特定されていない財源を**一般財源**と呼んでいる。地方公共団体が、さまざまな行政ニーズに適切に対応するためには、この一般財源の確保が重要になるが、その構成比は 59.3％となっている。

図 8-12 にあるように、地方公共団体でも、都道府県と市町村では違いがみられ、都道府県においては地方税が最も大きな割合（40.2％）を占め、地方交付税（17.0％）、国庫支出金（11.3％）の順となっている。市町村においても都道府県と同様に地方税が最も大きな割合（33.6％）を占め、次いで国庫支出金（15.3％）、地方交付税（13.3％）となっている。

Active Learning

地方の歳入で多くの割合となっている「地方税」「地方交付税」について、その内容を調べてみましょう。

2 歳出

歳出は、行政目的に着目した「目的別歳出」と、経費の経済的な性質に着目した「性質別歳出」にわけることができる。

❶目的別歳出

目的別歳出は議会費、総務費、民生費、衛生費、労働費、農林水産業

図8-11 国・地方を通じた純計歳出規模（目的別）（2018（平成30）年度）

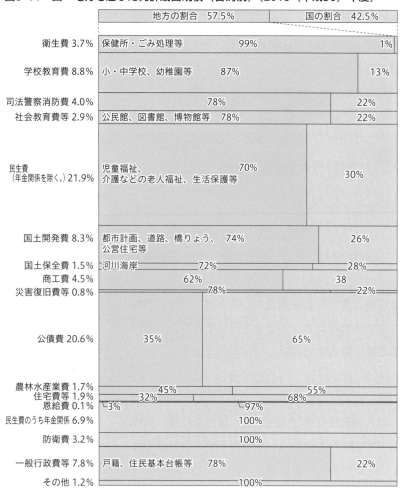

| | 地方の割合 57.5% | 国の割合 42.5% |

費目	地方	国
衛生費 3.7%	保健所・ごみ処理等 99%	1%
学校教育費 8.8%	小・中学校、幼稚園等 87%	13%
司法警察消防費 4.0%	78%	22%
社会教育費等 2.9%	公民館、図書館、博物館等 78%	22%
民生費（年金関係を除く。）21.9%	児童福祉、介護などの老人福祉、生活保護等 70%	30%
国土開発費 8.3%	都市計画、道路、橋りょう、公営住宅等 74%	26%
国土保全費 1.5%	河川海岸 72%	28%
商工費 4.5%	62%	38
災害復旧費等 0.8%	78%	22%
公債費 20.6%	35%	65%
農林水産業費 1.7%	45%	55%
住宅費等 1.9%	32%	68%
恩給費 0.1%	3%	97%
民生費のうち年金関係 6.9%		100%
防衛費 3.2%		100%
一般行政費等 7.8%	戸籍、住民基本台帳等 78%	22%
その他 1.2%	100%	

資料：総務省編『令和 2 年版 地方財政白書』p.4，2020.

図8-12 歳入決算額の構成比（2018（平成30）年度）

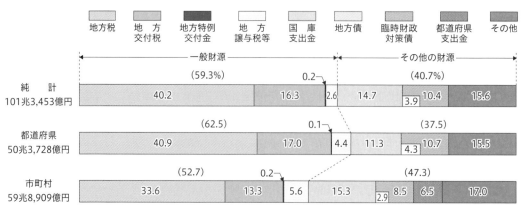

凡例：地方税　地方交付税　地方特例交付金　地方譲与税等　国庫支出金　地方債　臨時財政対策債　都道府県支出金　その他

一般財源 ／ その他の財源

	地方税	地方交付税	地方特例交付金	地方譲与税等	国庫支出金	地方債	臨時財政対策債	都道府県支出金	その他
純計 101兆3,453億円	40.2	16.3	0.2	2.6	14.7	3.9	10.4		15.6
都道府県 50兆3,728億円	40.9	17.0	0.1	4.4	11.3	4.3	10.7		15.5
市町村 59兆8,909億円	33.6	13.3	0.2	5.6	15.3	2.9	8.5	6.5	17.0

（純計）一般財源（59.3%）／その他の財源（40.7%）
（都道府県）一般財源（62.5）／その他の財源（37.5）
（市町村）一般財源（52.7）／その他の財源（47.3）

注：国庫支出金には、交通安全対策特別交付金及び国有提供施設等所在市町村助成交付金を含む。
資料：総務省編『令和 2 年版 地方財政白書』p.14，2020.

図8-13　目的別歳出決算額の構成比（2018（平成30）年度）

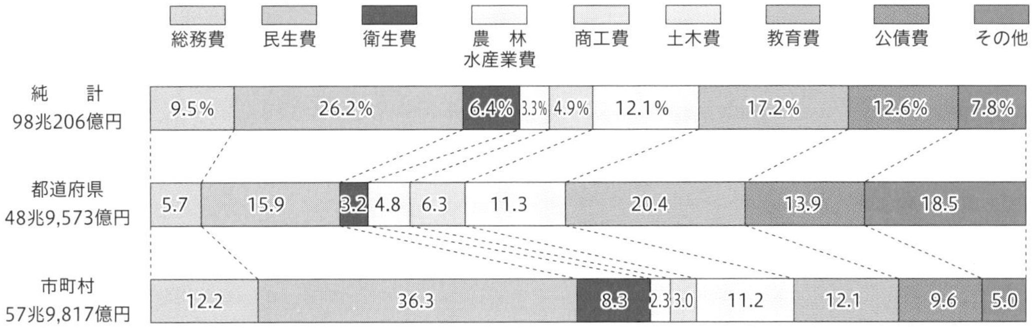

資料：総務省編『令和 2 年版 地方財政白書』p.16, 2020.

費、商工費、土木費、消防費、警察費、教育費、災害復旧費、公債費等
にわけることができ、歳出純計決算額は 98 兆 206 億円である。

① **目的別歳出の構成比**

　目的別歳出の構成比を団体種類別にみると、**図 8-13** のとおりであ
る。都道府県は、教育費が最も大きな割合（20.4％）を占め、次いで
民生費（15.9％）、公債費（13.9％）、土木費（11.3％）、商工費（6.3％）
となっている。また、市町村は、児童福祉、生活保護など社会福祉事務
の比重が高いことにより民生費が最も大きな割合（36.3％）を占め、
次いで、総務費（12.2％）、教育費（12.1％）、土木費（11.2％）、公債
費（9.6％）となっている。

② **民生費の目的別内訳**

　社会福祉に関する費目は「民生費」であるが、民生費の目的別に歳出
内訳をみると、**図 8-14** のようになっている。

❷**性質別歳出**

　性質別歳出は「**義務的経費**」「**投資的経費**」および「**その他の経費**」
にわけることができる。義務的経費は、職員給等の人件費のほか、生活
保護費等の**扶助費**および地方債の元利償還金等の公債費からなってい
る。また、投資的経費は、道路、橋りょう、公園、公営住宅、学校の建
設等に要する普通建設事業費のほか、災害復旧事業費および失業対策事
業費からなっている。

① **性質別歳出の構成比**

　性質別歳出決算額の構成比を団体種類別にみると、**図 8-15** のとおり
である。人件費の構成比は、都道府県（25.7％）が市町村（17.1％）
を上回っている。また、扶助費の構成比は、市町村において、児童手当
の支給、生活保護など社会福祉関係事務が行われていることから、市町

第**8**章
福祉行財政システム

図8-14 民生費の目的別内訳 (2018 (平成30) 年度)

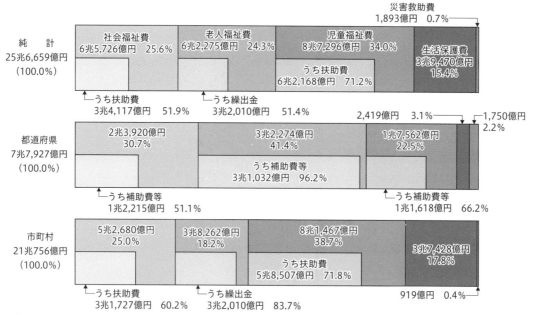

資料：総務省編『令和2年版 地方財政白書』p.51, 2020.

図8-15 性質別歳出決算額の構成比 (2018 (平成30) 年度)

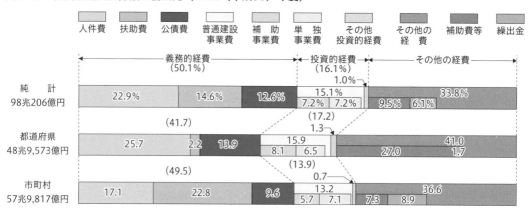

資料：総務省編『令和2年版 地方財政白書』p.19, 2020.

村（22.8％）が都道府県（2.2％）を上回っている。その他の経費のうち、**補助費等**の構成比は、都道府県（27.0％）が市町村（7.3％）を上回る一方、繰出金の構成比は、市町村（8.9％）が都道府県（1.7％）を上回っている。

② 扶助費の目的別内訳の推移

「扶助費」の目的別内訳は社会福祉費、老人福祉費、児童福祉費、生活保護費、その他で構成されているが、その推移は**図8-16**のとおりであり、10年間で2倍近く増加している。

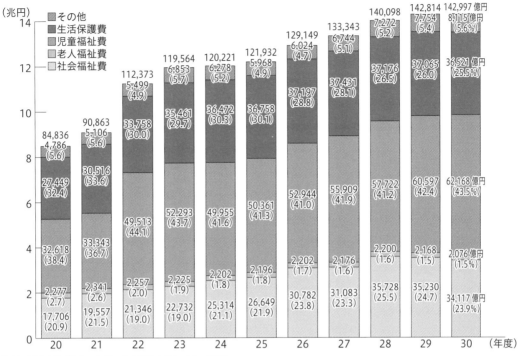

図8-16　扶助費の目的別内訳の推移

資料：総務省編『令和 2 年版　地方財政白書』p.71, 2020.

3　保険料財源

1　介護保険制度における財源構成

介護を社会で支える制度として 2000（平成 12）年度から施行され
た介護保険制度であるが、その財源構成は、被保険者から徴収した保険
料を 50％とし、社会保険制度として維持するため公費（租税）も 50％
となっている（**図 8-17**）。

2　保険料

第 1 号被保険者の保険料は、保険者ごとに所得段階に応じた保険料
が設定されている。なお、2015（平成 27）年 4 月から、介護保険法
改正により、低所得者への負担軽減が強化されている。保険料の徴収は、
年額 18 万円以上の老齢等年金受給者は年金からの特別徴収（いわゆる
天引き）であり、それ以外の者は保険者が個別に徴収する普通徴収と
なっている。

第 2 号被保険者の保険料は、それぞれ加入している医療保険者ごと

図8-17　介護保険の財源構成と規模

（30年度予算　介護給付費：10.3兆円）
総費用ベース：11.1兆円

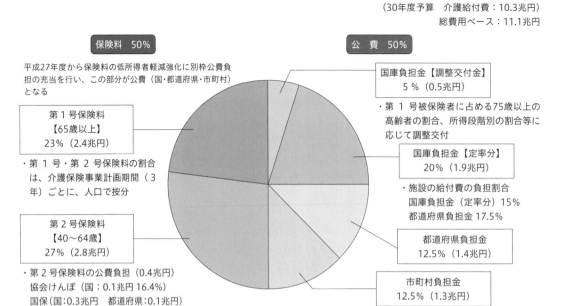

保険料　50%

平成27年度から保険料の低所得者軽減強化に別枠公費負担の充当を行い、この部分が公費（国・都道府県・市町村）となる

第1号保険料
【65歳以上】
23%（2.4兆円）

・第1号・第2号保険料の割合は、介護保険事業計画期間（3年）ごとに、人口で按分

第2号保険料
【40～64歳】
27%（2.8兆円）

・第2号保険料の公費負担（0.4兆円）
協会けんぽ（国：0.1兆円 16.4%）
国保（国：0.3兆円　都道府県：0.1兆円）
※数値は端数処理をしているため、合計が一致しない場合がある。

公　費　50%

国庫負担金【調整交付金】
5%（0.5兆円）

・第1号被保険者に占める75歳以上の高齢者の割合、所得段階別の割合等に応じて調整交付

国庫負担金【定率分】
20%（1.9兆円）

・施設の給付費の負担割合
国庫負担金（定率分）15%
都道府県負担金 17.5%

都道府県負担金
12.5%（1.4兆円）

市町村負担金
12.5%（1.3兆円）

資料：厚生労働省老健局総務課「公的介護保険制度の現状と今後の役割」p.15, 2018.

に介護納付金として一括して納められており、その額は第2号被保険者の加入者数に応じて設定されていた。しかし、2017（平成29）年6月の改正では応能負担が強化され、被用者保険について「総報酬割」（報酬額に比例した負担）が導入されることとなった。2017（平成29）年8月分から2分の1、2019（平成31）年度から4分の3、2020（令和2）年度から全面導入など現在、段階的に導入されている。

3 利用者負担

Active Learning

介護サービスの利用者負担が引き上げられている理由について考えてみましょう。

　介護サービス利用に伴う負担は、利用者の負担能力に応じ1割、2割、3割負担となっているが、そのほか、高額介護（予防）サービス費（月々の介護サービス費の自己負担額が世帯合計（個人）で上限額を超えた場合に、その超えた分が払い戻される）、食費・居住費の基準費用額・負担限度額（食費・居住費について、利用者負担第1段階～第3段階の利用者を対象に、所得に応じた負担限度額を設定し、標準的な費用の額（基準費用額）と負担限度額との差額を介護保険から特定入所者介護サービス費（補足給付）として給付）などの配慮も講じられている。

　また、今後も増え続けることが予測される利用者数に対し、財源的にも持続可能な介護保険制度を保つため、特に被保険者の利用者負担の増加が講じられている。2017（平成29）年の介護保険法改正では、第1

号被保険者の2割負担者のうち特に所得の高い層の負担割合を3割とすることや（2018（平成30）年8月1日施行）、第2号被保険者に対しても保険料の項目で述べたとおり応能負担を強化しているところである。

4 民間の財源

　民間財源は、国や地方公共団体に依存しないで調達することができる自主財源である。特に、社会福祉協議会など地域福祉を推進する民間組織が自律的に事業運営をするためには、自主財源の拡大と安定的確保が重要となってくる。

　代表的な民間財源として、共同募金や民間社会福祉助成団体による助成金、社会福祉協議会による会費が挙げられる。

1 共同募金

　現在、赤い羽根をシンボルとする共同募金は、戦後間もない昭和22（1947）年に市民が主体の民間運動として始まった。当初は戦後復興のため被災した福祉施設を中心に支援が行われ、その後、1951（昭和26）年制定の社会福祉事業法（現・社会福祉法）に基づき、地域福祉の推進のために活用されてきた。

　社会福祉法第112条では、共同募金を、「都道府県の区域を単位として、毎年1回、厚生労働大臣の定める期間内に限ってあまねく行う寄附金の募集であって、その区域内における地域福祉の推進を図るため、その寄附金をその区域内において社会福祉事業、更生保護事業その他の社会福祉を目的とする事業を経営する者（国及び地方公共団体を除く。）に配分することを目的とするものをいう」と規定している。

　激動する社会の変化のなか、共同募金は誰もが住み慣れた地域で安心して暮らすことができるよう、さまざまな地域福祉の課題解決に取り組む民間団体を応援する、「じぶんの町をよくするしくみ」といえる。

　2000（平成12）年の法律改正により、共同募金は社会福祉を目的とする事業活動を幅広く支援することを通じ、地域福祉の推進を図る募金活動と位置づけられている。年間の募金額は200億円を超えており、民間福祉活動の主要な財源として大きな役割を果たしている。

　募金の具体的な実施方法は、「イベント募金」（イベントがあるときに呼びかける募金）、「戸別募金」（自治会・町内会等の協力による世帯ご

との募金）、「法人募金」（企業が行う募金）、「職域募金」（職場ごとに従業員が行う募金）、「街頭募金」（駅前等で呼びかける募金）などがある。

　図8-18は1995（平成7）年度の募金実績額を100とした場合の募金方法別の指数の推移である。

　集められた寄附金は、都道府県共同募金会に集められ、災害等のための準備金に充てる場合を除き、各都道府県内の「社会福祉を目的とする事業を経営する者」（社会福祉協議会、NPO法人などの団体・グループ、福祉施設等）に配分される。配分先は、都道府県共同募金会にあらかじめ申請のあった者のなかから決定される。

　2019（令和元）年度の共同募金の配分は4万8696件で、約147億7000万円が使われたが、主な使いみちをみると、活動対象別では「高齢者」23.3％、「障害児・者」13.1％、「児童・青少年」11.6％、「課題を抱える人」が9.7％などとなっている。活動目的別では「社会参加・まちづくり支援」42.7％、「日常生活支援」21.5％、「その他の地域福祉支援」21.2％、「社会福祉施設支援」9.6％、「災害対応・防災」5.0％である。

　このように共同募金の助成金は、幅広い地域福祉の推進のために行われるさまざまな事業が対象となっており、地域福祉団体の育成という面でも大きな役割を果たしている。

図8-18　共同募金　募金方法別実績額・指数の推移（平成7年度～30年度）

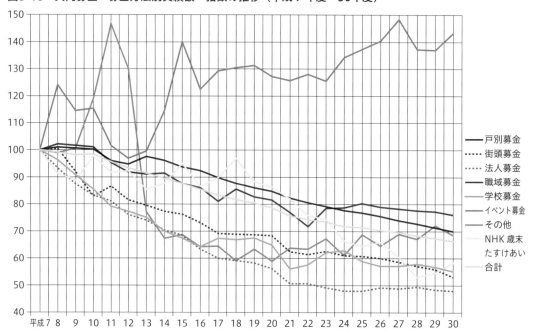

資料：赤い羽根共同募金ホームページ　https://www.akaihane.or.jp/wp/wp-content/uploads/3-rekinen.pdf

2 民間社会福祉助成団体による助成

　共同募金会以外の企業・団体等の民間団体による助成金は、民間社会福祉団体が実施する在宅福祉活動、ボランティア活動等の事業を支援している。たとえば、独立行政法人福祉医療機構（WAM）による、社会福祉の振興に寄与する事業を行う、営利を目的としない法人または団体に対する事業助成（WAM助成）や、公益財団法人みずほ教育福祉財団による「老後を豊かにするボランティア活動資金助成事業」などである。なお、採択された事業に対して助成金を贈るという方法とともに、自動車等の物品を贈与したり、海外に研修生を派遣することに対する助成という方法もある。助成対象団体なども、社会福祉法人だけではなく、特定非営利法人やボランティア活動団体、当事者団体や個人などさまざまな事業や活動を行う団体を対象としているため、現在の制度にとらわれず先駆的な事業や研究への育成・投資的な意義もあり、地域福祉の推進などに大きな役割を果たしている。

3 社会福祉協議会による会費

　地域に暮らす住民が参加する福祉活動には、ボランティア・市民活動、小地域の活動、社協会員同士の支えあい事業、公的制度にないサービスなどがあるが、市区町村社会福祉協議会による会費は、誰もが安心して心豊かに暮らせる地域づくりに向けた独自の事業を進めるうえでの大切な財源の一つとなっている。

　会員になることは任意であり、会費は自治会などを通じて徴収される。社会福祉協議会の会員（普通会員・賛助会員・特別会員など金額によって変わることが多い）になることによって、一人ひとりが、地域福祉を自らの活動として受け止め、地域福祉活動に参加しているという効果もある。

第8章 福祉行財政システム

Active Learning

さまざまな地域福祉活動の主体が、制度になっていないサービスや社会資源を開発しようとするときに、活用できそうな財源について具体的に調べ考えてみましょう。

◇参考文献
・財務省ホームページ「日本の財政関係資料」 https://www.mof.go.jp/budget/fiscal_condition/related_data/panfindex.html
・総務省編『令和2年版 地方財政白書』2020.
・赤い羽根共同募金ホームページ　https：//www.akaihane.or.jp/
●おすすめ
・神野直彦『「分かち合い」の経済学』岩波新書，2010.
・井出英策『幸福の増税論——財政はだれのために』岩波新書，2018.

索引

最新 社会福祉士養成講座
精神保健福祉士養成講座

| 編集

一般社団法人 日本ソーシャルワーク教育学校連盟 （略称：ソ教連）

| 統括編集委員 （五十音順）

中谷 陽明 （なかたに・ようめい）
ソ教連常務理事、桜美林大学大学院教授

松本 すみ子 （まつもと・すみこ）
ソ教連常務理事、東京国際大学人間社会学部教授

「地域福祉と包括的支援体制」編集委員・執筆者

| 編集委員 （五十音順）

白澤 政和 （しらさわ・まさかず）
国際医療福祉大学大学院医療福祉学研究科教授

所 めぐみ （ところ・めぐみ）
関西大学人間健康学部教授

藤井 博志 （ふじい・ひろし）
関西学院大学人間福祉学部教授

松本 すみ子 （まつもと・すみこ）
東京国際大学人間社会学部教授

渡辺 裕一 （わたなべ・ゆういち）
武蔵野大学人間科学部教授

| 執筆者および執筆分担 （五十音順）

加山 弾 （かやま・だん）第3章第4節
東洋大学社会学部教授

篠原 辰二 （しのはら・しんじ）第6章
一般社団法人 Wellbe Design 理事長

清水 正美 （しみず・まさみ）第8章
城西国際大学福祉総合学部教授

白澤 政和 （しらさわ・まさかず）第2章第1節・第3節〜第5節
国際医療福祉大学大学院医療福祉学研究科教授

新保 美香（しんぼ・みか）··第2章第2節
明治学院大学社会学部教授

高野 和良（たかの・かずよし）··第1章第1節・第2節
九州大学大学院人間環境学研究院教授

所 めぐみ（ところ・めぐみ）··第4章第4節
関西大学人間健康学部教授

永田 祐（ながた・ゆう）··第3章第1節
同志社大学社会学部教授

野村 裕美（のむら・ゆみ）··第3章第2節・第3節
同志社大学社会学部准教授

原田 正樹（はらだ・まさき）··第5章第1節
日本福祉大学社会福祉学部教授

藤井 博志（ふじい・ひろし）··第5章第2節
関西学院大学人間福祉学部教授

松本 すみ子（まつもと・すみこ）··第4章第5節
東京国際大学人間社会学部教授

宮城 孝（みやしろ・たかし）··第4章第1節〜第3節
法政大学現代福祉学部教授

室田 信一（むろた・しんいち）··第5章第3節
東京都立大学人文社会学部准教授

山本 克彦（やまもと・かつひこ）··第6章
日本福祉大学福祉経営学部教授

和気 康太（わけ・やすた）··第7章
明治学院大学社会学部教授

渡辺 裕一（わたなべ・ゆういち）··第1章第3節・第4節
武蔵野大学人間科学部教授

最新　社会福祉士養成講座
　　　精神保健福祉士養成講座

6　地域福祉と包括的支援体制

2021年2月1日　　　初 版 発 行
2022年2月1日　　　初版第2刷発行

編　集　　一般社団法人日本ソーシャルワーク教育学校連盟
発行者　　荘村明彦
発行所　　中央法規出版株式会社
　　　　　〒110-0016　東京都台東区台東3-29-1　中央法規ビル
　　　　　TEL 03（6387）3196
　　　　　https://www.chuohoki.co.jp/

印刷・製本　株式会社太洋社
本文デザイン　株式会社デジカル
装　　幀　株式会社デジカル
本文イラスト　イオジン　小牧良次
装　　画　酒井ヒロミツ